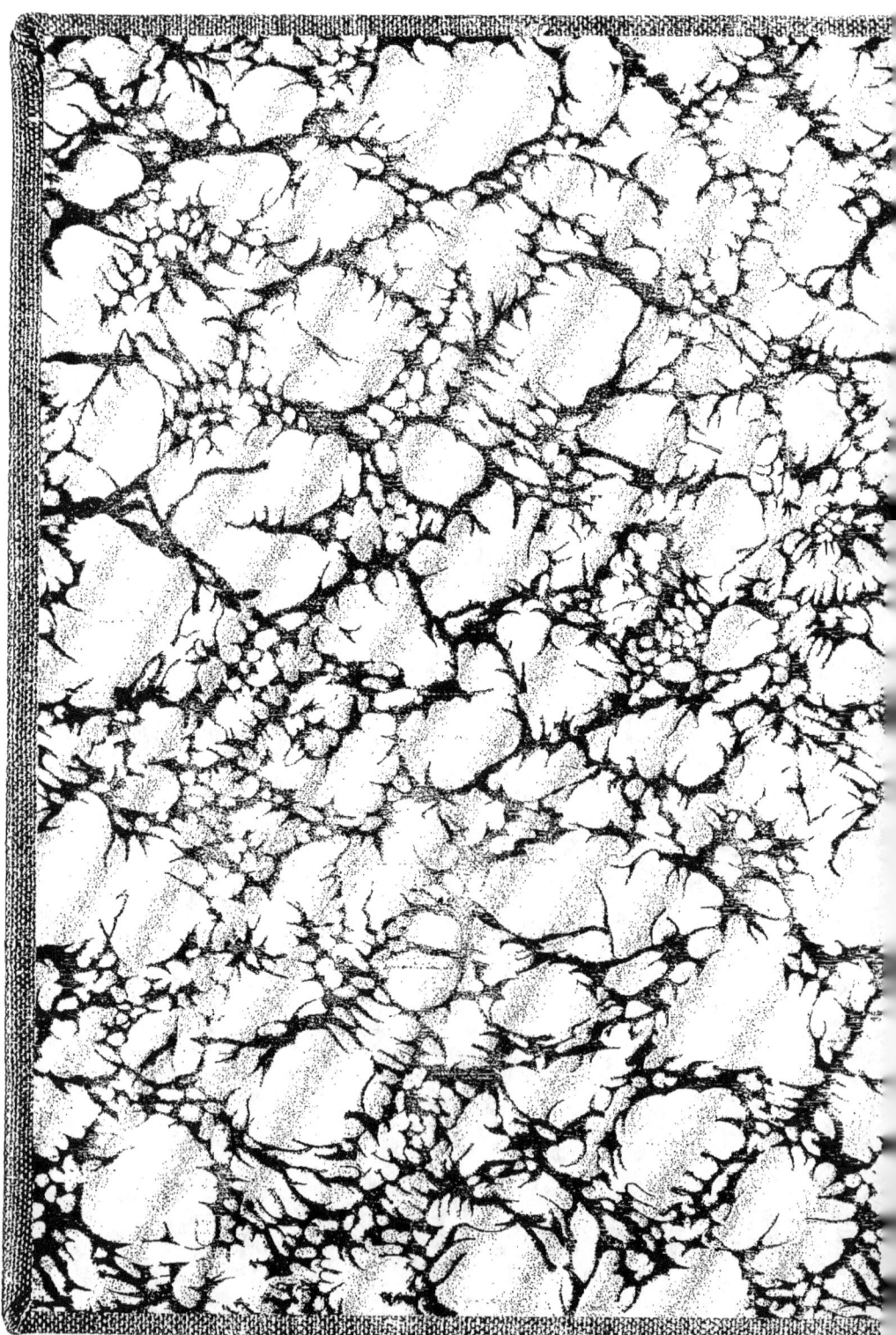

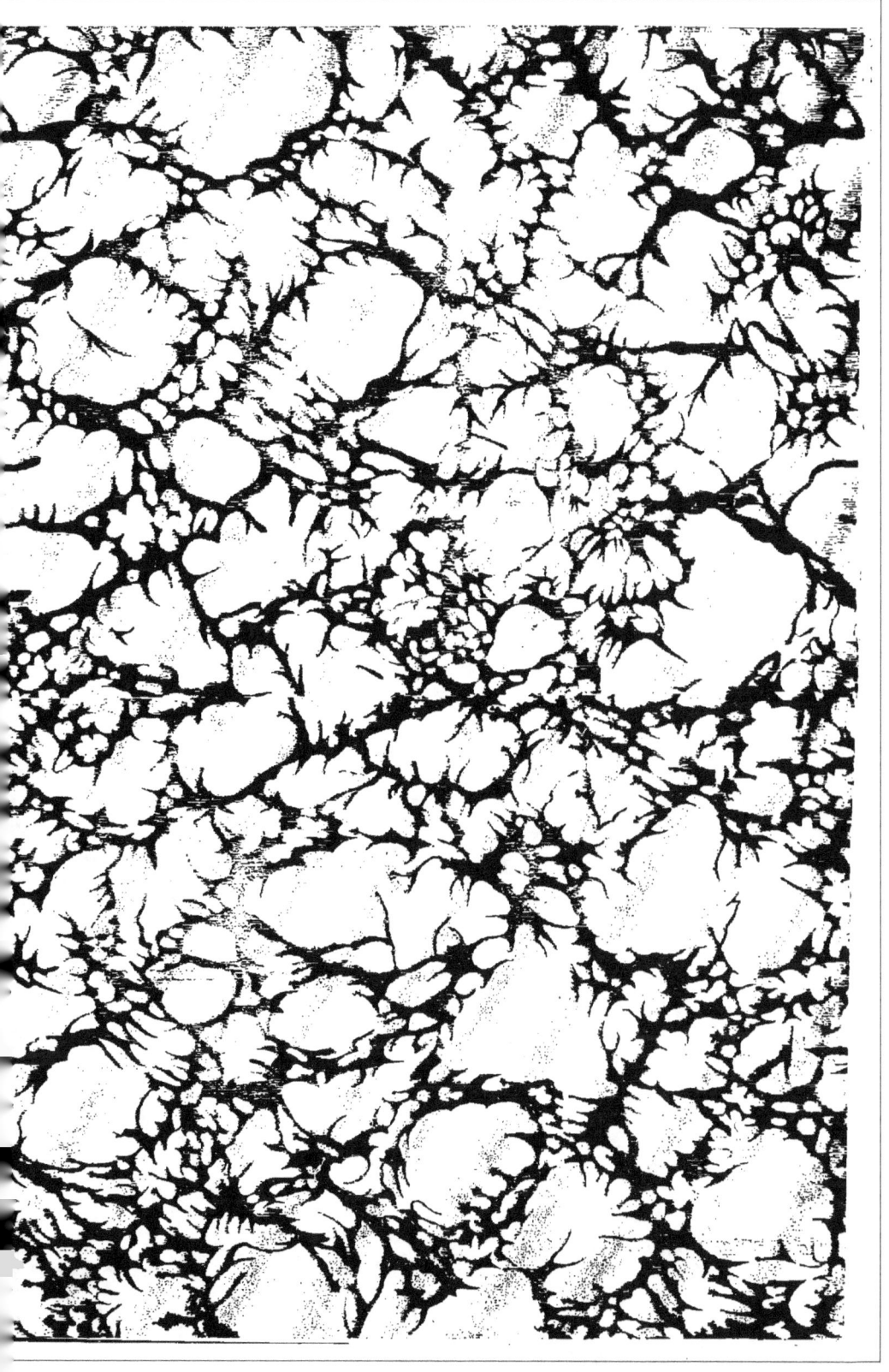

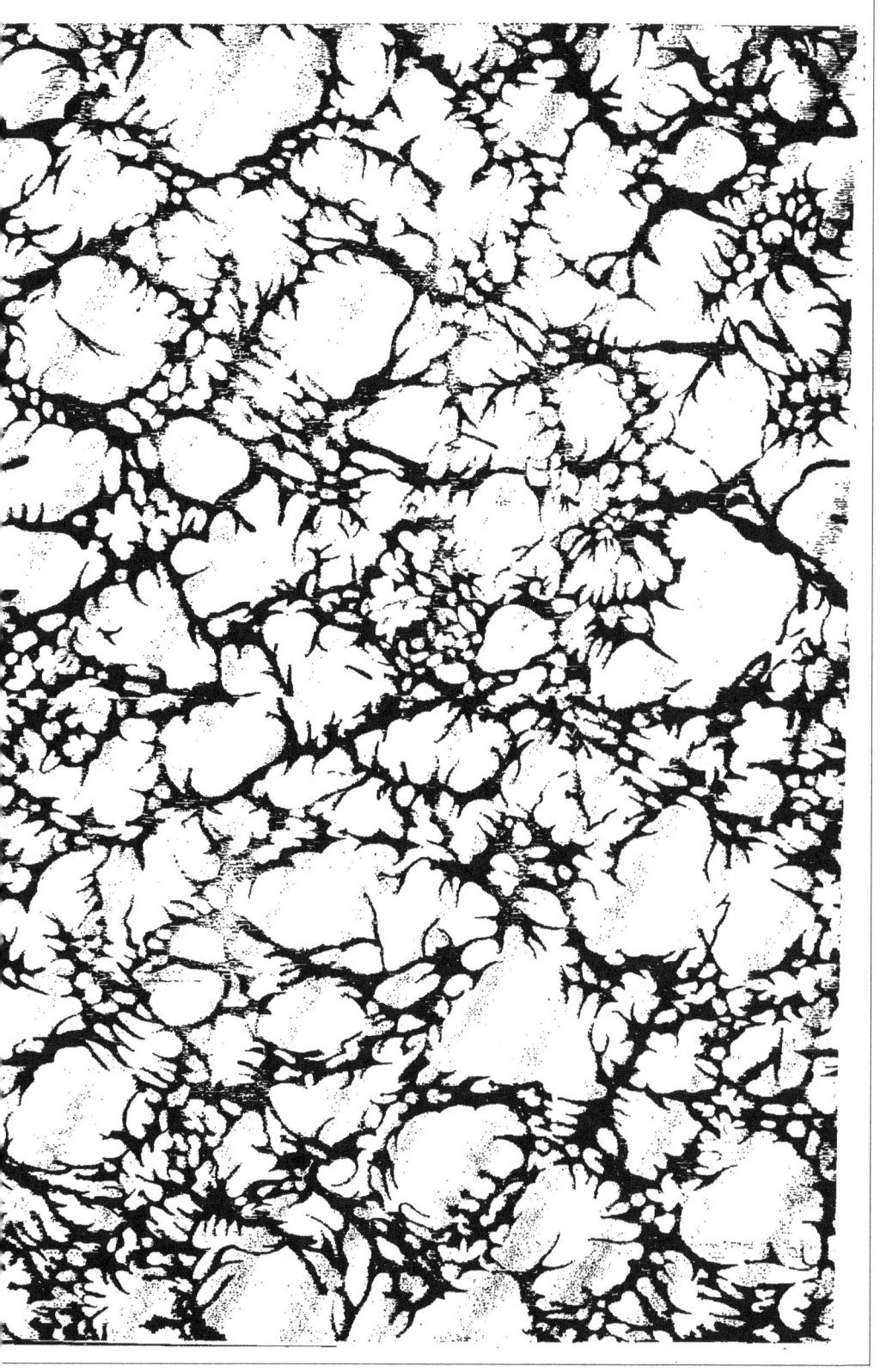

O_q^3
17^3

Trois Ans de Guerre
par le Général
CH. DE WET

Tous droits de traduction et de reproduction réservés pour tous pays, y compris la Suède, la Norvège, le Danemark et la Hollande.

LE GÉNÉRAL CHRISTIAN DE WET

(Octobre 1902)

(Phot. Russell)

Ce livre n'est pas d'un écrivain, mais d'un homme convaincu que la guerre engagée par notre petit peuple, pour la défense de la liberté et de la justice, n'a point la notoriété qu'elle mérite.

J'ai donc jugé comme étant de mon devoir d'en raconter les émouvantes péripéties. Elles méritent que non seulement le peuple afrikander, mais le monde entier, les connaisse.

Si j'ai d'ailleurs abordé cette tâche, c'est que j'y fus encouragé par des hommes éminents de mon pays et d'autres nations, et même par des officiers anglais.

On ne trouvera dans les pages qui vont suivre ni des récits imagés à loisir, ni des ornements littéraires destinés à embellir les faits.

Ces derniers seuls parleront pour moi et mieux que moi. Ils diront toute la vérité sur une guerre qui ne doit pas s'effacer de la mémoire des hommes.

C.-R. de WET.

Chapitre premier

JE REJOINS MON COMMANDO COMME SIMPLE BURGHER

Avant de raconter les événements douloureux auxquels je pris part pendant la longue guerre où sombra notre liberté, qu'il me soit permis de dire un mot sur la loi de recrutement qui régissait les citoyens de l'État d'Orange.

Celle-ci leur prescrivait, de seize à soixante ans, d'être à tout instant prêts à combattre pour la patrie. Ils devaient, au moment de l'appel, fournir un cheval, une selle, un harnais, un fusil et trente cartouches, enfin des vivres pour huit jours. Les trente cartouches pouvaient être remplacées par trente capsules, trente balles et un demi-kilogramme de poudre. En ce qui concerne les victuailles, la loi n'en fixait ni l'espèce ni la quantité; mais il était d'usage qu'elles fussent composées de viande sèche, coupée en tranches, salée et poivrée, de saucisses et de pain.

Trois Ans de Guerre

Au mois de septembre 1899, nous reçûmes l'ordre de nous tenir prêts à partir dans le plus bref délai possible.

Peu de temps après, le 2 octobre, l'ordre de convocation paraissait dans l'État d'Orange, et les veldcornets (1) étaient chargés de le faire exécuter. Obéissant aux lois de mon pays, je partis comme simple citoyen, emmenant avec moi mes trois fils : Kootie, Isaac et Christiaan.

J'appartenais alors au bourg de Krom Ellenboog, dans 'arrondissement de Heilbron. Avec mes concitoyens nous nous rendîmes à Elandslaagte qui était le lieu de rassemblement, sous la conduite du veldcornet Marthinus Els. Nous nous formâmes alors en commando (2) sous les ordres de Lucas Steenekamp. C'est d'Elandslaagte que nous reçûmes l'ordre de partir, en brûlant les étapes, avec les citoyens de Vrede, de Harrismith, de Bethlehem, de Winburg, et de Kroonstad vers la frontière du Natal. Nous nous réunîmes à Harrismith.

Le temps du rassemblement prit les huit jours pendant lesquels les citoyens devaient subvenir à leurs besoins.

Dès lors, le gouvernement se mit à nous approvisionner, et la vie de commando commença. Je crois de quelque intérêt que le lecteur y soit rapidement initié.

---

(1) Le veldcornet était un officier auquel incombait la mission de rassembler, en cas d'appel aux armes, les Burghers de son canton. Dans le commando, il obéissait au commandant élu.

(2) Le mot « commando » ne désigne pas une unité régulière de combat. Ce n'est ni une compagnie, ni un bataillon, ni un régiment. Il peut être aussi bien formé de 80 hommes que de 3.000. C'est simplement une troupe obéissant à un chef.

(*Note du traducteur*)

Trois Ans de Guerre

Sauf pour le sucre, le café, la farine et les autres vivres secs, il s'en fallait que la distribution fût égale pour tous et se fît de la même façon que dans l'armée anglaise.

Tout d'abord, nous ne recevions que de la viande crue; c'était à nous de la faire cuire et de l'assaisonner. En outre, les morceaux étaient loin d'être égaux ou de même qualité. Et ce n'était point une mince affaire, pour le « caporal d'ordinaire » improvisé, d'en faire une répartition équitable. L'animal tué à la chasse, ayant été dépecé et bien saigné, on en étalait sur le sol autant de morceaux qu'il y avait de Burghers; puis le dos tourné, le distributeur attendait qu'on fît l'appel des hommes, et, à chaque nom, désignait une part.

Cette distribution, qu'on s'efforçait de rendre équitable, faisait, malgré tout, des mécontents. Et il fallait beaucoup de patience au citoyen chargé de distribuer les vivres, pour ne point s'emporter contre d'injustes reproches. Il arrivait pourtant à se plier à cette fonction si ingrate; devant l'imminence du péril et la tâche si lourde qui s'imposait à tous, il prit vite l'habitude, comme on dit chez nous, de laisser sortir par une oreille ce qui entrait par l'autre. Les citoyens exigeants reconnurent eux-mêmes leurs torts. Et cette distribution de la viande devint pour nous une première leçon d'abnégation et de tolérance dont, hélas ! nous eûmes dans la suite un réel besoin.

La viande distribuée, chacun la cuisait à sa façon. La plupart la faisaient rôtir sur des broches fabriquées avec du grillage en fil de fer ou des branches d'arbres noircies au

Trois Ans de Guerre

feu. Avec la farine, les citoyens faisaient de grandes crêpes appelées *stormjagers* (chasseurs pour la charge) ou bien des *maagbommen* (boulettes pour l'estomac).

Les Anglais n'adoptèrent notre manière de vivre que lorsqu'ils vécurent sur notre bétail. Ils remplacèrent alors la viande de conserve par de la viande fraîche. A ce moment, ils crurent même intéressant de gaspiller cette viande qui ne leur appartenait pas et qu'ils saccageaient à merci. Ainsi, bien souvent, quand nous surprenions des campements anglais, nous y trouvions des quartiers entiers de bœuf, de porc et des volailles en quantité, qu'on avait laissés de côté.

Tel fut le mode de recrutement qu'on employa pour nous appeler à la défense de la patrie; telle fut, jusqu'au dernier jour de la lutte, notre façon de vivre en commando. Pendant deux ans, nous tînmes la campagne avec nos chevaux et nos fusils, sans jamais qu'aucun service ne vînt nous ravitailler. Nous prenions nos vivres et nos munitions, souvent nos armes, où nous pouvions. Après la bataille, il n'y avait plus, d'ailleurs, de chefs ni de soldats, mais simplement des citoyens; tous étaient égaux dans le commando.

Le général et le veldcornet n'y avaient pas plus de bien-être que le simple Burgher et chacun prenait part à la discussion des opérations pour le lendemain. Cette singulière organisation, si éloignée de la hiérarchie des armées européennes, nous valut, sans doute, des soldats remplis de courage et d'initiative, chacun donnant tout ce qu'il pouvait d'énergie et d'habileté. Mais elle nous valut aussi bien des

Trois Ans de Guerre

revers; car chacun sait qu'il n'y a pas d'armée possible sans la plus rigoureuse discipline.

Maintenant que j'ai donné l'image de ces commandos qui, pendant trois ans, sillonnèrent le « Veld (1) », insaisissables et mobiles comme des oiseaux, je commence l'histoire de nos opérations militaires.

Aussitôt arrivés à Harrismith, qui était, comme je l'ai dit plus haut, notre point de concentration, les différents commandos, suivant les prescriptions de la loi, se réunirent pour élire un commandant en chef. Il y avait là Steenekamp, de Heilbron, Anthonie Lombaard, de Vrede, C.-J. de Villiers, de Harrismith, Hans Mandé, de Bethlehem, Marthinus Prinsloo, de Winburg et C. Nel, de Kroonstad. Ils élurent Marthinus Prinsloo commandant en chef, et pour le remplacer à la tête de leur commando, ceux de Winburg choisirent Theunissen. Je dois rendre hommage à l'habileté de ce dernier, qui nous fut trop tôt enlevé : il fut, en effet, surpris par l'ennemi, en dirigeant une attaque sur Paardenberg, pour délivrer le général Piet Cronjé.

Parti de Harrismith, le commando de Heilbron auquel j'appartenais s'avança jusqu'à six kilomètres de la frontière du Natal et prit position sur les Drakensbergen, non loin

---

(1) Le mot « Veld » désigne la campagne Sud-Africaine avec tous ses accidents de terrain. On dit le « Veld » dans l'Afrique du Sud, comme on dit ailleurs la « Prairie », la « Pampa », la « Steppe », etc., etc.

(Note du traducteur)

du défilé Bezuidenhout. Les Drakensbergen ou montagnes des dragons, qui avaient, jusqu'alors, séparé les territoires de l'État libre des territoires anglais, forment une chaîne de hautes montagnes auxquelles on accède en pente douce de notre côté, mais qui sont abruptes du côté du Natal.

C'est de ce défilé que je fus immédiatement envoyé avec une patrouille par le commandant Steenekamp, jusqu'à proximité de la frontière. Je circulai toute une journée sans rencontrer de soldats anglais. Nous savions pourtant que, peu de temps avant la guerre, l'armée ennemie avait pris soin de se concentrer sur la frontière. En rentrant le soir au camp, j'appris que les Burghers du commando m'avaient élu commandant adjoint au commandant Steenekamp (1).

C'est précisément ce soir-là, le 11 octobre 1899, que la guerre se trouvait officiellement déclarée. En effet, à cinq heures de l'après-midi, venait d'expirer le délai fixé à l'Angleterre par la République Sud-Africaine, dans son ultimatum, pour que celle-là retirât ses troupes des frontières.

Dès lors, il n'y avait plus une minute à perdre.

Le gouvernement des Républiques donna l'ordre d'occuper tous les défilés des Drakensbergen, et le commandant Steenekamp fut chargé d'occuper le défilé de Bezuidenhout, dont nous nous étions approchés la veille. A l'Est, les commandos devaient tenir les défilés de la façon

(1) Le commandant adjoint n'a de fonctions à remplir que si le commandant en chef est absent ou malade.

suivante : le commando de Vrede, le défilé de Botha ; ceux de Harrismith et de Winburg, le défilé de van Reenen et le commando de Kroonstad, le défilé de Tintwa. A l'Ouest la passe de Oliviershoek était gardée par le commando de Bethlehem. Ainsi, tous les Orangistes, à la première heure de la guerre, disséminés dans la chaîne des Drakensbergen, muraille naturelle de leur pays, étaient à l'extrême frontière pour la défense de la patrie.

Le soir où il reçut l'ordre de partir, Steenekamp, indisposé, resta au camp et, en ma qualité de commandant adjoint, je dus le remplacer ; je pris avec moi 600 hommes pour garder le défilé de Bezuidenhout.

Ce ne fut point sans peine que j'organisai cette première expédition, car mes Burghers, habitués à mener la vie paisible et indépendante des fermiers, n'avaient point idée de la discipline militaire et de sa nécessité pour faire la guerre ; non pas qu'aucun d'eux fût récalcitrant ou de mauvaise volonté, mais ils ne comprenaient pas leur tâche. Ainsi, nous étions à dix kilomètres de l'ennemi qui, peut-être, nous attendait silencieux et rangé en bataille sur les hauteurs des Drakensbergen ; et, si près de l'action, chacun voulait donner son avis ou discuter ! Cette indépendance qui, considérée au point de vue militaire, apparaît comme de l'indiscipline nous valut bien des revers.

Pourtant je finis par prendre ma troupe en main et nous nous portâmes en avant.

Il faisait nuit noire parmi les petits chemins en forme

Trois Ans de Guerre

de ravins qui, du Veld, mènent en pente douce au sommet des Drakensbergen. Connaissant bien le pays, je n'eus point de difficulté pour mener ma troupe à son poste. Mais je craignais que le défilé fût déjà occupé et que je n'eusse immédiatement à livrer ma première bataille. Il n'en fut rien, et nous arrivâmes sans encombre au défilé où nous passâmes la nuit dans le plus grand silence. Le soleil levant ne nous apporta rien de nouveau; aussi loin que notre vue pouvait s'étendre, nous ne vîmes pas trace de l'armée anglaise.

Le soir même, le commandant Steenekamp nous rejoignait avec le reste du commando. Il nous apprenait que les hostilités avaient été ouvertes et que le général de la Rey avait, à Kraaipan, attaqué et pris un train blindé.

Comme le général en chef Marthinus Prinsloo ne rencontrait point d'Anglais sur les hauteurs, il résolut de ne pas s'immobiliser et de prendre l'offensive. A cet effet il assembla, dans le défilé de van Reenen, un conseil de guerre auquel j'assistai, à la place du commandant Steenekamp qui était toujours malade. Il y fut décidé qu'une troupe de deux mille Burghers appartenant à des commandos différents descendrait dans le Natal sous les ordres du commandant C.-J. de Villiers, de Harrismith, et que le reste de notre armée resterait sur les hauteurs des Drakensbergen pour garder les défilés. De Villiers avait été nommé à cette occasion « Général combattant (1) ». Les lois

---

(1) Le mot boër est « vechtgeneraal » dont la traduction littérale est « général combattant », grade qui n'a pas d'équivalant dans notre armée, mais qu'on pourrait traduire simplement par général.

(Note du traducteur)

Trois Ans de Guerre

de l'État d'Orange ne faisaient pas mention de ce titre. Peu de temps avant la guerre, cependant, le Volskraad avait décidé que le Président nommerait un officier de ce rang, et qu'il pourrait, au besoin, passer outre à nos règlements militaires.

Le commandant Steenekamp étant toujours malade, ce fut moi qui, avec 500 Burghers et le titre de commandant adjoint, fus chargé de représenter le commando de Heilbron dans l'armée du Natal.

Cette armée avait pour mission de couper la retraite des Anglais qui se trouvaient à Dundee et à Elandslaagte, puis d'entamer une action commune avec les Transvaaliens qui venaient du côté de Volksrust et une partie des Burghers de Vrede commandés par le génral Koch.

Malheureusement, pour être arrivés trop tard entre Elandslaagte et Ladysmith, nous ne réussîmes pas. Je n'ai jamais pu établir les responsabilités de ce regrettable résultat. Sans aucun doute, il y eut des dissentiments. La faute en fut-elle aux commandants de la République Sud-Africaine, au général en chef Prinsloo ou au général combattant de Villiers? Je ne le sus pas; car, à cette époque, je n'étais que commandant adjoint; j'exécutais les ordres, je n'en donnais pas.

Tout ce que je puis dire, c'est que les ennemis commandés par le fameux colonel Yule, réputé bien à tort dans les milieux anglais, s'étaient repliés à notre approche sur Ladysmith, et qu'avec plus de rapidité nous aurions pu leur couper la retraite.

Trois Ans de Guerre

Ce retard de nos armes permit aux troupes anglaises de se reformer et de se concentrer à Ladysmith. Il était dès lors à craindre qu'elles ne prissent l'offensive avant que les Transvaaliens attardés à Dundee n'eussent pu nous rejoindre. C'est ce qui arriva.

Le lendemain, 24 octobre, à huit heures, les Anglais sortirent de Ladysmith et vinrent nous livrer bataille à Modderspruit. Après l'escarmouche de Bester-Station du 18 octobre, où Jonson, citoyen de Harrismith, tomba comme première victime, c'était la première bataille livrée par le peuple de l'État libre, dans cette guerre pour l'indépendance.

A l'ouest du chemin de fer qui mène de Ladysmith à Dundee, nous nous étions installés sur les kopjes (1) suivant une ligne assez étendue et de forme demi-circulaire. Notre troupe ne comptait qu'un millier d'hommes, car nous avions laissé notre arrière-garde à Bester-Station. Nous n'avions qu'un seul canon que nous avions placé à l'aile droite, sur le versant d'un kopje plus élevé que les autres.

Les Anglais s'avançaient sur nous, protégés par le feu de trois batteries qui les suivaient à distance, et qui, arrivées à quatre mille mètres de nos lignes, commencèrent un bombardement assourdissant.

Notre canon tenta bien de riposter, mais il fut vite réduit au silence, et, durant tout le combat, nous n'eûmes plus que nos fusils pour nous défendre.

---

(1) Les mots « kop » et « berg » sont synonymes et se traduisent par « montagne ». Le kopje est un petit kop, une colline.

(Note du traducteur)

Trois Ans de Guerre

La tactique des Anglais était claire. Elle consistait à nous occuper sur toute la ligne pour que nous ne puissions nous concentrer en aucun endroit, et à rendre ainsi plus facile l'assaut des hauteurs que nous occupions.

En effet, une partie de leur troupe s'efforçait déjà d'arriver jusqu'à nous par bonds successifs. Cette manœuvre lui était facilitée par un terrain très accidenté qui lui permettait d'échapper à notre tir. Nous attendions patiemment qu'après avoir rampé quelques minutes, les Anglais fussent obligés de se découvrir; et, à ce moment, nous ouvrions sur eux un feu si nourri et si continu qu'il leur fut impossible de s'approcher à plus de deux cents pas. A l'aile droite, le commandant Nel, avec les citoyens de Kroonstad, était le plus exposé; placés à l'Est, mes Burghers attiraient moins l'attention des Anglais. Mais sur toute la ligne nous nous battions bravement, et à aucun moment de la journée, malgré les balles ennemies qui nous décimaient, il ne fut question de retraite.

Ce fut seulement vers trois heures de l'après-midi que les Anglais, comprenant l'impossibilité de prendre nos positions, se retirèrent sur Ladysmith. Nous pûmes alors descendre vers la plaine où les Anglais avaient livré bataille. Nous n'y trouvâmes ni morts, ni blessés. Plus tard, nos compagnons qui gardaient le canon sur le kopje le plus élevé nous apprirent que l'ennemi s'était retiré en les emportant.

Quant à nous, nous avions onze morts et vingt et un hommes blessés grièvement. Deux de ces derniers ne passèrent pas la journée. Nous fûmes profondément affligés des victimes trop nombreuses que faisait, dès la première bataille, cette guerre injuste. Pourtant nul d'entre nous n'était abattu. Tous voulaient continuer à se battre pour l'indépendance. Et je fus encouragé, pour mon compte, en voyant nos Burghers animés d'aussi nobles sentiments.

Dans ce premier combat, ce ne fut point le général adjoint C.-J. de Villiers qui nous commanda, mais bien A.-P. Cronjé que le Président venait de nommer général commandant. Je me plais à reconnaître qu'il fut à la hauteur de sa tâche, et s'il ne poursuivit pas l'ennemi en retraite, c'est qu'il ne sentit pas sa troupe assez nombreuse; j'approuvai sa prudence.

Je vins même après le combat, lui serrer la main comme à un vieil ami et collègue que j'avais maintes fois rencontré au Volksraad, et comme au fils de ce vaillant officier qui avait lutté en 1865 et 1866 contre les Basoutos. Je lui souhaitai la bienvenue et la chance à la guerre. Mais je craignais au fond de moi, que ses 66 ans ne lui permissent plus, malgré sa bonne volonté, les efforts physiques qui s'imposaient à un général combattant.

Chapitre II

NICHOLSONS NEK

Nous gardâmes nos positions à Rietfontein jusqu'au 29 octobre. A cette date, le général en chef Joubert nous y rejoignit avec plusieurs sections de commandos transvaaliens. Il fut alors convenu que les Transvaaliens iraient occuper certaines positions au nord de Ladysmith et à l'est du Nicholsons Nek (1); d'autre part, les hommes de l'État libre devaient se tenir à l'est et à l'ouest de ce village, sous les ordres du commandant Nel, pour garder un kop, surmonté d'un plateau, que nous appelions tout d'abord Zwartbooiskop et qui, après la bataille du 30 novembre, fut baptisé Petit-Majuba.

Nous sentant solides sur nos positions, nous attendions une nouvelle sortie de l'ennemi, car notre infériorité numérique ne nous permettait pas de nous risquer à l'aventure, et nous ignorions de quelle façon les Anglais voulaient recommencer l'attaque.

(1) Le mot « nek » veut dire défilé; « Nicholsons Nek », le « défilé de Nicholson ».

Trois Ans de Guerre

Le 30 octobre, dès l'aube, elle recommença à l'extrême pointe des lignes transvaaliennes, d'où l'on entendait le bruit sourd du gros canon. L'ordre fut donné de se mettre en selle aussitôt. En même temps, le commandant Steenekamp, arrivé la veille de Bezuidenhout, partait avec trois cents hommes dont j'étais, pour informer le général Cronjé que les Anglais avaient repris l'offensive. Pour arriver jusqu'à lui, nous devions passer par le col de Zwartbooiskop, situé au sud du Nicholsons Nek. En le contournant avec prudence, quelle ne fut pas notre surprise de le voir occupé par les Anglais, alors que, d'après les dispositions générales, le commandant Nel avait été chargé de le défendre ! Il s'excusa plus tard de sa blâmable négligence, en alléguant qu'il avait cru savoir qu'un de ses veldcornets, avec un fort détachement, s'était installé sur le plateau.

Quoiqu'il en fût, notre route était barrée, et, pour la continuer, nous décidâmes, Steenekamp et moi, de faire l'assaut de la montagne avec les trois cents hommes qui nous accompagnaient. Nous y réussîmes et, du haut de cette importante position, nous pûmes découvrir que les troupes anglaises s'étageaient du milieu de la chaîne des Drakensbergen jusqu'à son sommet sud.

A peine installés, nous étions aperçus par l'ennemi qui ouvrit sur nous une violente fusillade. Nous y répondîmes, appuyés par vingt hommes du commandant Nel, avec une égale énergie. Mais nous comprîmes bien vite que nous n'obtiendrions pas d'effet utile, sans nous approcher des

Trois Ans de Guerre

ennemies, en nous dérobant de positions en positions.

Les Anglais, abrités par des rochers et de vieux kraals(1) abandonnés par les Cafres, avaient d'excellentes positions qui nous empêchaient de leur donner un assaut direct. Nous dirigeâmes alors sur eux un feu habile et lent contre lequel leurs abris mêmes devinrent si peu efficaces qu'ils durent reculer.

Le moment propice de l'assaut était arrivé. Nous y procédâmes, par bonds, en nous cachant derrière les rochers, et nous nous emparâmes, après bien des efforts, des positions anglaises.

Un fait s'est produit, pendant l'assaut, qui mérite d'être rapporté. Comme nous nous élancions de rochers en rochers, un juif qui, effrayé par la fusillade, s'était jeté parmi nous, comme un mouton surpris par l'orage, s'approcha d'un Burgher qui épaulait son arme, bien abrité par un rocher.

— Vends-moi ton rocher pour une demi-couronne, supplia-t-il.

— Jamais, jamais, pourquoi, d'abord ?

— Pour me cacher !

— Et qu'aurais-je, alors, pour me battre ?

— Quinze shillings, insistait le juif, rampant sous les balles.

— Va au diable ! Je ne suis par ici pour faire du commerce.

Nous trouvâmes, dans les positions anglaises, des blessés

(1) Le kraal est une habitation de Cafre, et quelquefois, par extension, un village.
(Note du traducteur)

et des morts, et nous pûmes même faire prisonniers quelques retardataires qui n'avaient pas réussi à suivre la retraite de la colonne.

Les Anglais n'avaient, d'ailleurs, quitté leurs premières positions que pour en chercher de plus fortes. A l'extrémité sud de la montagne, ils s'étaient solidement abrités derrière de véritables murailles de rochers, et on apercevait à peine les canons de leurs fusils. Parfois une tête émergeait, puis une autre que nos Burghers attentifs ne manquaient pas.

Effrayés de la sûreté de notre tir, les Anglais perdirent leur sang-froid. Bientôt, sur leur aile gauche, en même temps que le feu cessait, des drapeaux blancs s'agitèrent qui, remués par d'invisibles mains, faisaient songer à des revenants. Confiant dans ce signal, je donnai l'ordre à mon détachement de rester l'arme au pied, et, seul, je m'avançai vers l'ennemi.

A peine avais-je fait quelques pas que la fusillade recommençait dans les lignes anglaises. Sur un geste de moi, tandis qu'en rampant je regagnais nos positions, mes Burghers indignés reprirent un feu si nourri et si juste que bientôt, sur tout le front de nos adversaires, de petits drapeaux blancs s'agitèrent, en même temps que les Anglais, les bras en l'air, se découvraient.

A ce sujet, je n'ose avancer que l'ennemi, pour nous surprendre, ait abusé du drapeau blanc. Ce serait vraiment porter contre lui une trop grosse accusation que de dire qu'il ne respectait même pas les lois sacrées de la guerre.

Trois Ans de Guerre

Je relate donc, telle qu'elle me fut donnée, l'explication de cette prétendue méprise : « On ne se serait pas aperçu, à l'aile droite, que l'aile gauche se mettait à notre merci. » Nous étions donc bien terribles, qu'en d'aussi graves conjonctures, les Anglais perdaient ainsi la tête!

Combien étions-nous, cependant, pour un pareil coup de main? Trois cents hommes de Heilbron, vingt de Kroonstad et quarante ou cinquante appartenant à la police de Johannesburg, sous les ordres du capitaine van Dam. Des trois cents hommes de Heilbron, il fallait encore retrancher ceux qui étaient restés derrière la montagne pour garder les chevaux, et quelques retardataires qui n'avaient pu suivre l'action. Tout compte fait, deux cents Burghers à peine prirent part au combat, sur lesquels nous eûmes à déplorer quatre morts et cinq blessés.

Quant aux Anglais, leurs pertes s'élevaient à plus de deux cents hommes tués ou blessés, auxquels il faut ajouter ceux que nous ne découvrîmes point et qui durent succomber dans quelque creux de rocher. Nous fîmes, ce jour-là, huit cent dix-sept prisonniers. Sur mon ordre, ils défilèrent quatre par quatre devant nos Burghers qui les regardaient, l'arme au pied. Je voulais ainsi leur donner du courage et leur faire comprendre que rien n'était impossible à des braves qui défendaient leur patrie. Les Anglais défilaient toujours lentement, officiers et soldats, sous les ordres d'un veldcornet qui les faisait pivoter comme des jeunes gens auxquels on apprend l'exercice. Qu'étaient-ils donc venus faire dans nos défilés? Nous montrer qu'avec

Trois Ans de Guerre

tout leur attirail de guerre ils se battaient moins bien que nous qui n'avions qu'un fusil? Mais nous n'avions pas besoin d'un tel renseignement.

Nous prîmes encore deux Maxims et deux canons de montagne que les Anglais n'avaient pas du reste employés parce qu'ils étaient trop défectueux. Quant à la grosse artillerie, elle était traînée par des mulets qui, peu guerriers, s'enfuirent au premier coup de fusil. Nous les retrouvâmes le lendemain; mais les intelligentes bêtes avaient su se débarrasser de cette charge trop lourde. Elles se promenaient tranquillement dans le Veld.

Ce fut, du reste, l'impossibilité où se trouvèrent les Anglais de faire donner leur artillerie, défectueuse ou en promenade à dos de mulet, qui nous permit de combattre avec avantage, bien que l'ennemi comptât cinq fois plus d'hommes que nous.

Si nous ne retrouvâmes pas les canons, nous pûmes du moins prendre plus de mille fusils Lee-Metford, vingt caisses de cartouches, les mulets promeneurs et des chevaux qui s'étaient séparés de leurs cavaliers.

Malgré notre victoire, une immense tristesse me prit de voir tant de vies exposées et tant d'énergies dépensées pour cette détestable guerre qu'à tout prix nous avions voulu éviter. Les plaintes des blessés anglais m'allaient au cœur : « A boire, à boire! » criaient-ils parmi les rochers stériles et dépourvus de sources. Je les fis porter à l'ombre des canneliers et des aubépines et commandai qu'on allât leur chercher de l'eau à quelques kilomètres de là.

Trois Ans de Guerre

Ce fut le lendemain seulement que Sir George White, prévenu par moi, dès la veille, envoya ses ambulances pour recueillir les morts et les blessés.

Quant à nous, dès le soir, nous redescendîmes vers le campement pour prendre quelque repos. Mais auparavant, j'avais fait venir mon frère Piet de Wet pour garder le kop avec cinquante citoyens de Bethlehem.

Nous arrivâmes au campement vers huit heures sans avoir eu le temps de prendre, depuis le matin, la moindre nourriture. Aussi ce fut une joie pour tous, après les périls de la journée et la fierté de la victoire, de préparer le repas. Chacun, dans un creux de rocher, alluma son petit bûcher où bien vite pétilla sur une broche improvisée le « bont span » (1) national. Avec deux ou trois « stormjagers » et un gobelet de café, tout le monde fut remis sur pied. Je visitai le commando, causant avec les Burghers. Tous étaient joyeux, pleins d'entrain et d'espoir en les destinées de la patrie. « Et maintenant, disaient-ils, dormons à la belle étoile, en attendant que nous puissions nous reposer dans nos fermes, dormons, et vive l'État libre! » Ces braves ne songeaient pas qu'à quelques kilomètres de nous, par delà le kop, les Anglais, dix fois supérieurs en nombre, se reformaient déjà pour nous combattre (2).

(1) On appelle bont span un attelage de bœufs de couleur différente. D'où, par métaphore, un morceau de viande moitié grasse, moitié maigre.

(2) Cette journée du 30 novembre nous fut d'ailleurs favorable de tous côtés. Sur différents points, et notamment à huit kilomètres de Nicholsons Nek, les Transvaaliens avaient livré des combats avantageux et avaient fait quatre cents prisonniers. Si nous nous étions offert le luxe de telles pertes, en quelques semaines, les Anglais n'auraient plus eu pour adversaires que des rochers et des mulets.

Trois Ans de Guerre

Pour mon compte, j'étais moins tranquille, et, tandis que les respirations de mes Burghers s'élevaient autour de moi, j'installai, en silence, autour du campement, de nombreuses sentinelles. Le bruit courait, en effet, dans nos lignes, que les Anglais avaient armé contre nous les Zoulous du Natal, nos implacables ennemis. Depuis 1836, notre peuple avait fait la connaissance des races noires, et, bien souvent, les pionniers de la civilisation dans l'Afrique du Sud, nos hardis « voortrekkers (1) », avaient eu à souffrir des sanglantes et sournoises attaques de ceux qu'ils appelaient « des loups de nuit ». Nous autres, plus jeunes, nous avions éprouvé les méfaits des Basoutos pendant la guerre de 1865-1867. Et c'est l'expérience qui nous avertissait de garder minutieusement nos camps.

A ce propos, je dois dire que notre esprit toujours préoccupé de l'ennemi et des sauvages qu'il enrôlait sous ses armes, notre expérience des Anglais et surtout des Zoulous firent qu'on ne nous prit jamais à l'improviste, car nous ne dormîmes jamais que d'un œil.

Ce fut seulement plus tard, dans les dernières périodes de la guerre, quand les Anglais se servirent de déserteurs contre nous, qu'ils réussirent à nous surprendre.

Les déserteurs ! Peut-on penser qu'il en existât dans nos rangs si clairsemés et si divisés déjà ! Peut-on penser que des citoyens se retournèrent contre la patrie-étouffée dans le cercle de fer que les Anglais resserraient chaque

---

(1) « Voortrekkers », les premiers Boërs qui abandonnèrent la colonie du Cap, en 1836, pour aller chercher au nord de l'Orange et du Vaal, une nouvelle patrie.

Trois Ans de Guerre

jour autour d'elle! Ce fut ainsi pourtant. Et si, dans ces mémoires, je suis toujours fier de raconter les exploits impérissables par lesquels le nom des Républiques Sud-Africaines ne s'effacera jamais de la mémoire des hommes, je dois à la vérité de jeter l'opprobre et la malédiction au front de ces êtres plus indignes que tous les indignes et plus lâches que tous les lâches, que furent les déserteurs des deux Républiques.

Chapitre III

LE SIÈGE DE LADYSMITH

Le 1ᵉʳ novembre, un conseil de guerre général fut co -
voqué auquel prirent part les délégués de l'État libre
d'Orange et de la République Sud-Africaine. Il y fut
décidé qu'on ferait le siège de Ladysmith et qu'ainsi, après
plusieurs escarmouches heureuses, on tenterait une grande
opération militaire.

A cet effet, le général A.-P. Cronjé partit avec les
citoyens de Heilbron, quelques sections des commandos
de Winburg et de Harrismith et deux canons Krupp pour
occuper des positions au Sud et Sud-Ouest de ce village.

Dès le lendemain, une petite escarmouche eut lieu avec
les Anglais qui se retirèrent vivement vers Ladysmith.

Le 3, s'engagea une action plus importante, mais qui
donna peu de résultats. Les Anglais, ce jour-là, étaient

Trois Ans de Guerre

sortis de Ladysmith dans la direction du Sud-Ouest avec deux batteries de canons Armstrong (*des 15 ponder et des 12 ponder*). Cette artillerie appuyait quelques régiments d'infanterie et environ mille cavaliers.

Comme il fallait s'y attendre, les Anglais placèrent leur artillerie hors de la portée de nos fusils. Quant à les approcher, c'eût été une folie de notre part. Nous aurions été obligés, pour cela, de nous exposer à leur tir, en rase campagne. Nous fîmes alors parler nos canons. Mais l'artillerie ennemie leur répondit comme à Rietfontein avec une telle violence qu'ils furent vite réduits au silence.

Après cet inutile engagement d'artillerie, il apparaissait bien que le sort de la bataille était réservé à l'infanterie et à la cavalerie. Solidement installés sur nos positions, nous crûmes prudent d'attendre le choc des ennemis bien supérieurs en nombre. Les Anglais se décidèrent alors à faire avancer leurs fantassins, en les protégeant par douze canons qui tonnaient contre nous. Ce n'était qu'une feinte pour détourner notre attention de la cavalerie, car les Anglais n'arrivaient pas à portée de fusil.

La cavalerie, pendant ce temps, essayait de tourner nos positions à l'Est. Mais nous n'étions pas pris au dépourvu et chaque fois qu'un peloton de cavaliers s'avançait en ligne déployée, un de nos canons placé sur un « tafelkop (1) » le prenait en flanc et le forçait à se retirer.

Ainsi, de notre côté, nous ne pouvions nous avancer en rase campagne et donner l'assaut sans nous exposer à

(1) Colline surmontée d'un plateau.

Trois Ans de Guerre

toutes les forces ennemies; nous ne pouvions non plus, avec nos canons, lutter contre l'artillerie ennemie bien supérieure à la nôtre. Du côté anglais, les fantassins n'osaient s'avancer, dans la crainte de faire une nouvelle connaissance avec nos mausers, et les cavaliers, harcelés par le canon placé sur le tafelkop, se livraient autour de nous à des évolutions inutiles.

C'était un combat pour rire. A nous qui n'avions pas de temps à perdre, il ne donnait nulle satisfaction et nous étions désolés de ne pouvoir faire, comme d'habitude, de bonne besogne. On remplaça, du côté anglais, la bonne besogne par un bombardement assourdissant. Quand l'ennemi eut les oreilles fatiguées de tout le bruit qu'il faisait pour rien, il se retira sur Ladysmith.

Dans ce combat inutile, nous eûmes malheureusement un tué et six blessés, parmi lesquels se trouvait Marthinus Els, veldcornet de Heilbron. De leur côté, les Anglais avaient également subi des pertes, mais nous n'en pûmes déterminer l'importance, et je crois qu'elles furent plutôt légères.

A partir de ce jour, et jusqu'à mon départ du Natal, on se livra de temps en temps, tant chez les Transvaaliens que chez les hommes de l'État libre, à de petites escarmouches qui n'influèrent pas sur le cours des opérations.

Ce fut pourtant vers cette époque, dans la nuit du 7 au 8 décembre, que le gros canon du Transvaal *Long Tom*, établi sur Bulwana, faillit être détruit par une décharge de dynamite et fut, d'ailleurs, tellement endommagé qu'il resta longtemps hors de service. À l'assaut de cette grosse pièce, les Anglais, notamment les officiers, se conduisirent avec le plus grand courage. Cette surprise ne se serait pas produite, d'ailleurs, si nous nous étions mieux tenus sur nos gardes. Mais nous profitâmes de la leçon et la vigilance des chefs redoubla, surtout parmi les Transvaaliens.

C'est à ce moment, dans le courant de novembre, que le général Sir Redvers Buller débarqua à Capetown. On s'attendait à ce qu'il prît le commandement de l'armée anglaise campée entre Estcourt et Colenso. Celle-ci, toujours accrue des renforts qui venaient d'outre-mer, grossissait chaque jour. Et nos éclaireurs rapportaient que les taches noires et bruyantes des campements anglais dans le Veld, devenaient, à vue d'œil, plus larges et plus nombreuses. C'était l'envahissement proche, l'attaque méthodique de notre indépendance. Quant à nous, qu'avions-nous pour renforts ? Notre courage toujours accru par la difficulté de la tâche. Serait-ce assez ?

Tout le monde attendait de grandes choses de Sir Redvers Buller à qui les Boërs, estropiant son nom, avaient donné le sobriquet de « lubber » (celui qui fait l'opération de la castration). En effet, à peine arrivé au Natal, il tenta de frapper un grand coup qui ne lui réussit pas d'ailleurs. Je ne veux point le juger défavorablement ici, ne l'ayant pas vu personnellement à l'œuvre. Peut-être dois-je aller jusqu'à le défendre, comme l'ont, du reste, fait les Anglais, car il arrivait à un moment où ni notre énergie ni nos armes n'étaient encore entamées.

Trois Ans de Guerre

Nous avions choisi, pour attendre les Anglais, d'excellentes positions. Et si, après deux ans de lutte à un contre vingt, l'ennemi dut encore compter avec nous, il ne faut point s'étonner qu'au début, malgré ses préparatifs déjà considérables, il fût allé à des échecs certains et sanglants.

Chapitre IV

JE SUIS NOMMÉ GÉNÉRAL COMBATTANT

Quelques jours après ces événements, le 9 décembre, je reçus un télégramme du président Steijn qui me proposait le grade de général combattant.

Je répondis au Président par la même voie, le priant de me donner quelque temps pour réfléchir et alléguant que mon unique ambition, en prenant les armes, avait été de faire mon devoir comme simple citoyen. Mais ma réponse était à peine partie que je recevais un autre télégramme de M. A. Fischer, membre du Conseil exécutif, que je tenais en très haute estime. Ce dernier m'invitait à ne point décliner la proposition qui m'était faite et à partir, sans retard pour les frontières de l'Ouest. Je crus alors que mon devoir était d'accepter cette charge si lourde pour moi, d'autant plus lourde que j'avais vécu toutes les premières journées de la guerre et que je ne m'illusionnais pas

Trois Ans de Guerre

sur les difficultés de notre tâche. Je me laissai donc nommer « général combattant ».

Inoubliable journée pour moi que celle où je quittai mes compatriotes du commando de Heilbron, avec lesquels j'avais vécu depuis mon enfance la vie paisible des fermiers. Je me séparai d'eux en leur assurant que je ne les oublierais point et que si nos corps étaient séparés, du moins nos âmes restaient unies dans l'ardent désir de sauver la patrie. Le commandant Steenekamp voulut bien me permettre d'emmener avec moi quatorze de mes plus vieux camarades. Les chevaux furent sellés, les mausers mis en bandoulière, et, au galop, en saluant encore de la main ceux que nous quittions à regret, pour aller à d'autres périls, nous disparûmes dans le Veld.

Dès le lendemain, nous arrivâmes à Elandslaagte, d'où un train spécial, que nous avait prêté le gouvernement transvaalien, devait nous conduire à Bloemfontein. Nous brûlâmes toutes les stations, sur mon ordre, et nous ne nous arrêtâmes qu'à la gare du Viljoensdrift (1), station extrême de notre train spécial. Là, malgré mon impatience et malgré les ordres de mon gouvernement, je dus attendre six heures et ne pus que reprendre, en pleine nuit, le train ordinaire des voyageurs.

Le 16 décembre, j'arrivai enfin à Magersfontein où j'appris que, pendant mon voyage, trois combats, heureux pour nos armes, avaient été livrés, à Colenso, à Magers-

(1) Le mot « drift » désigne un « gué », « Viljoensdrift, le gué de Viljoen ». on verra de même plus loin « Paardenbergsdrift ».

Trois Ans de Guerre

fontein et à Stormberg. A Colenso, les Anglais avaient subi de grandes pertes et s'étaient laissé prendre dix canons. Le combat de Magersfontein leur avait été également fort meurtrier et ils y perdirent le général Wauchaupe. Enfin, à Stormberg, nous nous étions emparés de sept cents hommes et de trois canons.

C'est à Magersfontein que je pris possession effective de mon commandement. J'avais pour mission d'unir mes efforts à ceux de C.-J. Wessels, campé autour de Kimberley, de E.-R. Grobler qui commandait à Colesberg, et de J.-H. Olivier qui commandait à Stormberg. Nous étions, d'ailleurs, tous les trois sous les ordres de C.-J. Wessels. D'autre part, sept mille Transvaaliens dépendant du général Piet Cronjé, et directement commandés par le général de la Rey, devaient nous appuyer.

Dès que j'eus organisé ma troupe, je m'apprêtai à prendre l'offensive. Il m'apparaissait comme urgent, ainsi qu'à de la Rey, de rompre les communications par voie ferrée de Lord Methuen. Nous nous en ouvrîmes au général Cronjé, lui demandant quinze cents hommes pour tenter ce coup de main. Mais, malgré nos instances, il s'y refusa, craignant de dégarnir les importantes positions de Magersfontein.

Peu de temps après, de la Rey ayant été envoyé à Colesberg, je réunis sous mon commandement les Transvaaliens de Magersfontein, tout en recevant mes ordres directs du général Cronjé que les gouvernements avaient désigné comme chef suprême de nos forces unies aux environs de cette ville. J'avais d'autre part sous mes ordres le veldcornet du Preez avec les Burghers de Hoofstad, le veldcornet du Plessis et plus tard le veldcornet Diederiks avec une partie de ceux de Boshof, Grobler, de Fauresmith, D. Lubbe, de Jacobsdal, Piet Fourie, de Bloemfontein Ignatius Ferreira, de Ladybrand, Paul de Villiers, de Ficksburg, enfin les commandants J. Kok et Jordaan, de Winburg.

Les positions dont j'avais la garde s'étendaient sur un front de quinze kilomètres et, bien que nos premiers jours se fussent passés à attendre les Anglais cantonnés à Modderrivier, je ne menai pas, de toute la campagne, une vie plus active et plus pénible que pendant cette courte période de trêve. Il me fallait, chaque jour, inspecter toutes les lignes, tenir en éveil l'ardeur de mes commandants et m'assurer que chacun était bien à son poste. Ce n'eût été rien pour moi si je n'avais dû perpétuellement soutenir le courage de tous et supporter les plaintes de la plupart. Ici l'un réclamait des hommes, là un autre en avait de trop. J'écoutais tout le monde avec patience.

Pendant ce temps-là, les Anglais qui n'osaient attaquer nos positions, nous mitraillaient de loin avec leurs énormes canons à la lyddite. En un seul jour, ils nous assaillirent de quatre cent trente-six projectiles.

Malgré tout, nous fûmes peu atteints par cet effroyable bombardement et je crois me rappeler qu'il ne causa que trois accidents. Ce fut, un jour, un jeune Burgher, fils de M. Gidéon Tonder, membre du Conseil exécutif, qui, dans une promenade à cheval, et alors qu'il était complètement

Trois Ans de Guerre

hors de vue, reçut la mort avec sa monture. Un autre jour, les deux frères Wolfaards, de Potchefstroom, se trouvèrent si grièvement atteints qu'on douta de leur guérison. Ils se rétablirent néanmoins. Comment pûmes-nous souffrir si peu de ce bombardement continu et bien conduit ? Je me le demande encore, maintenant que je me souviens de la sûreté avec laquelle les Anglais évaluaient les distances et envoyaient la plupart de leurs boulets dans nos lignes. Je ne puis vraiment attribuer tant de chance qu'à la protection de la Providence.

Un tel bombardement nous démontrait clairement que Lord Methuen craignait d'abord nos positions. Je ne m'en ouvrais point à mes Burghers dans la crainte de les voir se relâcher. Mais j'en parlais maintes fois au général Cronjé. « L'ennemi, lui disais-je, ne nous attaquera pas de front; il tournera notre position. » Le général en chef ne voulut point, cependant, tenir compte de mon avis. D'ailleurs, plus encore que le bombardement des Anglais, ce qui m'inquiétait et gênait mes mouvements, c'étaient les femmes qui allaient et venaient pour retrouver leurs maris dans le campement. Je correspondis, à ce sujet, avec mon gouvernement, le priant d'interdire l'entrée des femmes dans les commandos. Ce fut en vain.

Cronjé s'immobilisant à Magersfontein, les femmes s'attardant aux campements, deux faits bien lourds pour nous de conséquences douloureuses ! J'avais eu la tristesse de les prévoir avant celle d'en souffrir.

Chapitre V

LORD ROBERTS ENTRE EN SCÈNE AVEC DES FORCES SUPÉRIEURES

En prenant position devant Magersfontein et en bombardant nos lignes avec acharnement, les Anglais n'avaient d'autre but que d'immobiliser la plus importante partie de nos forces et de préparer l'attaque ailleurs.

C'est ce qu'ils ne manquèrent pas de faire.

Pendant que nous marquions le pas, Lord Roberts, en effet, s'approchait de nous avec des forces nombreuses auxquelles, tout d'abord, nous pûmes résister énergiquement. C'étaient, à Colesberg, le commandant supérieur Piet de Wet et le premier commandant adjoint H. Schoeman qui se maintenaient sur leurs positions ; mais, comme on dit dans notre pays de laboureurs habitués à la charrue, ils en avaient les mains pleines. C'était, à Norvalspont, le général de la Rey qui arrêtait le général en chef de l'armée anglaise ainsi que Lord Kitchener, les empêchant de passer, à cet endroit, le fleuve Orange et les relançant ainsi jusqu'à la Modderrivier.

Il en résultait pour l'armée anglaise une perte de temps considérable, car, en traversant le fleuve Orange à Norvalspont ou dans les environs, elle aurait plus rapidement trouver les voies ferrées qui pouvaient la mener à son point de concentration. Mais les abords du fleuve étaient si bien gardés par les nôtres, sur une distance de trente kilomètres, que les Anglais n'eussent pu, sans risquer le sort de Sir Redvers Buller au Natal, tenter de se frayer directement un passage.

Ce retard n'empêcha point la tactique des Anglais qui était bien, comme je l'avais prévu, de tourner nos positions.

Le 11 février 1900, en effet, une force importante de troupes montées quitta les campements de Modderrivier, pour aller à Koedoesberg occuper un kop situé sur la Rietrivier, à peu près à douze milles dans la direction de l'Ouest. Comme nous l'apprîmes plus tard, ces forces se trouvaient sous le commandement du général Mac Donald.

Des hauteurs de Magersfontein, nous vîmes, vers 10 heures du matin, l'armée anglaise préparer son attaque que le général Cronjé m'ordonna d'arrêter avec 350 hommes. J'en demandai 500 avec deux canons ; mais on me les refusa et il fallut partir, sans grand espoir de réussite.

Dans l'après-midi, j'arrivai près de Koedoesberg et je m'aperçus que la montagne était déjà occupée par les

Trois Ans de Guerre

Anglais. Ils s'étaient retranchés sur la partie Sud, et, de l'Ouest à l'Est, c'est-à-dire du côté où ils prévoyaient l'action, ils avaient édifié un mur en pierres, défendu par des troupes sur les deux versants. Au pied de la montagne, du côté Sud, ils avaient établi leur campement aux bords de la Rietrivier. Leur aile gauche se trouvait à l'Ouest près d'un ruisseau qui allait se jeter dans le fleuve.

Si solide que fût la position anglaise, comme il n'y avait pas à tergiverser, je donnai l'ordre de l'assaut et, encourageant mes Burghers avec le commandant C.-C. Froneman, d'un pas très rapide nous gravîmes le flanc du kop.

De rochers en rochers, nous arrivâmes au sommet sans trop de difficulté. Mais arrivés là, nous fûmes arrêtés, à environ 700 pas de l'ennemi, par le feu nourri des Anglais qui tiraient, bien abrités derrière le mur en pierres. Force nous fut de reculer et d'attendre la tombée de la nuit pour rejoindre, au pied du kop, nos chevaux et notre campement provisoire. Ce soir-là, nous dûmes faire quatre kilomètres pour trouver de l'eau, car, plus près, le général Mac Donald tenait le fleuve.

Le lendemain, de très bonne heure, nous reprenions les positions de la veille, bien résolus à résister, malgré tout, à la fusillade. C'est ce que nous réussîmes à faire. Nous arrivâmes ainsi jusqu'à une distance de 300 pas de l'ennemi.

Fallait-il tenter une nouvelle fois l'assaut? Je me demandais si je devais risquer ma petite troupe dans cette aventure, quand des renforts envoyés par Cronjé m'arrivèrent avec deux pièces d'artillerie, sous les ordres du major Albrecht. Immédiatement les canons furent mis en batterie et bombardèrent le mur qui servait d'abri aux Anglais. L'ennemi recula bientôt, mais sans que nous y trouvâmes d'avantages sérieux, car, à cent pas en arrière, les Anglais retrouvaient des positions aussi sûres que celles d'où nous les avions délogés, et ils se voyaient même, de ce fait, hors de la portée de nos canons.

Ceux-ci pourtant ne perdirent point leur temps et firent une besogne utile contre leurs adversaires anglais établis au Sud du fleuve, qui, après un bombardement sérieux, furent obligés de reculer.

Je profitai de cette retraite pour envoyer le commandant Froneman prendre possession du fleuve et d'un ruisseau qui s'y jetait du côté Nord. Il fut immédiatement attaqué par un détachement anglais placé à l'aile Ouest, mais il se défendit si vaillamment qu'il réussit à se maintenir sur ses nouvelles positions.

Comme on le voit, le combat était indécis. Froneman sur le fleuve avec ses canons, et moi sur le kop, nous nous maintenions avec peine sans pouvoir enfoncer les lignes anglaises. Pourtant la journée finissait. Il était déjà quatre heures et demie. Hélas, elle n'était point finie pour nous!

A ce moment je reçus, en effet, d'un Burgher placé en faction sur le versant Est de la montagne, la nouvelle qu'une troupe de cavalerie, forte de huit cents à mille hommes, se détachait du campement anglais de la Modderrivier et s'avançait, appuyée de deux canons, dans le but de nous envelopper à l'Est. On me prévenait en même temps qu'une autre portion de ma troupe forte de 80 hommes venait de battre en retraite. Je l'avais placée sur une colline arrondie, pour empêcher le général Mac Donald de nous envelopper.

Pour arrêter cette nouvelle force, je ne disposais que de trente-six hommes. Car je ne pouvais plus retirer les Burghers qui s'étaient approchés à cent pas de l'ennemi, sur le kop, sans les exposer à une fusillade meurtrière. Je n'hésitai point. En hâte nous descendîmes la colline, ressellâmes nos chevaux et nous partîmes, à bride abattue, sous le feu des Anglais pour arrêter la marche des renforts.

A trente-six contre mille je sentais notre situation tellement désespérée que je ne mettais plus notre salut que dans une charge. Je me préparai à fondre sur l'ennemi, d'une petite hauteur que nous avions pu atteindre avant lui, et à le traverser par un galop effréné.

Déjà nous reprenions haleine, nous assurant sur nos selles, et nous laissions souffler nos chevaux. Ramassée, vibrante et silencieuse pourtant, la petite troupe à la tête de laquelle je me trouvais n'attendait que mon ordre pour faire une trouée dans les lignes ennemies...

Elle ne le put; les Anglais, comme s'ils avaient deviné mon intention, s'arrêtaient à cinq cents pas de nous, quittaient leurs montures et nous accablaient d'une fusillade nourrie et bien dirigée. Nous fîmes de même; car c'eût été une folie de charger sous le feu, et nous répondîmes vigoureusement à leur tir. Cela dura un quart d'heure;

malgré notre courage, nous allions faiblir, faute de munitions et aussi parce que nos fusils échauffés nous brûlaient les mains... « Courage, criai-je à mes Burghers, le soleil se couche, tenez jusqu'à la nuit et nous sommes sauvés. »

Enfin, la nuit tomba, cette nuit tant désirée et qui venait nous apporter son aide. En rampant nous rejoignîmes le gros de notre troupe, tandis que les Anglais, qui ne savaient plus où tirer, rejoignaient le général Mac Donald. Nous-mêmes nous nous reformâmes au pied de la colline, là où nous avions établi la veille notre campement provisoire, exténués de fatigue, de faim et de soif. Trop tard dans la soirée, le commandant Andries Cronjé, frère du général, nous rejoignait avec 250 hommes et un Maxim-Nordenfelt.

Le général Mac Donald profita de la nuit pour se retirer dans son camp. Je ne puis dire quelles avaient été ses pertes au cours de cette journée si rude. Quant à nous, nous avions eu deux Burghers tués et six blessés.

Le général Mac Donald ayant rejoint ses tentes, il ne nous restait plus qu'à retrouver les nôtres, près de Magersfontein. Nous y arrivâmes vers dix heures du matin et le reste de la journée fut employé au repos.

Ce repos ne fut point inutile, car, dès le lendemain 13 février, nous pûmes voir, de nos positions, une forte troupe anglaise quitter le quartier-général de la Modderrivier et se mettre en marche dans la direction de la mine de diamants de Koffiefontein. Je reçus aussitôt du général Cronjé l'ordre d'aller au devant de l'ennemi avec

Trois Ans de Guerre

450 Burghers, un Krupp et un Maxim. J'étais accompagné des commandants Andries Cronjé, Piet Fourie, Scholten et Lubbe. Le lendemain, avant que les Anglais ne se fussent mis en route, nous avions pris nos positions à la ferme de Blauwbank, dans le district de Jacobsdal.

Bientôt la bataille commença; mais ce ne fut, en réalité, qu'un duel de canon peu efficace dont la signification ne m'échappa point. Lord Roberts, en nous attirant du côté de Koffiefontein, n'avait pas eu l'intention d'y livrer bataille et d'atteindre ensuite Bloemfontein. Il voulait simplement diviser nos forces et gagner plus facilement la capitale en passant par le Paardenbergsdrift (1) et Kimberley.

Dès lors, je ne jugeai point utile de faire le jeu de Lord Roberts en lui offrant de nouveau le combat. En m'éloignant de six kilomètres, je cachai trois cent cinquante hommes de mon commando derrière un rocher, puis je donnai cent hommes au commandant Lubbe avec mission de suivre, sans être vu, la puissante armée qui s'approchait du Paardenbergsdrift et d'en surveiller tous les mouvements. Elle était composée surtout de troupes montées, de neuf ou dix batteries d'artillerie et de voitures légères traînées par des mules.

Comme le général Cronjé, avec des forces supérieures, pouvait faire des reconnaissances utiles, j'étais d'avis de ne point me démasquer, d'apparaître et de disparaître en de fréquentes escarmouches, et d'inquiéter la marche de

(1) Voir la note page 30.

l'ennemi en le harcelant avec des commandos mobiles.

Pour informer le général Cronjé de la situation et de mes intentions, je lui dépêchai le commandant A.-J. Scheepers (1), avec mission d'informer le commandant en chef que l'armée ennemie, composée d'environ 40.000 ou 50.000 hommes, avait fait une conversion à Blauwbank, et de l'engager à éviter ces forces si supérieures aux nôtres. J'avais cru devoir émettre ce dernier avis, en raison des femmes et des enfants qui encombraient les commandos.

La réponse de Cronjé ne se fit pas attendre : « Vous aussi, me faisait-il dire, vous avez peur des Anglais. Allons, pas de faiblesse; tuez-moi les uns et capturez-moi les autres. » Bien que la suite des événements n'ait point donné raison à la hardiesse du général en chef, le lecteur voudra bien croire que je ne la cite pas ici pour faire croire qu'il fut téméraire, mais pour montrer qu'il fut héroïque.

Du 14 au 16 février, je me tins tranquille avec ma petite troupe, surveillant, sans me laisser voir, l'armée de Lord Roberts qui s'avançait. Mais, dès le 16, je résolus de faire savoir à Lord Roberts qu'il n'était pas seul et qu'il était peut-être temps de songer un peu aux gens du pays. Un lourd convoi chargé de victuailles suivait justement l'armée ennemie. « Voilà, me disais-je, des voitures qui feraient bien notre affaire; il y aurait de quoi ravitailler pour long-

---

(1) À ce moment, il n'était que chef de notre corps d'*héliographes*. C'est lui qui, dans la suite, s'acquit dans toute la colonie du Cap une si grande renommée.

Trois Ans de Guerre

temps nos campements de Magersfontein. Essayons de les enlever. »

Pourtant, le 16, ce n'eût pas été prudent, le convoi se tenant trop près de l'armée. Le 17 je me fis le même raisonnement bien que je sentisse l'affaire toute proche. En effet, le convoi s'établissait aussi tranquillement que s'il eût été sur les bords de la Tamise, auprès de la Rietrivier, tandis que le gros de l'armée se détachait de lui.

Enfin, le lendemain, je jugeai le moment propice et, dès l'aube, nos trois cent cinquante hommes, prenant le convoi en flanc, dirigeaient sur lui une fusillade très efficace.

Il résista pendant deux heures avec acharnement et ne tarda point à recevoir des renforts composés de cavalerie et de quatre canons Armstrong qui faisaient tout le possible pour bombarder les chariots à mulets derrière lesquels nous tirions. Si difficile que devînt notre situation, j'étais bien décidé à ne lâcher prise qu'à la dernière extrémité, car, outre les ressources que nous espérions trouver dans le campement, je ne doutais pas que les Anglais souffriraient énormément de s'en voir dépouillés.

Notre constance fut couronnée de succès. A la tombée de la nuit, nous avions déjà fait de bonne besogne. En bien des endroits du campement, l'ennemi s'était reculé devant la justesse de notre tir, et si nous n'avions pu le cerner à cause de notre petit nombre, du moins avions-nous déjà réussi, en plusieurs endroits, à nous offrir quelques larges parts de butin. Pour mon compte, je tenais 1600 bœufs de trait, tandis que Fourie qui avait

Trois Ans de Guerre

attaqué par le côté sud, s'était emparé de plusieurs chariots chargés d'eau.

Nous restâmes sur nos positions toute la nuit, espérant bien recommencer, le lendemain, nos visites à main armée dans le campement ennemi. A la première heure, nous étions prêts à l'attaque. Silence complet dans le campement. Était-ce un guet-apens que nous tendait l'ennemi? Par petites fractions, nous approchâmes.... Toujours le même silence... Quelques Burghers entrèrent. Rien... Les Anglais, pendant la nuit, avaient filé. Nous découvrîmes seulement, cachés dans la Rietrivier une vingtaine de soldats qui tremblaient de tous leurs membres, et un peu plus loin, trente-six Cafres.

Par contre, le butin était énorme : deux cents chariots de vivres qui se composaient de « corned beef », de biscuits, de confitures, de saumons et d'autres subsistances, douze chariots d'eau, de lait, de rhum, des chargements de fourrage, d'avoine. Une vraie richesse!

Le tout n'était pas de l'avoir prise, il fallait s'en débarrasser rapidement, car les prisonniers nous annonçaient que nous allions être rejoints par des colonnes arrivant de Belmont, contre lesquelles il eût été impossible de tenir. Et si nous ne pouvions faire profiter notre armée, nos femmes et nos enfants de tout le butin pris à l'ennemi, du moins fallait-il qu'il en fût privé lui-même et se trouvât, par suite, fort en peine pour continuer sa marche dans un pays qui ne lui fournirait pas de subsistance.

Sans perdre une minute, je fis recharger sur les chariots

toutes les caisses de vivres que les Anglais avaient descendues pour s'en faire de magnifiques fortifications. Puis les bœufs furent attelés. C'était la chose la plus difficile, car, mal secondés par les Cafres, nous ne savions quels bœufs devaient être mis à l'avant et quels autres, à l'arrière. Nous ne savions pas non plus quelles bêtes devaient être accouplées. Enfin, au bout de quelques heures, nous réussîmes, bien péniblement, à nous mettre en marche. Les premiers milles se firent lentement, car, à chaque instant, les bœufs, mal attelés, se refusaient à tirer. Mais peu à peu tout s'arrangea et, sous la direction du commandant Piet Fourie, les provisions qui devaient suivre l'armée de Lord Roberts partirent pour Edenburg, en prenant la voie de Koffiefontein.

Je mis le convoi sous la garde de deux cents hommes et d'un canon Krupp. Pour moi, je n'avais pas fini ma tâche et, avec les cent cinquante hommes et le Maxim-Nordenfelt qui me restaient, je pris la direction du Paardenbergsdrift. Je tenais, en effet, de mes éclaireurs, qu'un détachement anglais de cinquante à soixante hommes se trouvait à environ huit milles de l'endroit où nous avions pris le convoi.

Sans me démasquer, et par des vallonnements qui m'étaient familiers, j'arrivai à une distance de 3000 mètres de cette petite troupe. Elle était à moi. Et malgré la tristesse de la guerre, je ne pouvais m'empêcher de sourire dans ma barbe, en disant à mes Burghers : « Vraiment, ni Roberts, ni Kitchener n'arriveront à destination avec tous leurs hommes et tous leurs convois. » Mais j'estimai que soixante Anglais étaient inférieurs à cent cinquante Burghers et j'envoyai un émissaire au commandant du détachement ennemi, pour le sommer de se rendre.

Bien que la nuit tombât, la réponse ne se fit point attendre. Un officier anglais revint avec mon émissaire.

— *Are you general de Wet?* fit le premier.

— Oui.

— Alors, j'ai l'honneur de vous faire savoir, de la part de mon officier commandant, que nous sommes environ cent hommes pourvus de munitions et de vivres, protégés par des maisons et des kraals, qu'à chaque minute nous attendons 10.000 hommes de la gare de Belmont pour les conduire vers Lord Roberts, et que nous n'avons pas à nous rendre.

J'avais laissé parler l'Anglais sans l'interrompre. Quand il eut fini :

— Je vous accorde, lui répondis-je, le temps qu'il faut pour retourner au plus vite et par le chemin le plus court, vers votre chef. Une fois arrivé, vous lui direz qu'il a dix minutes pour prendre parti, qu'il est cerné de trois côtés à la fois, et que les dix minutes passées, si le drapeau blanc n'est pas levé, je vous fais bombarder. — Et je lui montrai notre Maxim entouré de cinquante citoyens silencieux. — Allez. »

Il regarda le canon longuement et réfléchit.

— Voulez-vous me donner votre parole d'honneur, reprit-il après un silence, de ne pas bouger avant que nous soyons à dix kilomètres de vous? A cette condition, je vous

Trois Ans de Guerre

donne la mienne que nous quitterons nos positions.

Pendant quelques secondes, je regardai sans rien dire cet officier anglais. Quelle idée pouvait-il donc se faire d'un général des Boërs pour lui faire de semblables propositions? Cet homme m'aurait fait sourire, si je ne m'étais contenu.

— Allez, lui dis-je, portez ma première réponse et au galop. Une dernière fois, je vous le répète, si dix minutes après que les sabots de votre cheval auront foulé votre campement, votre chef n'a pas hissé le drapeau blanc, je vous fais bombarder jusqu'au dernier. La pièce est pointée, et mes Burghers — que vous ne voyez pas tous, nous nous montrons moins que vous — n'attendent qu'un geste pour approcher et tirer.

L'Anglais tourna bride, et je suivis des yeux son galop dans la plaine. A peine fut-il descendu de cheval que le drapeau blanc était hissé.

A ce signal, nous arrivâmes ventre à terre, et fîmes cinquante-huit prisonniers. Après les avoir séparés de leurs armes et de leurs montures et mis sous la garde de quelques Burghers, je leur fis un peu presser le pas pour rejoindre le convoi et prendre le chemin d'Edenburg avec le rhum, le lait et les confitures.

Sans perdre de temps, je devançai les prisonniers pour rejoindre moi-même le convoi dont le sort m'inquiétait, car je craignais que Lord Roberts, prévenu, n'envoyât une troupe solide pour le reprendre. De quoi pouvaient bien, en effet, se nourrir nos ennemis?

Trois Ans de Guerre

La plaine était vide. Ce fut seulement le lendemain 4 février, que nous aperçûmes, dans la direction du Paardenbergsdrift, une patrouille qui s'avançait. Nous reconnûmes vite les cent hommes du commandant Lubbe, que j'avais envoyés, comme on peut se le rappeler, pour porter aide au général Cronjé. Le commandant m'apprit de mauvaises nouvelles. Le général French avait pu se frayer un passage à travers nos lignes et avait fait lever, selon toute probabilité, le siège de Kimberley. Quant au général Cronjé, il se retirait, en combattant, sur Paardenberg.

Ces nouvelles m'attristèrent, et je prenais la résolution de rejoindre immédiatement Cronjé à Paardenberg, quand, au moment de partir, je reçus du président Steijn une dépêche m'annonçant que je trouverais près de Koffiefontein, 150 hommes de renfort, sous les ordres de Philip Botha, nommé général combattant adjoint.

Assuré, dès lors, que le convoi capturé arriverait sans encombre à Edenburg, je retournai vers lui pour lui reprendre notre canon Krupp. Je le trouvai à six kilomètres de Koffiefontein où je fus rejoint par le général Jacobs de Fauresmith et le commandant Hertzog. Comme ils m'apportaient la nouvelle que des troupes venant de Belmont-Station étaient en marche, je leur donnai l'ordre de se porter à leur rencontre. Quant à moi, je rejoignis Botha vers une heure du matin. Nous fîmes manger nos chevaux qui avaient de l'avoine et du fourrage anglais en abondance ; et mes 150 hommes, joints aux 150 Burghers de Botha, partirent au galop pour porter secours à Cronjé.

Chapitre VI

PAARDENBERG

Nous-nous arrêtâmes, pour reprendre haleine, dans un petit vallonnement. Le soleil venait de se lever. Mais à peine avions-nous dessellé nos chevaux que nous entendions gronder le canon dans la direction de Paardenberg. Le bombardement était continu et faisait présager une grosse affaire. Nous ne pouvions hésiter. Les chevaux reçurent leur fourrage, tandis que, sur le pouce, nous prenions un peu de « bout-span ». Et en avant sur Paardenberg ! Il était alors dix heures du matin. Le canon tonnait toujours.

Vers trois heures et demie, nous étions arrivés sur une hauteur, à six milles de Paardenberg, d'où nous aperçûmes, sur la rive droite de la Modderrivier, le laager du général Cronjé entièrement cerné par les Anglais.

Les troupes de Cronjé, au loin, faisaient l'effet d'une tache noire au milieu de l'ennemi. Les canons anglais tonnaient, fouillant la terre avec rage, et couvrant d'une poussière rougeâtre la troupe que nous allions secourir.

La situation était critique, presque autant pour nous que pour Cronjé. Mais nous ne pouvions le laisser mourir dans le cercle de fer et de feu qui, peu à peu, se resserrait sur lui. A tout prix il fallait attaquer.

Nous résolûmes d'aborder l'ennemi par le point le plus proche, les maisons de Stinkfontein. Nous aurions aussi à attaquer de petites côtes situées à deux milles et demie au Sud-Est des Anglais.

A quatorze cents pas de cet endroit, nous nous aperçûmes que l'ennemi l'occupait. L'attaque devait dès lors commencer. Botha se réservait les maisons, les kraals et les jardins, moi, les petites côtes avoisinantes que les Anglais occupaient également.

Ces derniers saluèrent notre marche en avant par une fusillade acharnée. Mais, en présence de Cronjé bloqué, rien ne nous effrayait. Nous les culbutâmes et en capturâmes soixante.

Malgré tout, ces positions que nous avions acquises au prix de trois morts, sept blessés et quatorze prisonniers, nous étaient des plus meurtrières. Il fallut même les abandonner et reculer devant l'ennemi qui menaçait de nous faire subir le même sort qu'à Cronjé.

Après avoir pris les positions, je fis avancer nos canons restés en arrière avec quelques-uns des Burghers. Il fallut construire une route pour les faire passer. J'aurais voulu, également, protéger nos canons contre un bombardement que je prévoyais, en les abritant derrière de petites forti-

Trois Ans de Guerre

fications. Je les fis construire pendant la nuit, et les pièces furent placées dès le lever du soleil. Les canons anglais tonnèrent presque aussitôt et nous ne pûmes répondre avec énergie, car il nous fallait économiser nos munitions.

Cependant, Cronjé ne bougeait pas. Il était évident qu'il ne voulait pas abandonner son laager (1); car les troupes anglaises qui se trouvaient entre nous et ce laager s'étant retirées, il avait eu pour sortir, un chemin que nos canons avaient encore élargi.

Lutte héroïque et à jamais mémorable d'un homme qui n'eut jamais d'autre tactique que sa bravoure et se refusa toujours à la retraite. L'histoire le jugera. Elle dira qu'il fut un soldat valeureux, mais qu'il fit passer, avant le salut de son peuple, le désir de combattre quand même.

Pourtant, quelques-uns des siens vinrent nous rejoindre le second jour. Ce furent les commandants Froneman et Potgieter qui, voyant la route élargie par nos canons, sortirent à toute bride pour nous retrouver.

Les Anglais, sentant notre résistance, essayèrent de nous tourner. Ils développèrent dans ce but, sur nos ailes, de fortes colonnes de cavalerie appuyées par de la grosse artillerie. Notre seule tactique devait donc être de les arrêter. Pour cela, je fis enlever de leurs positions le Krupp

---

(1) Le « laager » ne désigne pas le camp, comme on le croit généralement, mais bien les voitures, bagages et quelquefois les troupeaux et les domestiques, que les Burghers traînaient derrière le commando pour éviter qu'ils ne tombassent aux mains de l'ennemi. De Wet eut une peine énorme à se débarrasser de ces impedimenta qui rendaient très difficiles les évolutions rapides de ses commandos.

(*Note du traducteur*)

et le Maxim, et je divisai ma petite troupe en trois parties : tandis que je laissais l'une sur les positions, j'envoyai les deux autres à chaque aile, et je réussis à faire reculer l'ennemi.

Le nouvel effort des Anglais ayant échoué, ils changèrent encore une fois de tactique. Laissant quelques troupes à nos deux ailes, pour éviter une concentration, ils tentèrent, le 20, vers midi, d'enfoncer le centre de nos lignes, avec des forces considérables d'infanterie.

L'une de nos positions où se maintenaient le commandant Spruit et le veldcornet Meyer fut cependant surprise.

Comme le commandant Spruit, attaqué par des forces supérieures, s'était vu obligé de reculer, il avait regagné, à la hâte, une petite côte, à deux ou trois cents pas en arrière de celle qu'il venait de quitter. Arrivé là, il entendit de grands cris s'élever de la position qu'il venait d'abandonner.

— Comment, se dit-il, quelques-uns des miens ne m'auraient-ils pas suivi?

N'écoutant que son courage et risquant vingt fois la mort, il retourna sur ses pas, tout seul, pour rallier sa troupe. Les mêmes cris se faisaient entendre.

— Et que faites-vous donc? dit Meyer en s'approchant, vous attendez que l'ennemi soit sur vous.

— *Hands up!* (1) répondit-on... C'étaient les Anglais! Spruit était pris.

(1) « Hands up! » littéralement : « haut les mains ». Cette formule anglaise correspond ici à l'expression française « Bas les armes! »

Trois Ans de Guerre

L'ayant fouillé, les Anglais trouvèrent sur lui des papiers qui indiquaient clairement que leur prisonnier était un personnage de marque. Et cette constatation leur faisait pousser des cris de joie qui arrivaient jusqu'à nos lignes (1).

En les entendant, je crus que l'ennemi voulait recommencer l'attaque, et j'ordonnai que nulle position ne fût abandonnée. Les hauteurs que nous pouvions tenir, même en nous retirant devant les Anglais, étaient, en effet, le seul espoir qui nous restât de délivrer Cronjé. On ne nous attaqua point pourtant. Mais, comme il nous semblait évident que les Anglais, au nombre de 2.000, voudraient profiter de leurs avantages, nous nous attendions, pour le lendemain, à ce qu'ils reprissent violemment l'offensive. Toute la nuit, nous restâmes donc à notre poste, sans dormir. Couché, assis ou debout, chacun de nous essayait de percer la nuit, de percevoir des bruits de pas. Nous étions si attentifs à ce qui se passait autour de nous, si sûrs de l'attaque pour le lendemain, que nous en retenions nos haleines pour mieux écouter.

(1) Onze ou douze jours après, le commandant Spruit était de nouveau parmi nous. Quand nous le vîmes apparaître, nous crûmes qu'il était ressuscité et nous fûmes remplis d'une grande joie de le revoir, car c'était un homme pieux et affable. Voici comment il avait réussi à s'échapper :

Le lendemain du jour où il avait été fait prisonnier, on l'avait dirigé, sous bonne escorte, du quartier général de Lord Roberts à la gare de Modderrivier où il prit le train pour Capetown. Non loin de De Aar, en pleine nuit, les gardes s'endormirent. « Voilà, se dit le brave Spruit, l'occasion de fausser compagnie aux Anglais. » Il attendit que le train se ralentît dans une montée, et, d'un bond, il sauta sur la voie. Dès le jour, il se cacha et continua sa marche la nuit suivante. Torturé par la faim il réussit à regagner la ligne du chemin de fer, au nord de Colesberg. C'est de cette ville qu'il rejoignit son commando ; il nous revint le 2 ou le 3 mars.

Trois Ans de Guerre

Enfin, le jour se leva! Et que vîmes-nous! Rien... Les Anglais avaient disparu.

Nous en étions aussi stupéfaits que remplis de joie. Enfin, pensions-nous, Cronjé va comprendre la situation. Il quittera son laager et échappera à l'ennemi.

On était alors au 25 février.

Pourtant les Anglais ne se reposaient pas.

Dès neuf heures du matin, ils essayaient de nous déborder à gauche et à droite. Pour leur résister, il ne nous restait plus que fort peu de munitions; à peine quelques coups pour le Krupp et trente pour le Maxim. Je fis disposer l'un à droite et l'autre à gauche, en donnant l'ordre de les mettre à l'abri, dans la direction de Petrusberg, aussitôt que les munitions seraient épuisées. Je réussis ainsi à arrêter la marche des Anglais.

Mais comme les munitions étaient maigres, mon ordre ne fut, hélas! que trop promptement exécuté. Et ma troupe qui avait pu tenir bon contre l'ennemi, quand elle était sous la protection des canons, dut se replier dès que ceux-ci eurent été mis à l'abri.

Que pouvais-je faire dès lors? J'avais été bombardé toute la matinée par l'artillerie et l'infanterie. Incapable de résister et menacé d'être enveloppé, je dus abandonner cette position à laquelle je tenais tant puisque j'estimais qu'elle était de la plus haute importance pour la fuite de Cronjé. Il n'y avait pas à hésiter ni à demander à mes Burghers un suprême effort. Ils comprenaient eux-mêmes tout le danger de notre situation et, en apercevant les troupes anglaises qui se développaient autour de nous, ne craignaient point de me dire : « Partons, partons ; car si nous restons ici, nous serons cernés comme le général Cronjé. »

Au galop, nous nous frayâmes un passage à travers les lignes anglaises (1). Et pendant neuf milles, nous dûmes fuir sous le feu des Anglais. Ceux-ci nous serraient de près et avaient réussi à nous déborder à droite et à gauche. Ce fut un vrai miracle que nous n'ayons eu qu'un homme tué et un blessé dans cette affaire.

Aussitôt les Anglais occupèrent les positions que nous avions abandonnées et cernèrent le général Cronjé de si près que toute idée de fuite nous paraissait impossible.

A peine avions-nous échappé au feu de nos adversaires que nous rencontrâmes l'avant-garde des renforts qui devaient nous arriver de Bloemfontein. Il y avait parmi eux les commandants Theunissen de Winburg et Vilonel de Senekal. Ils étaient sous les ordres du général combattant Andries Cronjé.

Nous tînmes alors conseil sur ce qu'il était encore possible de faire pour débloquer le général Cronjé. Et l'on décida qu'on tenterait de reprendre les positions que j'avais abandonnées. Trois sections furent formées avec nos troupes réunies ; elles étaient chargées d'attaquer trois

(1) Le veldcornet Speller, avec quatorze hommes, fut le seul qui ne s'échappa point. Ce fut, je crois, la faute de mon aide de camp qui, dans la précipitation de notre retraite, avait oublié de lui porter mes ordres. J'ai su plus tard qu'il s'était défendu avec le plus grand courage, et qu'avant d'être fait prisonnier, il avait coûté cher aux Anglais.

Trois Ans de Guerre

positions différentes : Philip Botha devait reprendre avec le commandant Theunissen les positions de Stinkfontein, Froneman, le général Andries Cronjé et moi, d'autres positions plus au Nord.

L'attaque eut lieu le lendemain, mais elle ne réussit pas, le général Botha ayant été surpris par l'ennemi avant d'arriver à la position qu'il devait occuper. Dès lors un combat terrible s'engagea où le commandant Theunissen fut pris avec cent hommes. Je ne puis dire s'il s'était avancé avec trop de mépris du danger ou si le général Botha ne le seconda pas d'une façon assez efficace.

De l'endroit où j'étais placé, je ne pus voir suffisamment comment les choses se passèrent. Des Burghers, après l'attaque, rendirent le général Botha responsable de ce désastre. Lui, au contraire, se défendit en alléguant que le commandant s'était avancé avec imprudence. Quoi qu'il en soit, nous ne pouvions qu'enregistrer une nouvelle défaite. Elle nous était d'autant plus sensible qu'en ce moment critique nous avions besoin de tous nos hommes et que le découragement, la peur même se glissaient dans les rangs des Burghers. C'était le commencement de la grande panique qui devait être occasionnée par la capture de Cronjé et de toute son armée.

Pourtant je voulus tenter un dernier effort.

Parmi les troupes de renfort se trouvait Danie Théron, l'inoubliable capitaine des estafettes. Je lui demandai s'il ne voulait pas se charger d'un message verbal pour le

Trois Ans de Guerre

général Cronjé. Je craignais en effet de faire parvenir à ce dernier un message écrit qui aurait pu tomber entre les mains de l'ennemi. La réponse de Théron fut telle que je l'attendais d'un héros :

— Oui, général, j'irai, me dit-il simplement.

Jamais, au cours de notre lutte, il n'y eut d'entreprise plus périlleuse.

Je lui donnai l'ordre de dire à Cronjé que toute notre cause était entre ses mains, que nos destinées recevraient un coup mortel s'il se laissait prendre, et qu'il fallait, à tout prix, risquer une sortie. Il devait abandonner son laager avec tout ce qui s'y trouvait, et s'avancer en combattant, même la nuit, par un chemin que je lui désignais. Moi-même j'irais à sa rencontre avec tous les Burghers dont je disposais, pour protéger sa retraite.

Danie Théron me quitta dans la nuit du 25 février, et, la nuit suivante, je me rendais à l'endroit où j'avais donné rendez-vous à Cronjé, espérant bien que le capitaine était arrivé à destination et que Cronjé s'était laissé convaincre. Au rendez-vous je ne trouvai personne. Théron n'avait-il pu franchir les lignes anglaises ou Cronjé résistait-il toujours à nos avis?

Le lendemain matin, Théron revint à nous. Il avait accompli un exploit sans pareil. Deux fois, en rampant, il avait franchi les lignes anglaises. Il avait les mains, le visage et les genoux en sang. Mais sa démarche fut inutile. Cronjé n'approuvait pas le plan que je lui avais soumis. Le même jour, 27 février à dix heures, il se rendait.

Trois Ans de Guerre

Ma déception fut amère de penser que mon dernier effort n'avait pas abouti. Sans doute, je connais trop le général Cronjé pour l'accuser de faiblesse. S'il s'est obstiné jusqu'au bout, c'est qu'il a pensé qu'il ne lui était pas permis d'abandonner le laager. (1) Mais ce héros n'a point songé aux douloureuses conséquences de sa reddition. Il n'a point pensé qu'elle allait semer la terreur dans tous les laagers du Veld, non pas seulement tout près de lui, et dans nos lignes, mais à Colesberg, à Stormberg, à Ladysmith. Il n'a point pensé que tous les Burghers allaient se dire qu'il était inutile de persévérer dans la résistance puisque lui, Cronjé, célèbre et courageux entre tous, venait de se laisser prendre. Il se peut que Dieu, qui dirige les destinées de tous les peuples de la terre ait voulu qu'à Paardenberg nous buvions le calice jusqu'à la lie. Mais malgré tout la conduite de Cronjé fut inexcusable.

On objectera peut-être que la sortie de Cronjé n'aurait pas réussi, puisque tous ses chevaux étaient tués et que Lord Roberts l'eût facilement atteint. Mais à cela je répondrai qu'au moment de Paardenberg, l'armée anglaise ne se servait pas encore, comme guides, de « National Scouts » (2) et que Cronjé aurait pu lui échapper pendant la nuit. Je disposais, d'ailleurs, de 1.600 hommes qui étaient capables d'arrêter l'ennemi jusqu'à ce que le général en chef se fût échappé.

(1) Voir la note page 51.
(2) Les « National Scouts » étaient des Boërs déserteurs dont les Anglais se servaient comme d'éclaireurs.

Trois Ans de Guerre

La stupeur qui nous étreignit, moi et mes Burghers, quand nous apprîmes cette capitulation, nulle plume ne pourrait la décrire. Tous les visages marquaient le découragement et la désolation. Et je ne crains point d'affirmer que cet état d'âme fut celui des Burghers, tout le restant de la guerre. Nous ne nous relevâmes point de Paardenberg!

Chapitre VII

LA DÉBACLE DE POPLAR GROVE ET LA PRISE DE BLOEMFONTEIN

MALGRÉ la reddition de Cronjé et le profond abattement des Burghers, j'étais bien résolu à continuer la lutte. Je me devais, d'ailleurs, d'autant plus à mon pays que je venais d'être nommé général commandant en chef adjoint, dans des circonstances que je crois utile de relater.

En janvier, M. J. S. Ferreira avait été élu commandant en chef et il avait établi son quartier général à Kimberley, bien que ses troupes se fussent disséminées après la délivrance de cette ville : une partie s'en était allée à Viertienstroomen, une autre dans la direction de Boshof, enfin la troisième dont Ferreira prit le commandement direct, avait gagné Koedoesrand, au-dessus de Paardenberg. Ce fut au moment de cette dislocation que je quittai le commandant en chef à Kimberley, pour ne plus le revoir. Cet

Trois Ans de Guerre

homme, qui avait bravé vingt fois la mort, mourut d'un accident ridicule de tir au fusil. J'étais si occupé à ce moment que je ne pus faire les deux heures de cheval qui me séparaient de sa dépouille pour assister à son enterrement. Je reçus alors du président Steijn ma nomination de commandant en chef...

Décliner cet honneur, il n'y fallait point penser. Je ne me dissimulai point pourtant que la tâche était difficile, et que le meilleur qui pût m'arriver était d'améliorer une situation fort dangereuse pour nos armes.

Autant qu'il me fut possible, je commençai tout d'abord par rassembler mes commandos autour de Modderriverspoort et de Poplar Grove, environ à six milles à l'est de l'endroit où le général Cronjé s'était rendu. J'avais d'ailleurs tout le temps nécessaire pour cette opération; car, du 24 février jusqu'au 7 mars, Lord Roberts se reposa du travail, qu'il croyait gigantesque, d'avoir surpris Cronjé! Cronjé qui n'avait pas voulu sortir par les vingt portes que Botha, moi et nos canons lui avions ouvertes à travers les lignes anglaises! Peut-être Lord Roberts pensait-il aussi, en se reposant, aux mille morts que lui avait coûtés cette affaire!

Je profitai du repos qu'il m'offrait, pour organiser mes positions et mettre en bonne posture les renforts qui m'arrivaient à chaque moment. Pendant ces jours, où me revenait une lueur d'espoir, je dus pourtant apprendre de nouvelles et douloureuses conséquences de la reddition de Cronjé : Ladysmith était débloquée le 1ᵉʳ mars par

Trois Ans de Guerre

Buller, Stormberg prise le 5 par Gatacre, tandis que les Burghers reculaient devant le général Brabant. L'ennemi reprenait du terrain et du courage; il nous le faisait savoir par Lord Salisbury, qui, le 5 mars, repoussait, sans discussion, les propositions de paix faites par nos deux Présidents.

Mon dernier jour à Poplar Grove fut rempli par la visite que daigna me faire M. Krüger, le vénérable président de la République Sud-Africaine. Le grand vieillard n'avait point hésité, dans l'intérêt de notre cause commune, à venir de Prétoria à Bloemfontein, et, malgré son grand âge, au risque de tous les périls, il avait parcouru, dans une mauvaise voiture, jour et nuit, parmi les patrouilles anglaises qu'il fallait éviter, les quatre-vingt-seize milles qui me séparaient de notre capitale.

Je ne pus le voir, d'ailleurs, plus de quelques instants. Car au moment de son arrivée, Lord Roberts s'avançait contre les Jaagers que j'avais disposés sur une longueur de douze milles, le long de Modderrivier, avec des forces déployées sur un front de plus de dix milles. M. Krüger, à peine arrivé, eut la tristesse de fuir devant l'ennemi. Je venais, en effet, de recevoir un télégramme reconnu faux dans la suite qui m'annonçait que les Anglais occupaient déjà Petrusburg. Le président reprit donc cette même route lamentable et détrempée qui l'avait amené jusqu'à moi, avec la profonde douleur de voir l'ennemi s'avancer pas à pas, jusqu'au cœur des deux Républiques.

Trois Ans de Guerre

Quand sa voiture s'éloigna, j'étais déjà sur mon cheval, inquiet de connaître la tenue des Burghers sur nos positions. Nouvelle tristesse ! et qu'il me fallait encore attribuer à Cronjé : nos Burghers, pris de peur, les abandonnaient en désordre, avant même que l'ennemi fût arrivé à portée de canon.

Ils fuyaient, fuyaient, sans qu'aucun d'eux retînt ses camarades. C'était une fuite comme je n'en avais jamais vu, et comme je n'en veux plus voir, dussé-je mourir pour que ce spectacle me soit évité. Canons, voitures, chariots, Burghers, tout descendait, dégringolait, se culbutait du haut des positions dans le plus abominable pêle-mêle. En vain, avec mes officiers, tentai-je un ralliement. J'usai, ce jour-là, deux de nos meilleurs chevaux qui tombèrent sous moi. Rien n'y fit, je ne retins point les fuyards. Je zigzaguai vainement de position en position sans garder personne. Dans la soirée j'arrivai à la ferme de M. Charles Ortel à Abrahamskraal, à environ dix-huit milles de Poplar Grove. L'ennemi campait à une heure et demie de cheval.

Pourtant la fuite durait toujours et ce ne fut que le lendemain que je pus, en partie, rallier mes Burghers. Quand je les eus rassurés et que je crus pouvoir compter sur eux, je partis au galop pour Bloemfontein, afin de délibérer sur les mesures qu'il fallait prendre en vue de défendre la capitale.

Le 18 mars, à 9 heures du matin, j'étais de retour à Abrahamskraal où je me rencontrai avec Piet de Wet arrivé de Colesberg et le général de la Rey.

Trois Ans de Guerre

A peine avions-nous organisé nos positions autour d'Abrahamskraal que les Anglais nous y bombardaient terriblement en même temps qu'ils attaquaient à Rietfontein le général de la Rey qui s'y tenait avec les Transvaaliens et quelques sections des commandos de l'État libre.

Chose étonnante, les Burghers se maintinrent avec la plus grande fermeté de dix heures du matin jusqu'au coucher du soleil. Avaient-ils compris tout le ridicule de leur conduite de la veille ; mes encouragements les avaient-ils amenés à croire que le salut n'était ni dans la peur, ni dans la fuite ? Je ne sais, mais ils se défendaient bravement. Ceux du général de la Rey, surtout, paraissaient invincibles et je dirais ici la valeur qu'ils surent déployer, si je ne craignais d'empiéter sur le terrain de mon frère d'armes de la Rey qui a, lui aussi, l'intention d'écrire ses mémoires.

Malheureusement, les nôtres ne persistèrent point dans ce beau courage et, comme si une nouvelle panique s'était emparée d'eux, ils quittèrent leurs positions, après le coucher du soleil, et se retirèrent dans la direction de Bloemfontein. Une troupe de cinq mille Burghers en fuite et affolée par l'ennemi se trouva réunie par ce fait. Il était dès lors bien difficile de la tenir en main et de l'employer utilement.

Pourtant Bloemfontein était devant nous, entourée par l'ennemi. Et à la pensée que la capitale se trouvait en danger, j'espérais que les plus pusillanimes retrouveraient du courage !

Trois Ans de Guerre

C'est à ce moment de notre lutte que se placent les propositions de paix faites, le 5 mars, par les deux Présidents au gouvernement Britannique. Ils avaient déclaré, en prenant Dieu pour témoin, ne combattre que pour l'indépendance des deux Républiques, et demandé si, en prenant cette indépendance comme base, il ne serait pas possible d'entamer des négociations. Lord Salisbury répondit que les deux Républiques avaient voulu la guerre en posant un ultimatum et qu'il exigeait la reddition sans conditions. Combien de fois, d'ailleurs, ne nous opposa-t-on pas cet ultimatum auquel en réalité nous avions été contraints (1).

Il fallait donc continuer une guerre dont la fin apparaissait déjà si douloureuse et si inévitable pour nous. Les gouvernements tentèrent pourtant un dernier effort vers la conciliation. Ils décidèrent d'envoyer une délégation en Europe. Elle était composée de MM. Abraham Fischer, Cornélis H. Wessels, membres du Volksraad et du Conseil exécutif de l'État libre d'Orange, et de M. Daniel Wolmarans, membre du premier Volksraad de la République Sud-Africaine. Cette délégation partit par Delagoa Bay (2).

---

(1) La correspondance relative à ces négociations est publiée à la fin du livre.

(2) Ce port était le seul dont nous disposions dans l'Afrique du Sud. Mais peu de temps après le gouvernement portugais se déclara également contre nous, et cet unique port nous fut fermé. Ce ne fut point, d'ailleurs, la seule preuve d'hostilité que nous donnèrent les Portugais. Plus tard, ils firent prisonniers 800 des nôtres qui, faute de chevaux, avaient cherché un abri dans leur colonie, et les envoyèrent en Portugal.

Ne pouvant, d'autre part, recourir au port Allemand de la côte Ouest de l'Afrique du Sud qui était séparé de nous par d'immenses territoires anglais, notamment des parties de la colonie du Cap, Griqualand et Bechuanaland, nous en fûmes réduits, pour la fin de la guerre, à nous contenter de l'importation anglaise. Or, nous avions tout juste ce dont l'ennemi ne voulait pas.

Trois Ans de Guerre

Dans quel but l'envoyait-on en Europe? Etait-ce parce que les gouvernements comptaient sur une intervention? Je pourrais démentir absolument cette allégation. L'État libre et le Transvaal n'avaient jamais rêvé une intervention Européenne; ni à Poplar Grove, dans son allocution aux Burghers, ni plus tard, le président Steijn n'a parlé dans ce sens. Notre but était simplement que la délégation Sud-Africaine portât notre cause devant le tribunal du monde. La délégation ne manqua point à sa mission et fit comprendre à tous nos droits et nos souffrances; aussi, dans cette guerre affreuse que l'Angleterre continuait, au mépris de toutes les règles en usage dans les pays civilisés, ce nous fut, malgré tout, un réconfort de sentir autour de nos armes la sympathie universelle.

Quelques jours avant la fuite de Poplar Grove, j'avais nommé Danie Théron capitaine d'un corps d'éclaireurs. Je fus pourtant obligé de le devancer pour me tenir continuellement au courant des opérations de Lord Roberts et je gagnai Bloemfontein. De l'Ouest au Sud, aux environs de cette ville, je fis construire par les cinq mille Burghers dont j'ai parlé plus haut, de petits fortins sur une longueur de six milles.

Dès le 12 mars, Lord Roberts apparut. Quelques petites escarmouches eurent lieu sur nos positions gauches, au Sud de la ville, mais rien d'important ne se passa ce jour-là, et nous attendîmes tous le lendemain avec une bien compréhensible inquiétude.

Trois Ans de Guerre

J'employai la soirée du 12 à visiter les positions, à haranguer les officiers et les citoyens pour les préparer à une lutte suprême. Tout le monde me semblait animé d'un ardent courage et je pouvais espérer que si les Anglais entraient à Bloemfontein, ce ne serait, du moins, qu'après avoir éprouvé de grandes pertes et passé sur le corps de tous les Orangistes.

J'en étais là de mes réflexions et de ma visite à nos postes, quand on vint m'apprendre que le commandant Weilbach, à l'aile gauche, avait déjà quitté ses positions. Le chercher dans la nuit, c'était impossible! Je fus obligé de dégarnir d'autres positions moins importantes pour combler le vide fait par sa lâcheté. Trop tard, hélas! Celles qu'il aurait dû tenir étaient déjà occupées par l'ennemi! Et c'était la clef de Bloemfontein.

Je passai la nuit sans fermer l'œil, car j'avais le pressentiment que l'attaque était proche.

Dès l'aube du 13 mars, le combat commença, comme je m'y attendais. Et des positions abandonnées par le commandant Weilbach, les Anglais nous bombardèrent à loisir.

Les Burghers qui étaient le plus exposés à leur feu commencèrent à faiblir, puis, en un clin d'œil, de positions en positions, ils se mirent à fuir. Les officiers et moi, nous fûmes incapables d'arrêter la débâcle; ce fut, vers le Nord-Est, un galop de troupeau qu'on poursuit.

Lord Roberts occupa Bloemfontein presque sans avoir tiré un seul coup de canon.

Chapitre VIII

ON PERMET AUX BURGHERS DE RENTRER POUR QUELQUE TEMPS DANS LEURS FOYERS

Bloemfontein pris par les Anglais, encore un échelon de ce calvaire qui avait commencé à Paardenberg!

La ville fut épargnée; mais les vrais citoyens s'en soucièrent peu. Était-elle faite de pierres meilleures que nos pauvres villages pour qu'on l'épargnât ainsi, ou plutôt n'était-elle point digne, comme nos bourgades les plus humbles, de soutenir le feu contre les Anglais?

La prise de cette ville n'était pas seulement pour nous une honte, mais un désastre encore plus dangereux par ses conséquences que par lui-même. En voyant leur capitale prise, nos Burghers, désorientés, désemparés, perdirent

Trois Ans de Guerre

tout courage. La panique était dans tous les commandos que les Burghers, démoralisés, abandonnaient pour regagner leurs foyers. Déjà, ceux de Fauresmith et de Jacobsdal, après Poplar Grove, s'étaient retirés; après Bloemfontein, presque tous, en désordre, avec les chevaux et les chariots qu'ils avaient traînés derrière les commandos, s'enfuyaient dans toutes les directions.

Devant cette débandade, je me résolus, bien à regret, de rendre quelque courage à mes troupes en les licenciant et en les renvoyant pour quelque temps dans leur foyers. Je croyais l'occasion moins défavorable qu'à un autre moment, car je savais que Lord Roberts séjournerait quelque temps à Bloemfontein, avec son armée, pour permettre à ses troupes d'y prendre du repos (1).

Quant à moi, bien que je n'eusse pas la moindre intention de me rendre, affreusement triste d'être sans troupes, je regagnai Kroonstad où je devais trouver le président Steijn qui avait quitté la capitale, la veille de sa reddition.

En chemin, je rencontrai le général en chef Piet Joubert, qui s'était rendu dans l'État libre dans l'espoir de s'y concerter avec nous pour arrêter la marche de Lord

---

(1) Les commandos que j'avais encore sous mes ordres étaient composés des sections de Bloemfontein, Ladybrand, Wepener, Ficksburg, Bethlehem et Winburg sous les commandements respectifs de Piet Fourie, Crowther, Fouché, de Villiers, Michel Prinsloo et Vilonel qui, à leur tour, étaient sous les ordres des généraux combattants J.-B. Wessels, A.-P. Cronjé, C.-C. Froneman, W. Kolbeck et Philip Botha. Aux commandos de Colesberg et de Stormberg, l'ordre fut donné de se diriger vers le Nord, à Thaba'Nchu et à Ladybrand, Prinsloo avec ceux de Kroonstad, Heilbron, Harrismith et Vrede devaient garder les Drakensbergen. Quant au général de la Rey, il avait également congédié ses hommes.

Trois Ans de Guerre

Roberts. Il était très mécontent de ce que j'eusse licencié mes hommes.

— Alors, me dit-il, les Anglais vont pouvoir se promener chez nous, à leur guise?

— C'est triste à dire, mais c'est vrai, général.

— Pourquoi n'avoir pas retenu vos hommes?

— D'abord, général, je n'aurais pas pu. Et si j'avais pu....

— Vous auriez continué le combat.

— Rappelez-vous notre proverbe, général, répondis-je : « on ne prend jamais de lièvres avec des chiens qui ne veulent pas courir. »

Le vieux soldat ne voulait rien entendre.

— Enfin, général, lui dis-je, vous connaissez comme moi les Afrikanders. Ce sont des fermiers honnêtes, habiles à la guerre, souvent braves, mais qui ne conçoivent pas la discipline militaire. La plupart veulent partir. Ce n'est ni moi ni vous qui les ferons rester en commandos. Beaucoup ne reviendront pas, je vous l'accorde. Mais au moins puis-je espérer que ceux qui reviendront seront de bonne volonté.

Je quittai le général Joubert pour rejoindre à Kroonstad, comme je l'ai dit plus haut, le président Steijn. Cette ville devint, dès lors, le centre d'où partaient tous les ordres du gouvernement.

C'est à Kroonstad que, le 20 mars 1900, se réunit, sous la présidence de Steijn, un conseil supérieur de guerre auquel assistaient une cinquantaine d'officiers. Il y avait notamment, parmi les officiers supérieurs, le commandant général Joubert, les généraux de la Rey, Philip Botha, Froneman, C.-P. Cronjé, J.-B. Wessels et moi. Plusieurs membres des deux gouvernements assistaient encore à notre délibération.

Le but de notre réunion n'était point, d'ailleurs, de faire à l'Angleterre de nouvelles propositions de paix, puisque nous étions intransigeants sur la question de l'indépendance et que celle-ci avait été repoussée par Lord Salisbury. On devait s'y concerter, au contraire, en vue de la continuation de la guerre.

On s'étonnera peut-être de notre entêtement alors que, dès le début de la guerre, nous ne pouvions nous faire la moindre illusion sur l'issue fatale qu'elle aurait pour nous. Mais nous étions tous animés par cette pensée qu'un peuple, comme un homme, ne mérite pas son nom s'il ne sait pas défendre son bon droit. Nous savions, en même temps, que les Afrikanders, malgré leur indiscipline à la guerre, malgré beaucoup de défections, étaient jaloux de leur indépendance, et qu'il se trouverait toujours parmi nous suffisamment de braves, de héros même, pour tenir tête indéfiniment aux Anglais.

On résolut donc dans l'assemblée de Kroonstad de continuer vigoureusement la lutte et de supprimer les laagers de chariots qui alourdissaient la marche des commandos. Du reste, outre tous les soucis que nous avaient donnés en général les voitures des commandos, nous avions encore présente à la mémoire, la triste défaite de Cronjé qui s'était laissé prendre pour ne point abandonner ses chariots à l'ennemi. Il n'y aurait plus désormais que des commandos montés et essentiellement mobiles.

On parla également du mal qu'avaient fait les certificats délivrés en trop grand nombre par les médecins qui suivaient les commandos. Et on recommanda aux officiers de ne les accepter qu'avec la plus grande circonspection. Tout le monde était d'accord, en effet, pour dire que les Burghers abusaient de la loi qui les dispensait du service militaire quand ils produisaient un certificat constatant leur incapacité physique. Et la plupart des certificats avaient besoin d'être revisés par les commandants. La maladie qui avait le plus cours parmi nos Burghers, c'était la maladie de cœur. La déclaration de guerre, à en croire les apparences, aurait été la cause d'une véritable épidémie cardiaque : « Maladie de cœur, maladie de cœur... » on ne lisait que cela sur les certificats. Ainsi, après Poplar Grove huit Burghers, à la suite les uns des autres, étaient venus me trouver avec un certificat libellé de la façon que je viens de dire. Au huitième, ma patience était à bout. Je le renvoyai dans son commando et fis savoir au médecin qu'il n'eût plus à délivrer de certificats. Aussi je ne craignis point de dire, à la réunion de Kroonstad, qu'on aurait autant de garanties si les certificats se trouvaient délivrés par trois vieilles femmes. Ils étaient si nombreux même que je crus un instant à une manœuvre anglaise.

Nous nous quittâmes à Kroonstad dans le meilleur esprit de résistance, et au mot de : « En avant! » qui,

Trois Ans de Guerre

jusqu'à la fin de cette guerre, devait rester notre devise.

Pour mon compte, je regagnai le pont du chemin de fer à Zandrivier, où j'attendis, anxieux, jusqu'au 25 mars. C'est ce jour-là, en effet, que les commandos devaient à nouveau se rassembler.

Mon espérance pourtant ne fut point trompée. Les Burghers qui avaient revu leurs femmes et leurs familles nous revenaient en grand nombre et avec une nouvelle provision de courage. Ceux des districts de Fauresmith et de Jacobsdal qui nous avaient quittés avant le licenciement ne revinrent pas sans doute, ni ceux de Philippolis, de Smithfield, de Wepener et de Bloemfontein. Mais, à cette époque, j'avais peu de chance de réussir avec ces derniers, à cause des proclamations de Lord Roberts. Je résolus donc de frapper quelque bon coup avec ceux que j'avais sous la main et d'encourager ainsi les autres par nos succès.

Le 25 mars, nous nous mîmes en route pour Brandfort. Le petit village n'avait jamais vu tant d'habitants, car je permis aux Burghers d'y entrer et d'en sortir librement. Ils se promenaient dans les rues avec leurs fusils en bandoulière, et, fort bien reçus par les habitants, mangeaient et causaient avec eux très joyeusement. « En avant, en avant ! » répétait-on de toutes parts.

Après toutes les humiliations que j'avais déjà endurées, ces quelques jours passés à Brandfort me rendirent un peu espoir. Quoi qu'il en pût advenir, la guerre, du moins, n'était pas finie, puisque j'avais sous mes ordres des soldats pour combattre.

Trois Ans de Guerre

Je dois pourtant à la vérité de dire qu'à Brandfort certains Burghers abusèrent de la boisson. Ils en devenaient si courageux, en paroles, qu'à les croire, l'armée anglaise devait être anéantie dans la huitaine. Je fis fermer les cantines pour ramener les intempérants à la réalité.

Ce fut, d'ailleurs, une exception qui se renouvela peu au cours de la campagne. En comparaison avec beaucoup d'autres nations, les Burghers sont sobres. Et c'est une grande honte chez nous que d'être ivre.

Chapitre IX

SANNASPOST

Le 28 mars 1900, eut lieu une réunion du conseil de guerre dans laquelle on s'occupa tout d'abord de quelques affaires disciplinaires. On prit ensuite les dispositions relatives aux opérations des commandos. Le général de la Rey resterait à Brandfort avec les Transvaaliens et quelques-uns des commandos placés sous les ordres de Philip Botha.

Pour moi j'avais mon plan; mais je ne le communiquai à personne. Car, j'avais appris, par l'expérience, qu'il était plutôt dangereux d'instruire les Burghers des opérations militaires auxquelles on devait se livrer. J'avais, du reste, la ferme intention d'imposer à ceux qui m'étaient revenus librement une discipline plus sévère. Et j'y réussis.

L'intention que je cachais à tous était d'attaquer la

Trois Ans de Guerre

petite garnison de Sannaspost, et de couper l'eau qui, de cette ville, alimentait Bloemfontein. Pour tenir mes projets plus secrets, en quittant Brandfort, je fis prendre à ma troupe la direction de Winburg. Tout le long de la route, je n'entendis que des réclamations. « Où nous mène-t-on? Où allons-nous? Que veut-on que nous allions faire à Winburg? » Je tins bon malgré tout, et aux mécontents je répondis froidement : « En route pour Winburg! »

Divers événements marquèrent notre première étape. Ce fut d'abord le commandant Vilonel qui, malgré la défense formelle du conseil de guerre, s'obstinait à faire suivre son commando par les chariots des Burghers. Je lui rappelai cette décision. Il refusa de m'obéir, alléguant qu'il ne voulait point causer d'embarras aux Burghers et qu'il allait demander qu'on revînt précisément sur cette décision. Je lui répétai que je refusais d'accéder à son désir, et qu'il eût à laisser ses chariots ou à quitter son commando. Il tergiversa sans céder.

Le lendemain, le colonel renouvela sa résistance. Et il l'aggrava en disant qu'il n'accepterait pas les positions stratégiques que je lui indiquais, s'il ne les avait préalablement reconnues lui-même avec sa grande jumelle. Je n'hésitai plus : « Obéissez, lui dis-je, ou démissionnez ». Il préféra s'en aller. Et ce fut pour moi un bon débarras.

Comme le temps me manquait pour faire élire un autre commandant, je priai les citoyens d'accepter provisoirement le veldcornet Gert van der Merve. Personne ne protesta contre ce choix, cet officier étant brave et affable. Et après avoir fait rebrousser chemin aux chariots, nous pûmes continuer notre route.

D'autre part j'avais reçu de nouvelles informations. Le général Olivier était en train de chasser le général Broadwood de Ladybrand, en le poussant dans la direction de Thaba'Nchu. Froneman et le commandant Faurie à qui j'avais communiqué mon projet et que j'avais envoyés pour reconnaître le terrain, m'informaient qu'il y avait à Sannaspost environ deux cents Anglais, et m'expliquaient comment ils étaient postés.

Sur la route des « Waterwerken » (prises d'eau), je rencontrai quelques-uns de mes éclaireurs aux endroits que je leur avais indiqués. Ils m'apprirent que la troupe du général Broadwood, arrivant de la direction de Ladybrand, venait d'entrer dans Taba'Nchu.

Le moment d'agir était venu. Il s'agissait pour nous de placer Sannaspost entre deux feux. J'envoyai donc 1.150 Burghers sous les ordres des généraux Cronjé, Piet de Wet, Froneman et Wessels, à l'Est de la Modderrivier, en face de la garnison anglaise. Cette troupe était suffisante, au besoin, pour résister aux renforts que pourrait amener le général Broadwood. Ils devaient, dès le lever du jour, ouvrir contre la garnison de Sannaspost un feu soutenu qui l'obligeât à reculer. Je me chargerais alors de la recevoir à Koornspruit, avec les commandants P. Fourie et C. Nel et 350 hommes que je m'étais réservés. J'ignorais, à ce moment, que le général Broadwood, après la tombée de la nuit, était parti de Thaba'Nchu pour aller aux Waterwerken.

Trois Ans de Guerre

Ce fut dans le plus complet silence que je m'avançai toute la nuit avec ma petite troupe vers Koornspruit, à droite et à gauche d'un cours d'eau qui longe la route de Thaba'Nchu et de Sannaspost à Bloemfontein. Quand j'eus pris toutes mes dispositions, il commençait à faire jour. Chose triste pour nos cœurs de guerriers et de patriotes, la première chose qui frappa nos yeux fut un lourd convoi de bestiaux que conduisaient des Cafres : « Il appartient, nous dirent-ils, à un citoyen qui a fait sa paix avec les Anglais et qui va leur vendre ses bêtes à Bloemfontein. Le propriétaire se trouve au camp de Sannaspost avec le général Broadwood. » Bientôt, le brouillard se dissipant, l'armée anglaise nous apparut. Il y avait tout d'abord la garnison anglaise de Sannaspost, et, tout autour, plus près de moi, les forces considérables du général Broadwood. Ce dernier était à peine à 3.000 pas, en sorte que, malgré mon espoir, j'allais me trouver dans l'impossibilité de l'éviter, et que ce serait moi qui, au premier coup de fusil, recevrais son choc. Je résolus donc de dissimuler mes hommes et leurs chevaux dans des abris favorables et je pris le parti de laisser le soin d'attaquer aux 1.150 Burghers que j'avais placés à l'est de la Modderrivier. Je recommandai même à mes hommes de ne point tirer sans que je l'aie commandé. Il fallait, selon moi, laisser arriver l'ennemi affolé jusqu'à nos lignes et le faire prisonnier, sans coup férir...

Dans l'air vif du matin, nous attendions que le canon tonnât de l'autre côté de la Modderrivier. Bientôt des

Trois Ans de Guerre

grondements se firent entendre et une fuite désordonnée s'ensuivit bientôt. C'étaient des habitants anglais de Thaba'Nchu qui s'éloignaient du danger, avant même que la troupe anglaise en fût avertie. Je les fis passer le cours d'eau et diriger par deux de mes officiers vers la demeure de M. Prétorius, pour qu'il fussent à l'abri du combat. Je leur défendis, sous peine de mort, de faire aucun signal à l'ennemi.

La garnison anglaise de Sannaspost suivit bientôt, sans se douter qu'elle courait encore un plus grand péril à l'avant qu'à l'arrière.

— « *Hands up!* (1) », criâmes-nous, dès qu'ils furent à bonne portée de nos fusils. Effarés, ne sachant plus s'ils devaient avancer ou reculer, les Anglais se rendirent. Nous en prîmes deux cents.

Jusqu'à ce moment, les Burghers s'étaient tenus en un ordre parfait, mais le désarmement fut le signal de l'indiscipline. Ou bien chacun voulait faire à sa guise, prendre tel ou tel fusil, ou bien j'entendais des questions enfantines :

— Quel beau fusil, général! Comment s'en sert-on? Et ce cheval! où faut-il le placer? » Je me crispais d'impatience de voir tant de légèreté.

Les Burghers perdaient, d'ailleurs, un temps précieux à ces niaiseries. Et comme nous n'avions pu faire disparaître assez vite nos prisonniers, ainsi que cent dix-sept

(1) Voir la note page 52.

chariots et cinq canons que nous leur avions pris, les troupes anglaises qui étaient arrivées derrière la garnison de Sannaspost se méfièrent d'un guet-apens et battirent rapidement en retraite.

Elles se retirèrent à une distance de 1.300 mètres, vers les bâtiments de la gare de la ligne de chemin de fer Dewetsdorp-Bloemfontein qui était en construction. Nous ouvrîmes sur ces troupes un feu terrible.

L'ennemi s'était retranché dans les bâtiments de la gare. Aurais-je pu me douter, hélas! quand je faisais voter l'établissement de cette ligne au Volksraad, qu'un jour viendrait où ses dépendances serviraient de fortin à nos ennemis.

Bien que les Anglais se défendissent avec violence, ils avaient déjà essuyé de grosses pertes, en essayant de sauver leurs cinq canons et en reculant jusqu'aux bâtiments de la gare. Entre eux et nous, la plaine était couverte de morts et de blessés au-dessus desquels sifflaient, impitoyables, la mitraille et les balles.

Pendant que nous les acculions à la gare, nos onze cents hommes, placés à l'Est de la Modderrivier, accourraient avec l'artillerie pour nous soutenir. S'ils avaient pu arriver plus vite, les Anglais auraient été pulvérisés et taillés en pièces. Malheureusement, ils ne trouvèrent pas de gué sur leur route et furent obligés de remonter à trois milles vers la source de la Modderrivier, par un chemin fort accidenté et qui rendait leur marche difficile. Le général Broadwood gagnait ainsi trois heures pendant lesquelles

Trois Ans de Guerre

il pouvait se maintenir dans les bâtiments de la gare.

Les Anglais nous avaient même terriblement harcelés, mais, heureusement pour nous, il nous avait été possible de prendre des positions sur la berge du fleuve d'où nous répondions avec vigueur aux balles ennemies. Grâce à ces positions, nous ne perdîmes que deux hommes.

D'ailleurs, dès que nos renforts nous eurent rejoints, le général Broadwood ne put plus tenir; il abandonna la position, et ses troupes se mirent à fuir vers le Koornspruit, en nous débordant sur les deux ailes; à chaque passage, nous tirions ou faisions des prisonniers. Si j'avais disposé de plus de 350 hommes, toute la colonne de Broadwood fût restée entre nos mains.

Ceux de nos Burghers qui étaient restés sur la Modderrivier attendaient l'ennemi et achevèrent alors sa déroute.

Après tant de revers dus à l'indiscipline des Burghers, je dois, à cette occasion, rendre hommage à leur courage. Il me faut noter, d'ailleurs, qu'ils n'étaient jamais si courageux que quand ils voyaient couler vers eux les troupes ennemies comme un fleuve puissant. Ils lui résistaient alors comme les rochers aux flots les plus impétueux. Ce me fut une nouvelle preuve de la bravoure des gens de mon pays; ils eurent sans doute des faiblesses, et de nombreuses, mais elles tenaient bien moins à leur nature qu'à leur inexpérience de la guerre moderne.

Dans cette affaire nous avions perdu trois hommes et nous avions eu quatre blessés dont le commandant Gert van der Merve. Quant aux pertes des Anglais, si j'en crois

Trois Ans de Guerre

leur rapport, elles s'élevaient à 350 morts et blessés. Nous avions fait 480 prisonniers sans compter les indigènes ; 7 canons et 117 voitures tombaient entre nos mains.

Comme toujours il était aussi difficile de profiter de la victoire que de l'organiser. Il fallait pourtant remplacer ceux de nos chevaux, de nos ânes et de nos bœufs qui avaient trouvé la mort soit en traînant les canons, soit en tirant les chariots. Mais après la bataille il eût été plus acile d'endiguer un torrent que de refréner l'indiscipline des Burghers.

Nous avions pourtant à nous presser car nous n'étions qu'à 17 milles de Bloemfontein où l'on sait que se trouvaient 60.000 hommes de troupes sous les ordres du général Roberts. Il y avait en outre une avant-garde anglaise entre Koornspruit et Bloemfontein. Le combat cependant avait duré quatre heures et le bruit du canon aurait dû attirer les Anglais sur le théâtre du combat, à défaut du télégraphe que nous avions coupé.

Je ne fais point d'ailleurs cette remarque pour être désagréable à Lord Roberts, mais pour démontrer que, dans la grande armée anglaise, des irrégularités incompréhensibles furent à déplorer, auprès desquelles les bévues de nos Burghers, mal organisés, incapables de s'habituer à la guerre moderne, n'étaient après tout que des enfantillages.

Il faut remettre chaque chose à sa place ; si, dans cette guerre, les Burghers furent trop soucieux des biens acquis par leur pères, les Anglais ne se montrèrent pas moins, en trop de circonstances, jaloux de leurs aises.

Chapitre X

QUATRE CENT SOIXANTE-DIX ANGLAIS SONT FAITS PRISONNIERS A REDDERSBURG

Le soir de Sannaspost, je déléguai mon commandement aux généraux Piet de Wet et A.-P. Cronjé et, avec trois hommes de mon état-major, je partis dans la direction de Dewetsdorp pour faire une reconnaissance.

Le lendemain, avant l'aube, j'atteignais la ferme de Sterkfontein où j'appris qu'une section anglaise cantonnée à Smithfield venait précisément d'entrer dans Dewetsdorp.

Je me trouvais alors à une distance de trente milles de nos commandos; je n'hésitai point, pourtant, et je demandai 1.500 hommes avec trois canons que les généraux J.-B. Wessels, C.-C. Froneman et de Villiers devaient m'amener à Dewetsdorp. En attendant ces troupes, je faisais recruter dans les fermes environnantes les Burghers qui nous avaient quittés après la prise de Bloemfontein; ils n'hésitèrent point et, dès le 1ᵉʳ avril, je les avais tous sous la main.

Le lendemain matin à 10 heures, les Anglais quittèrent Dewetsdorp en allant dans la direction de Reddersburg. Je fis alors prier les généraux qui étaient en marche, d'atteindre ce dernier village tandis que je glisserais vers le Nord, le long de l'ennemi. J'avais 110 hommes, mais quelle troupe! Les uns étaient sans fusils, les autres sans cartouches. Car ils avaient déposé leurs armes à Bloemfontein.

Je voyais de loin les Anglais qui ne s'avançaient pas bien vite, mais comment les attaquer avec une troupe si faible et si mal armée? J'attendais en les suivant.

Dans la soirée du 2 avril, ils étaient au bivouac sur une colline et nous nous trouvions en face d'eux dans la ferme de M. van der Walt. Il ne fallait point les laisser échapper. Je fis prévenir les commandos.

Ceux-ci avaient déjà pris, selon mes instructions, la direction de Dewetsdorp. Mon estafette ne put atteindre que les généraux Froneman et de Villiers qui avaient sous leurs ordres 700 hommes et 3 canons. Le général Wessels continua donc sa route vers Dewetsdorp. Quant à Froneman il arriva vers moi, sans desseller, en sorte que la plupart de nos chevaux se trouvaient très fatigués. Mais comme j'avais donné l'ordre qu'on abandonnât les chevaux malades, il obéit et, laissant ceux qui ne pouvaient suivre, me rejoignit. Le général Froneman arriva le 3 avril à

Schanskopjes sur la Kafferrivier. Il avait fourni, avec ses cavaliers, trente-six heures d'un galop presque ininterrompu. On conviendra qu'il avait accompli ce jour là un bel exploit.

Nos Burghers étaient arrivés dans la nuit; il fallait malgré tout qu'ils reprissent haleine. Heureusement pour nous, les Anglais n'avaient pas encore pris, à cette époque de la campagne, l'habitude de partir avant l'aurore. D'ailleurs, malgré les douloureuses expériences qu'ils avaient faites de notre mobilité, les Anglais étaient mal gardés.

Vers 9 heures du matin, ils levèrent le camp comme s'ils allaient en partie de campagne. Nos chevaux n'étaient point encore reposés, nos Burghers non plus. Le général Froneman m'en fit l'observation :

« Impossible de rester plus longtemps, lui répondis-je; je vous ai fait venir ici pour suivre les Anglais et les surprendre au moment opportun, il faut les suivre. Si nous nous attardions, ils prendraient possession du kopje entre Muishondsfontein et Mostertshoek. »

Le vieux soldat n'hésita pas. Sur ses hommes encore endormis il fit passer sa rude voix frémissante et s'écria :

« En avant, Burghers ! »

Les chevaux furent sellés et nous suivîmes les Anglais comme je le faisais moi-même depuis trois jours à leur insu. Nous longions un terrain bas dont la disposition nous permettait de côtoyer la troupe ennemie sans qu'elle pût nous apercevoir.

Enfin nous nous découvrîmes, mais sur une côte

Trois Ans de Guerre

et placés sur de solides positions au-dessus de la ferme de Mostertshoek.

Dès que l'ennemi vit notre mouvement, il partit immédiatement pour occuper une colline opposée à l'Est.

C'est alors que je divisai mes Burghers en sections; j'envoyai ceux qui n'étaient pas placés sur la côte de Mostertshoek vers des kopjes qui la dominaient à six ou sept cents pas de distance et je m'en réservai quelques-uns pour aller vers le Sud-Est, de telle façon que toute ma troupe formât comme une demi-couronne contre la troupe ennemie.

Enfin je sentais que nos efforts allaient être couronnés de succès; l'ennemi était à nous. Aussi, suivant nos habitudes d'hommes pacifiques, je fis parvenir à l'officier commandant de la troupe ennemie le petit mot suivant :

« Monsieur, j'ai 500 hommes avec moi, j'en attends d'autres avec cinq canons Krupp, je vous conseille donc de vous rendre pour éviter un sang inutilement versé. »

La lettre fut portée par une estafette dont je pouvais suivre le galop à l'aller et au retour.

C'est alors qu'une chose honteuse se passa. Après avoir reçu la réponse des Anglais, mon estafette que je ne perdais pas de vue s'éloigna; à peine était-elle à cent pas qu'elle recevait une salve de coups de fusils et ce fut un miracle qu'elle n'eût pas été tuée. Le commandant anglais lui avait répondu :

« *I am damned, if I surrender!* » (Je veux que le diable m'emporte si je me rends).

Trois Ans de Guerre

Immédiatement, vers 1 heure de l'après-midi, je fis donner sur nos trois positions le signal de l'attaque.

Cette première journée d'engagement fut indécise, autant parce que les Anglais avaient de bonnes positions que parce que nos canons Krupp n'arrivaient pas. Ce fut la nuit qui arrêta le combat.

Mais je me méfiais des Anglais et je savais leur habitude d'abandonner leurs positions sans prévenir. Je fis donc monter la garde avec la plus grande circonspection. Je fis partir aussi une troupe solide dans la direction de Reddersburg, car j'avais appris que 1.300 à 2.000 hommes de renforts étaient arrivés du côté de Bethanie, et étaient campés à Reddersburg.

Le lendemain, dès l'aurore, les 400 hommes avec lesquels j'avais commencé le combat se trouvaient doublés par suite de l'arrivée de ceux que la faiblesse de leurs chevaux avait retardés. J'avais, en plus, la bonne fortune de constater que les forces anglaises de Reddersburg, campées à quelques milles de Mostertshoek, ne faisaient point leur apparition. Je jugeais donc utile de continuer le combat. De 5 h. 1/2 à 11 heures, l'ennemi fut bombardé.

A ce moment, nous vîmes apparaître un drapeau blanc. Toujours confiants dans leur bonne foi malgré trop d'expériences, nous nous dirigeâmes vers les Anglais. Chose incompréhensible et qu'on croirait à peine, ils recommencèrent de tirer. Dès lors, cette trahison rendit nos Burghers furieux ; pas une de leurs balles ne fut inefficace.

Les Anglais se voyant décidément perdus multiplièrent

les drapeaux blancs, mais les Burghers indignés, excités surtout par la mort du veldcornet du Plessis, de Kroonstad n'arrêtèrent point leur tir. Je ne pouvais les apaiser.

Pourtant les morts et les blessés anglais couvraient le sol et, sans s'en apercevoir, les Burghers arrivèrent dans les lignes ennemies, la carabine à l'épaule. Le combat était gagné. L'officier commandant des Anglais était tué. Nous fîmes 470 prisonniers qui appartenaient aux « Royal-Irish-Rifles » et à la Mounted Infantery; mais, suivant mon habitude, je n'avais pas le moindre souci du corps auquel ils appartenaient.

Je ne voulais pas m'attarder en cet endroit. Ce n'est point que je craignisse les renforts de Reddersburg; ils auraient pu venir dès la veille; mais j'avais appris par les prisonniers de guerre que les Anglais avaient télégraphié de Dewetsdorp à la garnison de Smithfield de se retirer par précaution à Aliwal Noord. Or je voulais surprendre cette garnison.

Je partis donc aussitôt que l'ambulance eut emmené les blessés et que les prisonniers eurent pris le chemin de Prétoria en passant par Thaba'Nchu.

Cette affaire de Mostertshoek mérite d'être relatée non point seulement pour notre victoire, mais parce que les Anglais, en cette occasion, ne vinrent point secourir leurs frères d'armes en danger.

C'est ainsi d'ailleurs, comme je l'ai déjà raconté, que les choses s'étaient passé à Sannaspost, mais encore les Anglais de Bloemfontein auraient-ils eu dix-sept milles

Trois Ans de Guerre

à faire pour arriver jusqu'au général Broadwood, tandis que ceux de Reddersburg ne se trouvaient qu'à cinq milles environ de Mostertshoek.

Ce fut évidemment une chance inespérée pour nous que dans ces deux circonstances l'ennemi ne se soit point dérangé pour secourir les troupes engagées. Quoi qu'il en soit, ce sont là des faits inexplicables, et si tant de nos citoyens n'étaient devenus infidèles, jamais l'Angleterre n'aurait pu nous vaincre.

Chapitre XI

UN SIÈGE MANQUÉ

Comme je l'avais décidé, je partis donc pour Smithfield. Assez tard, dans la soirée de ma première journée de marche, je divisai mes commandos en deux troupes. Je mis l'une, composée de 5oo hommes de Wepener et de Smithfield sous les ordres du général Froneman. (Ceux de Smithfield, de beaucoup les plus nombreux étaient commandés, en sous-ordre par le commandant Swanepoel de Ijzervarkfontein) Froneman devait attaquer sans retard la petite garnison de Smithfield. Quant à moi, je rejoignis avec la seconde troupe la section du général J.-B. Wessels.

Je rencontrai, le 6 avril, à Daspoort sur le chemin de Dewetsdorp à Wepener, une troupe commandée par le colonel Dalgety; elle était composée de « Brabant's Horse » et des fameux C.-M.-R. (Cape Mounted Rifles). Je dis

Trois Ans de Guerre

fameux, mais vraiment, je n'ai jamais compris en quoi consistait leur célébrité.

Dès qu'ils me virent — pourtant ils étaient 1.600 — ils s'abritèrent derrière de petits fortins. Ce n'était pas très brave, mais cette manœuvre ne laissait point de m'inquiéter. Fallait-il assiéger le loup ou bien attendre qu'il eût quitté sa tanière?

Il ne la quittait point et comme je craignais que Lord Roberts n'envoyât des renforts de Bloemfontein pour délivrer cette prétendue troupe d'élite, je me résolus à l'attaquer. En même temps j'envoyai de bons éclaireurs vers Bloemfontein et Reddersburg et je plaçai les commandos du général Piet de Wet et du général A.-P. Cronjé, à l'Est et au Sud-Est de cette ville.

Dans la matinée du 7 avril, j'assaillis sur deux points extrêmes les fortifications des enterrés. J'ouvris le feu sur eux à des distances de 500 à 1.500 pas; je ne pouvais m'approcher davantage, me trouvant complètement dépourvu de positions, et ne voulant point risquer les vies de nos Burghers qui m'étaient trop précieuses.

Notre fusillade ne produisait pas d'effet utile, et, bien que j'eusse reçu des renforts, je me voyais dans l'impossibilité de cerner complètement l'ennemi et de le forcer, par suite, à se rendre. Je me contentai, par de brusques sorties, de lui prendre du bétail et des chevaux. Ces reconnaissances heureuses nous donnaient du courage. Tous les Burghers brûlaient, d'ailleurs, du désir de capturer des « Cape Mounted Rifles » et des « Brabant's Horse ».

Trois Ans de Guerre

C'étaient, en effet, des Afrikanders, et nous estimions qu'ils n'auraient pas dû prendre les armes contre nous.

Sans doute, nous ne nous étonnions point que l'Angleterre eût loué, pour nous combattre, de tels rebuts du genre humain, mais nous en voulions à ces rebuts de s'être laissés embaucher. Qu'ils ne se soient point crus dignes de lutter avec nous, c'était leur affaire; mais qu'ils aient cru bon, eux, des Afrikanders, nés sur le même sol et sous le même soleil que nous, de tuer leurs frères pour cinq shillings par jour, c'est ce que nous ne pourrons jamais leur pardonner.

Comme nous tenions ce siège, qui traînait en longueur, la nouvelle nous arriva que de fortes colonnes anglaises se décidaient à déboucher de Reddersburg et de Bloemfontein. En vérité, je m'étonnais qu'elles eussent tant tardé. J'envoyai contre elles les généraux A.-P. Cronjé et Piet de Wet, qui avaient été chargés de soutenir une attaque de ce côté, et je les fortifiai par les commandos de Fourie et de Wessels.

Comme on m'annonçait cette nouvelle, le général Froneman que j'avais envoyé à Smithfield, était revenu. Il me rapportait qu'il n'avait pu s'emparer de la garnison anglaise qui occupait Smithfield, parce qu'elle avait précisément évacué cette ville. N'ayant pu, d'autre part, persuader le commandant Swanepoel de poursuivre les fuyards, il était parti seul avec 15 hommes et avait aperçu les Anglais à Brandziektekraal, à deux heures d'Aliwal

Trois Ans de Guerre

Noord. Il n'avait pu songer à les arrêter avec 15 hommes et était revenu sur ses pas.

Son expédition n'avait pourtant pas été inutile, car il nous revenait avec environ 500 Burghers qui étaient rentrés chez eux après la fuite de nos commandos à Stormberg; il avait réussi à leur faire reprendre les armes.

Si ces derniers Burghers avaient consenti à partager de nouveau notre rude destinée, nous le devions à Lord Roberts. Il n'avait point tenu sa promesse de garantir aux Burghers qui se rendaient leurs fermes et leurs propriétés. Partout où les Anglais s'étaient crus en sûreté, ils avaient fait des prisonniers; j'en délivrai moi-même cinq parmi lesquels David Strauss, à l'affaire de Mostertshoek.

En ne respectant point ses proclamations, Lord Roberts s'était fait une très mauvaise réputation parmi les Burghers; ces derniers s'étant aperçus qu'ils ne pouvaient avoir nulle confiance dans la parole des Anglais, revenaient de leur propre gré aux commandos. Je fis parvenir cette bonne nouvelle au président Steijn en lui faisant remarquer que Lord Roberts était le meilleur officier de recrutement que j'eusse pu rencontrer.

Avec son nouveau commando, Froneman fut vite mis à la tâche. Je l'envoyai avec 600 hommes à la rencontre d'une colonne anglaise partie d'Aliwal Noord. Il la rencontra à Boesmanskop où une escarmouche eut lieu.

C'est à ce moment que je reçus du général Piet de Wet un rapport daté de Dewetsdorp dans lequel il m'infor-

Trois Ans de Guerre

mait qu'il n'avait pu se maintenir contre les nombreuses forces ennemies qui arrivaient de Bloemfontein. Fourie me faisait parvenir des nouvelles analogues. Mes deux lieutenants étaient d'avis que je devais immédiatement me désintéresser des « Cape Mounted Rifles » et me diriger vers Thaba'Nchu.

J'aurais désiré me tenir derrière les Anglais, en marchant vers Norvalspont, car j'étais convaincu qu'il était devenu impossible d'arrêter l'ennemi. Mais le général Piet de Wet n'étant pas de cette opinion je finis par me rendre à son avis.

Je me réunis donc à Froneman et à Fourie pour opposer à l'ennemi une dernière barrière. J'avais tenu 16 jours le siège autour de Wepener contre le colonel Dalgety ; nous avions eu 5 tués et 13 blessés. D'après les prisonniers anglais, les ennemis en avaient eu un bien plus grand nombre.

Chapitre XII

LES ANGLAIS SE REPANDENT COMME UN GRAND FLEUVE A TRAVERS NOTRE PAYS

Le 25 avril, suivant les dispositions que nous avions prises, nous arrivâmes à Alexandrie, à 6 milles de Thaba'Nchu. Déjà les avants-postes des Anglais que le général Philip Botha avait tenté d'arrêter, se trouvaient dans cette ville. Ce dernier vint alors me rejoindre. J'avais décidé d'opposer à l'énorme masse de l'armée anglaise le plus de citoyens possible. Je disposais alors de 4.000 Burghers qui se trouvaient sous mes ordres directs.

Pendant ce temps, Lord Roberts tentait d'exécuter les projets qu'il avait formés à Bloemfontein. Il se proposait de nous tourner avec de grandes forces de troupes montées. Une première fois, cette tentative ne réussit pas au nord-est de Thaba'Nchu; la seconde fois, l'ennemi fut plus heureux et, pour briser le cercle où il tentait de nous enfermer, nous fûmes obligés de livrer un violent combat où le commandant Lubbe fut blessé à la jambe et pris par l'ennemi.

J'avais alors l'impression que l'ennemi allait se rendre à Kroonstad et il m'apparaissait de plus en plus qu'il fallait l'éviter et harceler impitoyablement ses colonnes, sans jamais lui tenir tête. J'avais communiqué cette opinion au président Steijn lors de la visite qu'il nous avait faite à Alexandrie.

— Je veux, lui disai-je, me rendre à Norvalspont et même dans la colonie du Cap.

— Non pas, me répondit-il ; je suis de votre avis sans doute, nous n'avons plus qu'une chance de salut, c'est de harceler l'ennemi, mais si nous nous éloignons des Transvaliens, ceux-ci ne pourront-ils pas croire que nous les avons abandonnés, dès que les Anglais ont pénétré sur notre territoire?

Il était vraiment triste de penser que, pour défendre une cause si chère au cœur des deux Républiques, l'une ou l'autre ne pût agir suivant sa conviction. En ce cas, comme en trop d'autres, je crois bien que les événements m'ont donné raison; mais hélas! comme le dit un proverbe de notre pays : A quoi sert-il de se plaindre une fois que le veau s'est noyé?

Nous nous dirigeâmes donc, avec nos commandos, vers Zandrivier. A Tabaksberg, le général Philip Botha eut un

Trois Ans de Guerre

combat court, mais violent, avec les colonnes de l'avant-garde de Lord Roberts. Je quittai Thaba'Nchu le dernier de tous, non sans avoir laissé à Korannaberg des forces importantes sous les ordres de Villiers, Crowther, Roux et Potgieter pour opérer dans les districts du Sud-Est et empêcher qu'on ne pillât cette région fertile qui était comme la grange à blé des deux Républiques (1).

Le général de Villiers qui était à la tête des commandos de cette région, se montra digne de sa tâche. A Gouveneurskop et Wonderkop, il sut infliger de grandes pertes aux Anglais; mais chaque fois il dut battre en retraite devant des forces supérieures.

Il fut poursuivi, d'ailleurs, par l'ennemi jusqu'à Senekal et Lindley où il livra un nouveau combat. Comme toujours l'ennemi fut rudement atteint, mais, par malheur, le général de Villiers, dans ce dernier engagement, fut grièvement blessé à la tête; nous n'avions aucun moyen de le soigner; il ne nous restait qu'une ressource : prier l'officier anglais commandant la garnison de Senekal de l'admettre à son

---

(1) En effet, cette région ne nourrissait pas seulement l'État libre d'Orange mais une grande partie de la République Sud-Africaine; elle produisait d'énormes quantités de blé. Cette année-là, particulièrement, la récolte avait été fort abondante et se faisait sous la direction des femmes. Quant on ne trouvait pas de Cafres pour les gros travaux, les femmes elles-mêmes et leurs enfants s'en chargeaient. Mais les Anglais qui ne reculaient pas devant les pires procédés, brûlèrent le blé par milliers de sacs ou, jetant le grain par terre, le firent piétiner par leurs chevaux. Il fut bien douloureux, pour les femmes boërs, de voir gaspiller le blé qu'elles avaient semé et récolté avec tant de peine. Pourtant, comme je l'ai dit, la récolte fut cette année-là si abondante que, le mari et les fils étant au commando, les femmes purent malgré tout faire marcher la maison.

Trois Ans de Guerre

ambulance; il y consentit bienveillamment, et le général de Villiers fut confié aux soins des médecins anglais. Malheureusement, il mourut plus tard de sa blessure.

Après cette affaire de Lindley, nous eûmes encore un autre accident à déplorer. Comme il faisait très sec à ce moment, l'herbe prit feu dans notre campement, l'incendie se communiqua jusqu'aux positions anglaises, où de malheureux blessés qui n'avaient pu fuir périrent dans les flammes.

Enfin cette affaire de Lindley me rappelle un troisième événement que je crois intéressant de relater. On m'avait informé que la requête présentée au commandant anglais de Senekal au sujet de Villiers avait été transmise par l'ex-commandant Vilonel. Cet insoumis servait alors comme simple Burgher; quelques jours après sa visite à Senekal il déposait les armes. Cette coïncidence ne laissa point de faire porter sur lui le soupçon de trahison; son entourage le suspectait d'avoir su régler ses propres affaires, en même temps que celles du général de Villiers. Précisément, peu de jours après sa visite à Senekal, Vilonel envoya une lettre à l'un des veldcornets du général de Villiers dans laquelle il donnait à cet officier un rendez-vous où il se rencontrerait avec un officier anglais. Ce fut le capitaine Prétorius qui, ayant intercepté la lettre, alla au rendez-vous

C'était dans la nuit noire au milieu de la campagne, et l'on ne pouvait se reconnaître à plus de trois pas. Voyant arriver quelqu'un :

« C'est vous, veldcornet, fit Vilonel.

Trois Ans de Guerre

— Oui, c'est moi le capitaine Prétorius et je vous fais prisonnier.

— Trahison, s'écria Vilonel.

— Le traître, c'est vous. »

Et trois citoyens, saisissant son cheval par la bride, l'entraînèrent jusqu'au laager. Il fut, de là, expédié à Bethlehem où la cour militaire le condamna à une forte peine de prison (1).

Je remplaçai le général de Villiers par le pasteur Paul Roux qui avait suivi les commandos en qualité d'aumônier et en qui je pouvais avoir pleine confiance. N'avait-il pas, maintes fois, au cours de nos plus sanglantes batailles, risqué sa vie pour recueillir et soigner les blessés? Ses conseils stratégiques n'étaient-ils pas fort écoutés de nos officiers? Malheureusement pour nous, nous ne pûmes profiter longtemps de ses brillantes qualités. La reddition de Prinsloo près de Nauwpoort où l'ennemi le fit prisonnier, interrompit sa carrière militaire.

Il me faut, maintenant, reprendre le récit des événements antérieurs à partir du jour où je me dirigeai vers la Zandrivier, à l'ouest de Doornberg.

Zandrivier !

Que de souvenirs me rappelle ce fleuve au bord duquel, en 1852, le gouvernement anglais conclut un traité solennel avec le Transvaal ! Ce fut en vain d'ailleurs, puisque Sir

(1) C'était une cour instituée à Kroonstad par le Volksraad. Elle devait se composer de trois personnes dont l'une était nécessairement un jurisconsulte.

Trois Ans de Guerre

Theophilus Shepstone l'annexait le 12 avril 1877, et que Gladstone, ce vénérable homme d'État, si épris de justice, ne put, en rétablissant la convention violée et en reconnaissant notre indépendance, assurer à jamais l'avenir de notre liberté.

Zandrivier ! Ce sera là, pensais-je alors, au bord même de ce fleuve, intimement lié aux destinées de la patrie, qu'il nous sera réservé de la sauver. Pourquoi faut-il que les événements m'aient démenti ?

Lord Roberts, dès le 10 mai, nous rejoignit en cet endroit avec toutes ses forces, et, rompant par deux fois nos lignes en face de Ventersbrug où s'étaient installés le général Froneman et l'un de nos commandants, il continua sa marche vers Kroonstad.

A tout prix, nous devions lui barrer la route. Aussi donnai-je l'ordre à tous les commandos dont je disposais de marcher sur Doornkop, à l'est de Kroonstad. Moi-même, au coucher du soleil, je pris l'offensive, accompagné de mon état-major, du commandant Nel et de quelques-uns de ses lieutenants. Nous chevauchâmes toute la nuit, et ce ne fut que le lendemain, au petit jour, que nous arrivâmes au village. Aussitôt, des mesures furent prises pour dégager le gouvernement qui put immédiatement quitter Kroonstad et fixer sa résidence à Heilbron.

Dans le même moment, Philip Botha, solidement installé à cinq ou six milles de Heilbron, repoussait les avants-postes anglais tout prêts à le déborder. Le Président vint le rejoindre, après avoir placé des forces de police aux

Trois Ans de Guerre

bords de la Valschrivier pour empêcher les Burghers d'entrer dans le village.

En arrivant au gué de ce cours d'eau, je savais n'être que fort peu devancé par le Président. Une troupe de Burghers qui avait dessellé ses chevaux sur la rive sud de la rivière, ne me renseigna point sur son passage. C'étaient, en effet, des Transvaaliens qui ne connaissaient pas le président Steijn.

— Pourtant, leur demandai-je, n'est-il passé personne à cheval auprès de vous ?

— Rien qu'un grand constable (1), répondirent-ils. Il empêchait les Burghers de continuer jusqu'au village.

— Et sa figure ?

— Un homme à longue barbe rousse.

— J'étais fixé sur le grand constable. C'était le Président qui s'amusa beaucoup de cette aventure quand, plus tard, je la lui racontai.

Dès que j'eus moi-même rejoint Botha, je conférai avec lui sur la situation qui était grave. Même en profitant des dispositions favorables que nous avions prises autour de Kroonstad, il nous était impossible de résister à l'assaut d'un ennemi très supérieur en nombre. De plus, nous ne pouvions, sur l'heure, prendre en main nos commandos trop éloignés.

Dans l'immensité silencieuse du Veld, en tête à tête, Botha et moi nous discutions sur le parti à prendre, quand

(1) Mot anglais qui signifie : agent de police.

un éclaireur vint nous interrompre : « Une force peu nombreuse de cavalerie ennemie s'approchait de nous. Déjà les premiers pelotons anglais se laissaient voir à six milles de Kroonstad, vers l'Est. »

Devant cet imminent péril, je rassemblai et fis remettre en selle une petite troupe de Burghers de Kroonstad qui se reposaient au sud du village. La nuit tombait sur les deux troupes qui se trouvaient déjà en présence. Aussi je me gardai bien d'engager le combat. Quelques coups de canon seulement furent échangés. Profitant de la nuit, je choisis alors à ma troupe ses positions de combat et, la sentant prête pour le lendemain, en toute hâte, je regagnai Kroonstad. Les derniers des commandos venaient de quitter le village et se retiraient vers le Nord. Je le fis évacuer complètement et, tandis que j'ordonnais au commando préposé à la garde de Kroonstad d'abandonner ses positions, je prenais mes mesures pour gagner, par la voie ferrée, Rhenosterriviersbrug.

Une fois de plus nous avions dû céder au nombre. Il n'y avait plus de Burghers à Kroonstad et, sans défense, les habitants du village ne demandaient qu'à se rendre.

Mon regret de cette retraite s'aviva d'abandonner le veldcornet Thring qui, arrivé le matin même dans le village, y tomba malade et fut fait prisonnier, le lendemain, par l'ennemi. Puisse du moins le consoler de l'infortune qu'il eut de ne pouvoir combattre encore, l'hommage que je tiens à rendre à ce brave. Ce fut un guerrier loyal et dévoué à nos armes, Anglais de naissance, mais Afrikander

Trois Ans de Guerre

de cœur. A l'exemple de beaucoup de ses compatriotes il avait adopté l'État libre d'Orange comme sa seconde patrie et se montrait si fier du titre de « Burgher » qu'il fut parmi les premiers de ceux qui combattirent pour la cause de notre indépendance. Rendu plus tard à la liberté, il lutta sous mes ordres à Sannaspost, à Mostertshoek, et au siège de Jammerbergsdrift où commandait le colonel Dalgety. Je le retrouvai enfin à mes côtés, à Thaba'Nchu, et sur les bords de la Zandrivier. Officier obéissant et ordonné, il gagnait vite la confiance et le respect. Bien qu'il eût pu le faire, et après les plus douloureux désastres de nos armes, il ne déserta point le parti de l'indépendance. Que les Afrikanders lui gardent leur confiance ! Toutes mesures prises pour l'évacuation de Kroonstad, je passai la journée dans ce village bien que ce fût une imprudence. En effet, j'étais environné de citoyens anglais et même d'Afrikanders dont l'attitude était douteuse, sinon hostile (1).

Presque seul et tandis que mes commandos se retiraient j'employai cette dernière journée à faire sauter le pont du chemin de fer, jeté sur la Valschrivier. Puis, vers dix heures, à travers la plaine abandonnée, un train me conduisait à Rhenosterriviersbrug, à trente-quatre kilomètres de Kroonstad, pour organiser la résistance aux forces énormes de Lord Roberts.

(1) Paul Botha se trouvait alors à Kroonstad. Il est mort depuis. On sait que sa qualité de conseiller municipal ne l'empêcha point d'écrire contre nous un pamphlet où, notamment, le Président Steijn est calomnié. Il est inutile que je m'attarde sur cette œuvre et sur cet homme dont les calomnies n'atteindront point la sublime figure de Marthinus Steijn.

Trois Ans de Guerre

Arrivé à Rhenosterriviersbrug, je ne tardai point à y recevoir le renfort des commandos de Heilbron et de Kroonstad qui, sur mon ordre, avaient quitté les Drakensbergen et la frontière du Natal où ils s'étaient employés depuis le commencement de la guerre. Soutenu, d'autre part, par les Transvaaliens du général en chef Louis Botha qui s'étaient joints à nous et par le capitaine Danie Théron, j'occupai, des deux côtés du chemin de fer, une position superbe qui me permettait d'attendre de pied ferme la marche de l'armée anglaise.

Par Théron qui battait la campagne pour les reconnaissances, j'appris que Lord Roberts s'était installé à Kroonstad évacué et que sa formidable armée était divisée en quatre corps : le premier marchait de Kroonstad sur Heilbron, le deuxième, de Lindley sur Heilbron, le troisième, parti du même point, longeait la ligne du chemin de fer; le quatrième, enfin, devait aller de Kroonstad à Vredefort et à Parijs. Le 18 mai le général en chef anglais donna le signal d'une nouvelle offensive.

En présence de cet immense déploiement, Louis Botha traversa la Vaalrivier et nous restâmes dans notre pays. C'était, en effet, une convention, passée entre les deux Républiques, que si les Anglais entraient au Transvaal, les Orangistes resteraient en deça de leur frontière. Je l'avais approuvée pleinement et j'étais heureux qu'elle pût se réaliser. Ces dispositions qui nous permettaient de prendre l'ennemi entre deux feux nous avaient été dictées par les nécessités de la situation et non par le plus léger

Trois Ans de Guerre

dissentiment entre les deux Républiques. Nous, les derniers des 45.000 hommes qui s'étaient levés pour la défense de notre liberté, réduits au tiers par la reddition de Cronjé et le départ de nombreux Burghers, pouvions-nous en effet, phalange mobile et toujours inquiète, combattre, autrement que par la ruse, les 240.000 hommes de Lord Roberts. Et ne fallait-il pas même et surtout pour se battre encore, recourir à ce dernier artifice... La fuite!

Fuir! Est-il dans la bouche d'un soldat qui défend sa patrie et d'un père qui défend son foyer, un mot plus triste, plus profondément douloureux? Quand, au lieu de m'offrir la suprême folie du combat, j'avais recours à la fuite silencieuse et sournoise à travers nos défilés et qu'elle m'apparaissait comme le suprême espoir de nos armes décimées, que de fois j'ai rougi au milieu de mes Burghers! Je me sentais si peu de chose, malgré moi, en ces minutes suprêmes que j'aurais craint de regarder un enfant. « Je suis un homme, me disais-je alors, un homme comme ceux qui me combattent et me poursuivent, un homme! et je fuis! »

Pourtant que ceux qui liront ces lignes me comprennent et me jugent. J'ai souffert plus que quiconque de ne pouvoir point, à chaque occasion, regarder mon ennemi en face. Mais un homme a-t-il jamais pu résister contre douze?...

Dès que les Transvaaliens qui s'étaient séparés de nous pour défendre leur territoire eurent franchi la Vaalrivier, je me rendis avec douze cents hommes à Heilbron où quelques-uns de mes Burghers m'avaient devancé. Les autres

Trois Ans de Guerre

forces de l'Orange étaient ainsi disposées. Une troupe importante était autour de Lindley et une seconde, commandée par le général Roux, se tenait à l'est de Senekal. Enfin dans les Drakensbergen se tenait l'avant-garde, composée des importants commandos de Vrede et de Harrismith et renforcée par quelques hommes venus de Bethlehem.

J'arrivai à Heilbron très tard dans la soirée ; ce fut pour apprendre qu'on s'était battu entre cette ville et Lindley, au bord de la Rhenosterrivier et que le général J.-B. Wessels, appuyé du commandant Steenekamp avait été obligé de se retirer. Je fis alors explorer les alentours par de nombreuses patrouilles. Les premières ne découvrirent rien. Mais à peine en avais-je lancé d'autres qu'un éclaireur vint m'annoncer, dans la plaine, la présence d'une force de cinq à six mille hommes qui s'avançait sur le village. Aller à sa rencontre avec mon maigre effectif, c'était une folie ! Chercher des positions avantageuses aux environs, c'était impossible, car j'aurais ainsi exposé les femmes et les enfants qui encombraient Heilbron. Une fois encore, il ne me restait qu'à fuir. Je m'y contraignis avec la nouvelle angoisse de ne pouvoir même éloigner ma femme et mes enfants.

Le tout n'était pas de chercher des conditions plus avantageuses de combat. Il fallait ne point nous séparer de nos munitions qui se trouvaient alors à la gare de Volvehoek et qu'à la première réquisition M. Sarel Wessels, qui en avait assumé le transport, devait faire expédier à Greylingstad, en passant par le Transvaal.

Trois Ans de Guerre

La manœuvre était urgente, car j'étais alors harcelé par Sir Redvers Buller qui gagnait chaque jour du terrain vers la frontière du Natal et menaçait de prendre mes approvisionnements de bataille. D'autre part, les chariots manquaient pour les faire transporter à Greylingstad et les hommes également pour les amener à bras jusqu'aux fourgons du chemin de fer. Je dus prendre un parti extrême. Courant jusqu'aux commandos de Smithfield, de Wepener et de Béthulie qui, malgré la décision prise à Kroonstad, avaient conservé des chariots à Frankfort, je leur en emmenai ce qu'il fallait pour envoyer les munitions, sous bonne escorte, jusqu'à la gare de Greylingstad.

Une telle mission réclamait un homme en lequel je pouvais mettre toute ma confiance. A défaut du capitaine Danie Théron qui, en sa qualité de Transvaalien, avait dû suivre Louis Botha, je portai mon choix sur Gidéon J. Scheepers (1) qui fut chargé par moi de reconnaître les forces anglaises et de les éviter avec assez d'habileté pour que les chariots de munitions pussent arriver à destination.

(1) Je reviendrai sur l'histoire d'un tel homme, car, si l'on veut bien me passer notre proverbe, j'ai mangé trop de sel avec lui pour l'oublier. Je l'avais nommé capitaine de mes éclaireurs. Pourquoi faut-il que ce brave Afrikander, enfant du pays, ait été le martyr de sa cause ?

Chapitre XIII

NOS FORCES VERS LA FIN DE MAI 1900

Chassé de Kroonstad envahi, notre gouvernement ne put se maintenir dans Heilbronn menacé. A la fin de mai 1900, il dut s'établir dans le Veld entre Frankfort et Heilbron. C'était, en effet, le seul moyen qui lui restait d'entretenir des communications avec le Transvaal puisque depuis la prise de Johannesburg, le 31 mai 1900 et celle de Prétoria, le 5 juillet de la même année, le télégraphe ne nous reliait plus à la République Sud-Africaine que par Frankfort, Greylingstad, Middelburg, à peu de distance de Prétoria.

Vers cette époque, pour trop peu de temps hélas, la fortune sembla nous sourire. Le 21 mai, le général P. de Wet prit Lindley et s'empara de la garnison composée de « Yeomanry. » 500 prisonniers furent faits par les nôtres, parmi lesquels on m'a affirmé que se trouvaient beaucoup de Lords.

Ce furent d'ailleurs les derniers prisonniers de guerre

que nous réussîmes à faire passer dans la République Sud-Africaine; car, après la prise de Prétoria, nous fûmes obligés d'évacuer nos prisonniers sur l'Est. Mais, soit à cause de l'insouciance du gouvernement transvaalien, soit par l'infidélité des surveillants, la plupart réussirent à rester à Prétoria où Lord Roberts vint les délivrer et les armer de nouveau. Ce fut là une grosse faute, de la part du Transvaal et beaucoup de Burghers en supportèrent les conséquences.

Cependant, les Yeomen de Lindley purent être amenés chez nous très peu de temps après le 17 juin 1900, jour où Sir Redvers Buller réussit à franchir les Drakensbergen, entre la passe Botha et Lingsnek, à la frontière du Natal.

Tristes journées que celles qui suivirent ce succès du général anglais. Les commandos se décourageaient. « Nous voilà cernés de tous côtés », disaient nos Burghers, chaque soir, parmi les ravins escarpés qu'après avoir battu le Veld, ils choisissaient pour cantonnement. « Impossible de fuir pour chercher de nouvelles positions, impossible aussi de combattre. Johannesburg et Prétoria tombés aux mains des Anglais, Buller nous serrant de près, comment continuer la lutte? » Le président Steijn et moi, jamais pendant les trois ans que nous tînmes campagne, nous ne connûmes d'aussi douloureux moments. Il nous fallait bien l'inébranlable fermeté de la plupart de nos Burghers pour ne point désespérer de notre cause. Quelques-uns, cependant, rentraient dans leurs foyers,

Trois Ans de Guerre

laissant des officiers sans troupe, comme cela s'était produit au Transvaal, après la prise de Bloemfontein. Cette nouvelle tristesse ne nous abattit point. Le président Steijn et moi, nous envoyâmes des télégrammes au gouvernement et aux officiers supérieurs de la République Sud-Africaine pour les engager à ne pas céder, ce qu'ils ne voulaient point faire d'ailleurs. Car les généraux Louis Botha et De la Rey tenaient bon et continuaient la guerre.

Avant de continuer mon récit, je me permettrai une courte digression, car il me paraît utile, pour ce qui va suivre, de donner un aperçu des forces dont disposait encore, en ce moment critique, l'État libre d'Orange.

Les districts de Philippolis et de Hoopstad s'étaient entièrement rendus à l'ennemi. Du premier, deux Burghers, Gordon Fraser et Norwal nous étaient restés fidèles; du second, Cornelis du Preez et un autre dont je regrette de ne pas me rappeler le nom. Ces braves qui n'ont pas désespéré de la patrie ne doivent être oubliés.

Du district de Boshof, il ne nous restait que le veldcornet C.-C. Badenhorst qui devint dans la suite commandant, puis commandant en chef adjoint. Il nous avait amené vingt-sept hommes.

Jacobsdal était représenté par le commandant Prétorius, élu à la place du commandant Lubbe, quand celui-ci, blessé à Tabaksberg, fut tombé avec quarante hommes aux mains des Anglais.

De Fauresmith, le commandant Visser, avec environ soixante-dix hommes, nous restait fidèle.

Trois Ans de Guerre

De Bethulie, le commandant du Plooij, avec environ cent hommes, nous avait rejoints.

Bloemfontein était représentée par le commandant Piet Faurie et deux cents Burghers.

De Rouxville, Smithfield, Wepener et Ladybrand nous n'avions qu'une partie des commandos dont beaucoup d'hommes étaient restés en arrière. Des districts de Winburg, Kroonstad et Heilbron, quelques Burghers avaient déposé les armes. C'est ce qui devait arriver plus tard pour ceux de Ficksburg, Bethlehem (1), Harrismith et Vrede dont les commandos nous arrivèrent intacts.

Il était impossible de compter désormais sur les Burghers des districts de Hoopstad, de Jacobsdal, de Fauresmith, de Philippolis, de Bethulie, de Smithfield, de Rouxville, de Wepener, de Bloemfontein et de la partie méridionale de Ladybrand qui avaient déposé les armes et n'étaient plus inquiétés par Lord Roberts. Moi-même, j'avais retiré mes commandos de ces districts pour les faire remonter vers le Nord.

Pour résister à l'envahisseur, nous restions donc avec le suprême espoir de 8.000 hommes sous les armes.

En possession de toutes ces troupes prêtes à la lutte suprême, j'attendais à Frankfort l'arrivée des munitions qui devaient m'arriver de la gare de Greylingstad. Ce fut à ce moment que, sur la proposition de quelques officiers, le gouvernement abolit le grade de « vechtgeneraal »

(1) Au moment de la paix le commando de Bethlehem avait le plus fort effectif.

Trois Ans de Guerre

(général combattant); ce qui amena les officiers porteurs de ce grade à donner leur démission. Je fus loin d'approuver cette mesure. Pour ce qui est de moi, au lieu du grade de « vechtgeneraal », j'obtins celui de commandant en chef adjoint, et j'investis du même titre les anciens « vechtgeneraals » Piet de Wet, C.-C. Froneman, Philip Botha et Paul Roux.

Chapitre XIV

ROODEWAL

Dès que les munitions me parvinrent, je rejoignis sur une colline nommée Presidentskopje et située à douze milles de Heilbron, les commandants Steenekamp et J.-H. Olivier qui s'y étaient installés. Après tant de peines pour ressaisir mes hommes et mes provisions, après le triste abandon d'Heilbron et de Kroonstad, j'étais bien décidé à faire tout le possible pour reprendre vigoureusement l'offensive.

Sans perdre un moment, j'assignais à chacun sa tâche et je me préparais à un coup de main qui m'avait été signalé comme possible sur la gare de Roodewal. Parti dans ce but avec 600 Burghers que j'avais choisi parmi les mieux montés, j'évitai la garnison anglaise installée à Leeuwfontein et j'atteignis en deux étapes le village de Smitsdrift situé sur la route de Heilbron à Kroonstad.

C'est là qu'ignoré de l'ennemi, j'appris, le 4 juin dans l'après-midi, qu'un convoi venant de la Rhenosterrivier

Trois Ans de Guerre

s'approchait de moi. Je le laissai s'avancer jusqu'à cinq cents pas de ce cours d'eau, à un mille de distance à l'Est des Zwavelkrans, exposé, sans qu'il le sût, à une attaque de notre part. Il y passa la nuit, surveillé de loin par mes éclaireurs. Je le sentais de bonne prise et je voulais l'offrir comme encouragement à mes Burghers avant l'affaire de Roodewal.

Aussi, dès l'aube, je donnai le signal de l'action. Trois cents Burghers, par un mouvement tournant, vinrent se glisser sur les bords de la rivière, en arrière de l'ennemi, tandis que moi-même, lui faisant face et déployant ma troupe, je le surveillais des hauteurs. Je me sentais imbattable et, suivant mon habitude, pour éviter une effusion de sang, je fis parvenir aux Anglais un parlementaire muni du drapeau blanc. Ce dernier devait exiger qu'ils se rendissent sans conditions.

Se voyant cerné à l'improviste par toute ma troupe qui s'était révélée subitement et dont les fusils, parmi les broussailles de la rivière et les échancrures des rochers, se trouvaient déjà épaulés, le convoi composé de Highlanders ne résista pas. Cinquante-six chariots tirés par seize bœufs, garnis de vivres et de munitions, et deux cents hommes nous tombèrent entre les mains. Philip Botha les conduisit au camp de notre Président et nous rejoignit le lendemain matin.

Ce qui valait mieux encore, c'est que j'avais réussi ma capture sans tirer un coup de fusil et qu'ainsi, n'ayant point attiré l'attention des garnisons d'Heilbron et de Roo-

Trois Ans de Guerre

dewal, je pouvais espérer réussir mon coup, le lendemain, sur la gare de ce dernier village.

Pour me concilier toutes les chances, je mis tout d'abord mes hommes au repos pour vingt-quatre heures. Et c'est avec une troupe vigoureuse que je gagnai Roodewal pour jouer la partie finale. Dès Walfontein, me préparant à l'attaque, je pris soin de distribuer mes forces. Steenekamp, avec trois cents hommes et un canon Krupp, reçut l'ordre de marcher toute la nuit et d'attaquer, le lendemain au petit jour la gare de Vredefortweg. Froneman accompagné des commandants Nel et du Plooij devait attaquer à la même heure avec trois cents hommes, deux canons Krupp et une pièce à tir rapide, le camp anglais qui s'était adossé aux « collines rouges », à un mille au nord du pont du chemin de fer jeté sur la Rhenosterrivier. Quant à moi, accompagné du commandant Piet Fourie, de 80 hommes et d'un canon Krupp, je me dirigeai vers la gare de Roodewal que je m'étais réservée, tandis que je laissai nos chariots sous la garde de vingt hommes et que je me protégeai du côté de Heilbron par un peloton de Burghers chargé de conserver leurs positions de la veille.

Nos trois troupes devaient ainsi agir et attaquer de concert. Il était nécessaire, d'ailleurs, de ne le faire qu'avec la plus grande prudence et après s'être assuré de solides positions. Steenekamp avec ses trois cents hommes pouvait avoir à lutter, en effet, dès l'attaque de Vredefortweg, contre les patrouilles anglaises disséminées dans la région et qui se resserreraient assurément, au premier coup de feu, sur le corps principal. Froneman, de son côté, n'avait point à douter, d'après les rapports des éclaireurs, qu'il aurait à lutter contre des forces de beaucoup supérieures en nombre. Pour moi, j'étais en pleine incertitude, ne sachant quelle résistance je rencontrerais à Roodewal.

Dissimulé avec ma petite troupe et un canon Krupp dans les ravins qui entourent la gare de Roodewal, j'attendais le lever du jour pour tenter de la forcer. J'avais appris, en effet, par quatre éclaireurs que l'affaire était bonne à tenter. Toute une ligne de wagons immobiles sur la voie profilait sa lourde ombre grise.

C'était la nuit et dans le silence. Pas un bruit ne s'élevait des troupes anglaises massées dans la gare et qui devaient dormir. Tout à coup des sifflements de balles se firent entendre. Etions-nous surpris ?

Non, c'était Froneman sur ma gauche qui recevait le choc.

De nouvelles salves partirent, puis elles se multiplièrent et devinrent un crépitement continu. Je sentais l'action engagée.

Il n'y avait pas une minute à perdre. Mes hommes rampent dans l'obscurité, entourent la troupe anglaise et quand je la crois bien cernée, toujours pour éviter une effusion de sang, je lui envoie un parlementaire avec l'ordre de se rendre.

Au dos de ma lettre, la réponse m'arriva rapide : « *We will not surrender!* » (Nous ne nous rendrons pas).

Immédiatement, sur mon ordre, mes Burghers à

plat ventre ouvrent le feu, auquel les Anglais répondent avec violence.

Pourtant mes artilleurs ne pouvaient tenir, en terrain découvert, avec leur canon dételé. Il n'y avait qu'un « pan » (1) dans le terrain, et si peu profond qu'un de nos chevaux fut blessé au genou. Un autre « pan » se trouvait bien au nord-ouest de la voie ferrée et à mille pas de la gare. Mais en admettant que les chevaux s'y soient trouvés plus en sûreté, les hommes n'auraient pu s'y maintenir. Au risque d'éparpiller mon tir, et sous le feu persistant de l'ennemi, je dus changer leur position.

« Attelez le canon, et à trois milles pas en arrière ! ».

Sous les balles notre pièce glissa lourdement dans la terre humide du matin. Puis elle prit le galop, désignée à l'attention des Anglais qui dirigeaient sur elle tout leur feu, bien que mes quatre-vingts fusils fissent rage contre eux. Par un prodige, mes artilleurs arrivèrent, sains et saufs, hors de portée, et, désormais tranquilles, ils bombardèrent l'ennemi, sans perdre un seul de leurs coups. Placé plus près, je voyais les trouées que nos boulets faisaient à intervalles réguliers dans leurs retranchements.

Ce fut Froneman qui précipita la victoire. Débarrassé des Anglais adossés « aux collines rouges » qui s'étaient rendus, il m'apporta le renfort de ses deux canons Krupp qui prirent l'ennemi de flanc. A onze heures et demie, les Anglais décimés firent hisser le drapeau blanc. Nous étions victorieux sur toute la ligne.

(1) « Pan », marais desséché pendant l'été.

Trois Ans de Guerre

Deux officiers vinrent à moi, m'annonçant qu'ils étaient prêts à se rendre, à la condition qu'on leur laissât les objets qui leur appartenaient personnellement ainsi que le courrier. Pour les premiers, j'y consentis, n'ayant jamais permis qu'en ma présence les prisonniers de guerre fussent dépouillés (1). Pour les lettres, je leur fis remarquer que nul ne les avait priés de les adresser si loin et qu'en fait de destination, je leur donnerais les petits feux que mes Burghers allaient allumer pour le repas. Au premier refus, tous mes hommes, rangés encore en lignes de bataille, recommenceraient l'assaut.

Les Anglais s'inclinèrent et nous partîmes pour prendre possession de leur camp. Nous fûmes émerveillés de sa richesse et de l'ingéniosité avec laquelle nos ennemis s'étaient constitué des retranchements, formés de ballots de vêtements et des paquets du courrier.

Les Anglais laissaient vingt-sept morts sur le champ de bataille, et nous fîmes deux cents prisonniers.

Ce qui accrut notre étonnement, c'est que, pour fortifier leurs retranchements, les Anglais n'avaient pas seulement employé leurs ballots de vêtements, mais beaucoup de choses de valeur. C'est pour cette raison qu'ils n'avaient perdu que fort peu d'hommes. Nous trouvâmes, parmi les morts et les wagons éventrés, plus de cent caisses d'objets divers et une quantité énorme de munitions destinées aux garnisons anglaises des alentours : lyddite,

(1) Plus tard, quand l'Angleterre eut coupé toute importation, je dus, à regret, permettre à nos Burghers de prendre les vêtements des soldats anglais.

Trois Ans de Guerre

gargousses à mitraille et certains de ces obus destinés aux canons de la marine avec lesquels Lord Roberts avait eu le projet de bombarder les forts de Prétoria. Ces engins étaient si lourds que mes Burghers ayant essayé de les soulever, pas un seul n'y réussit. L'affaire eut un grand retentissement, et peu de jours après, les journaux annonçaient que les pertes britanniques, en approvisionnements, s'élevaient à plus de 700.000 livres sterling.

A quoi nous servait tout ce butin, puisque la patrie était en danger? Plût à Dieu que jamais l'occasion ne se fût présentée de le prendre! Tout ce que j'en regrettais, c'étaient les vêtements confortables et les bottes dont nos soldats auraient fait si bon usage pour cette inévitable campagne. Mais le temps pressait trop pour qu'on pût les emporter. Je sentais tout près de moi les forces anglaises, de Bloemfontein, de Kroonstad et de Prétoria auxquelles la nouvelle du désastre avait dû parvenir. Il me fallut presque tout livrer aux flammes. Dans le Veld, de petits foyers disséminés furent allumés avant que la nuit tombât. Pendant ce temps, la gare de Roodewal, minée par les flammes et à moitié détruite, s'effondrait peu à peu.

Je permis pourtant qu'on ouvrît le courrier. Et ma petite troupe ne s'en fit pas faute. En un clin d'œil, tous les paquets furent ouverts, et mes Burghers s'en acquittaient si bien qu'on les eût pris pour des employés des postes! On trouva en abondance des cigares et des cigarettes; des « plumpuddings » même furent découverts, soigneusement emballés, et nous les partageâmes avec les prisonniers anglais qui ne s'étonnaient point de saccager à la fin de la journée les objets qu'à l'aurore, ils avaient dû défendre, au péril de leur vie.

Encore une fois, le temps pressait. Et, bien que tous les ponts du chemin de fer eussent été détruits au Nord et au Sud, je ne me croyais pas en sécurité. J'aurais seulement voulu prendre les munitions de guerre. Mais ce n'était pas chose facile. Mes Burghers, si braves pendant l'action, m'obéissaient mollement dans la vie courante du commando. Ce qui fut notre force, mais aussi notre faiblesse, je redevenais comme eux, après la bataille, un simple citoyen. A peine en avais-je réuni une douzaine pour ranger les munitions sur les selles, qu'ils fuyaient aussitôt, pour continuer le sac du courrier.

Enfin, tant bien que mal, les chevaux furent chargés de munitions d'artillerie et de cartouches Lee-Metford dont nos Burghers commençaient à se servir ainsi que des fusils anglais. Au coucher du soleil, je donnai le signal du départ.

Départ inoubliable et qui n'eût pas manqué de pittoresque s'il n'eût eu lieu dans une campagne où la guerre avait fait passer sa désolation. Les chevaux étaient tellement chargés d'objets divers que les cavaliers étaient obligés de les tirer par la bride et qu'on eût pris notre troupe pour un bazar ambulant.

Malgré nous, nous ne pouvions nous retenir de rire, à la vue des « Tommies ». Tous nos Burghers étaient déjà en marche qu'ils saccageaient encore leur butin ou plutôt le nôtre, et que le veldcornet, chargé de les mener à notre camp, ne pouvait les faire avancer. C'était à croire qu'ils voulaient tous monter un petit magasin et s'établir boutiquiers dans notre République. Je les fis solidement encadrer et leur bande s'éloigna, emportant tout ce que nous n'avions pu recueillir et qu'elle se chargeait pour nous de placer en lieu sûr.

Dès qu'elle fut hors de vue, je commandai : « En selle ! » Et le commando partit au galop, tandis que derrière nous, les obus abandonnés éclataient, emplissant le ciel de craquements formidables et de lueurs sinistres...

Au loin, dans la plaine, nous pressions nos chevaux épuisés vers une autre bataille.

Elle eut lieu le lendemain, car nous avions rejoint dans la nuit le général Froneman au nord de Rhenosterrivierbrug.

Depuis la veille celui-ci se croisait les bras, car les postes avancés des Anglais avaient reculé devant son attaque et s'étaient repliés sur leur camp. Nos deux troupes unies ne craignirent point d'ouvrir le feu pour l'enlever.

Les deux partis se trouvaient face à face sur des collines rocheuses au milieu de kraals datant du temps de Moselikats (1).

Nous dûmes l'avantage à notre artillerie, et les Anglais, qui ne pouvaient opposer de canons aux nôtres, ne tar-

---

(1) « Moselikats », chef zoulou célèbre par sa cruauté avec qui les « trekkers » avaient eu maille à partir en 1836. On dit aussi « Selikats »

(Note du traducteur)

dèrent pas à se rendre. Nous fîmes cinq cents prisonniers au nombre desquels se trouvaient le capitaine Wyndham Knigt et d'autres officiers. Le colonel Douglas était tombé, et avec lui cent soixante hommes qui étaient tués ou blessés.

Plus heureux que nous encore, le commandant Steenekamp avait remporté sa victoire sans coup férir. Le camp de la gare de Vredefortweg, surpris par ses cavaliers avant le lever du jour, était tombé entre ses mains.

La journée avait été bonne, vraiment. Nous avions déblayé toute la plaine de Roodewal et pris à l'ennemi huit cents prisonniers, ainsi qu'une quantité énorme de munitions.

Le succès était d'autant plus éclatant que nous n'avions éprouvé que des pertes minimes. A Roodewal où mes hommes se trouvaient complètement découverts, je n'eus que deux blessés. A l'affaire du général Froneman, la Providence ne nous prit qu'un Burgher, nommé Mijburgh.

L'espérance nous revenait au cœur, d'autant plus qu'on était en plein hiver et qu'il nous était permis de penser que les Anglais ne seraient pas de sitôt réapprovisionnés. Nous gagnions ainsi du temps pour remettre de l'ordre parmi nos commandos que tant d'actions violentes et successives avaient malgré tout désorganisés.

De se voir ainsi arrêté dans ses opérations et perdu dans des plaines stériles, au cœur de l'hiver, Lord Roberts a dû nourrir contre moi quelque ressentiment. Je m'en console à la pensée que tout s'apaise avec le temps. Et d'ailleurs quelle idée avait-il d'entasser si près de nous tant de munitions et de vivres, alors que tout cela eût été si bien à Kroonstad ou à Bloemfontein jusqu'au moment où les ponts du chemin de fer de Prétoria, détruits par nous, auraient été reconstruits? Pensait-il que les Orangistes étaient aises de le recevoir et qu'ils allaient lui céder le pays de bon gré?

Le lendemain de Roodewal, je reçus la nouvelle qu'une trentaine d'Anglais avaient été signalés à huit milles à l'ouest de ce village, s'avançant dans la direction de Kroonstad. J'envoyai immédiatement Froneman avec trente hommes pour les prendre, ce qu'il ne manqua pas de faire, tandis que je me faisais suivre des prisonniers confiés au veldcornet (plus tard commandant) de Vos.

Pour moi je m'inquiétai de faire mettre à l'abri les munitions prises à Roodewal. Dans ce but, mes commandants, accompagnés chacun d'une forte patrouille et de deux chariots reçurent l'ordre de les porter vers ma demeure de Roodepoort, à trois milles du pont du chemin de fer, jeté sur la Rhenosterrivier. A cet endroit se trouve un gué que surplombe un épais banc de sable facile à creuser; rapidement nous y construisîmes une sorte de cave qui fut recouverte et où je fis passer des chariots pour qu'on ne pût soupçonner son existence.

Une grande tristesse vint pourtant assombrir la joie de notre succès. Comme si la patrie n'était pas suffisamment malmenée par les ennemis du dehors, il fallut que j'eusse la honte et la douleur de la voir délaissée par un traître. Il s'agit du veldcornet Hans Smit du district de Rouxville que je voue à la malédiction de tous les honnêtes gens.

Cet homme réussit à se mettre en rapport avec l'officier anglais Wyndham Knight que nous avions capturé et qui mérite d'être honoré comme un brave puisque, même prisonnier, il servait sa patrie au péril de sa vie. Smit obtint de ce dernier pour lui et vingt Burghers, un sauf-conduit pour Kroonstad et ensuite pour Rouxville.

Ils désertèrent dans la nuit du 10 juin et je n'en fus informé que trois jours après. J'en éprouvai le plus grand chagrin. Combattre contre 240.000 hommes, à un contre douze, et les vaincre, cela me semblait déjà une lourde tâche ; mais j'eus le sentiment que si le découragement et la félonie se mettaient dans nos rangs, c'en était fait à jamais des Républiques Sud-Africaines. Il me fallut alors une volonté de fer pour lutter contre l'énorme péril de l'ennemi extérieur et contre celui plus grand encore qui résultait de la trahison des nôtres.

Tristes minutes sur lesquelles j'appelle l'attention du lecteur. Je ne le convie point en effet au récit de grandes batailles rangées, comme dans les guerres européennes. Je le prie seulement de revivre les efforts et les douleurs d'une poignée de braves qui ont voulu, jusqu'au bout, garder et défendre leur indépendance.

Chapitre XV

JE FAIS CONNAISSANCE
AVEC LORD KITCHENER

Dans la matinée du 10 janvier, comme je m'y attendais, une force militaire considérable fut envoyée de Vredefortweg et de Heilbron pour nous chasser de la voie ferrée.

Elle était commandée par Lord Kitchener et se composait, d'après notre estimation, de douze à quinze mille hommes. La voyant s'approcher j'envoyai les quelques chariots qui me restaient dans la direction de Kroonstad, donnant l'ordre de leur faire longer le chemin de fer vers l'Ouest et de les faire tourner ensuite, toujours vers l'Ouest, dès qu'ils seraient hors de vue, pour tromper l'ennemi. Je voulais lui faire croire à notre retraite.

Il s'en fallait d'ailleurs que j'eusse une telle intention. Je pris donc mes positions sur les kopjes, au nord du pont de la Rhenosterrivier, à l'endroit même où le capitaine Wyndham Knight se trouvait quatre jours auparavant et je fis occuper ma maison de Roodepoort, ainsi que les Honingkopjes.

Suivant leur tactique habituelle, les Anglais commencèrent par bombarder nos positions pour laisser le temps à leur cavalerie de nous tourner. Pendant une heure le canon tonna sur nous sans que ni les Burghers embusqués chez moi, ni ceux placés sur les Honingkopjes en fussent ébranlés.

Comme je m'y attendais, le mouvement tournant de la cavalerie ne tarda point. Je vis des forces importantes prendre position au nord de Roodepoort, et comme de l'endroit où je me trouvais, je ne pouvais apercevoir les positions de nos troupes que j'avais placées à Roodepoort, il m'était impossible d'apprécier les résultats de ce mouvement. Je craignis pourtant que cette situation devînt périlleuse pour les nôtres; car, me disais-je, si ceux de Roodepoort, refoulés par les Anglais, viennent à appuyer leur retraite sur la rivière, ils pourront être cernés, sans que je le sache. Je résolus donc de me rendre au plus vite vers cette position, sans toutefois prévenir mes Burghers du danger que pouvaient courir leurs camarades, afin de ne pas amollir leur résistance.

Mon arrivée fut fort opportune, car, au Nord-Ouest, les Burghers de Roodepoort commençaient à céder. Ils étaient d'ailleurs rapidement suivis par leurs camarades établis au centre qui, voyant s'approcher d'eux une grosse force d'artillerie anglaise détachèrent leurs chevaux réunis sous un « randje » et s'enfuirent à toutes brides.

Trois Ans de Guerre

C'était la retraite sur la plus importante de mes positions. Dès lors, les autres n'étaient plus en état de résister, même si elles en avaient fait l'effort, et il était urgent de les prévenir. J'obtins alors des Burghers de Roodepoort qu'ils ne fuiraient pas le long de la rivière et se risqueraient à la traverser plus loin vers le Sud. Grâce à cette manœuvre, ils pourraient être aperçus des citoyens postés sur les Honingkopjes qui, les voyant fuir, comprendraient la nécessité d'en faire autant.

« Pensez à vos frères d'armes, criai-je à ceux qui étaient près de moi, et puisqu'il faut fuir, risquez votre vie pour qu'ils ne tombent pas aux mains des Anglais. »

Les Burghers obéirent et dévalèrent sous une grêle de coups de canon et de fusil. Mais ils filaient comme le vent et nul d'entre eux ne fut atteint. Ceux des Honingkopjes comprirent d'ailleurs le mouvement et les suivirent avant que l'ennemi eût pu leur couper la retraite.

Malheureusement sept Burghers de Heilbron avaient pris position à une certaine distance des autres dans un « kliphok (1) » et se battaient avec tellement d'entrain, sous le bruit assourdissant du feu de l'ennemi, qu'ils n'avaient point pris garde à la retraite de leurs camarades ; quand ils s'en aperçurent, il était trop tard pour les suivre ; non seulement leur retraite était coupée, mais leurs chevaux qu'ils avaient placés avec tous les autres, avaient suivi notre troupe, sans leurs cavaliers.

(1) Ruine d'un kraal cafre du temps de Moselikats.

Trois Ans de Guerre

Parmi ces sept braves, se trouvaient Willie Steijn, Attie van Niekerk, les deux frères Steytler et un jeune Botha. Ils furent emmenés prisonniers à Ceylan, mais les Anglais avaient compté sans leur dévoûment à la patrie. Une belle nuit, Steijn, Botha et les deux frères Steytler se jetèrent à la nage et gagnèrent un navire russe qu'ils voyaient à quelques milles de distance. Ce navire les transporta en Russie où je suis heureux de dire qu'ils trouvèrent un accueil hospitalier. De la Russie ils regagnèrent la Hollande et, de ce pays, un vaisseau les emmena vers les possessions allemandes de l'Afrique occidentale. Ils purent rejoindre la colonie du Cap par Boesmansland et enfin, après mille péripéties, le commando du général Herman Maritz, où ils continuèrent à combattre. Un de ces braves, le jeune Botha, fut tué devant l'ennemi.

Je dois rendre ici un hommage à ces héros. Notre terre n'en produisit pas de plus braves et je regrette d'oublier les deux noms qui mériteraient comme ceux des Steytler, de Botha, de Steijn et de van Niekerk la gloire de la renommée.

En me rendant de l'État libre d'Orange — qui est devenu la colonie de la rivière d'Orange — à Capetown où je devais rejoindre, pour notre tournée à travers l'Europe, Louis Botha et J.-H. de la Rey, j'eus le bonheur de rencontrer Steijn. Il m'avait promis une narration plus complète de cet exode héroïque et de ce retour sous nos drapeaux. J'ai le regret de ne pas l'avoir reçue. Mais que vous soyez connus ou inconnus, vous, les héros qu'on n'enchaîna point, et qui revinrent en hâte à

Trois Ans de Guerre

travers les mers et les continents pour défendre notre liberté, l'âme de la patrie qui vit en notre âme et vivra dans celle de nos enfants, l'âme de la patrie vous salue !

Comme nous étions obligés de quitter les Honingkopjes (collines de miel) qui, ce jour-là vraiment, ne méritaient pas leur nom, je donnai l'ordre aux Burghers de reculer dans la direction de Kroonstad.

J'avais en effet reçu la nouvelle que d'importantes provisions se trouvaient entassées au commissariat de Kroonstad et qu'il n'y avait que peu de troupes pour les protéger. Elles auraient été de bonne prise, et nous nous serions ainsi consolés de notre retraite. Je crus bon pourtant d'ajourner mon projet ; car, me disais-je, les troupes anglaises qui nous ont fait reculer à Roodepoort, ont dû se diriger vers Kroonstad, tant pour nous y rejoindre que pour défendre leurs approvisionnements. Je bifurquai donc vers Wonderheuvel où se trouvait le veldcornet de Vos avec nos prisonniers de guerre. Mes prévisions se trouvèrent réalisées, les forces anglaises s'étaient dirigées vers Kroonstad, à trente-quatre milles de Roodepoort.

De Wonderheuvel nous partîmes pour Vaalbank, où nous restâmes jusqu'au lendemain soir 13 juin. Je ne m'y sentais point en sûreté, car j'étais persuadé que Lord Kitchener ne nous trouvant pas à Kroonstad, viendrait nous chercher où nous étions, c'est-à-dire à l'ouest du chemin de fer.

Je comprenais, d'autre part, la nécessité de me déplacer

pour détruire la ligne en plusieurs endroits. C'était la seule dont pût se servir Lord Roberts pour le transport des colossales quantités de marchandises qui lui étaient nécessaires; car les chemins de fer du Natal et de Delagoa-Bay étaient encore dans nos mains. Je devais donc, coûte que coûte, couper la communication aux Anglais. C'est dans ce but que je traversai la voie ferrée près de Leeuwspruit, au nord du pont de la Rhenosterrivier qui avait été reconstruit par les Anglais, et que je résolus d'attaquer les garnisons anglaises, qui avaient occupé de nouveau le pont de la Rhenosterrivier et Roodewal.

Ce plan de combat paraissait devoir réussir si tous mes ordres étaient bien exécutés. Il aurait fallu, tout d'abord, couper toute communication aux Anglais, enlever le bétail qui avoisinait la ligne du chemin de fer, opérer, en somme comme le recommandait le général Louis Botha autour de Prétoria et de Johannesburg. De la sorte, Lord Roberts et ses hommes se seraient trouvés dans le cas des Samaritains en Samarie, et auraient connu le danger de mourir de faim à Prétoria. Ce ne fut point la prévoyance du chef anglais qui les sauva, mais bien l'indolence des nôtres. Ils ne pouvaient porter intérêt, malgré eux, à tout ce qui n'était pas le combat.

Pour couper les communications anglaises, je me concertai avec le général Froneman et lui donnai l'ordre de traverser le chemin de fer au nord du pont de la Rhenosterrivier, près de celui du Leeuwspruit, et d'attaquer le lendemain les Anglais du côté Est. Quant à moi, je

Trois Ans de Guerre

longeai le chemin de fer du côté Ouest où je me cachai avec un canon Krupp dans le but d'attaquer de ce côté, dès que j'entendrais les coups de feu partir de l'Est.

Les choses ne se passèrent point, pourtant, comme je l'aurais souhaité. Le général Froneman fut, en effet, arrêté par les Anglais qui gardaient le pont du chemin de fer jeté sur le Leeuwspruit. Il engagea le combat.

Au moment où le combat se livrait sur la voie même, un sifflement rauque domina le crépitement des balles. A cinq cents mètres, un train s'avançait venant du Sud. Aussitôt les Burghers de Froneman ouvrirent sur le convoi un feu si nourri qu'ils le forcèrent à s'arrêter.

— A l'assaut, commanda Froneman.

Les Burghers hésitèrent, un instant.

— A l'assaut !

Les Burghers hésitaient toujours.

Dans la nuit, profitant de ces quelques secondes d'hésitation, le train siffla et disparut.

Nous venions de manquer la plus belle prise que nous eussions pu faire. Si les Burghers avaient obéi, Lord Kitchener serait tombé entre nos mains. Comme nous l'apprîmes plus tard, aussitôt qu'il vit le train s'arrêter, il fit descendre un cheval d'un wagon et, au galop, presque seul, s'enfuit, du côté opposé, dans la nuit.

Le train nous échappait, mais en revanche le général Froneman réussissait à capturer les Anglais qui occupaient le pont du chemin de fer et faisait cinquante-huit prisonniers de guerre. Il incendiait aussi le pont provisoire

Trois Ans de Guerre

que les Anglais avaient déjà deux fois reconstruit en bois.

Au cours de cet exploit, trois cents Cafres furent surpris le long de la voie. Ils alléguèrent qu'ils n'étaient pas armés et qu'ils travaillaient à sa réfection. Nous n'y crûmes guère, et nous pensâmes qu'ils avaient jeté leurs armes dans l'obscurité. Pourtant, comme il vaut mieux laisser échapper dix coupables que de condamner un innocent, nous leur laissâmes la vie sauve.

Le général Froneman s'avança ensuite vers l'est de Doorndraai, mais il était si content de ses heureuses opérations de la veille qu'il ne pensait plus à moi. J'attendis vainement le lendemain qu'il attaquât du côté Est. Pourtant sans son concours, je n'osai attaquer du côté Ouest.

Dix heures du matin, j'attendais toujours.

Quelques-uns de mes hommes firent alors prisonniers plusieurs éclaireurs anglais, mais cela ne m'avançait pas et me rassurait encore moins.

Je fis donner le canon Krupp contre les positions de l'ennemi...

Du côté du général Froneman, toujours pas de réponse.

Je fus dès lors obligé de quitter mes positions et je descendis avec rapidité vers le pont de Leeuwspruit.

Personne n'était là. Ce ne fut que sur le soir, assez tard, que je retrouvai le général Froneman. C'était bien une méprise de sa part, et il me raconta l'incident.

Le lendemain, j'envoyai mes prisonniers de guerre, près de douze cents Anglais et Cafres, au laager du Président, établi à l'est de Heilbron.

Trois Ans de Guerre

Quant à Froneman et à moi, nous nous avançâmes tout près de Slootkraal au bord de la Rhenosterrivier. Cachés là, jusqu'à la nuit du 16 juin, nous nous mîmes alors en marche pour occuper la pleine d'Elandslaagte, et y surprendre une force nombreuse d'Anglais qui, venant de Vredefortveg, s'était mise en route pour Heilbron.

Cet endroit me plaisait pour livrer un combat utile. Peut-être, me disai-je, n'aurons-nous pas la victoire; peut-être même faudra-t-il encore nous retirer. Du moins sommes-nous sûrs de causer de grandes pertes à l'ennemi. Mais les choses ne se passèrent point comme je l'aurais souhaité.

Un défilé ouvrait la plaine d'Elandslaagte, et nous en occupâmes les deux côtés, de sorte que les Anglais devaient passer sous notre feu : « Attention, fis-je à mes Burghers; tenez-vous cachés et silencieux jusqu'à ce que les Anglais soient entrés dans le défilé. Et à ce moment-là, commencez énergiquement les feux de salves. »

Au lieu de m'obéir, les Burghers, trop pressés, tirèrent sur les éclaireurs anglais qui, en avant de la troupe, étaient encore à 500 pas du défilé.

Dès lors celle-ci, surprise, mais prévenue, recula de quinze cents pas. Les Anglais mirent pied à terre et commencèrent à répondre à notre feu. Mais, comme ils manquaient d'abri à cet endroit, ils ne jugèrent pas à propos de continuer immédiatement la lutte et, se remettant en selle, reculèrent encore au galop jusqu'à leur artillerie située à trois milles de nous:

Trois Ans de Guerre

Les canons ennemis tentèrent aussitôt de nous déloger des hauteurs où nous avions nos positions. Protégés par nos trois Krupp qui se tenaient bien, nous aurions pu résister avec avantage si l'artillerie anglaise n'avait reçu comme renfort d'Heilbron, situé à dix milles du combat, un canon à la lyddite et un Armstrong. Ces deux pièces nous prirent si vigoureusement en flanc que nous fûmes obligés de nous retirer. Heureusement, nous n'avions subi aucune perte.

Nous partîmes d'abord vers le Sud pour échapper aux canons ennemis. Enfin nous tournâmes vers l'Est, dans la direction de Heilbron. A notre grande joie, le soleil se couchait en ce moment.

Le coucher du soleil!

Que de fois ne soulagea-t-il pas mon cœur d'un gros poids d'anxiété et d'angoisse! Sans doute, la nuit ne jeta pas le plus souvent son voile sur nos armes victorieuses; du moins nous permit-elle, en maintes circonstances, la retraite qui était le salut des Burghers.

Favorisés par l'obscurité, nous pûmes alors nous replier jusqu'à notre petit laager établi au sud de Slootkraal. Nous nous y reposâmes toute la journée du lendemain. C'est là que le commandent Nel nous quitta et fut remplacé par M. Frans van Aard élu commandant des Burghers de Kroonstad. La nuit suivante, nous nous mîmes en marche vers Paardenkraal, à vingt milles au nord-est de Kroonstad. Nous y restâmes jusqu'au 19 juin, et c'est alors que je résolus de diviser mes hommes en trois groupes pour leur faire détruire la voie ferrée. J'envoyai

Trois Ans de Guerre

le commandant J.-H. Olivier, qui était venu se joindre à moi, contre la gare de Honingspruit; au général Froneman, je donnai l'ordre de se rendre à Amerika-Siding et moi-même je me mis en marche vers Serfontein-Siding.

Au lever du soleil, le général Froneman coupa la ligne à Amerika-Siding, je fis de même à un autre endroit où je renversai en même temps les poteaux du télégraphe. Ces poteaux furent percés d'abord à coups de Mauser, je les fis tirer ensuite et ils se brisèrent à l'endroit où les balles les avaient traversés.

Le commandant Olivier n'eut pas la même chance. Il attaqua la gare de Honingspruit; mais malheureusement plus tard que je lui avais dit. Il en résulta qu'il fut obligé de se servir exclusivement de son canon. Quand je pus le rejoindre, des renforts nombreux arrivaient déjà de Kroonstad, et comme nos forces combinées n'étaient pas assez nombreuses pour leur résister, nous fûmes obligés de nous retirer. Nous regagnâmes alors Paardenkraal, la nuit.

Chapitre XVI

BETHLEHEM PRIS PAR LES ANGLAIS

Dans l'impossibilité où je me trouvais de livrer aucune grande bataille, et ne voyant le salut que dans la mobilité de nos commandos, je résolus alors d'aller reconnaître les forces qui entouraient Lindley pour voir si je pourrais prendre ce village. Il était en effet retombé aux mains des Anglais, quelques jours après que le général Piet de Wet y avait fait prisonniers de guerre les yeomen qui en composaient la garnison. C'est ainsi que, le 21 juin, je partis jusqu'à mi-chemin de Lindley. Le lendemain, je m'approchai jusqu'à six milles du village. Le 23, j'allai le reconnaître de tous côtés, en compagnie du général Piet de Wet pour découvrir les points favorables à une attaque.

Le matin même, j'avais envoyé le commandant Olivier dans la direction de Kroonstad pour se porter à la rencontre d'une forte colonne qui, à ce que j'avais appris, devait s'être mise en marche vers Lindley. Il me sembla que mon projet avait été connu des Anglais, car leur colonne avançait en suivant les meilleures positions, ne laissant aucune chance au commandant Olivier de résister avec succès. Le lendemain elle put entrer dans Lindley sans coup férir. Il n'y avait plus moyen d'attaquer le village.

Sur ces entrefaites le laager du président Steijn avait quitté l'est de Heilbron et s'était joint à moi. M. Steijn lui-même s'était rendu avec les membres du Gouvernement à Bethlehem. C'est là que se trouvait en même temps le général Marthinus Prinsloo, qui avait donné sa démission de commandant en chef des commandos qui gardaient les Drakensbergen. La question se posait alors de savoir quelle était la situation officielle de M. Prinsloo. Le Président était d'avis qu'il n'était plus qu'un simple citoyen, mais le commandant Olivier refusa de se contenter de cette décision et demanda une élection pour la fonction de commandant en chef. Le Président refusa, ce qui rendit la situation assez embarrassante pour moi; car je ne voulais pas continuer à être commandant en chef, si je n'avais pas la confiance de mes officiers. Je résolus de la trancher. Comme à une distance de huit milles à l'est de Lindley nous pouvions avoir la communication télégraphique avec Bethlehem, je me rendis à cet endroit et priai le Président, après avoir conversé avec lui par le télégraphe, d'admettre le principe d'une élection. Ce fut en vain. Le Président s'y refusa; il motivait son refus en disant que l'intérêt supérieur de la patrie et mes services passés m'imposaient cette redoutable dignité.

Trois Ans de Guerre

Je la trouvai si redoutable que je ne voulus point la recevoir d'un seul. Je pris mon courage à deux mains et convoquai les officiers, en secret, pour une élection. Je voulais savoir leur opinion sur moi comme chef des forces orangistes, bien décidé à me retirer dans le cas où la majorité serait contre moi, même si le Président refusait encore — ce qui était en son pouvoir — d'approuver l'élection d'un autre.

Ce fut vers la fin de juin, en plein Veld qu'eut lieu cette réunion solennelle. Il y avait là le commandant Hattingh et ses officiers qui occupaient toujours les Drakensbergen; le général Roux et ses officiers, les plus anciens des commandants de l'État libre d'Orange. Le vote eut lieu par billets et donna comme résultat deux voix pour le général Marthinus Prinsloo, une pour le général Piet de Wet, trois pour le commandant Olivier et vingt-six pour moi.

J'envoyai une dépêche au Président pour lui dire ce que j'avais fait. Il ne fit pas d'objection; de mon côté j'étais heureux de savoir à quoi m'en tenir. M. Marthinus Prinsloo même était content. Je dois d'ailleurs déclarer que ce ne fut pas lui, mais Olivier qui avait demandé l'élection. En possession de mon commandement, je me jurai d'en être digne.

Il m'apparut bientôt que le projet des Anglais était de prendre Bethlehem. En effet, les forces qui se trouvaient dans les environs de Senekal et celles de Lindley se rejoignaient et partaient dans la direction de Bethlehem. Une armée nombreuse menaçait ainsi ce village.

Trois Ans de Guerre

Nous disposions à ce moment d'environ 5.300 hommes car le général Roux était venu se joindre à moi avec une partie de ses troupes. Une autre partie de ses Burghers restait à Houtnek près de Ficksburg et une troisième partie à Witnek. Les Anglais avançaient toujours. A Elandsfontein, douze milles à l'Est de Lindley, eut lieu le premier engagement qui fut principalement un duel d'artillerie.

Ce combat dura un jour et demi. C'est là que le commandant Michael Prinsloo se distingua par un coup d'éclat qui mérite d'être signalé. Avec cent hommes, il se jeta en avant dans l'intention de s'emparer de trois canons anglais et il faillit réussir.

Voyant son audace, j'arrivai pour le soutenir et je fis bombarder avec une telle violence les troupes auxquelles avaient été confié la défense des canons, qu'elles durent reculer derrière une colline. Le commandant Prinsloo put alors s'approcher des canons et les prendre. Malheureusement il n'avait pas de chevaux pour transporter les trois pièces. Il essaya donc de les enlever avec ses Burghers sous le feu bien nourri des Anglais qui continuaient à tirer d'un autre endroit. Il n'en aurait pas moins atteint son but si, d'un autre côté, il n'avait été assailli par des forces nombreuses qui se jetèrent sur lui et ses cent hommes. Je ne pus malheureusement les arrêter avec mes deux canons qui tous les deux s'étaient démontés dans l'acharnement du combat. Sans ce contretemps, le commandant Prinsloo aurait pu enlever les canons anglais avec ses hommes et aurait réussi à les faire passer derrière une colline où il aurait

Trois Ans de Guerre

trouvé les chevaux que j'y avais envoyés. Il fut bien obligé de se sauver à toute vitesse et d'abandonner ces canons. Sa bravoure ne fut pas récompensée par la victoire.

Le soir de cet engagement, les Anglais tournèrent si loin vers le Nord que nous pûmes quitter nos positions. Nous nous dirigeâmes alors vers Blauwkop et le lendemain vers Bethlehem.

Ce jour-là encore je vis s'augmenter le nombre des chariots qui suivaient nos commandos. Les Burghers voulaient, en effet, les ravir à la rapacité des Anglais qui les auraient pris ou brûlés avec nos fermes. C'était bien dur de perdre ainsi son bien et celui des ancêtres et il est évident que la nature humaine nous pousse tous à conserver, autant qu'il se peut, ce qui nous appartient. Je compris cependant, à ce moment, qu'en voulant sauver ces chariots on allait compromettre le succès de la bonne cause. Pourtant il m'était impossible de faire comprendre aux Burghers cette vérité. Comme je l'ai déjà dit souvent, la plus grande faute de notre système militaire était le manque de discipline, surtout quand les intérêts privés des Burghers se trouvaient en jeu. Je ne pouvais, dans ce cas, que m'adresser à leur bonne volonté. Si j'avais voulu, à ce moment, me faire obéir et faire enlever les chariots de force, j'aurais causé une véritable révolution dont les effets auraient été désastreux. Malgré toutes ces difficultés ; l'ennemi chaque jour plus nombreux, nos forces décimées, divisées, alourdies par les bagages où s'entassaient pêle-mêle nos biens et nos souvenirs du foyer, je résolus de continuer la

Trois Ans de Guerre

lutte. Comme j'avais l'intention de défendre contre les Anglais le village de Bethlehem, j'indiquai, le lendemain matin de bonne heure, aux généraux et aux commandants, les positions qu'ils auraient à défendre. Notre ligne de défense devait s'étendre depuis le sud de Wolhuterskop jusqu'au nord-ouest du village, et, sur mon ordre, les officiers commandants allèrent trouver leurs commandos qui s'étaient arrêtés au sud de Bethlehem parmi les collines les plus proches, et les menèrent dans leurs positions. La plupart de nos chevaux se trouvaient en si mauvais état que les hommes étaient obligés d'aller à pied ; on dut même traîner des chariots. Je fis mettre ces derniers en lieu sûr et j'envoyai les « piétons » dans les positions de Wolhuterskop au sud-ouest de Bethlehem.

En même temps je faisais notifier aux habitants de Bethlehem que, comme le village aurait à soutenir l'assaut des Anglais, les femmes et les enfants devaient le quitter. Bientôt nombre de femmes et d'enfants et même des hommes s'en allèrent, se rendant vers Fouriesburg. On y envoya en même temps le prisonnier de guerre Vilonel.

Vers quatre heures de l'après-midi, quinze éclaireurs anglais s'avancèrent très près du village. Les Burghers les laissèrent arriver à bonne portée de fusil et firent feu. Neuf tombèrent, les six autres se sauvèrent. Il est difficile à croire que ceux-ci ne furent pas blessés ; ils s'étaient avancés jusqu'à quelques pas de nous (1).

(1) Comme je l'ai dit précédemment, je me propose d'écrire un volume spécial concernant le service des reconnaissances. Parmi les idées que j'y avancerai, ce fait me servira pour prouver la mauvaise organisation de ce service dans l'armée anglaise !

Trois Ans de Guerre

Le bruit de la bataille éclata bien vite aux quatre coins de l'horizon. Partout les grondements sourds des canons se mêlaient au crépitement plus aigu des fusils. Partout aussi, les Burghers étaient admirables dans la défense de leurs positions. Et j'avais surtout à me louer des piétons placés à Wolhuterskop. Chaque fois que les Anglais s'approchaient d'eux, ils ouvraient un feu si violent que ceux-là étaient obligés de se reculer. De tous côtés, l'ennemi nous entourait et tentait de déborder nos lignes. Il y avait là pour diriger l'assaut des Anglais les généraux Clemens, Hunter, Broadwood, Paget, auxquels vint bientôt se joindre le général Sir Hector Mac Donald arrivant de Reitz. Nos positions eurent à essuyer un feu terrible dont heureusement l'effet fut presque nul.

Il me faut, à propos de ce combat, raconter l'effet épouvantable que produisit un obus à la lyddite. Cet obus lancé contre la position que commandait Steenekamp au nord-ouest de Bethlehem tomba sur un rocher et, faisant éclats de toutes parts, tua vingt-cinq chevaux.

Terrible aussi fut l'assaut donné aux positions des commandants van Aard et Piet Fourrie tout près du village. Ils ne purent y résister ni même attendre les renforts que je leur envoyai. Reculant à la hâte, ils purent du moins précipiter dans un ravin l'unique canon dont ils disposaient, de façon à le rendre inutilisable.

Malgré tous nos efforts, Bethlehem fut pris.

Je ne me souviens plus des pertes anglaises, bien que j'en ai su le nombre par un stratagème de notre télégra-

Trois Ans de Guerre

phiste M. Bland. Celui-ci avait réussi à couper les fils télégraphiques et, avant que le général Clemens se fût aperçu qu'il n'était plus en communication avec la garnison de Senekal, M. Bland avait obtenu de lui tous les détails concernant le nombre des tués et des blessés.

Reculant, malgré moi, devant les Anglais, je rejoignis à Retiefsnek le président Steijn et les membres du gouvernement.

Chapitre XVII

POURQUOI JE QUITTAI SLABBERTSNEK EN COMPAGNIE DU PRÉSIDENT ET QUELQUES DÉTAILS SUR LA REDDITION DE PRINSLOO

Les Anglais avaient pu s'emparer de Bethlehem mais, seulement au prix de beaucoup de pertes et de fatigues. Ils avaient besoin de se refaire, surtout le général Mac Donald qui était arrivé du Transvaal avec la plus grande rapidité. Comme nous n'avions pas le droit de nous reposer, en présence de nos fermes brûlées et de la patrie envahie, je résolus d'employer le mieux possible le temps que les Anglais passeraient à Bethlehem.

A l'exception de quelques troupes peu nombreuses et postées à Commandonek et à Witnek, nous nous étions tous retirés derrière les grandes Montagnes-Rouges. Elles forment une longue chaîne qui s'étend de la Caledon-

Trois Ans de Guerre

Rivier à la frontière du Basoutoland jusqu'à Slabbertsnek et remonte ensuite de nouveau jusqu'à Witzieshoek. Les défilés qui commandent cette importante rangée de montagnes s'appellent Commandonek, Witnek, Slabbertsnek, Retiefsnek, Nauwpoort et Witzieshoek. En dehors de ces défilés, les Montagnes-Rouges n'offrent aucune passe où des voitures, voire même des cavaliers, puissent s'aventurer. Les piétons mêmes n'osent guère les traverser en d'autres endroits.

Les Montagnes-Rouges forment donc un abri naturel et presque infranchissable contre les invasions ennemies. Aussi les Anglais nous voyant tous retirés derrière cette chaîne n'auraient-ils point douté que le dernier moment de la résistance était venu pour nous, et que déjà nous nous sentions près de notre défaite.

Voilà pourquoi je désavouai le projet de nous mettre à l'abri des Montagnes-Rouges. La question, pour nous, n'était point en effet de vaincre mais de prolonger la lutte. L'instant douloureux où les Montagnes-Rouges nous serviraient de rempart n'était pas encore venu. Nous devions encore combattre en rase campagne. Je fis accepter cette opinion et à l'exception de quelques troupes laissées sur les crêtes, nous abandonnâmes tous cette chaîne. Nos forces furent ensuite divisées en trois corps :

1. Le premier, que j'avais plus particulièrement à ma disposition, devait se trouver sous les ordres directs du général Botha. Il se composait de Burghers de Heilbron commandés par Steenekamp, et de ceux de Kroonstad,

Trois Ans de Guerre

commandés par van Aard. Ce corps était renforcé des citoyens de Bethlehem, au nombre de 500, sous les ordres de Michael Prinsloo et de ceux de Boshof, sous le veldcornet Badenhorst. Quelques Burghers de Potchefstroom et des colons de Griqualand-West s'étaient réunis à cette première armée. Sa marche devait être éclairée par le commandant Danie Théron, chargé du service des reconnaissances. Il avait avec lui 80 hommes, arrivés des quatre coins du monde, et qui représentaient bien la plus belle troupe de héros qu'on pût imaginer.

Cette première armée devait s'avancer dans la direction de Kroonstad-Heilbron et prendre le gouvernement sous sa protection.

II. Le second corps était sous les ordres du commandant en chef adjoint Paul Roux, qui avait comme lieutenants les généraux combattants P.-J. Fourie et C.-C. Froneman. Il se composait des commandos suivants : celui de Fauresmith, sous le commandant Visser; celui de Bloemfontein, sous le commandant P.-J. Joubert; celui de Bethulie, sous le commandant du Plooij; celui de Wepener, sous le commandant Roux; celui de Smithfield, sous le commandant Potgieter; celui de Thaba'Nchu, sous le commandant Crowther; celui de Rouxville, sous le commandant J.-H. Olivier; celui de Jacobsdal, sous le commandant H. Pretorius; celui de Deeltje-Bloemfontein, sous le commandant Kolbe.

Dès le lendemain de mon départ, ce corps d'armée, traversant le défilé du Slabbertsnek, devait prendre la direction de Bloemfontein et tourner vers le Sud, pour y rappeler sous les armes tous les Burghers qui étaient rentrés dans leurs foyers.

III. Le troisième corps était commandé par le général Crowther et se composait de Burghers de Ficksburg, sous le commandant P. de Villiers; de Ladybrand, sous le commandant Ferreira; de Winburg, sous le commandant Sarel Hasebroeck; de Senekal, sous le commandant van der Merwe.

Le général Crowther reçut l'ordre de partir vers le nord de Bethlehem et de continuer jusqu'à ce qu'il eût rencontré le commandant en chef adjoint Hattingh, qui avait à sa disposition les commandos de Harrismith et Vrede. Il devait alors se mettre sous les ordres de ce dernier, pour opérer dans les régions du Nord-Est.

Il restait ainsi, en dehors de ces trois corps, ceux des Burghers de Bethlehem qui étaient venus des régions supérieures des Montagnes-Rouges; ils devaient rester sous les ordres de M. Marthinus Prinsloo pour garder les défilés, et se diviser en trois détachements, dont le premier défendrait le Slabbertsnek, le second Retiefsnek et le troisième Nauwpoort. Ils devaient, en outre, se défaire de leurs chariots, de façon à pouvoir se retirer rapidement à travers les montagnes si l'ennemi avançait en forces nombreuses. Je les avais placés là, parce que, comme habitants de ces régions, ils connaissaient fort bien le terrain. Le but de cette garde avancée était de protéger les nombreux troupeaux de bétail que j'avais abrités derrière la chaîne. Il me semblait, en effet, que la chose était facile puisque, tous les commandos ayant quitté les montagnes, les Anglais n'avaient plus de raison de surveiller les défilés.

Ainsi fut décidé notre nouveau plan de campagne, et je partis le 15 juillet par le défilé de Slabbertsnek, espérant que les généraux, d'après mes ordres et la décision du gouvernement, respecteraient des mesures prises dans l'intérêt supérieur de la patrie. Hélas! il n'en fut rien, et voici ce qui se passa :

Immédiatement après mon départ, quelques officiers, mécontents de se trouver sous les ordres du général Roux comme commandant en chef adjoint, demandèrent une réunion d'officiers pour choisir un nouveau commandant en chef. Cette initiative était absolument contraire à la décision du Volksraad qui avait accordé à notre Président seul le pouvoir de modifier les décrets militaires. Et, ce qui fut plus grave, c'est que le commandant en chef adjoint Roux ne sut pas résister et accepta ce principe d'une nouvelle élection. La réunion eut lieu le 27 juillet, et M. Marthinus Prinsloo fut élu, à quelques voix de majorité, commandant en chef adjoint; élection toute provisoire d'ailleurs, puisque bien des officiers, absents, n'avaient pu voter.

On pouvait penser que le nouveau commandant en chef, élu en dépit des lois et pour peu de temps, profiterait du moins de son éphémère dignité pour être habile et brave.

Trois Ans de Guerre

Ce fut malheureusement tout le contraire qui eut lieu et je crois devoir raconter ici de quelle déplorable façon les choses se passèrent.

Les 17 et 18 juillet, l'ennemi avait réussi à passer les défilés des Montagnes-Rouges défendus par la quatrième portion de notre troupe, sous les ordres de Prinsloo. Un grand désarroi s'ensuivit que celui-ci ne fit rien pour arrêter. Bien loin de se défendre et d'encourager les siens, il fit voter la reddition des Burghers par 17 voix contre 13. Puis, s'apercevant qu'il outrepassait ses pouvoirs, il demanda un armistice de six jours pour consulter, disait-il, le gouvernement.

Comment apprécier une pareille conduite? Prinsloo pensait-il que l'ennemi allait lui accorder le temps nécessaire pour recevoir des renforts? Sa façon d'agir tenait de l'imprévoyance, pour ne pas dire plus.

Comme on peut le deviner, le général anglais Hunter ne manqua point de refuser l'armistice, et M. Prinsloo se rendit, avec toute la quatrième portion de notre armée forte de 3.000 hommes. Il y avait avec lui, comme officiers: les commandants Paul de Villiers, Ferreira, Joubert, du Plooij, Potgieter, Crowther, Roux et van der Merwe. Une telle reddition était d'autant plus suspecte qu'elle avait été négociée par l'intermédiaire du fameux Vilonel déjà condamné pour trahison, et qui, s'étant échappé après avoir accompli une partie de sa peine, s'était bénévolement laissé reprendre par les Burghers.

Le plus triste de l'affaire, c'est qu'une partie de la

troupe de Prinsloo, plus sensée que son général, avait déjà réussi à se mettre hors d'atteinte. Elle rebroussa chemin pour venir déposer les armes.

En cette affaire, d'ailleurs, le ridicule le disputait à l'odieux. Le commandant en chef Roux, qui s'était laissé surprendre son titre par faiblesse, ne s'avisa-t-il pas, en effet, une fois la reddition faite, de croire qu'il était le vrai commandant en chef? Et, tout fier de sa dignité, il s'en vint au camp du général Hunter pour protester contre une reddition qu'il proclamait illégale parce que Prinsloo, usurpateur de son titre, n'avait pas le droit de la négocier.

Des enfants jouant à la guerre n'auraient pas mieux trouvé comme facétie et j'en suis encore étonné de la part de Roux que j'avais pris jusque là pour un homme sérieux.

Le général Hunter ne prit point la peine de lui répondre. Il le fit garder comme prisonnier de guerre.

Je dois citer pourtant les généraux Froneman, Fourie et de Villiers, de Harrismith; les commandants Hasebroek, Olivier, Visser et Kolbe, qui n'eurent point leur part de cette lâcheté et purent nous revenir avec six ou sept pièces d'artillerie.

Faut-il s'arrêter plus longtemps sur cette reddition de Marthinus Prinsloo et des autres officiers supérieurs, là-bas, derrière les Montagnes-Rouges? Ils commettaient un meurtre contre le gouvernement, la patrie et la nation! Ils laissaient ainsi tomber trois mille Burghers dans les mains de l'ennemi. De pareils hommes méritent que la postérité leur reproche à jamais cette action et ce serait une consolation pour moi, lecteurs, que vous puissiez retenir leurs noms, comme ceux de traîtres ridicules et détestables!

Et que dire des Burghers des commandos de Harrismith et de Vrede qui, déjà hors d'atteinte, quittèrent de nouveau leurs maisons pour se rendre au village de Harrismith et y déposer leurs armes auprès du général Sir Hector Mac Donald. C'est à s'arracher les cheveux de penser que ces gens-là n'aimèrent pas mieux rentrer sous terre que de rebrousser chemin pour se rendre. Parmi ceux de Harrismith se trouvait un représentant du peuple, M. Piet Maree, membre du Volskraad. Ce fut lui qui conseilla la reddition car il avait une grande influence sur les Burghers; qu'il porte le poids de cette lâche action, lui, un des soixante qui avaient voté la guerre! Ma plume se refuse à parler plus longtemps de tant de lâcheté unie à tant de bêtise. Passons.

Chapitre XVIII

EN PRÉSENCE DES GRANDES FORCES ANGLAISES, JE DOIS RECULER JUSQU'AU TRANSVAAL

Comme je l'ai dit plus haut, toutes nos opérations militaires étant réglées, j'avais traversé, le 15 juillet, la chaîne des Montagnes-Rouges en passant par le Slabbertsnek. J'étais accompagné des membres du gouvernement, de 2600 citoyens, et suivi, hélas ! par 400 voitures et chariots. Malgré tous mes efforts, je ne pus jamais me débarrasser de ces maudites voitures que les Burghers s'obstinaient à traîner derrière eux. Nous fîmes halte pour la nuit, à Bethlehem et dans une ferme située à six milles à l'est de Kafferskop.

Le lendemain, je pris contact avec une patrouille anglaise qui se rendait vers Witnek. Elle envoya des éclaireurs à cheval pour voir où nous nous rendions ; ce

Trois Ans de Guerre

qui ne laissa pas de m'ennuyer beaucoup, car mon espoir s'évanouissait ainsi pour quelque temps de pouvoir surprendre quelque force détachée des Anglais.

La journée se passa en escarmouches; mais ni les Anglais ni moi n'attaquâmes sérieusement.

Dans la soirée, nous poussâmes jusqu'à l'est de Lindley où nous nous arrêtâmes pendant la journée suivante; puis, brûlant Riversdale, nous atteignîmes la ferme de M. Thomas Naudé, au nord-ouest de Lindley. Les Anglais venaient d'abandonner ce village et de partir pour Bethlehem.

Pourtant, le lendemain matin, 19 juillet, j'appris par mes éclaireurs qu'un détachement ennemi s'approchait de nous; il était fort d'environ 400 hommes; je résolus de le surprendre et je m'approchai de lui avec 500 Burghers et une pièce d'artillerie.

Mais à peine étais-je sorti de mon laager que mes éclaireurs m'apportaient un nouveau renseignement plus grave: six à sept mille cavaliers anglais venant de Bethlehem s'approchaient de nous. Il ne me restait qu'à reculer et à me mettre en sûreté à l'ouest de la route par où s'avançait l'ennemi. Le soir de cette journée, nous arrivâmes à la ferme de M. C. Wessels, à Rivierplaats. Mais comme je sentais toujours derrière moi les cavaliers anglais, je ne pus m'y arrêter. Il fallait fuir. Cette poursuite dont les Anglais ne se doutaient pas s'arrêta pourtant. Ils prirent à l'Est vers Roodewal tandis que de mon côté je gagnai la ferme de Paardenkraal.

Trois Ans de Guerre

Dès le lendemain, je donnai l'ordre de se remettre en marche. Avec le Président et quelques membres du gouvernement, je restai en arrière de la colonne pour reconnaître l'ennemi du haut d'une colline. Vers midi, comme il était loin ne venait pas dans notre direction, nous pûmes accepter l'invitation à déjeûner que nous avait faite M. C. Wessels. C'est là que je rencontrai le géneral Piet de Wet et j'eus avec lui une conversation qu'il me faut rapporter.

— Enfin, me dit-il, ne vois-tu pas que les Anglais nous cernent de toutes parts ?

— Et les Montagnes-Rouges, quand nous n'en pourrons plus !

— Mais enfin pourquoi continuer la guerre ?

— Pour la liberté !

— Penses-tu qu'on puisse la continuer ?

— Jusqu'à la mort du dernier Burgher.

— Dans quel but ?

— Assez, tu es fou !

Ces mots m'échappèrent. Et je dois les rappeler pour être vrai. Piet de Wet n'en avait pas attendu davantage. Il s'était remis en selle pout aller chercher fortune ailleurs.

Après déjeûner, je donnai l'ordre aux Burghers qui passaient devant la ferme, de mettre pied à terre. C'est alors que mes fils vinrent m'apprendre qu'ils avaient rencontré Piet de Wet et que celui-ci leur avait dit que nous serions tous, le soir même, capturés par les Anglais en traversant la voie ferrée. Piet avait deviné mes intentions en voyant de quel côté se dirigeaient les commandos.

Trois Ans de Guerre

Il fallait en effet nous tenir sur nos gardes; car les Anglais s'approchaient des deux côtés. Leur premier corps d'armée se trouvait à six milles à gauche, l'autre à six milles à droite du chemin que nous avions suivi.

Je fis immédiatement remettre tout le monde en selle. Mais quelle peine pour faire lever un camp alourdi par quatre cent soixante chariots ! Ces voitures que nous traînions derrière nous comme pour préparer à coup sûr notre défaite, furent toujours l'un de mes plus douloureux soucis. D'abord, et comme j'ai déjà eu l'occasion de le dire, elles paralysaient tous nos mouvements, mais en outre, elles démoralisaient les citoyens. Beaucoup, pendant le combat, étaient plus préoccupés de leurs chariots que de leur tir. Insensés qui ne se rendaient point compte qu'avec la défaite ces débris lamentables de leurs biens auxquels ils tenaient tant seraient dispersés, brûlés, anéantis.

A Doornspruit, où nous arrivâmes le soir, quelques Burghers vinrent me trouver, m'annonçant que les Anglais occupaient Honingspruit et Kaallaagte. C'était une nouvelle de la plus grande importance qui ne laissa point d'alarmer le Président et les membres du gouvernement. Ces points occupés, il nous était impossible en effet de traverser la ligne du chemin de fer sans livrer un combat acharné où nous risquions tous d'être faits prisonniers.

Pourtant je ne voulus point donner crédit aux paroles de ces Burghers tant qu'elles n'auraient pas été garanties par mes éclaireurs en qui seulement j'avais confiance. Bientôt ceux de Scheepers chargés de nous éclairer en avant,

Trois Ans de Guerre

tandis que Danie Théron explorait à l'arrière, vinrent m'annoncer que la voie ferrée était libre. Ils n'avaient découvert que six tentes près de la gare de Honingspruit et quatre dans une plaine contiguë.

Il ne m'était donc pas impossible de passer la voie ferrée et il le fallait à tout prix, pour éviter la force nombreuse qui se trouvait à ma poursuite.

Je me fis garder à l'arrière par un fort commando chargé de retenir l'ennemi jusqu'à ce que nous eussions passé la ligne ferrée. Et je n'attendis plus pour commencer cette difficile opération que le coucher du soleil.

Les chariots! Toujours les chariots! ces corps morts qu'il nous fallait traîner avec nous furent placés sur quatre rangs et entourés par les Burghers. J'étais bien sûr qu'ils ne les quitteraient pas. Deux colonnes plus mobiles se trouvaient à l'avant-garde et à l'arrière-garde. Je marchais, immédiatement après l'avant-garde, avec le Président et les membres du gouvernement.

Nous nous dirigeâmes vers Serfontein-Siding, un village qui était coupé par la voie ferrée. A quelques pas de celle-ci, je commandai halte et je continuai seul, accompagné de quinze hommes, pour couper les fils télégraphiques.

Comme nous y travaillions, en pleine voie, un roulement sourd arriva du Sud. C'était un train qui venait sur nous à grande vitesse. L'attaquer! c'eût été imprudent. Car le bruit des détonations serait arrivé jusqu'au laager et y aurait produit le plus grand désordre parmi les Burghers ignorants de ce qui se passait. Je connaissais trop mes gens pour les mettre inutilement à l'épreuve. Le faire dérailler ou sauter! c'était impossible; je n'avais rien de ce qu'il fallait pour cela. Je déposai bien sur les rails quelques quartiers de rocs ramassés en toute hâte, mais le chasse-pierre de la machine les écarta et le train continua sa route.

Nous aussi d'ailleurs, nous passâmes sans encombre avec tout le laager. Comme le dernier rang de chariots venait de traverser la voie, on vint m'apprendre que le capitaine Danie Théron venait de capturer un train. C'était celui que nous avions laissé passer.

Le malheureux train n'avait pas eu de chance. Un accident à la locomotive l'avait arrêté en pleine campagne. Et Théron qui se trouvait là (grâce à la surprenante mobilité de son commando il semblait être partout à la fois), s'en était rendu maître après une vigoureuse attaque. Quatre Anglais et un Burgher avaient été grièvement blessés.

Je fis mettre les blessés en sûreté et, ne pouvant faire porter dans mon laager, qui était trop loin, toutes les munitions du train, je laissai seulement les Burghers s'approvisionner de sucre et de café, et je mis le feu aux wagons.

A peine nous étions-nous éloignés que nous entendîmes de violentes détonations. C'était les munitions du train qui sautaient dans l'incendie.

Nous étions donc passés et rien de ce que Piet de Wet avait prédit n'était arrivé. Ce qui l'avait amené à cette

Trois Ans de Guerre

opinion que nous serions pris en passant le chemin de fer, c'est qu'il avait découvert de nombreuses troupes anglaises derrière nous et qu'il croyait la voie ferrée également occupée. Il n'en fut rien, et au lieu d'être pris, ce fut nous qui prîmes les autres, puisque nous fîmes prisonniers de guerre quatre-vingt-dix-huit Anglais qui se trouvaient dans le train. Combien les desseins de la Providence sont différents des prévisions humaines!

Nous arrivâmes, presque à l'aurore, à la ferme de Mahemsspruit; de là nous marchâmes dans la direction de Wonderheuvel pour arriver, le 22 juillet, à la ferme de Vlakkuil. J'y restai toute une journée pour reconnaître les mouvements des Anglais, et pour faire moudre quelques chariots de blé dans le moulin de M. Mackenzie, près du village de Vredefort.

C'est ce jour-là, dans l'après-midi, qu'il me fut rapporté qu'une forte colonne anglaise arrivait du pont de la Rhenosterrivier dans la direction de Vredefort et qu'elle s'était arrêtée à la ferme de Klipstapel, à huit milles de distance, pour y camper. Je résolus de la faire surveiller.

Le lendemain, au lever du soleil, de nouveaux renseignements me parvenaient. La colonne avait envoyé un fort détachement dans la direction de nos chariots de blé, pour les surprendre.

Immédiatement nous nous mîmes en selle, mais il était trop tard; quand nous arrivâmes à portée du détachement, nos chariots, entourés de cavaliers anglais, prenaient déjà le chemin du camp ennemi.

Trois Ans de Guerre

Les Anglais étaient au nombre de cinq ou six cents ; nous étions quatre cents. Mais, malgré notre infériorité numérique, je ne voulus point laisser prendre ainsi nos chariots. J'ordonnai l'assaut.

La plaine était complètement découverte, et le combat s'annonçait meurtrier. Malgré le danger, les Burghers se conduisirent bravement. La plupart, au galop, purent s'approcher jusqu'à cinq cents pas de l'ennemi et, couchés à plat ventre, ils ouvrirent contre lui un feu bien nourri et bien dirigé.

Le combat durait depuis une heure et il nous semblait que l'ennemi dût bientôt faiblir et se retirer. Mais hélas ! comme presque toujours, les renforts anglais arrivèrent. Il y avait tant d'ennemis dans notre pauvre pays ! Au premier coup de feu ils arrivaient autour de nous, si nombreux qu'on eût cru qu'ils sortaient de terre.

Nous dûmes nous retirer avec cinq morts et quatorze blessés. Quant aux pertes anglaises, si j'en crois le rapport que me firent plus tard les Cafres de l'endroit, elles avaient été considérables.

Dans l'après-midi de ce même jour, je conduisis mon laager jusqu'à la ferme de Rhenosterpoort, tandis que l'ennemi se repliait sur Klipstapel.

La tactique anglaise était de m'entourer, presque de me perdre parmi des forces vingt fois supérieures. De Bethlehem, de Potchefstroom, l'ennemi lançait sur moi des colonnes nombreuses qui paralysaient mes mouvements.

Trois Ans de Guerre

Les Anglais, cependant, ne paraissaient pas désireux de tenter l'assaut des hauteurs de Rhenosterpoort où je me trouvais. Ils voulaient, grâce à la supériorité numérique de leurs troupes, me cerner autour des positions que j'avais choisies. Ils occupaient, dans ce but, une ligne qui partait de Vredefort et, par Wonderheuvel, suivait la Rhenosterrivier jusqu'à Baltespoort. Le cordon se continuait jusqu'au Scandinavierdrift, un des gués de la Vaalrivier.

Devant cette tactique, deux partis nous restaient à prendre : ou bien rompre le cordon des troupes anglaises par une charge de cavalerie, en abandonnant notre laager, ou bien traverser la Vaalrivier et pénétrer dans la République Sud-Africaine. Le premier parti était impossible, car jamais je n'aurais pu résoudre les Burghers à abandonner leur convoi, ce qui eût été nécessaire pour se frayer un passage à travers l'ennemi, comme un commando de cavalerie. C'était le second qu'il fallait prendre et avec rapidité, car chaque jour était marqué pour nous par des escarmouches. Il y en eut notamment une près des Witkopjes; puis, au cours d'une autre, nous surprîmes dans la maison de M. C.-J. Bornman des éclaireurs anglais déguisés en touristes qui s'étaient glissés jusque-là pour surprendre nos mouvements.

Nous tînmes pourtant au-dessus de la Vaalrivier, jusqu'au 2 août. Mais avant de poursuivre le récit de nos opérations, je veux raconter comment j'appris, ce jour-là même, la reddition de M. Prinsloo, près de Nauwpoort.

Ce fut, en effet, le 2 août, que je reçus une missive du

général Broadwood. Elle m'annonçait qu'un rapport du général Prinsloo était arrivé pour moi dans ses lignes et me serait adressé, le jour même. Le porteur devait être le secrétaire de M. Prinsloo, un M. Kotzé.

Le général anglais me demandait, en même temps, de garantir le retour du messager. Celui-ci, disait-il, était envoyé pour éclaircir le rapport par des explications nécessaires. En réalité, et comme on va le voir, c'était pour amener à la reddition nos commandos si décimés. Mais le jeune messager n'était vraiment pas de force à me circonvenir.

Je craignais bien qu'il se fût passé derrière les Montagnes Rouges quelque événement désastreux pour nos armes car, la veille, le général W. Knox m'avait appris de Kroonstad que le général Prinsloo s'était rendu avec tous ses commandos.

Comme je voulais avoir confirmation de cette triste nouvelle et surtout les explications promises, je fis promettre au général anglais que son émissaire ne serait point retenu. J'allai pourtant au-devant de lui avec le Président et quelques membres du Gouvernement pour qu'il n'aperçût point nos lignes et ne put avoir de renseignements sur nos dispositions de combat. A mi-chemin entre les deux armées, si l'on pouvait, toutefois, appeler la mienne une armée, nous nous rencontrâmes.

Le messager du général anglais me tendit une lettre que je décachetai aussitôt et je lus :

Trois Ans de Guerre

Hunterskamp, le 30 juillet 1900

Monsieur le Commandant en chef C.-R. de Wet.

Monsieur,

La grande supériorité numérique des forces anglaises m'a obligé à me rendre à l'ennemi, sans conditions, avec tous les laagers de la République d'Orange.

J'ai l'honneur d'être votre serviteur dévoué,

M. Prinsloo, commandant en chef.

Je fis parvenir immédiatement la réponse suivante, dans une enveloppe.

Au camp, le 3 août 1900

Monsieur Prinsloo,

J'ai l'honneur de vous accuser réception de votre lettre du 30 juillet. Je suis étonné de voir que vous vous intituliez commandant en chef. Rien ne vous donne le droit de vous revêtir de cette dignité. Vous n'aviez donc pas le droit d'agir en commandant en chef.

J'ai l'honneur d'être

C.-R. de Wet,

Commandant en chef de l'État libre d'Orange.

A peine cette réponse était-elle expédiée que nous vîmes deux cavaliers venir de notre côté. C'étaient deux Burghers envoyés par le général Piet Fourie et qui, au moment de la reddition de Prinsloo, se trouvaient également derrière les Montagnes Rouges. Ils nous appor-

Trois Ans de Guerre

taient des renseignements plus complets sur la reddition de Prinsloo et nous annonçaient, en même temps, que deux mille Burghers avaient réussi à s'échapper. Ils se trouvaient au bord de la Wilgerivier, dans la région de Harrismith. Cette nouvelle nous rendit quelque courage, et nous fûmes heureux de constater que, parmi nous, beaucoup savaient encore résister aux conseils des lâches. Le juge Hertzog fut immédiatement envoyé par le président Steijn et moi pour nous ramener ces commandos détachés.

Telle était la situation au 2 août, quand je pris le parti de reculer pour n'être point cerné par les forces ennemies. J'avais autour de moi 40.000 Anglais, presque tous montés et dont le but était de me cerner avec tous les membres du Gouvernement. Avec moi, je n'avais que 2.500 Burghers. Toute résistance eût donc été inutile.

Je pouvais encore partir par la route qui rejoint Parijs sur la Vaalrivier à Potchefstroom, en traversant la Vaalrivier au Schoemansdrift entre Parijs et Vanvurenskloof.

Mais cette route me parut peu sûre, parce qu'elle était trop indiquée aux Anglais comme celle que nous pourrions prendre. Elle était d'ailleurs gardée par des forces qui s'avançaient le long de la Vaalrivier, de Vredefort à Parijs. Celles-ci nous auraient rapidement rejoints à Vanvurenskloof, renforcées par les troupes de Potchefstroom.

Aussi pris-je le parti de faire traverser le cours d'eau à

mon laager, près de Venterskroon, à six milles du Schoemansdrift. Je voulais de là m'avancer sur Vanvurenskloof. Or, j'appris par mes éclaireurs, que deux corps anglais s'avançaient de ce côté, l'un venant de Zandnek et l'autre de Roodekraal, et, comme la route qui rejoint Venterskroon à Vanvurenskloof est encaissée entre deux chaînes de montagnes, je craignis que les Anglais n'eussent l'intention de nous barrer le chemin.

Il fallait donc à tout prix que le défilé fût libre pour le passage des nôtres, bien peu nombreux d'ailleurs, puisque le gros de notre troupe se trouvait encore au sud-est et au sud-ouest de la Vaalrivier. Aussi, avec les citoyens qui étaient restés dans le laager, pris-je le parti de le déblayer et surtout de l'occuper jusqu'à ce que notre petite troupe fût passée.

Les choses tournèrent mieux que je n'aurais pu l'espérer. Les Anglais, pensant que j'allais prendre la route de Roodekraal, n'inquiétèrent point notre deuxième itinéraire, et nous arrivâmes sans encombre à Vanvurenskloof.

Fait incroyable, et qui dénotait chez l'ennemi une profonde ignorance de notre pays, les forces anglaises arrivées la veille au soir à Parijs y passèrent la nuit et, au lieu de nous poursuivre à Vanvurenskloof, elles remontèrent la Vaalrivier, à plus de huit milles vers Lindequesdrift.

Ceux des nôtres qui étaient partis dans la direction de Roodekraal s'étaient rencontrés, à Tijgerfontein, avec les Anglais qui ouvrirent sur eux un feu d'artillerie d'une extrême violence. A propos de cet engagement, mes hommes me racontèrent plus tard que les babouins qui peuplent ces parages hurlaient de peur à l'explosion des obus à la lyddite qui ravageaient le terrain. Ces pauvres bêtes n'avaient jamais été sans doute habituées, par les gens du pays, à pareil vacarme. De nombreux coups de fusils furent aussi échangés. En cette affaire, nous perdîmes deux hommes et l'ennemi, plus d'une centaine. Comme on le voit, ce n'était pas impunément qu'il nous faisait reculer.

Installé à Vanvurenskloof, j'y fus attaqué par l'ennemi, ce qui est toujours ennuyeux quand cela vous arrive à jeun. J'avais été prévenu trop tard par le capitaine Scheepers qui, toujours occupé à faire de bonne besogne, venait de surprendre avec dix Burghers, à Zandnek, quatorze chariots défendus par trente hommes. Pressé par des renforts anglais, il avait dû se retirer et, s'apercevant trop tard de la marche de l'ennemi, il ne m'avait prévenu de son approche qu'au moment où celui-ci se trouvait déjà à trois mille pas.

Immédiatement nos positions furent prises, tandis que le laager se sauvait à toute vitesse. Les voitures réussirent à franchir les premières côtes et purent ensuite avancer sans être aperçues, pendant que nous occupions les Anglais. Le nombre de ceux-ci grandissait à chaque minute et bien que j'en visse beaucoup tomber sous nos balles, j'estimai qu'il ne fallait pas songer à leur résister. Il ne nous restait qu'à abandonner nos positions. Nous avions un mort et un blessé.

Nous nous retirâmes jusqu'à dix milles à l'est du Gatsrand, dans la direction de la gare de Frederikstad, jusqu'au pied de la côte du même nom. Après nous être reposés quelques instants, nous nous remîmes en marche, car les Anglais nous poursuivaient toujours. Il ne s'agissait plus seulement des forces que nous avions combattues à Vanvurenskloof, mais de forces plus importantes qui se concentraient pour nous anéantir. Sans doute, les Anglais ne mettaient tant d'acharnement à nous poursuivre, que parce qu'ils ne pouvaient se consoler de nous avoir laissé échapper à la Vaalrivier, où ils croyaient nous tenir. J'appris plus tard, qu'ils disaient, pour s'en excuser, que nous avions traversé la rivière à un endroit où il n'y avait pas de gué. C'était contraire à la vérité : nous étions passés par le gué de la poste, bien connu sous le nom de Schoemansdrift. Mais, comme bien d'autres choses de notre pays, l'ennemi ne le connaissait pas.

Le soir du 7 août, nous traversâmes le chemin de fer au nord de la gare de Frederikstad et fîmes sauter un pont à la dynamite.

Le lendemain, nous étions aux rives de la Mooirivier ou belle rivière, dont les eaux limpides comme le cristal arrosent les plus fertiles prairies.

Nous traversâmes cette rivière pour rejoindre le commando du général Liebenberg. Il nous accompagna le lendemain jusqu'à neuf milles de Ventersdorp.

Trois Ans de Guerre

Le lendemain, de bonne heure, nous recevions la nouvelle que les Anglais étaient sur nos talons; ils s'étendaient, s'élargissaient comme un vaste filet draguant la plaine. En hâte, il fallut reculer encore.

Je commandai : « En selle ! » Pas un Burgher n'hésita. En un instant, le laager était en route; chariots, provisions, voitures, tout s'avançait dans la brume du matin vers Ventersdorp, tandis que nous formions une barrière mouvante entre notre convoi et l'ennemi.

Il ne fallait pas songer à soutenir le combat; nous eussions été enveloppés de toutes parts; une ressource nous restait : fatiguer l'ennemi en nous avançant plus rapidement que lui. Et je savais par expérience que nous pourrions y réussir, les Anglais avançant moins vite que nous, même quand nous étions embarrassés de notre laager.

Il fallait pourtant défendre ce dernier contre des forces de cavalerie qui, nous ayant devancés, cherchaient à l'envelopper. Les Anglais pensaient en finir avec nous. Ils comptaient s'emparer enfin de cette petite troupe insaisissable qui ne s'offrait au combat que sûre de la victoire, et ne se montrait que pour donner à l'ennemi des leçons de modestie comme à Retiefsnek, au nord de Lindley, à Vredefort, à Rhenosterspoort et à Tijgerfontein.

Ce fut à Ventersburg qu'il nous fallut prendre contact avec ces détachements de cavalerie avancés.

Nous ne pûmes résister longtemps devant le nombre et nous abandonnâmes même l'un de nos canons Krupp. Mais nous avions suffisamment résisté pour que notre laager fût sauvé. D'ailleurs si je n'avais pas laissé ce canon aux mains de l'ennemi, notre convoi eût été enlevé. Ce fut à cet endroit de notre marche que je rendis la liberté à nos prisonniers de guerre.

Je résolus d'ailleurs, dans cette résistance acharnée contre un ennemi bien supérieur, de mettre les éléments de mon côté. Je fis incendier derrière nous toutes les prairies. Comme l'herbe était très sèche à ce moment de l'année, elle flamba sur toute la longueur des lignes anglaises, ce qui arrêta la marche de l'ennemi et le mit dans l'impossibilité de nourrir ses bœufs. Les lueurs rouges s'élevaient dans l'air, puis se perdaient en fumée sur tout l'horizon. Mais à quoi bon rappeler toutes ces tristesses?

Les villages, les fermes défilaient en quelque sorte devant nous, dans cette course forcée. Ce fut la ferme de M. Smith, à une heure de cheval du Witwatersrand, nom du canal qui va dans la direction de Marico, puis ce fut le canal dont nous remontâmes, toute la nuit, les berges grises, enfin le massif du Magaliesberg, et après le défilé par où nous le traversâmes, la plaine où coule la Krokodilrivier.

Dans cette plaine, je me sentais plus en sûreté, car les Anglais, pour nous atteindre, devaient traverser le défilé gardé à l'Est et à l'Ouest, près de Rustenburg, par les Burghers du général Liebenberg. Je pensais utile de faire reposer sur le fleuve nos bêtes exténuées. Ce fut impossible; déjà les Anglais m'étaient annoncés par mes éclaireurs derrière la montagne. Il fallut reculer encore.

Trois Ans de Guerre

Nous prîmes alors la route de Rustenburg à Prétoria et nous arrivâmes tout près du Commandonek que nous trouvâmes occupé par les Anglais. J'arrêtai alors ma troupe et, m'avançant avec un commando de cavaliers, je fis parvenir une missive à l'officier commandant en lui enjoignant de se rendre. S'il résistait, c'était l'attaque immédiate. En réalité, c'était une feinte ; je voulais savoir quelles étaient les forces anglaises installées au Commandonek et s'il n'était pas impossible de les attaquer.

Mon parlementaire réussit à pénétrer dans le campement anglais avant qu'on lui eût mis le bandeau sur les yeux. Il essuya le refus habituel de capituler ; ce qui l'intéressait peu dans la circonstance. Il revint me dire que les Anglais, sans être en très grand nombre, avaient de si fortes positions qu'il serait imprudent de les attaquer.

Force nous fut donc d'aller dans la direction de Zoutpan pour arriver, quelques heures plus tard, au bord de la Krokodilrivier. Nous avions réussi à devancer les Anglais et à nous faire perdre de vue. Après huit jours de marche forcée, sans avoir perdu un homme, il nous était bien permis de nous reposer un peu.

Chapitre XIX

JE RENTRE AVEC QUELQUES HOMMES DANS L'ÉTAT LIBRE D'ORANGE

Ce fut aux bords de la Krokodilrivier que le président Steijn m'exprima le désir d'aller, avec les membres du Gouvernement, faire une visite au Gouvernement de la République Sud-Africaine qui se trouvait alors à Machadodorp.

C'était un projet difficile à exécuter. Notre Gouvernement allait se voir obligé de traverser une partie du Transvaal où, en beaucoup d'endroits, l'eau manquait presque complètement. Ce qui était à craindre aussi, c'étaient les Cafres dont les dispositions à notre égard manquaient de bienveillance; puis, c'était la plaine boisée du Boschveld; enfin et surtout, les Anglais qui tenaient la ligne de Pietersburg.

Il fut néanmoins décidé qu'on agirait ainsi. Le président Steijn partirait vers Machadodorp pour rejoindre le Gouvernement transvaalien; le commandant Steenekamp, élu commandant en chef adjoint, aurait pour mission de conduire le laager vers le Nord, au Boschveld. Quant à moi, je proposai aux commandos, qui acceptèrent, de rentrer avec quelques hommes dans l'Orange afin de détourner l'attention des Anglais de notre laager. Je pris deux cents hommes ; je me fis accompagner en outre de Philip Botha et du commandant Prinsloo, ainsi que du capitaine Scheepers avec ses trente éclaireurs. Nous étions en tout 246 pour passer encore une fois la frontière de l'Etat libre.

Le 14 août, le président Steijn partit ; de mon côté, je me mis en route trois jours plus tard.

Il me fallut alors traverser à nouveau le massif du Magaliesberg. Deux défilés s'offraient à moi comme les plus proches : ceux d'Olifantsnek et de Commandonek. Le premier étant trop loin et le second occupé probablement par les Anglais, je résolus de me servir d'un sentier qui traversait la montagne.

Le 18 août, nous arrivâmes à une ferme habitée par des Allemands — les parents et les sœurs de M. Penzhorn, le secrétaire du général Piet Cronjé —. Ils nous reçurent fort bien et firent tout ce qui était en leur pouvoir pour nous être agréables.

Nous les quittâmes le jour même, et bientôt nous aperçûmes un camp immense où l'ennemi s'était installé. Il se trouvait près de la route de Rustenburg à Prétoria entre Commandonek et la Krokodilrivier, à six milles de nous vers le Sud-Est. Un autre camp important se trouvait à six milles vers le Nord-Ouest.

Comme nous nous trouvions alors dans une plaine presque découverte et que nous risquions ainsi d'être aperçus par l'ennemi, nous nous dirigeâmes vers Wolhuterskop situé près des Monts Magalies. Je croyais à cet endroit pouvoir prendre la grande route de Rustenburg à Prétoria et me trouver ainsi à une distance de huit à neuf milles du sentier dont j'ai parlé plus haut.

Nous étions arrivés à une distance d'environ deux milles de Wolhuterskop quand, subitement, nous rencontrâmes sur notre chemin deux éclaireurs ennemis. Nous prîmes l'un des deux qui nous apprit qu'une grande force anglaise s'avançait dans notre direction.

La situation était critique.

Nous ne pouvions, en effet, rebrousser chemin par le sentier; car les Anglais en gardaient l'entrée. Au Nord et à l'Ouest se trouvaient également des forces ennemies et droit devant nous, la chaîne des Magalies. Nous étions placés entre quatre feux.

Nos chevaux étaient exténués. Ceux des Anglais l'étaient aussi sans doute. Mais il se pouvait qu'ils en eussent reçu d'autres de Prétoria. Et d'ailleurs, l'ennemi avait la facilité de choisir dans ses camps les meilleurs chevaux et ainsi de nous écraser par le nombre, si nous nous découvrions.

Il n'y avait pas une minute à perdre. Car déjà je voyais une forte colonne anglaise quitter le camp par le côté de l'Ouest, à deux milles de nous, et s'avancer dans notre direction par la route de Wolhuterskop aux Magalies.

Je me résolus à faire l'ascension des hauteurs sans me servir de route ni de sentier.

Tout près de nous s'élevait une cabane cafre occupée par son propriétaire.

— Peut-on passer à cet endroit des Monts Magalies?

— Non, tu ne peux pas, me répondit-il.

— As-tu déjà vu de ta vie un homme y passer?

— Jamais de ma vie.

— Est-ce que les babouins y passent?

— Certainement, mais un homme ne le peut pas.

— En avant, criai-je à mes Burghers. Là où les babouins passent, des hommes pourront bien passer.

— Alors, c'est le passage de la Mer Rouge, fit le caporal Adriaan Matthijsen qui avait souvent le mot pour rire. La voyez-vous, là-bas, à 2.000 pieds de haut, la Mer Rouge?

— Les enfants d'Israël avaient la foi, répondis-je, et ils ont passé. En avant, croyez-moi. Appelez ces montagnes la Mer Rouge, si vous voulez; en tout cas, ce n'est pas la première fois que nous la passons, la Mer Rouge.

— Personne ici ne s'appelle Moïse, répliqua Matthijsen.

— En avant, en avant, Burghers!

Parmi les arbres et les rochers, tirant nos chevaux par la bride, nous grimpâmes le versant sud. Nous avions trouvé une crevasse qui nous cachait complètement à la vue de l'ennemi. Mais bientôt la crevasse disparut et nous fûmes complètement à découvert. La pente était pourtant de plus en plus raide. Les chevaux tombaient et souvent les citoyens, tombant aussi, leur roulaient dans les jambes.

Au sommet, nous trouvâmes un plateau de granit, uni comme de la glace et qui était encore plus dangereux pour les chevaux. A cet endroit, nous étions hors de la portée des fusils ennemis, mais non des canons. Le plateau faisait comme un échelon dans la montagne.

Des Burghers reculaient, pris de peur.

— Comment passer ce plateau? disaient-ils, les Anglais vont nous mitrailler.

— Ils n'ont pas d'obusiers, leur fis-je remarquer. Leurs projectiles passeront au-dessus de nous ou n'arriveront pas jusqu'à nous. En avant, Burghers, en avant! Nous sommes sauvés.

Nous étions sauvés, en effet. Les Anglais, s'étant rendu compte de l'inefficacité de leur feu, cessèrent bientôt de nous bombarder.

Le caporal Matthijsen aurait pu dire qu'ils étaient plus sages que Pharaon.

Enfin, nous arrivâmes à l'extrême crête, absolument exténués. Pour mon compte les ascensions m'étaient familières; je connaissais les masses rocheuses de Majuba, les flancs arides de Nicholsons Nek. Mais jamais je n'avais été à bout de forces comme à ce moment.

Nous reprîmes haleine en face d'un panorama superbe qui s'étendait jusqu'à Witwatersrand. Dans le lointain, tout était calme. Pas le moindre Anglais. On n'entendait

Trois Ans de Guerre

que la plainte du vent qui sifflait à travers les arbres de la montagne avant de passer sur le Veld.

Il était trop tard pour desseller les chevaux, nous ne fîmes halte que quelques minutes, et nous redescendîmes.

Je comptais, en effet, atteindre, avant la nuit, une ferme que je connaissais et trouver quelques moutons pour mes hommes qui n'étaient pas seulement exténués de fatigue mais mourant de faim.

Au bout d'une heure et demie, par une pente encore très raide, nous arrivions à la ferme. Inutile de dire avec quelle satisfaction nous nous y reposâmes après cette journée mémorable par tous les dangers et les fatigues qu'elle nous avait valus. Les Burghers se régalèrent de bon cœur. Sous la nuit qui emplissait la vallée, ils firent cuire le « bont span », en songeant à leurs fermes, à ceux qui étaient bien loin, puis ils s'endormirent. Les chevaux eurent leur part de cette bombance : braves bêtes qui ne nous avaient pas abandonnés !

— Eh bien! fis-je à Matthijsen, en donnant le dernier coup d'œil à mes Burghers endormis, eh bien! l'ami, avons-nous passé la Mer Rouge ?

L'attention des Anglais avait été détournée de notre laager, d'abord parce que leurs bœufs et leurs chevaux de trait étaient à ce point exténués qu'ils ne pouvaient le poursuivre, ensuite parce qu'ils me savaient rentré dans l'Orange et décidé à leur couper toutes les lignes de chemin de fer et de télégraphe que je rencontrerais.

Trois Ans de Guerre

On était alors au 18 août 1900. Après dix jours, pendant lesquels l'ennemi nous avait poursuivis sans relâche, dix jours de privations, de fatigues et de dangers, nous nous sentions délivrés comme d'un lourd fardeau en ne voyant plus d'Anglais sur nos traces.

Nous traversâmes alors la Krokodilrivier pour nous arrêter au Witwatersrand, près d'un magasin épargné par l'ennemi et qui contenait une bonne quantité de fourrage pour nos chevaux.

Comme j'avais appris que des Anglais s'avançaient en nombre par Olifantsnek et Krügersdorp, je partis la nuit même. C'étaient ceux de nos ennemis que nous avions rencontrés la semaine précédente près de Ventersdorp. Je voulus passer devant eux à la faveur de la nuit. Ils suivaient la même direction que Jameson, lors de son raid dans la République Sud-Africaine. Je réussis à passer inaperçu et je n'entendis plus parler des adversaires que j'avais eus en face de moi. Je poursuivis alors tranquillement mon chemin vers Gatsrand.

Je fis traverser à mes troupes la ligne ferrée de Krügersdorp à Potchefstroom, à huit ou dix milles au nord de la gare de Bank. La voie n'était pas encore gardée très étroitement ; de loin en loin, des postes étaient échelonnés que l'on pouvait éviter facilement. Je regrettai bien alors de n'avoir point de cartouches de dynamite ni d'outils qui me permissent de faire sauter les rails. C'était dur pour moi de constater le bon état d'une ligne très utile à mes ennemis, sans que je pusse tenter quoi que ce fût contre elle !

Trois Ans de Guerre

Enfin nous arrivâmes à la ferme de MM. Wolfaard. Les malheureux propriétaires de la maison avaient été faits prisonniers avec le général Cronjé. Le commandant Danie Théron s'y trouvait déjà, à la tête de quatre-vingts hommes, arrivant de la Mooirivier et de Ventersdorp. Je lui donnai ordre de m'accompagner jusqu'au jour où je serais rejoint par mes commandos.

Mon but, en ce moment-là, n'était point d'entreprendre d'importantes opérations; ma troupe n'était pas assez nombreuse. Mon unique préoccupation était de détruire les communications de l'ennemi en démolissant la ligne ou en coupant les fils télégraphiques.

La ligne principale de l'État libre d'Orange se trouvait dans des conditions autres que celle que nous venions de traverser. C'était la grande artère utilisée par Lord Roberts pour ses communications; aussi était-elle soigneusement gardée.

Dans la nuit du 21 août, nous arrivions à Vanvurenskloof. Le lendemain, quelle joie nous éprouvâmes à jeter nos yeux au loin sur la Vaalrivier et à contempler les montagnes bien connues de notre Etat libre d'Orange! « Voilà l'Orange ! » Telle fut l'exclamation poussée par tous quand le soleil vint dorer l'horizon de ses clairs rayons. Tous mes hommes étaient joyeux comme des enfants à la seule idée de revoir leur pays.

J'envoyai le général Botha avec ordre de rassembler et de ramener les Burghers de Vrede et de Harrismith qui étaient rentrés chez eux. Puis, on fit manger et reposer un

Trois Ans de Guerre

peu les chevaux et l'on reprit la marche en avant. Le soir même, nous étions à la ferme de Rhenosterpoort, où notre laager avait campé la semaine précédente avant de traverser la Vaalrivier. Le propriétaire de la ferme était le vieux Jean Botha. Ah! certes, le même sang ne coule pas dans les veines de cet homme et dans celles de notre brave Paul Botha de Kroonstad! Paul et son fils Jean, le brave veldcornet, étaient de vrais Afrikanders. Mais cet exemple, hélas! n'est pas unique dans l'histoire de notre guerre. Tandis que l'un sacrifiait tout pour sa patrie, l'autre, porteur du même nom, cependant, favorisait de tout son pouvoir les ennemis de son pays et de ses compatriotes. Les deux frères aînés du vieux Jean Botha, Philip et Hekkie étaient, hâtons-nous de le dire, de plein cœur avec nous.

Potchefstroom était à ce moment abandonné par les Anglais. J'y allai, et c'est là que fut fait de moi le portrait qui est le plus généralement répandu. J'y tiens un fusil Mauser à la main. C'est à propos de ce détail que je vous veux narrer l'histoire de ce fusil. La voici :

Quand l'ennemi marcha sur Prétoria, il laissa une garnison à Potchefstroom où plusieurs Burghers allèrent déposer leurs armes. Les Anglais les mirent en tas et les brûlèrent. Eux partis, les nôtres retournèrent dans la ville, reprirent les canons des fusils et fabriquèrent des crosses pour remonter leurs armes. Un de ces hommes me présenta un fusil ainsi réparé en me disant : « Ce fusil est

Trois Ans de Guerre

le deux centième que nous remontons de la sorte ». Ces paroles m'impressionnèrent, et je voulus être photographié avec cette arme. Je regrette seulement de ne pouvoir me rappeler, pour les citer, les noms des braves qui firent ainsi une œuvre si utile. Le trait mérite d'être rapporté dans l'histoire de cette guerre.

En cet endroit, je fis une nouvelle provision de dynamite et retournai à mon commando à la tête duquel je partis pour Rhenosterkop. De là, j'envoyai le veldcornet Nicolas Serfontein, du commando de Bethlehem, vers Reitz et Lindley pour y remettre au pas les Cafres qui s'y montraient d'une grande insolence vis-à-vis de nos femmes. Le reste de ce commando, sous le commandement de Prinsloo et du veldcornet de Preez, devait rester avec moi pour essayer de rallier les Burghers qui étaient passés derrière les Montagnes Rouges et se trouvaient quelque part, plus au Sud, sous les ordres du général Fourie. A Rhenosterkop, je laissai le capitaine Scheepers avec l'ordre de détruire la voie sur la plus grande distance possible.

Enfin, ayant continué notre marche, nous arrivâmes dans la nuit à la ferme de M. Welman, au sud-ouest de Kroonstad.

J'y reçus la nouvelle que les commandos du général Fourie se trouvaient dans le voisinage de Ladybrand. Aussitôt j'envoyai à ce général ainsi qu'au juge Hertzog l'ordre de venir nous rejoindre pour que nous pussions discuter ensemble la possibilité qui s'offrait à nous de

Trois Ans de Guerre

faire reprendre les armes aux Burghers du sud et du sud-ouest de l'Etat libre. Le commandant Michael Prinsloo partit avec quelques cavaliers pour transmettre mon ordre. Il traversa la voie ferrée, non sans la faire sauter en deux endroits, en avant et en arrière d'un train en marche. Celui-ci, ne pouvant plus ni avancer, ni reculer, tomba en notre pouvoir. Prinsloo, après avoir pris dans les wagons ce qui lui paraissait utile, mit le feu à tout le reste.

Pour moi, j'attendais dans les environs de la ferme du commandant Nel. Et là encore, il m'arriva une aventure dont je ne sortis sain et sauf que par un véritable miracle. Le soir du troisième jour, au coucher du soleil, un Hottentot vint me trouver. Il me raconta que son maître, dont la maison était distante d'environ douze milles, avait déposé les armes, et que lui, Hottentot, ne voulait pas continuer à servir la femme d'un si mauvais patron. Il me proposa donc de le prendre comme ordonnance.

Il me parlait encore quand survint le juge de paix Bosman de Bothaville qui désirait me voir. « C'est bien, dis-je au Hottentot, nous en reparlerons ». Je voulais, en effet, lui poser certaines questions qui me permissent de juger un peu mon homme. Je rentrai alors avec le juge de paix, pour m'occuper de mon courrier. Il me quitta vers onze heures, et je me couchai aussitôt.

À peine au lit, je me souvins du Hottentot et un soupçon me traversa l'esprit. Je voulus sur le champ interroger mon domestique cafre. « Votre hôte ? Il est parti chercher ses effets, puisqu'il doit rester avec nous désormais. »

Trois Ans de Guerre

Cette réponse ne fit que me confirmer dans l'idée qu'un piège nous était tendu. Vite je réveillai mes hommes; nous nous mîmes en selle et nous éloignâmes rapidement vers la ferme de M. Schoeman, sur la Valschrivier à l'est de Bothaville.

Bien nous en prit. Le lendemain matin, avant le lever du soleil, deux cents Anglais prenaient d'assaut la demeure du commandant Nel. Mais, à ce moment, nous étions à l'abri à vingt milles de là.

Je quittai alors la ferme de M. Schoeman, et me dirigeai vers la Rhenosterrivier. Là, je rencontrai le capitaine Scheepers qui m'apprit que pendant les quatre ou cinq dernières nuits il avait coupé la voie ferrée.

C'est là aussi, hélas, que je reçus la triste nouvelle de la mort de cet excellent et brave commandant Danie Théron, au combat de Gatsrand. Quelle perte pour moi et pour la cause que nous défendions ! Et quelles difficultés pour lui trouver un successeur digne de lui ! Il ne manquait pas, sans doute, dans mon armée, d'hommes aussi aimables et aussi braves que Théron; mais où en rencontrer un qui fût doué à la fois de tant de qualités ? Il avait, outre sa bravoure indéniable, la ruse du diplomate, l'énergie de l'homme d'action. Un ordre lui était-il donné, une idée lui venait-elle à l'esprit, aussitôt ils étaient exécutés. En un mot, c'était un guerrier accompli. Un de ses lieutenants, Jean Théron, fut élu à sa place.

De cet endroit, nous allâmes, le capitaine Scheepers et moi, faire une nouvelle tentative contre la ligne ferrée.

Trois Ans de Guerre

Un pont sommaire avait été construit avec quelques grosses poutres et des traverses. J'y mis le feu et fis sauter ce qui ne brûla pas à l'aide de la dynamite.

Je parcourus ensuite les contrées environnantes et fus rejoint quelques jours plus tard par le commandant Michael Prinsloo. En sa compagnie, nous nous dirigeâmes de nouveau vers le chemin de fer, avec l'intention bien arrêtée, cette fois, de détruire la voie sur un long parcours.

Au sujet de cette entreprise, l'incident suivant vaut la peine d'être rapporté avec quelques détails. En vingt points différents, des cartouches de dynamite avaient été disposées sous les rails; devant chacune d'elle se tenait un homme, une mèche à la main; toutes les mèches devaient être allumées à la fois, à mon coup de sifflet. C'était là le meilleur moyen d'éviter les conséquences toujours redoutables d'une explosion, les hommes pouvant de cette manière s'écarter tous ensemble. Je donnai le signal. Mais la lumière que firent nos allumettes en s'enflammant donna l'éveil aux Anglais postés non loin de là. Ils ouvrirent un tel feu sur nos Burghers, que ceux-ci sautèrent en selle et s'éloignèrent. Cinq cartouches seulement avaient fait explosion.

Quelques minutes plus tard, le silence s'était rétabli « En avant! dis-je aux miens, il faut mettre le feu aux cartouches qui restent! »

Nous revenons à la voie, mais dans l'obscurité il nous est mal commode de retrouver les cartouches encore intactes. Enfin, on y parvient et, cette fois encore, je recommande bien à mes hommes d'attendre mon commandement pour allumer les mèches. Peine perdue. Un Burgher met le feu à la sienne prématurément et ses camarades, effrayés, se sauvent de nouveau. Les officiers de mon état-major et moi, nous nous couchâmes à plat ventre pendant que se produisait l'explosion, et je ralliai mes hommes qui, cette fois, menèrent leur tâche à bonne fin. Les Anglais avaient reconstruit le pont dont j'ai parlé plus haut. Je le brûlai une seconde fois et me mis en route vers Rietspruit où je laissai prendre à mes hommes quelques jours de repos. Puis nous gagnâmes Rhenosterpoort.

Chapitre XX

DES BURGHERS QUI AVAIENT PRÊTÉ LE SERMENT DE NEUTRALITÉ REPRENNENT LES ARMES

A Rhenosterpoort, j'appris ce qui se passait un peu partout. Le commandant F. van Aard m'y attendait à la tête de son commando. Il m'annonça que depuis mon départ du laager, les Burghers n'avaient plus été inquiétés par les Anglais. Lui-même, pour son compte, avait poussé une pointe vers Waterberg, y était demeuré quelque temps, puis était revenu sur ses pas. Il lui restait encore quelques chariots, mais il avait dû en abandonner beaucoup d'autres, ses bœufs étant complètement exténués. Ses chevaux n'étaient guère dans un meilleur état; quelques-uns d'entre eux avaient souffert à ce point, que leurs maîtres s'étaient vus dans la nécessité de regagner leurs fermes.

Le commandant van Aard me raconta encore que le

commandant en chef adjoint Steenekamp avait traversé la nuit même la voie ferrée, se dirigeant vers Heilbron, et que les Anglais avaient quitté la contrée.

A Rhenosterpoort également, me rejoignirent les généraux Fourie et Froneman ainsi que le juge Hertzog ; leurs commandos se trouvaient toujours dans la région de Winburg. Ces officiers m'annoncèrent nombre de faits que l'on m'avait déjà rapportés, mais qui m'étaient ainsi confirmés par des témoins autorisés. J'appris de leur bouche que les Burghers faits prisonniers avec le général Prinsloo avaient été envoyés à Ceylan, malgré la promesse formelle à eux précédemment donnée, qu'ils pourraient retourner dans leurs fermes et que leurs propriétés seraient respectées

Je résolus de profiter de l'occasion que m'offrait la mauvaise foi des Anglais pour faire reprendre les armes, dans tout le pays, à ceux de mes compatriotes qui les avaient déposées pour prêter le serment de neutralité. A cet effet, j'allai avec mes officiers à la rencontre du général Philip Botha qui se trouvait alors au sud-est de Heilbron, et du général Hattingh, qui commandait des Burghers de Harrismith et de Vrede.

Entre Roodewal et Serfontein-Siding, il nous fallut livrer combat pour traverser la voie. Comme nous arrivions sur la ligne, les Anglais, placés au Nord-Est, ouvrirent sur nous un feu nourri qui ne nous empêcha pas, d'ailleurs, de passer et de faire passer en même temps que nous les chariots du commandant van Aard.

Trois Ans de Guerre

Malheureusement cet engagement me coûtait un mort et trois blessés.

Le lendemain, je donnai au commandant van Aard, l'ordre de se diriger vers son propre canton, situé au bord de la Valschrivier, pour permettre à ses Burghers de changer de vêtements, et de se procurer des chevaux frais, si du moins c'était possible. Bien que les Anglais, en effet, eussent déjà brûlé nombre de fermes et enlevé beaucoup de chevaux, nous n'en étions cependant pas encore à l'époque où ils ne laissaient rien debout derrière eux. Le commandant van Aard partit donc, et j'eus le chagrin d'apprendre, quelques jours plus tard, que cet homme, aimé de tous et aussi bon que brave, était tombé dans un combat livré non loin de sa ferme, entre Kroonstad et Lindley. Il fut inhumé dans son propre domaine.

Je me mis alors sérieusement à l'œuvre pour réaliser le dessein que j'avais conçu. J'envoyai le commandant en chef adjoint Piet Fourie dans la région de Bloemfontein, Bethulie, Smithfield, Rouxville et Wepener afin d'y soulever les Burghers qui avaient déposé les armes. Mon lieutenant ne devait, en aucun cas, user de la force : il était bien évident, en effet, qu'un Burgher contraint à servir malgré lui ne pouvait guère nous être utile, et ne nous inspirerait qu'une confiance limitée. Fourie avait avec lui Wilhelm Kolbe, Andries van Tonder et Kritzinger. Ce dernier remplaçait le commandant Olivier fait prisonnier à Winburg (1).

(1) Le commandant van Tonder avait été fait prisonnier de guerre dans cette même rencontre ; mais il parvint à s'échapper sous une pluie de balles.

Trois Ans de Guerre

Je chargeai d'une mission analogue le juge Hertzog et je l'envoyai à Fauresmith, Philippolis et Jacobsdal. Il avait sous ses ordres les commandants Hendrik Prétorius, de Jacobsdal et Visser. Le commandant Visser était le même qui, au moment où les Burghers de Fauresmith, fatigués du siège de Bloemfontein, voulaient rentrer dans leurs foyers, en avait ramené soixante-dix ou quatre-vingts. Sa conduite fut toujours digne des plus grands éloges. Il laissa sa vie dans un combat près de Jagersfontein, augmentant ainsi la liste des martyrs morts pour la défense des droits du peuple. Que leurs noms soient toujours en honneur chez nous !

Ces deux officiers avaient à remplir une tâche bien difficile, car des obstacles sans nombre les attendaient. Je fis éclairer leur route par des patrouilles. Celle qui précédait Fourie était commandée par le capitaine Prétorius; celle qui précédait le juge Hertzog était sous les ordres du fameux capitaine Scheepers. Le premier devait partout annoncer : « Préparez-vous, l'oncle Pieter va venir » ; l'autre disait : « Soyez prêts, le juge arrive ». La mission eut un plein succès. Au bout de peu de temps, Fourie était à la tête de plus de 750 hommes et il avait déjà livré plusieurs petits combats. Ce fut d'ailleurs à cause de ces succès partiels que les Anglais placèrent de nouveau des garnisons dans les villages du Sud-Est : Dewetsdorp, Wepener et autres. Il est vrai de dire aussi que Fourie avait opéré dans un district dont les Burghers avaient été faits prisonniers aux côtés de Prinsloo. Le commandant Hertzog eut éga-

Trois Ans de Guerre

lement quelques engagements sans grande importance, avec douze cents hommes qu'il avait pu rassembler.

Enfin j'envoyai, dans le même but, un troisième officier dans la région située au-delà des montagnes Magalies. C'était le veldcornet C.-C. Badenhorst qui, avec vingt-sept hommes, opéra de façon identique dans le pays de Boshof et de Hoopstad. Il eut bientôt mille combattants avec lui et lutta sans cesse contre les Anglais. D'abord promu commandant, Badenhorst ne tarda pas à passer commandant en chef adjoint.

Mais, me dira ici le lecteur, comment justifier la conduite de ces trois mille Burghers qui, en reprenant les armes, violèrent leur serment de neutralité ? A cette question je réponds par une autre : quels sont donc ceux qui ont violé les premiers la foi jurée, des Boers ou des Anglais ? Ce sont ces derniers, à coup sûr. Lord Roberts avait lancé une proclamation assurant aux Burghers la protection anglaise pour leurs personnes et leurs biens, à condition qu'ils prêtassent serment de neutralité et se tinssent tranquilles dans leurs fermes. Qu'advint-il ? Nos compatriotes reçurent à tout moment l'ordre d'envoyer aux autorités anglaises des rapports les renseignant sur nos éclaireurs ou nos commandos, quand il en passait près de leur ferme, et se virent menacés, en cas de refus, des punitions les plus rigoureuses. Des vieillards mêmes furent frappés d'amendes s'élevant parfois à des centaines de livres sterling, quand la voie ferrée ou des fils télégraphiques avaient été coupés dans les environs. De plus, au lieu de protéger nos nationaux, les Anglais leur enlevaient leur bétail pour un prix dérisoire, souvent même, de force. On fit main basse sur le bien de veuves qui n'avaient aucun parent sous les armes.

Les Anglais manquaient donc ainsi, chaque jour, à la parole donnée ; comment les Burghers ne se seraient-ils pas cru, de ce fait, libérés des obligations que le serment leur imposait ? Quand on songe, en outre, que les Anglais avaient été les premiers à armer ces individus nommés par eux « National scouts » qui, eux aussi, avaient prêté le serment de neutralité, comment vouloir dès lors obliger les Boers à tenir le leur ?

Et puis tout citoyen est lié au gouvernement de son pays par des lois naturelles ; les Burghers n'avaient pas, en l'espèce, le droit de prêter ce serment. Et en apprenant les infortunes de sa patrie, tout citoyen honnête ne pouvait que reprendre les armes, non seulement pour faire son devoir, mais aussi pour ne pas passer pour un lâche et encourir le mépris général.

J'étais alors à Doornspruit, aux environs de Kroonstad. Je quittai ces lieux le 23 septembre 1900 pour me diriger vers Rietfontein où je devais rencontrer, le 25 du même mois, suivant les ordres donnés, les commandos de Heilbron.

Chapitre XXI

LES DÉSASTRES DE FREDERICKSTAD ET DE BOTHAVILLE

J'APPRIS alors que les commandos du général Hattingh (ceux de Harrismith et de Vrede) se trouvaient en bas du Spitskopje, à 7 milles au sud-est de Heilbron, et je me dirigeai vers eux. Ils avaient reçu le baptême du feu, et ne s'étaient pas rendus avec Prinsloo.

Quel plaisir pour nous de revoir les Burghers de Harrismith ! Avec quelle satisfaction nous rappellions-nous les jours passés ensemble ! On s'était vu pour la dernière fois en décembre 1899, au siège de Ladysmith. Ils étaient, avec les gens d'Heilbron, nos voisins de retranchements.

Mais je fus peiné de voir le grand nombre de chariots que les commandos de Vrede et de Harrismith traînaient à leur suite. Je savais maintenant ce qu'il en coûtait de se faire suivre de bagages si encombrants, et je me rappelais ce jour où, pour conserver mes chariots, je dus fuir avec mon commando, de Slabbertsnesck jusqu'à Waterberg, et accomplir 280 milles sans m'arrêter.

Aussi, décidai-je, en ma qualité de commandant en chef, de faire observer la décision de Kroonstad. Je ne voulais plus entendre parler de chariots ni de voitures.

Je ne m'imaginais pas, en entreprenant cette réforme, combien il me serait difficile de convaincre les commandos de Harrismith et de Vrede de la nécessité où ils se trouvaient d'abandonner ce train inutile. Déjà, quelques jours auparavant, les Anglais m'avaient rendu le service d'enlever à Winburg et à Vetrivier une grande partie des chariots du commandant Hasebroek. Je convoquai donc les Burghers. Je commençai par remercier les chefs et les hommes de ne pas s'être rendus avec Prinsloo à Nauwpoort ; je les félicitai pour leur brillante conduite dans les combats livrés autour de Heilbron, rappelant spécialement l'engagement de Ladybrand où ils avaient réussi à chasser les Anglais de leurs positions et à les refouler dans la montagne. Puis j'abordai le point délicat de mon sujet. Je ne leur dis pas d'abandonner leurs chariots, mais simplement de les renvoyer. Mes auditeurs comprenaient bien que l'une et l'autre solutions équivalaient pour eux à la perte de leurs bagages, au profit de leurs adversaires ; aussi faisaient-ils la sourde oreille. Moi, je tenais absolument à mon idée, et je terminai mon discours en ces termes : « Burghers, je ne puis pas vous demander vos préférences en cette occasion ; je vous dis qu'un sacrifice s'impose et qu'il faut vous débarrasser de tout ce qui vous encombre et paralyse vos mouvements. »

Trois Ans de Guerre

Le lendemain je réunis de nouveau les officiers et leur donnai d'une façon polie, mais ferme, l'ordre de faire renvoyer, le jour même, les voitures. Puis aussitôt je décidai que les hommes de Botha, de Harrismith et de Kroonstad, sous le commandement du général Botha, iraient détruire, entre Kroonstad et Zandrivier, tous les moyens de communication des Anglais.

Le 24 septembre, je me rendis avec mon état-major vers les Burghers de Heilbron, revenus en grand nombre à la fin des congés que je leur avais accordés.

La présence de l'ennemi nous était signalée dans la région, et il fallait nous préparer à combattre, ou à battre en retraite si le nombre de nos adversaires était trop considérable. Je disposais d'une troupe assez considérable, composée des hommes de Heilbron, de Harrismith et de Vrede.

Le 25 septembre, j'envoyai une patrouille dans la direction de Kroonstad pour refouler les postes avancés de l'ennemi, en ce moment à six milles de distance du village.

Je fis alors chercher le général Hattingh et ses Burghers. Mais que m'annonça-t-on alors ! Qu'ils n'avaient pas pu se résoudre à abandonner leurs chariots, et que la plupart d'entre eux étaient partis pour rentrer chez eux. Et pourtant chaque voiture était conduite par un Cafre et un cocher, personnel suffisant pour emmener le convoi, et que j'avais chargé de ce soin. J'étais furieux ! De tels revers ne seraient-ils pas capables de décourager le cœur le plus

Trois Ans de Guerre

résolu, si en de si tristes conjonctures une force d'en haut ne venait vous rappeler à la raison?

Ainsi donc, il y avait partout des Anglais autour de nous, et moi je n'avais personne. Les Burghers de Kroonstad, ceux de Bethlehem étaient partis dans des directions différentes. Ceux de Winburg, de Vrede et de Harrismith m'avaient quitté. Il ne me restait plus qu'une partie des hommes de ces diverses régions, et ceux de Heilbron.

Dans ces conditions, les forces qui nous entouraient de tous côtés étaient trop nombreuses pour que nous pussions songer à les combattre. Il me fallait me retirer vers Schoemansdrift et, si c'était nécessaire, plus loin encore vers Bothaville, en traversant des sables qui seraient pour nos ennemis une barrière infranchissable

Nous partîmes donc dans la direction de la gare de Wolvehoek.

Mon intention était de traverser la voie, la nuit suivante, entre Vredefortweg et Wolvehoek. Je fis sauter des rails en plusieurs endroits. J'avais pris avec moi, dans ce but, une patrouille de treize hommes, alors que les autres dormaient sous la tente.

Le 30 septembre, nous étions à peine à trois milles de la voie, quand un train blindé s'avança pour nous envoyer quelques coups de canon. Ce train était armé d'un Armstrong et d'un Maxim-Nordenfelt. Ces coups de feu, ne nous firent d'ailleurs aucun mal. J'aurais voulu répondre, mais mon artillerie était partie en avant, et les chevaux étaient trop fatigués, pour que je pusse songer à les

Trois Ans de Guerre

faire retourner. J'eus du reste l'occasion d'utiliser à mon tour mes canons contre deux cents cavaliers que nous rencontrâmes quelques jours après. Ceux-ci, nous voyant sur la défensive, prirent une autre direction.

Ce jour-là, nous nous portâmes au sud du village de Parijs, et, le lendemain, nous atteignîmes les collines situées à l'ouest de Vredefort. Nous y étions depuis deux jours, quand l'ennemi commença à concentrer ses forces autour de Heilbron.

Je répartis alors mon commando en deux groupes : l'un restait près de moi ; l'autre, composé des Burghers qui n'avaient point suivi les chariots, partit sous le commandement de Philip Botha vers Kroonstad, afin de s'y unir aux hommes de la région, qui surveillaient le chemin de fer, un peu à l'Ouest. Botha choisit pour lieutenant le veldcornet P. de Vos, en remplacement du commandant Frans van Aard. C'était là un bon choix, car de Vos n'était pas seulement un brave officier, mais encore un homme sûr et réfléchi.

L'ennemi, pendant quelques jours, ne sortit pas du camp qu'il avait établi près de la ferme de Klipstapel, au sud-est de Vredefort. Enfin, il nous attaqua.

Pendant toute une journée nous résistâmes à tous ses assauts. Mais finalement nous dûmes céder au nombre et nous retirer derrière la Vaalrivier. Les Anglais, croyant sans doute que nous nous dirigions une nouvelle fois vers Waterberg ne nous poursuivirent pas. Cela se passait le 7 octobre 1900.

Trois Ans de Guerre

Peu de jours après, je reçus un rapport du général Liebenberg, m'annonçant la présence du général Barton et de sa colonne près de la gare de Frederikstad. Liebenberg me demandait du renfort pour attaquer l'ennemi. Je résolus immédiatement de m'y rendre en personne; j'envoyai donc aussitôt à cet officier un message confidentiel pour lui faire part de ma décision et lui dire que dans peu de temps je serais auprès de lui.

Pour tromper les Anglais j'affectai de me retirer; je fis passer à nos hommes le Schoemansdrift et je gagnai la ferme Baltespoort, au bord de la Rhenosterrivier, à quinze milles du gué. Pendant la nuit suivante, nous revenions sur nos pas et traversions le fleuve à l'ouest du Schoemansdrift. Mes hommes, en remontant à cheval, ne pouvaient s'empêcher de se demander les uns aux autres : « Où allons-nous encore? »

Où nous allions ! A la gare de Frederikstad, pour attaquer les Anglais du général Barton. J'avais, au préalable, fait soigneusement examiner le terrain. Le général Liebenberg avait complètement coupé les communications de nos adversaires, et il ne leur était plus possible de communiquer à distance, autrement que par l'héliographe. Cependant je me demandais, en arrivant, pour quelle raison ils s'étaient si bien retranchés du côté de la gare et du côté faisant face aux collines, vers le Nord et le Sud-Est; se seraient-ils donc douté de quelque chose?

Pourtant, malgré les précautions qu'il prenait, Barton était bloqué; pendant les cinq jours qui suivirent, nous resserrâmes nos positions. Le sixième, j'envoyai Liebenberg prendre une nouvelle position sur la ligne, au nord-ouest de la plus forte position des Anglais. Il partit avec deux cents hommes parmi lesquels quatre-vingts Burghers de Vrede sous les ordres du général Froneman. La position était bonne à prendre, mais difficile à garder en cas d'attaque des Anglais; c'est pour cette raison que j'y envoyais deux cents hommes, capables de résister aux efforts de l'ennemi.

Voilà ce que j'avais ordonné. Qu'advint-il en réalité? Quatre-vingts hommes seulement, au lieu de deux cents, se portèrent à l'endroit désigné. Or, sur ces entrefaites, l'ennemi avait reçu du renfort venant de Krügersdorp. J'ignorais complètement ce contretemps, et ne connus l'approche des Anglais qu'au moment où ils étaient sur nous. Ils avaient déjà commencé à donner l'assaut au malheureux petit détachement. Si nos Burghers avaient eu assez de munitions, ils auraient pu se défendre. Mais celles-ci, à cause de la violence du feu, furent bientôt épuisées. Les nôtres durent alors reculer, sous le feu bien nourri de trois canons qui leur firent beaucoup de mal, bien qu'ils fussent un peu abrités par la voie ferrée. Mes Burghers durent se sauver à pied, car leurs chevaux étaient restés en arrière.

Si, conformément à mes ordres, la position avait été défendue par deux cents hommes, les Anglais n'auraient jamais pu les en chasser, et le général Barton aurait sans doute été fait prisonnier. Mais, au lieu de cette victoire que j'avais escomptée, beaucoup des nôtres furent pris et quelques-uns tués. Au nombre de ces derniers se trouvait l'excellent capitaine Sarel Cilliers, petit-fils de l'explorateur de ce nom, et parmi les prisonniers, le veldcornet Jurie Wessels.[1]

Comme toujours cette regrettable défection devait avoir ses conséquences. Le général Froneman, en effet, avait dû rappeler ses hommes en voyant que Liebenberg n'avait pas envoyé les siens. J'ai cependant appris dans la suite que le capitaine Cilliers n'avait pas voulu abandonner sa position.

Il était bien dur, pour nous, de perdre la bataille au moment où elle était presque gagnée, et d'être réduits à fuir, alors que nous espérions déjà la victoire. Mais depuis tant de fois que je voyais les nôtres ne pas profiter de leurs chances de succès, il me fallait bien m'habituer à la résignation.

Nous nous retirâmes alors dans la direction de Vanvurenskloof. En y arrivant, le lendemain soir, nous apprîmes qu'une forte colonne anglaise était entrée dans Potchefstroom, qu'une deuxième se trouvait à Tijgersfontein et une troisième au Schoemansdrift.

Le jour suivant, mes troupes passèrent la Vaalrivier à Witbanksfontein où l'on fit halte.

Je m'étais fait garder par des éclaireurs, non par ceux de Jean Théron (1), mais par des Burghers ordinaires désignés

(1) Le corps avait été transformé en commando. Il était encore chargé du service de campagne, mais pas exclusivement.

par leurs commandants. Nous étions en train de déjeuner quand quelques-uns de ces éclaireurs revinrent en criant : « Voici l'ennemi ! »

Aussitôt je commandai en selle. Mais hélas ! pour nous retirer encore, car les Anglais tenaient les collines au nord de la Vaalrivier, et nous n'avions pour nous couvrir, en rase campagne, que les murs d'un kraal. Nous eûmes chaud, cet après-midi-là, sous les feux du soleil et ceux de l'ennemi, et nous perdîmes même un canon : une des roues se détacha, et force nous fut de le laisser sur notre route. Peu après, un obus des Anglais tomba dans un chariot qui contenait quatre caisses de dynamite : tout sauta. Heureusement, quelques moments auparavant, les bœufs avaient été dételés et le chariot abandonné; sans cette heureuse circonstance, une catastrophe terrible se serait produite.

Nous n'eûmes point d'autres pertes que celles de deux Burghers qui, se croyant en sûreté dans une ferme, l'avaient fortifiée. Deux colonnes ennemies arrivant du Schoemansdrift les prirent et les emmenèrent.

Notre marche continua vers l'Est. Mais, à la tombée de la nuit, nous changeâmes brusquement de direction vers Bothaville. Le lendemain soir, nous étions à Bronkharstfontein, près des Witkopjes. De là, nous nous dirigeâmes, le jour suivant, un peu à l'ouest de Rheboksfontein pour passer la nuit au Winkeldrift, au bord de la Rhenosterrivier.

Ce fut en cet endroit que j'appris que le président

Trois Ans de Guerre

Steijn, accompagné de son état-major, venait vers nous, après avoir conféré à Machadodorp avec le gouvernement transvaalien. Le Président me fit appeler pour que je pusse me concerter avec le général de la Rey qui le suivait. Je mis donc mon commando en route pour Bothaville, et me rendis avec mon état-major auprès de M. Steijn.

La rencontre eut lieu, le 31 octobre, près de Ventersdorp. M. Steijn m'annonça que, le jour où il vit à Machadodorp, le président Krüger, celui-ci était sur le point de s'embarquer à Lourenço-Marquez pour la Hollande, à bord du navire de guerre « Gelderland », mis à sa disposition par la reine Wilhelmine. Ce fut un des derniers jours où le Portugal observa la neutralité : le vieux Président partit donc juste à temps.

Le général de la Rey ne put nous rejoindre, et je partis avec le Président, le 2 novembre, pour Bothaville.

Comme je tenais du général Fourie, du juge Hertzog et du capitaine Scheepers la nouvelle que les Burghers de la région se trouvaient de nouveau réunis, il me sembla que l'heure était arrivée de faire une expédition dans la colonie du Cap.

Le président Steijn voulut nous accompagner.

Notre intention, quand nous nous mîmes en marche, était de traverser la ligne près de Winburg. Le 5, de bonne heure, nous étions à Bothaville où se joignit à nous le général Froneman avec ses commandos.

Qui aurait pu prévoir à ce moment que tout près du village un immense désastre nous attendait ?

Trois Ans de Guerre

Dans l'après-midi de ce même jour, une forte colonne ennemie qui nous poursuivait se montra. Des escarmouches eurent lieu, puis les Anglais se retirèrent hors de portée de notre feu. Nous continuâmes alors notre chemin pour franchir le col le plus proche. Nous campâmes, en toute sécurité, semblait-il, encore que nous ne fussions qu'à sept milles des Anglais, mais séparés d'eux par la Vaalrivier.

J'avais placé un poste avancé sur le bord du fleuve, avec l'ordre d'y rester jusqu'au lendemain. Les hommes revinrent donc le lendemain matin, me rapportant qu'ils n'avaient rien vu de suspect. Mais le caporal qui m'avait fait ce rapport s'était à peine éloigné que j'entendis des coups de feu. Je pensai tout d'abord qu'on tuait du bétail; mais ces coups de feu se multipliaient, et que vîmes-nous tout à coup? Les Anglais, à deux cents pas de nous, à l'endroit même où mes hommes avaient passé quelques instants auparavant.

L'heure était matinale, le soleil à peine levé depuis vingt minutes. Nombre de Burghers dormaient encore sous leurs tentes. Ce fut alors une panique effrayante et telle qu'il s'en produisit peu au courant de la guerre.

Il me fallut d'abord seller mon cheval moi-même. Mes gens, préoccupés d'eux-mêmes, offraient peu de résistance; et tous ceux qui déjà avaient pu seller leurs chevaux s'enfuirent à toute allure. Plusieurs même, sans se soucier de leurs selles, se jetèrent sur le dos de leurs chevaux.

« Ne fuyez pas, sus à l'ennemi ! » criai-je en me mettant en selle :

Trois Ans de Guerre

Je tentai de rallier ma troupe, ce fut peine perdue. Quand je leur barrais la route d'un côté, ils se sauvaient par un autre. La panique était complète et ne se calma que quand ils furent tous hors d'atteinte.

L'assaut des Anglais avait été commandé par le général Le Gallais. C'était sans doute l'un des plus braves officiers que j'aie connus pendant la guerre ; mais il faut bien dire qu'en cette affaire, il ne rencontra pas de résistance énergique. Seuls le procureur général Jacob de Villiers et le veldcornet Jan Viljoen, entourés de quelques Burghers, se maintinrent dans leurs positions.

Notre artillerie fut prise ; nous eûmes neuf morts, vingt-cinq à trente blessés et une centaine des nôtres furent pris. Nous eûmes à déplorer la mort des veldcornets Jan Viljoen de Heilbron et Van Zyl de la colonie du Cap. Parmi les blessés se trouvaient le procureur général Jacob de Villiers et Jan Rechter.

Quelques blessés réussirent à se sauver ; ce furent le général Froneman, légèrement blessé à la poitrine, M. Brain, blessé à la cuisse, un homme de mon état-major, qui avait reçu une blessure grave mais pas mortelle à l'épaule ; enfin quelques autres dont les noms m'échappent. D'après les rapports anglais, se trouvait parmi les tués le docteur de Landsheer, un Belge. Les journaux anglais ont prétendu plus tard que le corps de ce médecin fut trouvé garni d'une cartouchière. Je puis assurer ici que le docteur n'avait ni fusil, ni cartouchière ; car je ne peux pas admettre qu'il se soit armé sur le champ de bataille.

Trois Ans de Guerre

Six grosses pièces d'artillerie furent, comme je l'ai dit, perdues pour nous; mais comme les munitions de ces canons étaient presque épuisées, cette perte ne nous fut pas très sensible.

Si regrettable qu'ait été cette affaire, je dois déclarer que si les Burghers avaient résisté avec énergie, nous aurions pu, tout au moins, refouler l'ennemi et la débâcle n'aurait pas eu lieu. Nous comptions 800 hommes et l'ennemi en avait tout au plus de 1000 à 1200. Mais à propos de nos déroutes, c'est toujours la même réflexion qu'il faut faire. Peu habitués à la discipline, les Burghers se battaient courageusement quand ils voulaient. Mais quand la panique s'emparait d'eux, rien non plus ne pouvait les retenir.

Chapitre XXII

JE ME RENDS VERS LE SUD
POUR GAGNER LA COLONIE DU CAP
PRISE DE DEWETSDORP

Nos chevaux fatigués par tant de combats et de courses folles étaient exténués. Or, sans un cheval à toute épreuve, le Burgher ne sait pas combattre. Je résolus donc de remonter ma troupe et je gagnai dans ce but la ferme de M. Jacobus Borman.

C'est là aussi que je procédai à une nouvelle division de mes commandos. J'envoyai le général Froneman avec les Burghers de Vrede et de Heilbron de l'autre côté du chemin de fer, pour retourner sur leurs pas, et opérer au nord du pays.

Je pris avec moi le commandant Lategan de Colesberg avec environ 120 hommes et le commandant Jan Théron qui en avait 80. Le 10 ou le 11 novembre, je traversai la ligne de chemin de fer entre Doornrivier et les Theronskoppen, afin de réaliser mon projet d'entrer dans la colonie du Cap. Après avoir fait sauter les rails et quelques petits ponts, nous continuâmes notre chemin dans la direction de Doornberg où je rencontrai le commandant Hasebroek avec ses Burghers. Je me fis également rejoindre par Philip Botha, qui avait avec lui ceux de Harrismith et de Kroonstad. Notre jonction se fit le 13 novembre.

Nous étions alors 1.500 pour nous mettre en marche dans la direction du Sprinkhaansnek à l'est de Thaba'Nchu, tandis que le commandant Hasebroek restait en arrière, sur le versant nord du Korannaberg, pour rallier quelques retardataires.

Il s'agissait de passer la ligne de fortins que les Anglais avaient construit entre Bloemfontein et Ladybrand et qui se trouvaient à peine à 2.000 mètres l'un de l'autre. A l'aide de notre canon Krupp qui tonna six fois avec résultat, je fis alors démolir l'un des forts et commandai à ma troupe de passer au galop. Tout se passa sans encombres. Seul, le commandant adjoint Jan Meyer, de Harrismith fut blessé au côté. Il se trouvait dans l'un des chariots, à cause d'une blessure qu'il avait reçue, quelques jours avant, dans un combat livré par le général Philip Botha, à la gare de Venstersburg.

C'est alors que je résolus de me diriger vers Dewetsdorp pour y surprendre la garnison anglaise. Nous passâmes par Rietpoort où nous arrivâmes le 17 novembre. Le lendemain nous atteignîmes la ferme d'Erinspride.

Trois Ans de Guerre

Le 19 novembre, je quittai cet endroit en plein jour, afin d'être aperçu par la garnison anglaise. Je voulais lui faire croire que je m'éloignais de ses positions, les trouvant trop fortes pour les attaquer. J'entendais déjà les Anglais dire de moi : « Voilà sa fuite échevelée qui continue, de Wet va recommencer comme à Sprinkhaansnek. Il est trop peureux ou trop malin pour s'attaquer à la garnison de Dewetsdorp; il sait bien qu'il s'y briserait. » Les Anglais pouvaient supposer, du reste, que nous n'étions venus que pour reconnaître leurs positions, et repartir ensuite pour Bloemfontein. J'appris plus tard qu'ils m'avaient fait suivre pendant quelques milles par une patrouille, et que celle-ci était rentrée tranquillement en voyant que je m'éloignais.

Pourtant, le souvenir de Bothaville nous hantait, et nous avions des comptes à régler avec les Anglais. Le règlement était proche. Arrivés le 20, à la ferme de Roodekraal, nous nous y reposâmes toute la journée hors de vue, tandis que nos bons amis de Dewetsdorp devaient se dire : « Maintenant nous sommes tranquilles, les Boërs sont loin. » Ils auraient pourtant bien dû savoir que je n'étais jamais si près que lorsqu'on me croyait loin, et jamais plus disposé à l'attaque que quand je simulais la retraite. La même chose n'avait-elle pas eu lieu quand ils avaient reçu la dépêche annonçant mon passage au Sprinkhaansnek?

En effet, le 20 au soir, je revenais sur mes pas, m'approchant de Dewetsdorp et des positions que l'ennemi y avait prises. Je n'avais pas besoin de les reconnaître, car le village et ses environs m'étaient trop familiers !

Trois Ans de Guerre

Dewetsdorp! le village où j'avais passé ma jeunesse et auquel le Parlement avait donné le nom de mon père. Dewetsdorp! la terre natale. Était-il possible que je fusse contraint d'y rentrer la nuit et comme un rôdeur, alors que de loin je pouvais apercevoir, au clair de lune, ce domaine de Nieuwjaarsfontein que j'avais acheté à mon père, et qui était le mien. Il ne me plaisait pas de subir un pareil affront et d'aller revoir mes parents, mes amis et mes propriétés, en me constituant prisonnier! C'est, libre, et, puisqu'il le fallait, précédé de nos fusils et de nos canons, que j'aurais eu plaisir à rentrer chez moi. Je ne perdis point de temps pour réussir.

Dès le lever du soleil, le lendemain 21 novembre, nous occupâmes trois positions dans les environs du village. La première nous tomba d'ailleurs dans les mains sans coup férir et voici comment : J'avais envoyé le général Botha auquel j'avais donné comme guides Jan et Arnoldus du Plessis, de Boesmansbank où il se trouvait, vers le plateau qui s'élevait au sud-est du village. Ce plateau avait été admirablement fortifié de batteries qui, en cas d'attaque, devaient protéger la garnison et rayonner sur tous les environs (1). L'action promettait donc d'être rude pour Botha. Il gravit le plateau avec les plus grandes précautions et en se dissimulant. A deux pas des batteries, pas le moindre bruit! Botha s'étonne. Va-t-il entrer, au risque de se trouver aux prises avec des forces dix fois supé-

---

(1) Ces batteries nous auraient été fort utiles, une fois prises, si nous avions eu des munitions.

rieures ? Faut-il au contraire qu'il attende ? N'écoutant que son courage, il entre. Mais il n'a pas l'occasion de faire preuve de vaillance ! Il ne trouve que trois hommes de garde qui ronflent à poings fermés. Deux d'entre eux peuvent s'échapper, en abandonnant leurs vêtements, le troisième est tué.

L'affaire commençait bien. Pour mon compte, j'occupai vers le nord du village une côte d'où je pouvais ouvrir, à 1600 pas, un excellent feu d'artillerie ; quant au commandant Lategan, il se rendit à l'Ouest de Dewetsdorp, sur une colline où se trouvait la ferme de Glen Gharry. Elle avait comme propriétaire, le père de mes deux braves aides de camp. R.-W. et Jan Rechter. En nous voyant arriver, il dut être bien étonné de ce que nous nous soyons proposé l'assaut de Dewetsdorp.

Nous étions en tout 900. Mais je dus détacher de ces hommes une assez forte patrouille et l'envoyer à Roodekop à une distance de dix-huit milles vers Bloemfontein pour m'avertir à temps, si des renforts s'approchaient. Il me fallut aussi détacher des postes du côté de Thaba' Nchu, de Wepener et de Reddersburg, enfin, faire protéger par une patrouille le petit laager du Président que j'avais envoyé à la ferme de Prospect. Ces prélèvements faits, il ne me restait que 450 hommes.

L'ennemi s'était retranché, au-dessus du village et du quartier cafre suivant une ligne qui allait du Sud-Est au Sud-Ouest, en remontant vers le Nord. Il avait construit avec rapidité, mais solidement quand même, des retranchements de pierres et de roches derrière lesquels il s'abritait dans des fossés. Il était commandé par le major Massey qui avait à sa disposition de forts détachements des régiments de Glocestershire, de la « Highland Light Infantry » et des « Irish Rifles », au total cinq cents hommes.

Vers dix heures, le 21 novembre, je donnai le signal de l'attaque sur nos trois positions à la fois. Ce fut pour moi un réconfort et une joie de voir avec quel courage les Burghers se conduisirent dans cette affaire. Sans crainte des balles anglaises, ils avançaient par bonds tout près des retranchements ennemis et les accablaient individuellement de balles fort bien dirigées. Dès le soir de cette journée, nous avions approché de très près les Anglais au Sud-Est et au Nord et nous pouvions garder toute la nuit nos nouvelles positions. Nous y fîmes même porter des provisions.

Dès le lendemain, l'attaque recommença et continua jusqu'à la fin de l'après-midi. Ce furent les Burghers de Harrismith qui eurent l'honneur de forcer, les premiers, les positions anglaises. Ils étaient à cent pas des fortins improvisés par l'ennemi quand, de ma position, je vis un homme ramper jusqu'aux Anglais. Puis, debout, soudain :

« Rendez-vous, cria-t-il, ou vous êtes morts. Les Burghers sont derrière moi. »

Les Anglais se rendirent.

Le héros qui avait ainsi risqué vingt fois sa vie était le veldcornet W. Wessels qui fut plus tard promu commandant à la place de Truter, puis commandant en chef adjoint. Il s'installa dans les retranchements avec vingt-cinq hommes, et put tenir, malgré le feu très violent qui partait des retranchements voisins. Mais peu à peu, tout autour de W. Wessels, la fusillade cessa. Les Anglais avaient fui sans que j'eusse pu moi-même m'en apercevoir. Le général Philip Botha se rendit alors accompagné de ses deux fils Louis et Charles, vers le veldcornet Wessels.

A ce moment, le soleil se couchait. Au sud du village, une colonne de fumée s'élevait en tourbillonnant dans le ciel. Ce sont les Anglais qui brûlent le commissariat, disait-on autour de moi. Mais je reconnus avec émotion la fumée du moulin de M. Wessel Badenhorst.

Sur ma position au milieu de canons et de Burghers armés, que j'étais loin de ma paisible enfance!

Du côté Nord où se trouvait le commandant de Vos, les Anglais occupaient encore cependant de solides retranchements. Les attaquer avant la fin du jour était dangereux, car cette opération eût nécessité une marche de cent mètres en plaine, sous le feu de l'ennemi. Je donnai l'ordre au commandant de Vos de faire tout son possible pour surprendre l'ennemi, le lendemain avant l'aube.

C'est ce qu'il réussit à faire. Il s'approcha si furtivement des retranchements que les Anglais ne s'aperçurent de sa présence que quand il fut tout près d'eux. Ils ouvrirent alors un feu violent et deux citoyens furent tués; néanmoins l'assaut fut donné et l'ennemi dut se rendre. Il avait perdu six hommes, et nous lui fîmes trente prisonniers.

Trois Ans de Guerre

Pendant ce temps-là, Wessels, sur l'ordre que je lui en avais donné, prenait le village abandonné par les Anglais. Je n'avais pas assisté à ces deux derniers coups de mains, car j'étais parti, la veille au soir, pour conférer avec le Président, au laager de Prospect. Mais j'étais tranquille. Je savais que le plus gros était fait et que de Vos et Wessels étaient hommes à terminer rapidement la besogne. En revenant, je ne fus point déçu. Dewetsdorp était repris. Il ne restait aux Anglais que quelques retranchements situés à une centaine de pas les uns des autres.

Dewetsdorp, le pays de mon enfance ! Les parents, les amis, tous les gens qui m'avaient connu tout petit, me revoyaient déjà vieux, barbu et noir de poudre. ! Quelle émotion pour eux et pour moi ! Malgré la tristesse de la guerre, j'étais bien heureux tout de même d'avoir pu délivrer du joug de l'ennemi, la terre natale. Je me rendis en hâte chez mes chers amis, l'instituteur Otto, Jacobus Roos, et le vieux M. H. van der Schijf, qui m'offrirent le café de l'hospitalité. Je rejoignis pourtant les miens pour enlever les derniers retranchements anglais. Quelques-uns, en effet, étaient encore solides et auraient pu continuer l'action, mais, dans l'après-midi, ils se rendirent ; sur toutes les lignes ennemies flottait le drapeau blanc. Ma petite patrie était libre.

Nous fîmes quatre cent huit prisonniers de guerre, parmi lesquels le major Massey et sept officiers. On prit également cinquante Cafres. Les Anglais avaient déjà

Trois Ans de Guerre

enterré plusieurs de leurs morts et le nombre de ceux qui n'étaient pas encore inhumés, ainsi que celui des blessés, ne fut pas connu. J'évaluai leurs pertes à près de soixante-dix à cent blessés et tués. Nous nous emparâmes, en outre, de deux canons Armstrong, de plus de trois cents cartouches, de quelques chariots, de chevaux, de mules et d'une bonne provision de munitions pour Lee-Metford.

Nos pertes étaient assez élevées : sept morts et quatorze blessés, la plupart légèrement.

Quand tout fut fini, le soleil était déjà couché. Assez tard dans la soirée, nous arrivâmes dans notre laager de Prospect. J'y appris qu'une forte colonne était partie de Reddersburg pour libérer le major Massey, mais elle arrivait vraiment trop tard. Le major avec presque toute sa troupe, bien désarmés, était en notre compagnie.

Le lendemain matin de bonne heure, je fis reconnaître cette colonne pour voir ce qu'il y avait à faire. Nous occupâmes des positions à l'ouest de Dewetsdorp et quelques coups de canons furent échangés. Nous gardâmes ces positions toute la journée.

Je m'aperçus, le lendemain, que la colonne anglaise, déjà plus forte, cependant, que la mienne, attendait des renforts. Elle ne se décidait point à attaquer. Et comme mon dessein était, avant tout, de pénétrer dans la Colonie du Cap, je résolus de quitter sans bruit mes positions et de me remettre en marche. Je laissai dans la place un petit nombre de Burghers, pour donner le change à l'ennemi et l'empêcher de nous poursuivre immédiatement.

Chapitre XXIII

ECHEC DE MON PROJET D'INCURSION DANS LA COLONIE DU CAP

Pendant la moitié de la journée, les Anglais nous laissèrent nous éloigner tranquillement. Nous quittâmes donc la ferme Platkop pour arriver, pendant la nuit, à Vaalbank. J'avais emmené avec moi les prisonniers de guerre, car mon intention était de ne leur rendre la liberté que sur l'autre rive de l'Orange.

Mais le lendemain même, les ennemis étaient sur nous alors que nous ne nous y attendions pas du tout. Voici dans quelles circonstances nous fûmes surpris : A Dewetsdorp, j'avais été rejoint par le capitaine Prétorius que, deux mois auparavant, j'avais envoyé de la région de Heilbron vers celles de Fauresmith et Philippolis, pour chercher quelques centaines de chevaux. Il m'annonçait que ces chevaux étaient tout près de là, à Droogfontein, sous la garde de deux cents hommes. Je lui donnai l'ordre de me les amener.

Trois Ans de Guerre

Ce matin-là donc, nos postes avancés signalèrent, vers huit heures, un groupe de cavaliers venant de Beijersberg et se dirigeant sur Reddesburg. Je crus que c'était le capitaine Prétorius et les chevaux qu'il m'avait annoncés.

Je rassurai mes hommes en leur disant : « Ce doit être le capitaine Prétorius. » Or, le Burgher qui m'avait annoncé la nouvelle n'avait pas encore rejoint ses compagnons qu'un autre accourait en toute hâte et s'écriait :

« A cheval, à cheval, les Anglais arrivent !

— N'est-ce pas le capitaine Prétorius ? demandai-je.

— Non, ce sont les Anglais. »

C'était vrai. Aussi, sans même en attendre l'ordre, les Burghers se remirent en selle. Sur toute la ligne de nos avant-postes, les coups de feu pleuvaient déjà. Au galop ma troupe surprise s'effaçait.

Je ne fis rien pour l'arrêter, car une idée m'était venue. L'endroit où nous nous trouvions ne nous permettant pas de voir assez loin, mieux valait pour nous occuper, sur des collines situées à une demi-heure de distance, des positions plus solides. Au moins, de là je pourrais voir ce qui se passait aux environs et de quel côté l'ennemi pouvait venir nous attaquer.

Au cours de cette surprise le veldcornet de Wet avait été grièvement blessé. Ce fut la seule perte que nous eûmes à subir ce jour-là. Mais beaucoup de nos chevaux tombèrent d'épuisement.

Nous reprîmes notre chemin vers Bethulie. Près de ce village, à la ferme de Klein-Bloemfontein, le général Piet

Trois Ans de Guerre

Fourie et le capitaine Scheepers vinrent, sur mon invitation, se joindre à nous. Je rendis alors la liberté aux Cafres que j'avais faits prisonniers à Dewetsdorp. Ceux-ci soutenaient, d'ailleurs, qu'ils n'avaient pas pris part au combat et qu'ils avaient été employés par les Anglais uniquement pour conduire les chariots. Je leur donnai un passe-port pour le Basoutoland.

Nous continuâmes à avancer vers Karmel.

Comme nous approchions de la ferme de Good Hope, nos éclaireurs me signalèrent l'approche d'une colonne anglaise venant de Bethulie et se rendant du côté de Smithfield. Je la fis attaquer immédiatement des deux côtés. Mais elle était solidement établie, et il nous fut impossible de la déloger ce jour-là de ses positions.

Le lendemain, dès l'aube, le combat recommença. Vers 4 heures de l'après-midi, le général Charles Knox s'approcha avec d'importants renforts qu'il amenait de Smithfield. Il nous fallait donc encore abandonner la place. Dans cette affaire, j'eus à déplorer la perte d'un des officiers de mon état-major, Johannes Jacobus de Wet, mon propre neveu. Lui toujours si gai, toujours si brave, fut frappé à mort au moment où il couvrait notre retraite. Cet événement me causa beaucoup de chagrin. Quatre autres Burghers furent blessés dans ce combat. Quant aux pertes des Anglais, elles devaient être considérables.

Au moment où nous luttions encore, le général Hertzog était venu nous rejoindre, et il avait été convenu entre nous qu'il pénétrerait le plus rapidement possible dans la Colonie du Cap, entre les ponts construits pour la voix ferrée à Norvalspont et à Hopetown. De mon côté, je devais y entrer entre les deux ponts de Bethulie et d'Aliwal-Noord. Hertzog devait ensuite opérer dans le nord-ouest de la colonie, moi, dans le centre et l'est.

Pendant la nuit, nous marchâmes vers Karmel, sous une pluie battante qui dura jusqu'au lendemain. Nous n'en continuâmes pas moins notre route et nous traversâmes la Caledonrivier. Il pleuvait, comme disent les Boers, à tuer les grands diables et à écraser les pieds aux petits.

Le commandant Truter, qui était à l'arrière-garde, abandonna dans la boue un Krupp avec sa caisse de munitions. Encore que nous n'eussions plus d'obus Krupp, et que ce canon ne nous causât plus guère que de l'embarras, je fus fort mécontent de cet incident. Je n'aimais point à abandonner ces vieux serviteurs qui savaient tonner pour couvrir nos retraites comme pour remporter nos victoires.

Le soir de ce jour, nous arrivions à trois milles environ au nord d'Odendaalsstroom, sur la rivière Orange. Quel spectacle désolant que celui qui s'offrit à nos yeux! Les eaux du fleuve étaient montées à tel point, qu'il était impossible de le traverser ailleurs que dans un gué. Or ils étaient tous occupés par les Anglais.

La situation devenait critique. A Alivwal-Noord, il y avait une garnison. Il ne fallait donc pas songer à traverser la rivière d'Orange à cet endroit. La Caledonrivier devait être également gonflée par les pluies, et je savais que le général Knox avait laissé un détachement à Smithfield pour occuper le pont et en défendre l'accès; de même au gué de Commissie. Le gué de Jammerberg étant proche de Wepener, devait être également surveillé. Il nous restait, il est vrai, le Basoutoland; mais nous n'osions guère en franchir la frontière : quoique en bonnes relations d'amitié avec les Basoutos, il ne nous fallait rien entreprendre contre eux qui pût nous en faire des ennemis. Nous n'en avions déjà que trop hélas !

La solution qui me parut la meilleure fut la suivante : J'envoyai le commandant Kritzinger (plus tard commandant en chef adjoint dans la Colonie du Cap) et le capitaine Scheepers, dans la direction de Rouxville. Je leur donnai l'ordre de pénétrer dans la Colonie du Cap aussitôt que les eaux de la rivière Orange auraient baissé et que l'on pourrait traverser le fleuve à pied. J'étais sûr qu'ils réussiraient.

Tout doit bien finir, en effet, pour l'homme qui, n'étant pas paresseux, ne recule pas devant les difficultés de la vie, et n'est pas, dès lors, la première cause du mal qui le frappe.

Mais si Roux et Kritzinger avaient des chances d'échapper, il ne fallait pas croire que les Anglais nous laisseraient, notre gouvernement et moi, nous reposer tranquillement : ils nous aimaient trop pour ne venir point nous faire quelques bonnes visites inattendues. Attendre donc pour notre compte que les eaux du fleuve eussent baissé était dangereux, sinon impossible. Telle est l'unique raison qui m'empêcha d'entrer dans la Colonie du Cap. Mon brave ami le général Knox ne le voulait pas, et cette fois, je dois reconnaître qu'il avait tous les atouts dans sa main. Je devais pourtant lui fausser une nouvelle fois compagnie.

Je ne laissai pourtant pas que de me trouver dans une situation pénible : devant moi l'Orange débordé ; derrière, la Caledon gonflé aussi par les pluies ! Et je ne pouvais guère passer par le Basoutoland, comme je l'ai exposé plus haut. Quant à résister dans cette bande étroite de terrain que nous occupions, entre deux rivières montées, contre les forces toujours croissantes de l'ennemi, c'eût été une folie que d'y songer un instant.

Que faire alors ? Où aller ? Il semblait que je fusse définitivement pris au piège. Les Anglais m'avaient « cornered » (bloqué), comme ils se plaisaient à dire.

A ce moment je dois avouer que je ne voyais plus guère de moyen de salut. C'est, je crois, ce que pensèrent aussi mes ennemis, comme je le lus plus tard dans le *South African News*. D'après ce journal, lord Kitchener aurait donné l'ordre au général Knox de ne point faire de prisonniers. Il m'est difficile de garantir l'exactitude de cette nouvelle. Cependant une chose au moins paraît étrange dans cette affaire, c'est que M. Cartwright, le directeur du journal que je viens de citer, fut mis en prison pour avoir divulgué les projets de Lord Kitchener.

Notre situation était d'autant plus triste que les bons conseillers des Anglais, les « National Scouts » devaient les avoir engagés à occuper les ponts pour nous couper la retraite.

Sans tarder, je me rendis dans la direction du Commissiedrift, aux bords de la Caledonrivier. Comme je l'avais prévu, le pont était gardé par les Anglais. Des retranchements qu'il aurait été difficile de forcer, étaient construits des deux côtés.

Quand je fus bien convaincu de ce fait, j'envoyai immédiatement des éclaireurs remonter la Caledonrivier pour voir si les eaux étaient partout aussi hautes. Peut-être en amont, la pluie était-elle tombée en moins grande abondance et, par suite, le fleuve était-il moins gonflé.

Bientôt, en effet, mes éclaireurs revinrent m'annoncer que les eaux commençaient à baisser et que l'on pourrait les traverser dans la soirée. Quel soulagement pour nous! Mes chevaux, cependant, étaient exténués. Depuis trois jours ils ne faisaient que patauger dans des sentiers boueux et des flaques d'eau. Ils n'avaient rien à manger qu'une herbe trop jeune pour constituer une bonne nourriture et ils étaient, pour la plupart, presque complètement fourbus.

Cependant, il fallait aller de l'avant. Un seul chemin s'offrait à nous : nous devions absolument franchir la rivière pour nous donner un peu plus d'espace. Le premier gué franchissable, à condition toutefois qu'il ne fût point occupé par l'ennemi, se trouvait à dix ou douze milles plus haut, non loin de la ferme de Zevenfontein. Nous y arrivâmes, un peu avant le coucher du soleil, et le trouvâmes libre. L'eau était assez basse pour que nous pussions passer. La joie se lisait sur tous nos visages. Nous étions alors au 8 décembre 1900.

Trois Ans de Guerre

Je me retirai dans la direction de Dewetsdorp, dans l'intention de faire reposer les chevaux, et d'essayer ensuite à nouveau de pénétrer dans la Colonie du Cap, à condition, bien entendu, que Charles Knox et ses forces nombreuses ne s'y opposassent point trop fortement. Mais il ne plaisait pas du tout aux Anglais de m'y voir ; ils craignaient que ma présence et celle du président Steijn dans la Colonie du Cap, n'augmentassent encore les difficultés déjà si nombreuses qu'ils y éprouvaient. Le général Knox réunit, en conséquence, toutes les forces qu'il put trouver pour nous refouler vers le Nord.

Nouvelle déception pour moi ! Cependant, il y avait un bon revers à cette médaille, en ce sens qu'alors que l'ennemi me pousserait vers le Nord, le commandant Kritzinger et le capitaine Scheepers ne seraient nullement inquiétés par lui et pourraient traverser la rivière Orange. Il est vrai que, du côté d'Aliwal-Noord, ils furent une fois sérieusement inquiétés. Ils avaient fait halte dans les environs de Zastron pour laisser souffler leurs chevaux, quand un détachement des « Brabant's horse » vint les surprendre. Soixante des nôtres environ furent tués, blessés ou pris ; les autres s'échappèrent pour retourner à Aliwal-Noord. A partir de ce moment Scheepers et Kritzinger ne furent plus inquiétés et purent attendre le moment propice pour pénétrer dans la Colonie du Cap.

Mais, comme je le disais plus haut, les Anglais m'aimaient trop pour m'oublier. Pendant deux jours, cependant, je pus demeurer à Wilgeboomspruit, près de Wepener, sans être trop obligé de me défendre de leur approche. J'y fus rejoint par le commandant Hasebrœk et son commando. Ce moment de repos nous était d'ailleurs bien utile.

Cependant Knox était déjà à notre poursuite. Mon dessein était alors de marcher à l'Ouest vers Edenburg pour essayer, encore une fois, de pénétrer dans la Colonie du Cap. Non seulement nous avions les troupes anglaises dans le dos, quand nous arrivâmes à la ferme d'Hexrivier, mais j'appris encore par nos éclaireurs, qu'il se trouvait en même temps une forte colonne sur nos devants, à Edenburg. Une fois de plus, la situation était critique.

Le soir venu, je crus donc devoir tourner à l'Est, dans la direction de Wepener. Le lendemain matin, l'ennemi avait retrouvé nos traces, mais, comme nous avions franchi, durant cette nuit, un espace de vingt milles, nous avions assez d'avance pour pouvoir continuer notre marche, le jour suivant, avec moins de précipitation.

Dans l'après-midi du 13 décembre, nous occupâmes de fortes positions près de la ferme de Rietfontein, au nord-est de Daspoort.

L'ennemi, obligé de s'arrêter pour attendre son arrière-garde, ne pouvait attaquer nos positions avant le coucher du soleil. Seulement, de notre côté, il nous fallait compter avec la série des forts qui avaient été construits de Bloemfontein à Ladybrand en passant par Taba'Nchu et le Sprinkhaansnek. Nous étions obligés de passer entre ces forts et, pour réussir, il importait que nous n'eussions personne dans le dos. Il était donc indispensable de marcher toute la nuit et de distancer un peu le général Knox.

Je restai dans mes positions jusqu'au coucher du soleil, en affectant de me laisser voir par l'ennemi. J'avais même donné l'ordre de construire des retranchements en pierre pour faire croire aux Anglais que nous avions l'intention de leur résister le lendemain en cet endroit et, peu de temps avant la nuit, je fis même occuper toutes ces positions par les Burghers. Mais quand il fit nuit noire, je donnai l'ordre de reprendre la marche en avant.

Quelques Burghers murmuraient. « Que signifient, se demandaient-ils, ces changements continuels dans les idées du général? » Et je me disais en moi-même : « Vous vous en rendrez bien compte demain! »

Nous marchâmes tout droit vers le Sprinkhaansnek; mais nous n'allions pas vite, car plusieurs chevaux de mes hommes étaient tellement exténués que des Burghers devaient aller à pied et traîner leur bête par la bride. Le général Ph. Botha et moi, nous marchions à l'arrière-garde, appuyés par le commandant Michael Prinsloo et une partie des Burghers de Bethlehem, au nombre de trois cents qui étaient venus se joindre à nous après avoir franchi le Sprinkhaansnek. Comme les chevaux de Prinsloo étaient bien frais, je lui commandai de marcher en avant et de retourner au Sprinkhaansneek pour occuper ensuite de bonnes positions au nord de la ligne, à l'est de Thaba' Nchu.

Je lui avais donné cet ordre pour que le lendemain, au

passage de ce défilé, il fût en état d'empêcher l'ennemi de nous arrêter à Taba'Nchu ou d'envoyer du renfort aux forts du Sprinkhaansnek.

Cette mesure nous sauva. Au lever du soleil, en effet, les Anglais nous apercevant des hauteurs du Taba'Nchu envoyèrent des troupes dans notre direction. Mais le commandant Prinsloo réussit à les refouler; et, quand nous arrivâmes près du Sprinkhaansnek, nous n'avions plus à combattre que les deux forts.

Le 14 décembre au matin, avant l'aube, le commandant Prinsloo s'avança entre ces deux forts, qui aussitôt ouvrirent le feu sur lui. Mais Prinsloo ne s'arrêta pas pour cela; il donna l'ordre de continuer la route et de passer au galop. Un poste avancé de l'ennemi, qui se trouvait à mi-chemin des deux forts, crut un instant qu'en tirant sur les Burghers qui chargeaient, ceux-ci s'écarteraient du chemin. C'était mal connaître un héros comme le commandant Prinsloo. Il se contenta de répéter l'ordre qu'il avait donné de passer au galop. Le résultat fut que deux ennemis qui ne s'étaient pas sauvés à temps, furent renversés. Nos gens prétendirent même que ces deux Anglais avaient été tués sous les pieds des chevaux; mais, le lecteur conviendra que ce n'était pas le moment de s'inquiéter de leur sort; on n'était, du reste, jamais à son aise sur notre passage, quand nous chargions au galop.

Pendant ce temps, nous étions toujours à l'arrière-garde, Botha et moi. Je savais que le commandant en chef adjoint Piet Fourie, qui ne craignait rien et était d'ailleurs assisté du non moins brave veldcornet Johannes Hattingh, marchait devant nous. Il ne nous attendit même pas pour franchir le défilé. Je me dépêchai alors et me portai vivement en avant, disant aux Burghers de me suivre lentement, avec leurs chevaux fatigués. Je pouvais les laisser alors un peu en arrière, car j'étais sûr que Knox était encore loin. Au premier assaut, nous avions rejoint le général Fourie, juste au moment où il passait entre les deux forts. Dès que nous eûmes gagné la colline la plus proche, je fis faire halte à toute ma troupe et donnai l'ordre à quelques-uns de mes hommes de garder les chevaux hors de l'atteinte des ennemis.

Je fis monter le reste de la troupe sur la crête, et, de là, nous ouvrîmes le feu sur les deux forts, à droite et à gauche, à une distance de huit à neuf cents pas. Notre feu fut d'une violence extrême et il empêcha les Anglais des forts de s'opposer au passage de notre convoi.

Pour que le lecteur ait une idée de ce qu'est ce passage par le Sprinkhaansnek, qu'il se rappelle que nous devions passer entre deux blockhaus bien retranchés, à mille ou douze cents pas l'un de l'autre, et que notre marche était complètement découverte. La zone dangereuse à parcourir était d'au moins 3000 pas? Il faut reconnaître que dans cette occasion la toute-puissance de Dieu nous protégea.

Je n'obtins pas de renseignements précis sur les pertes des Anglais.

Nous parvînmes encore à faire passer quelques chariots et quelques voitures, ainsi qu'un des deux canons que avaient été pris à Dewetsdorp. L'autre canon dut être abandonné par le sergent d'artillerie avant qu'il eût atteint la ligne de feu. Celui-ci renvoya artilleurs et chevaux avec la pièce au commandant Hasebroek, qui réussit plus tard, quoique poursuivi par les Anglais, à passer par l'Ijzernek, à l'ouest de Thaba'Nchu.

Mais mon ambulance, avec les docteurs Fourie et Poutsma, fut arrêtée par les Anglais parce que le docteur Fourie s'était tenu, à l'écart du combat, pour passer plus tard. Le général Knox le rendit le lendemain à la liberté et le chargea même d'un message pour moi, dans lequel il m'annonçait que le commandant Hasebroek avait subi une sanglante défaite près de Thabe'Nchu. Je n'en cru rien puisque je savais déjà, à ce moment, que le commandant avait pu passer sans subir aucune perte et qu'au contraire il avait tué quelques hommes au colonel White, qui avait voulu lui barrer le passage.

Nous résolûmes ensuite de nous retirer un peu plus loin pour donner aux chevaux quelques jours de repos. Mais je n'avais pas perdu de vue mon projet de pénétration dans la Colonie du Cap, et je comptais bien le mettre à exécution dès que l'occasion se présenterait. Toutefois, mes commandos, je le compris, ne pouvaient guère avoir de repos tant que le président Steijn et moi nous serions à leur tête, car nous servions comme de point de mire aux Anglais. Je résolus donc de m'éloigner un peu de mes hommes et d'emmener avec moi le Président, dès notre arrivée au nord de Winburg.

Trois Ans de Guerre

J'avais d'ailleurs un autre dessein, dont je parlerai plus tard, et qui devait compliquer encore les affaires des Anglais.

Nous atteignîmes ensuite une ferme, au sud de Senekal; mais là, les troupes du général Knox ayant retrouvé nos traces, se remirent à nous poursuivre. Dans la région, des escarmouches eurent lieu. Dans l'une d'elles fut tué le fils du commandant Truter de Harrismith. De là, nous partîmes, dans l'après-midi du jour de Noël 1900, pour nous rendre vers Tafelkop, à neuf milles à l'est de Senekal.

Chapitre XXIV

GUERRE CONTRE LES FEMMES

Je décidai, le 26 décembre, que notre commando se diviserait en deux : la première moitié aurait pour chef le commandant en chef adjoint Ph. Botha; l'autre partie serait sous les ordres de Piet Fourie.

Je laissai le président Steijn sous la garde d'une escorte commandée par le commandant Davel. Celui-ci suivit les membres du gouvernement à Reitz.

Pour moi, je me résolus à me rendre auprès du commandant C.-C. Froneman, qui se trouvait à Heilbron avec le commandant L. Steenekamp de ce district. Je voulais partir de cet endroit avec une forte escorte et aller déterrer les munitions que j'avais prises aux Anglais le 7 juin dernier. Nous n'avions presque plus rien pour nos fusils Mauser et Lee-Metford. Il ne nous restait guère d'assez fortes provisions que pour les fusils Martini-Henri et Giddy.

Je partis donc, le 27 décembre, et arrivai deux jours après à Heilbron, au commando du général Froneman. Je pensais

Trois Ans de Guerre

y rester jusqu'au 31 décembre, pour avoir le temps de réunir les chariots et les bœufs nécessaires au transport des munitions. Mais il n'était plus commode à cette époque-là de se procurer des chariots, les Anglais les ayant enlevés dans les fermes et les ayant brûlés en grand nombre.

Les fermes, qui jadis possédaient au moins un chariot, un couple de bœufs et même souvent davantage, avaient été complètement mises à sac. Quand, par hasard, il restait un chariot dans une ferme, on le gardait précieusement tout prêt, pour servir à la fuite de la famille à l'approche de l'ennemi, tant on avait horreur des camps de concentration déjà inaugurés par les Anglais et installés dans les villages où ils tenaient de fortes garnisons.

Des proclamations avaient été lancées par Lord Roberts, décidant que toute habitation située dans un rayon de dix milles de l'endroit où des Boërs auraient détruit la voie ferrée serait brûlée. Cet ordre fut partout exécuté, et l'on vit brûler des habitations distantes, souvent, de plus de dix milles du chemin de fer. Quand on ne les brûlait pas, on les faisait sauter à la dynamite, et alors tout y passait : les meubles, les provisions de blé étaient anéantis, les bêtes de somme, chevaux, bœufs, mulets, les troupeaux même étaient emmenés. Parfois, pour aller plus vite en besogne, on tuait les chevaux à coup de fusil ; les moutons par milliers tombaient sous les coups des Cafres et des National Scouts, ou étaient embrochés par les baïonnettes des soldats. La dévastation s'étendait de jour en jour.

Trois Ans de Guerre

Et la femme boër ? Perdit-elle son courage à la vue d'un pareil spectacle ? Nullement, car aussitôt que commença la chasse aux femmes, ou plutôt la guerre contre elles et les biens de leurs maris, elles n'hésitèrent pas à fuir pour ne pas s'exposer à tomber aux mains des Anglais. Afin de conserver quelques subsistances pour elles-mêmes et leurs enfants, elles chargeaient du blé et quelques objets indispensables sur leurs voitures. Puis quand, en pleine nuit, une colonne ennemie s'avançait, la jeune fille, sous la pluie et le vent, prenait les bœufs par le licol, tandis que la mère les excitait du fouet. Et l'on vit ce spectacle attendrissant de jeunes filles gentilles et très bien élevées, obligées de monter à cheval pour chasser les bestiaux, échapper autant que possible à l'ennemi, et ne pas être emmenées dans les camps de concentration que les Anglais appelaient lieux de refuge !

Quelle hypocrisie ! Aurait-on jamais songé, avant cette guerre, que le xxe siècle nous donnerait le spectacle d'une telle cruauté ! Je sais bien qu'il en est de nécessaires et qu'il sera bien difficile de faire disparaître, entre les peuples, toute cause de conflit ; mais j'aurais donné ma tête, plutôt que de croire que dans une guerre conduite par la nation civilisée que croit être l'Angleterre, de pareils forfaits seraient accomplis contre des femmes et des enfants inoffensifs. Ce fut pourtant ce qui arriva.

Nos laagers composés de femmes, d'enfants et de vieillards, s'enfuyaient au hasard, traqués par les Anglais qui les assaillaient de coups de canon et de fusil pour arrêter

Trois Ans de Guerre

leur marche ! Je pourrais, à ce sujet, produire des centaines de témoignages, tous très concluants. Mais je ne veux pas m'attarder trop longtemps sur cette question, laissant aux auteurs de ces violences, aussi injustes qu'inutiles, la lourde responsabilité qui leur incombe devant l'histoire. Je ne fais que citer quelques traits en passant. Il existe assez d'hommes de bonne foi, aussi bien en Angleterre que dans le Sud-Africain, pour signaler ces abominations et les faire connaître au monde entier.

Je me suis permis cette digression parce que j'avais besoin de soulager mon cœur. C'est fait. Je poursuis maintenant mon récit.

Dans la soirée du 1er janvier 1901, j'avais finalement réuni le nombre de chariots que je jugeais nécessaire. Je pus traverser la ligne à Roodewal, pendant le sommeil des Anglais. Nous longeâmes ensuite la voie ferrée, sans que ceux-ci s'en aperçussent. Nous parcourûmes ainsi environ huit milles avant la fin de la nuit.

Le lendemain soir, nous arrivions à l'endroit où étaient cachées nos munitions. Elles y avaient été en sûreté malgré le voisinage du camp ennemi du pont de la Rhenoster-rivier. Il s'agissait maintenant de n'en point perdre, car tout indiquait que la guerre serait de longue durée. Nous ne songions pas, nous, à abandonner la lutte, et l'orgueil des Anglais ne le leur conseillait pas davantage !

Les munitions furent chargées sur les chariots, et le général Froneman leur fit traverser la voie. J'allai, de mon côté, à quinze milles de là, vers le commando de Vredefort, afin de prendre avec lui quelques dispositions. Je traversai, dans la soirée du 4, avec dix hommes de mon état-major, la voie ferrée, près de la gare de Vredefortweg.

Deux jours après, j'avais rejoint le commando de Froneman et constaté que les munitions étaient arrivées à bon port. J'appris alors que le général Knox avait divisé ses forces en trois groupes. Le premier était en train de livrer un combat au général Fourie et au commandant Prinsloo, près de Bethlehem où, d'ailleurs, nos Burghers leur opposaient la plus vive résistance. Malheureusement deux des nôtres y restèrent, notamment le brave veldcornet Ignatius du Preez. Cet officier était la bonté même, et ses hommes l'adoraient.

Le second groupe anglais marchait sur Heilbron. Le troisième poursuivait Philipp Botha, dans la vallée de Liebenberg. Cette colonne voulait peut-être s'amuser aux dépens du général boër, mais comme celui-ci n'entendait pas se prêter à tant de familiarité, il avait dû montrer, le 3 janvier, en plusieurs rencontres, à ses adversaires, combien leur vue lui était désagréable. Notamment, il attaqua, avec soixante Burghers, une troupe de cent cinquante « Body-guards » : cent dix-sept d'entre eux furent faits prisonniers, le reste fut tué ou blessé.

Ce fut à la suite de cet engagement heureux que la panique s'empara des soldats de Knox. La colonne qui s'était mise en route vers Heilbron, par le chemin de Lindley, retourna immédiatement en arrière vers Kroonstad, mais elle se heurta plusieurs fois au général Botha qui lui fit subir d'assez grosses pertes. Quant au groupe qui avait affaire au général Fourie et à Prinsloo, il s'enfuit vers Senekal.

Quand j'arrivai, à mon tour, le 8 janvier, dans le laager de Botha, à six milles à l'est de Lindley, le général Knox était rentré dans Kroonstad. Nous pouvions nous reposer quelque temps.

Ce jour-là, je reçus les rapports du commandant Kritzinger et du capitaine Scheepers de la Colonie du Cap. Ils m'annonçaient qu'ils avaient traversé à gué la rivière d'Orange. Un gué voisin, un peu plus au Sud, était gardé par huit Anglais. Ces soldats, enfermés dans une maison, ignoraient la présence des nôtres dans ces parages et furent bien étonnés quand ils virent des Boërs ouvrir la porte et leur crier : « *Hands up!* »

Les deux chefs m'assuraient de toute la sympathie des Burghers de la Colonie du Cap. Je m'y attendais du reste. Ces derniers n'ignoraient rien des dangers qu'ils couraient en se joignant à nous, et savaient fort bien qu'ils allaient être traités en rebelles. Ils n'hésitaient pas, cependant, à embrasser notre cause. Vers le même moment, le juge Hertzog m'envoya des nouvelles analogues des régions situées au nord-ouest de la colonie.

Ces indications m'encouragèrent à laisser une partie des Burghers dans les régions où ils opéraient, et à rassembler les autres pour faire une nouvelle tentative de pénétration dans le Cap.

Dans ce but, je réunis sous mes ordres les généraux Piet

Trois Ans de Guerre

Fourie, Ph. Botha et Froneman, les commandants Prinsloo de Bethlehem, Steijn de Fiksburg, Hasebroek de Winburg, de Vos d_ Kroonstad, van der Merwe de Parijs, Ross de Frankfort, Wessels de Harrismith (nommé à la place du commandant Truter qui avait donné sa démission), Kolbe, de Bloemfontein, et Jean Théron, toujours accompagné de ces éclaireurs que notre regretté Danie Théron avait rendus célèbres. Notre concentration se fit à Doornberg, dans la région de Winburg.

Du 8 au 25 janvier, tout fut tranquille dans le nord et le nord-ouest de l'Etat libre d'Orange.

Chapitre XXV

NOUVELLE TENTATIVE D'INCURSION DANS LA COLONIE DU CAP

Je voulais donc tenter, pour la seconde fois, de pénétrer dans la Colonie du Cap. Mais je craignais fort que mon projet ne fût connu des Anglais, par suite de l'obligation où j'avais été d'en informer tant de monde. Il fallait, en outre, que chaque Burgher allât se munir chez lui d'un autre cheval. Les hommes commençaient à se douter de ce qui se préparait, et plus d'un murmurait : « Nous allons donc encore une fois descendre vers le Cap ! »

Néanmoins, tous étaient bien disposés, à l'exception de ceux à la tête desquels se trouvaient des officiers revêches et têtus. Le 25 janvier, tout le monde était présent, sauf le général Philip Botha et le commandant Hermann Botha avec ses Burghers de Vrede qui n'avaient pu encore rejoindre.

Le président Steijn et les membres du gouvernement

décidèrent également de me suivre. J'avais en tout deux mille hommes. A Doornberg, un conseil de guerre fut convoqué par le gouvernement. Le Président y rappela que son mandat serait bientôt terminé. Il démontra qu'une élection légale ne pourrait pas avoir lieu parce qu'il était impossible au Volksraad de se réunir. Le conseil de guerre décida alors de proposer un candidat aux Burghers, les laissant libres, toutefois, de choisir tel candidat qu'il leur plairait. Celui qui réunirait le plus grand nombre de suffrages serait considéré comme élu Président provisoire, prêterait serment en cette qualité et conserverait ses fonctions jusqu'au moment où la situation permettrait de procéder à une élection régulière. Lors du scrutin, toutes les voies désignèrent le président actuel, M. Steijn. Cette élection devait, d'ailleurs, être confirmée plus tard, quand les choses se passèrent légalement. Il n'y eut qu'une voix dissonante, attribuée à Cecil Rhodes; mais l'idée n'eut guère d'admirateurs et moins encore d'imitateurs. Le président Steijn fut donc proclamé élu et prêta serment.

Le Conseil exécutif de l'État libre se composait à ce moment de la façon suivante : M. Steijn, président, J. Brain et W.-J.-C. Brebner, secrétaires d'État, A.-P. Cronjé, Jean Meyer et moi, membres. M. Rocco de Villiers était secrétaire du conseil de guerre; M. Gordon Fraser occupait les fonctions de secrétaire particulier du Président. On ne nomma pas de procureur-général. M. Jacob de Villiers, qui occupait cette place, avait été fait prisonnier à Bothaville. A sa place, M. Hendrik

Trois Ans de Guerre

Potgieter, juge de paix à Kroonstad, fut chargé des fonctions du ministère public auprès du conseil de guerre.

Si un Volksraad légal ne pouvait plus se réunir désormais, il fallait l'attribuer à deux causes bien tristes. D'abord, plusieurs des membres de cette haute assemblée s'étaient rendus; d'autres avaient cru qu'ils avaient assez servi la patrie en votant la guerre, et ils ne firent rien pour la continuer.

Je serai le dernier, sans doute, à prétendre que ceux-ci avaient tort, car tout le monde sait maintenant que le résultat devait être le même et que l'Angleterre était décidée à s'emparer de nos malheureux pays, dussent même y tomber par milliers non seulement des Burghers, des femmes et des enfants inoffensifs, mais encore de pauvres soldats d'outre mer que n'oublie point notre pitié et qui trouvèrent, à défendre cette cause injuste, une mort aussi cruelle qu'inutile.

Mais ce que je reproche à certains membres du Volksraad, c'est qu'après s'être levés pour dire : « Je donnerai jusqu'à ma dernière goutte de sang pour mon pays », ils s'arrangèrent pour n'en pas verser la première. Ils restèrent tout simplement chez eux jusqu'à ce que les Anglais vinssent les prendre. Ceux qui étaient demeurés fidèles n'étaient guère plus de dix, ce qui rendait toute séance impossible. Je crois pouvoir rappeler les noms de ces dix fidèles, qui, aussi bien sur les champs de bataille que dans les conseils du gouvernement, ne désespérèrent pas de la patrie. Ce furent : C.-H. Wessels, de Boshof (président); Wessel Wessels, de Vrede; J.-B. Wessel, de Winburg; A.-P. Cronjé, de Winburg; J. Steijl, de Bloemfontein; Jean Meyer, de Harrismith; J. Van Niekerk, de Fauresmith; Daniel Steijn, de Heilbron; Hendrick Ecksteen, de Vrede; et Hendrick Serfontein, de Kroonstad.

Nous partîmes de Doornberg, le 26 janvier, pour arriver à la ferme du commandant Paul Hasebroek, à huit milles au nord de Winburg. Il y avait en ce moment-là d'importantes forces anglaises dans toute la contrée: les uns à sept ou huit milles à l'est de Winburg; d'autres à onze ou douze milles plus loin vers l'Est; enfin une troisième colonne marchait sur nous qui venait du Nord-Ouest. Dès lors, il était facile de se rendre compte que l'ennemi connaissait nos projets. D'ailleurs, comme je l'ai dit plus haut, ce douloureux inconvénient était inévitable. Par la nature de notre armée il était impossible que la moindre mesure stratégique ne fût point divulguée.

C'était bien la dernière fois que je communiquais mes projets. Mais comme le mal était fait et que l'ennemi nous harcelait, il fallait aviser sans retard. Ne voulant pas prendre contact avec les Anglais, ce qui eût retardé notre marche, je résolus de les éviter par ruse. Le 27 janvier, j'envoyai donc des éclaireurs à l'est de Winburg, pour reconnaître les lieux; je leur recommandai de se mettre bien en vue de l'ennemi, pour le persuader que mon intention était de passer par là.

Trois Ans de Guerre

Secrètement, je fis faire la même chose vers l'Ouest. Il en résulta que le soir, nous pûmes traverser le chemin de fer sans rencontrer la moindre résistance et arriver tous, le lendemain matin, à la Vetrivier. Malheureusement, nous ne pouvions pas avancer rapidement afin de ne pas trop fatiguer nos montures (1) ce qui fit que les Anglais ne nous perdirent que momentanément de vue. Le lendemain du jour où nous avions traversé le Thabaksberg, on m'annonça en effet que les Anglais s'avançaient sur deux colonnes. Je fis remettre tout le monde en selle, et nous allâmes occuper de solides positions à l'est de cette colline.

L'aile droite des Anglais se trouvait à l'Est. Nos positions, à nous, étaient très fortes. Toutefois nous ne pouvions pas attaquer nos ennemis sur leur aile droite. Je fis donc attaquer l'aile gauche, à six milles vers le Sud-Est. Et là nous pûmes nous emparer d'un Maxim-Nordenfelt en parfait état. Ce premier engagement nous coûta cependant un mort et trois blessés. L'ennemi enleva quelques-uns de ses morts et de ses blessés ; mais il laissa pourtant sur le terrain ceux qui étaient tombés à la défense du canon.

Nous ne pûmes chasser les Anglais : le combat dura toute la journée, sans tourner à l'avantage des uns ou des autres. Nos adversaires, il est vrai, ne réussirent pas non

---

(1) A propos des chevaux, une autre difficulté nous attendait. Malgré d'abondantes pluies, tombées en novembre et en janvier dans le sud et l'ouest de l'Etat libre, nous fûmes, à notre grand regret, obligés de constater que l'herbe avait été complètement rongée par des sauterelles. Nos chevaux n'avaient rien à manger, et le gros problème de posséder des montures vigoureuses nous inquiéta de nouveau.

plus à nous faire reculer. Nos pertes s'élevèrent dans cette journée à deux Burghers tués et deux blessés.

Mais nous ne pouvions songer à demeurer en cet endroit et à continuer le combat le lendemain : les Anglais auraient eu tout le temps nécessaire pour se retrancher, recevoir des renforts, et alors notre projet de pénétration dans la Colonie du Cap aurait été de nouveau sérieusement compromis. Quelle ligne de conduite devions-nous tenir ? L'ennemi était auprès de nous, et il nous fallait aller de l'avant. Devant nous s'étendait la ligne des fortifications de Bloemfontein à Ladybrand ; on l'avait encore renforcée depuis que nous avions réussi à passer par le Sprinkhaansnek. Repasser par ce dernier endroit n'était donc plus possible. Je résolus en conséquence de m'avancer par Thaba'Nchu.

Pour tromper la vigilance des Anglais, j'envoyai, le lendemain matin, une forte patrouille dans la direction du Sprinkhaansnek. Je pus ainsi avancer sans être vu — grand avantage — et arriver jusqu'à sept ou huit milles des forts. A cet endroit nous dûmes faire halte. Car si les Anglais nous avaient vus à ce moment, ils auraient pu réunir toutes leurs forces de Thaba'Nchu, de Sannaspost, de Bloemfontein, des forts environnants et s'opposer à notre passage.

Je savais, d'ailleurs, que j'aurais affaire, le cas échéant, au général Knox, une vieille connaissance, qui avait déjà été chargé, une première fois, de m'empêcher d'entrer dans la Colonie du Cap. Ami bien encombrant, en vérité, comme

Trois Ans de Guerre

pourraient en témoigner tous ceux qui eurent affaire à lui. Et, s'il n'aimait pas à marcher la nuit, il se rattrapait dans la journée et faisait preuve de bravoure sur le champ de bataille.

Comme je l'ai dit, nous avions fait halte, nous croyant en pleine sécurité, quand mes éclaireurs vinrent m'avertir que les troupes du général Knox s'approchaient de nous. Je donnai immédiatement l'ordre de monter à cheval et de remettre en marche notre modeste laager composé de dix chariots chargés de munitions et de farine. En même temps je fis rester une partie du commando sous les ordres du général Fourie, avec l'ordre d'arrêter, le plus longtemps possible, la marche de l'ennemi, et je pris le commandement du reste de ma troupe pour lui frayer un chemin à travers les forts anglais. Heureusement pour nous, la patrouille que j'avais envoyée le matin dans la direction du Sprinkhaansnek, avait fait croire au général Knox que mon commando s'était rendu de ce côté. Il suivit donc tout d'abord cette direction jusqu'au moment où il comprit que je l'avais trompé. Il voulut alors tourner vers l'Ouest. Mais il avait compté sans le général Fourie qui lui opposa une vive résistance. Deux Burghers furent grièvement blessés dans cette rencontre.

Sur ces entrefaites, je m'étais approché des forts situés entre Thaba'Nchu et Sannaspost, quand je vis arriver, du côté de Bloemfontein, des renforts de cavalerie ennemie. Il fallait prendre une détermination rapide, car la cavalerie ennemie, par des manœuvres habiles, se resserrait sur nous comme les mailles d'un filet. Après la ruse, la violence! Je n'hésitai pas.

Je fis bombarder le fort qui me barrait le chemin, par le canon que j'avais pris à Dewetsdorp et par le Maxim-Nordenfelt. Nous en étions cependant à 4.000 mètres. Mais les canons anglais étaient excellents et nous savions nous en servir, celui de Dewetsdorp n'étant pas le premier que nous prenions. Le résultat ne se fit pas attendre : au premier coup de feu les Anglais abandonnèrent le fort pour se retirer vers un second fort situé plus à l'Est. Ce dernier, d'ailleurs, fut ensuite abandonné à son tour par ses défenseurs. Quant au fort de l'Ouest, il fut occupé aussitôt par le commandant Steenekamp et ses Burghers de Heilbron. Ils firent prisonniers les quelques Anglais qui ne s'étaient pas enfuis. Un seul des nôtres fut légèrement blessé; c'était Pieter Steenekamp, le fils du commandant. Le père et le fils, ce jour-là, méritèrent bien de la patrie!

La route nous était ouverte. Aussi reprîmes-nous notre marche dans la direction de Dewetsdorp, deux heures après le coucher du soleil, et quand le général Fourie nous eut rejoints. Nous arrivâmes à Dewetsdorp le 30 du mois. Les Anglais devaient penser que je n'aimais point à les voir dans mon petit pays, car ils ne s'étaient pas encore avisés d'y revenir, depuis que je les en avais chassés.

Pourtant le général Knox, de son côté, n'avait pas perdu son temps. Il s'était rendu à Bloemfontein d'où il envoya, par chemin de fer, ses troupes vers la rivière d'Orange, à l'endroit où elle est traversée par le pont de Bethulie.

Sans doute, Knox avait compris que cette fois nous étions bien déterminés à pénétrer dans la Colonie du Cap. Il concentra donc toutes les troupes dont il put disposer pour s'opposer à notre passage. Je sus bientôt qu'il y en avait un peu partout : près du pont de Bethulie, à Springfontein et à Norvalspont. Les Anglais occupaient ainsi les ponts et défendaient en même temps les principaux gués. Je pressentais qu'il serait difficile de les éviter et que mon ami Knox voulait me contraindre à un rendez-vous. J'estimais pourtant que s'il tenait à me rencontrer il devrait y mettre quelque patience. Je pris même les meilleures dispositions pour ne pas le voir.

J'envoyai dans ce but le général Froneman, qui était alors aux sources de la Kafferrivier, à l'ouest de Dewetsdorp, vers la gare de Jagersfontein, et le général Fourie vers Odendaalsstroom, près de la rivière d'Orange ; il devait s'arrêter près de la ferme de Kleinkinderfontein, à l'ouest de Smithfield. Je dirigeai ensuite des éclaireurs vers Odendaalsdrift. Chaque jour, mes hommes voyaient circuler des forces anglaises. Ils apprirent même que l'ennemi s'attendait à nous voir passer la rivière d'Orange dans ces parages, pour pénétrer ensuite dans la Colonie du Cap. Pour passer, après la violence, il nous fallait employer la ruse. Je dépêchai donc, le lendemain, une patrouille au même endroit, avec l'ordre d'y évoluer de long en large. En même temps, je faisais habilement répandre le bruit que j'estimais trop dangereux de

Trois Ans de Guerre

franchir le fleuve en aval de son confluent avec le Caledon, que la rivière me semblait trop grosse en ce lieu, et que la moindre pluie me rendrait le passage impraticable. Je faisais raconter, en outre, que j'avais, dans cette intention, rappelé à moi le général Froneman, et que mon but était de m'emparer de vive force d'Odendaalsstroom ou d'attaquer le pont d'Aliwal-Noord. Cette fable, j'en étais convaincu, parviendrait de suite aux oreilles du général Knox, car ses amis étaient nombreux dans ces contrées.

En réalité, l'ordre que j'avais fait parvenir à Froneman était de se rendre dans la direction du Zanddrift, à distance égale des ponts du chemin de fer de Norvalspont et de Hopetown. Chemin faisant, près de la gare de Jagersfontein, cet officier réussit à surprendre un train, après avoir fait sauter les rails en avant et en arrière du convoi. Il prit même, dans ce train, nombre d'objets de première utilité : selles, couvertures, munitions, ce qui le combla d'aise. Je dois répéter, à ce sujet, que si nous avions pris le parti de vivre sur l'ennemi, c'est que lui-même nous y avait contraints en empêchant l'importation.

Quand les Burghers furent pourvus, ils mirent le feu au train et s'éloignèrent. Pour moi, je m'immobilisai toute une journée encore, afin d'être sûr que les Anglais tenaient maintenant mon prétendu secret. Je n'eus qu'à me féliciter de mon idée, car bientôt nos ennemis se dirigèrent vers l'endroit que j'avais désigné comme étant celui où je franchirais le fleuve.

De mon côté, je partis le soir même (5 février 1901) avec

une partie de mon armée, des canons, des chariots, et j'arrivai non loin des gares de Springfontein et de Jagersfontein. Mon armée se cacha le lendemain, tandis que le général Fourie exécutait l'ordre que je lui avais donné, de rester durant deux jours encore à l'endroit d'où nous venions et de se montrer avec ses cavaliers dans les environs d'Odendaalsstroom.

Le soir suivant, je traversai sans encombre la voie ferrée. Ce fut alors qu'un accident regrettable me priva du brave lieutenant Banie Euslin, un de mes éclaireurs les plus intelligents, qui tomba, grièvement blessé, entre les mains des Anglais. Cet officier nous avait devancé avec l'un de ses camarades des « éclaireurs Théron » pour trouver un endroit propice où nous pussions traverser la ligne. La nuit étant très noire, il s'égara. Nous passâmes sans être inquiétés, mais son camarade et lui tombèrent à quelques milles de là vers le Nord sur un poste anglais qui les reçut à coup de fusil. Le pauvre jeune homme était si grièvement blessé qu'on ne put le transporter. Ce fut son camarade qui, en nous rejoignant le lendemain, nous rapporta la triste nouvelle.

Nous accentuâmes alors notre allure autant que faire se pouvait. Mais les routes étant détrempées par la pluie, les bœufs avaient beaucoup de peine à traîner les chariots et les mules à tirer les canons.

Au Lubbesdrift, à six milles au nord de Philippolis, le général Froneman nous rejoignit, le 8 février. Nous continuâmes encore notre route dans la même direction, et le

Trois Ans de Guerre

10 février, nous entrions enfin dans la Colonie du Cap.

Mon vieil ami Knox, avec tous ses canons, ses cavaliers et ses fortins, n'avait pu me retenir avec lui, et, après plus d'un mois de marche, j'étais arrivé à mon but.

A peine avais-je traversé le fleuve, qu'on vint m'informer que non loin de là se trouvaient une vingtaine d'Anglais, commis à la garde d'un gué, et qui s'étaient retranchés au sommet de la colline située en face. J'y expédiai aussitôt un veldcornet avec vingt-cinq hommes, parmi lesquels un des membres de mon état-major, Willem Prétorius (1). Le veldcornet ne voulut pas s'approcher trop près de l'ennemi. Alors Prétorius et quatre Burghers résolurent de gravir la colline. Chacun d'eux prit un chemin différent en tirant des coups de fusil sur les retranchements de l'ennemi. Celui-ci répondit d'abord par un feu bien nourri; mais quand mes hommes furent à l'abri au pied des murs, les Anglais hissèrent aussitôt le drapeau blanc en criant : « Nous nous rendons! » Bref, Willem Prétorius et ses quatre hommes firent vingt prisonniers de guerre, prirent vingt chevaux, des selles, des

(1) Il faut que je donne quelques détails sur la personne de Willem Prétorius — ce cher Willem! Il n'avait que 21 ans quand je le nommai veldcornet. C'était un homme d'une bravoure et d'un courage à toute épreuve. Il remplissait encore ses fonctions de veldcornet quand, vingt jours avant la paix, se battant sous les ordres du commandant Meyer, il fut frappé par une balle tirée d'au moins 1.700 pas. C'est dans la Colonie du Cap qu'il tomba, ce courageux Willem! Pendant toute la durée de la guerre, il avait cependant eu de la chance : il eut six chevaux tués sous lui et plusieurs autres blessés; il ne reçut lui-même jamais d'égratignure. Mais il était dit que lui aussi, comme tant d'autres, devait mourir martyr en défendant la juste cause de sa patrie! Cher Willem! Tes camarades et toi, qui êtes tombés dans la lutte, nous ne vous oublierons jamais!

harnais et des cartouchières. Ils s'emparèrent aussi de deux caisses contenant 3.000 cartouches. Ce fut alors que le veldcornet arriva. Et ce chef, qui aurait dû marcher à la tête de ses hommes, ne servit qu'à convoyer leur butin. Peu de temps après, d'ailleurs, ce veldcornet fut « stellenboshed » (1), et je nommai à sa place Willem Prétorius.

Après avoir quitté la rive méridionale du fleuve, nous marchâmes toute l'après-midi pour atteindre à la ferme de M. Bezuidenhout, où l'on passa la journée du lendemain à attendre le général Fourie qui devait nous rejoindre en cet endroit. Il arriva ce même jour, et, tout de suite, on reprit la marche en avant.

Le général Fourie était, en effet, poursuivi par une forte colonne anglaise. De plus, deux autres colonnes avaient quitté Colesberg, se rendant à Hamelfontein qui n'était éloigné de nous que de douze à treize milles. J'allai immédiatement à la rencontre de l'ennemi. Mais bientôt une de ses colonnes tourna vers l'Ouest, tandis que l'autre restait seule en notre présence. Pendant ce temps, les troupes qui avaient poursuivi le général Fourie avaient traversé la rivière par le Zanddrift.

Un instant, j'avais eu l'idée, en pénétrant dans le Cap, de diviser mes forces en trois corps. Mais j'avais dû ajourner mon projet jusqu'après l'arrivée du général Fourie. Puis,

(1) Expression anglaise : s'employait à propos d'un officier qui avait donné des preuves d'incapacité, et était renvoyé alors dans une garnison sans importance surnommée « Stellenbosch ».

quand celui-ci m'eut rejoint, les Anglais, dont les forces semblaient vouloir se concentrer près de nous, devinrent si nombreux que je dus abandonner mon premier dessein.

Le lieutenant Malan, cependant, qui, peu après, fut nommé commandant, puis général, s'était déjà avancé assez loin dans la Colonie du Cap.

J'envoyai, dans l'après-midi, le petit laager des chariots par le chemin passant entre Philipstown et Petrusville. Après quelques escarmouches, nous nous trouvâmes, au coucher du soleil, au milieu des lignes anglaises. Nous réussîmes à les couper de telle sorte que notre laager put passer sans être inquiété.

Par une marche de nuit, nous arrivâmes à la Hondeblafrivier. Ce fut là qu'une fois encore, au soleil levant, nous dûmes constater que nous n'avions aucune nourriture à donner à nos chevaux. Nos infortunées montures n'avaient trouvé, depuis Winburg, qu'une herbe rare à se mettre sous la dent. Il est vrai qu'il pleuvait presque continuellement, mais hélas ! l'herbe n'en était pas meilleure. Aussi, dès ce moment, un certain nombre de nos Burghers furent forcés d'aller à pied, car les chevaux manquaient complètement dans toute la contrée (1).

Notre troupe était diminuée d'environ 600 hommes. Le commandant Prinsloo était resté en arrière avec 300 Burghers ; le commandant adjoint Van Tonder, avec 100 ; et le commandant de Vos d'Orangerivier avec 200.

(1) Nous pûmes retrouver plus tard des montures, dans les régions de Hopetown et de Prieska ; mais en nombre encore insuffisant.

Trois Ans de Guerre

Le plus urgent était de détruire la ligne du chemin de fer vers Hopetown ; car si les Anglais réussissaient à transporter des troupes par cette voie, ils pouvaient sérieusement inquiéter nos opérations. C'est avec cet objectif que nous quittâmes, en toute précipitation, les bords de la Hondeblafrivier. Les Anglais ne tardèrent pas à se mettre à notre poursuite. Un engagement d'arrière-garde devenait inévitable. Je chargeai les généraux Fourie et Froneman de couvrir notre marche. Ils firent à l'ennemi un assez grand nombre de prisonniers et lui infligèrent des pertes importantes.

Le gros de la troupe continuait sa marche lorsque soudain, arriva à bride abattue un « espion de paix » (1). Il nous informa que les soldats Anglais occupaient une ferme située à peu de distance en avant. Non loin de cette ferme, il avait entendu crier : « Hands up ! » Un de ses camarades qui l'accompagnait avait été fait prisonnier. Quant à lui, il avait pu tourner bride et s'enfuir sous une grêle de balles. Il avait enfin réussi à se dissimuler derrière un monticule qui se trouvait entre nous et la ferme.

Je cachai mes Burghers derrière ce pli de terrain. Puis, j'envoyai en avant quelques éclaireurs, pour reconnaître quelle était l'importance de la troupe anglaise occupant la ferme. Ils me rapportèrent que cette troupe avait mis pied à terre et abrité ses chevaux derrière quelques arbres fruitiers.

(1) Les « espions de paix » étaient les Burghers qui, sans attendre les ordres de leurs officiers, partaient en avant, dès qu'ils apercevaient une ferme, afin d'y acheter du pain pour eux et leurs camarades. Leur propre intérêt leur semblait devoir passer avant celui du commando.

Trois Ans de Guerre

Le moment était bon pour la surprendre, et je fis apparaître ma troupe au sommet de la crête ! Les cavaliers, comprenant alors qu'ils ne pouvaient fuir sans s'exposer à une mort certaine, prirent position derrière les abris qu'ils purent trouver.

Voulant éviter d'exposer inutilement la vie de mes soldats, je fis parvenir aux Anglais une lettre leur conseillant de se rendre. Pendant que j'écrivais ce message, ils nous adressèrent quelques coups de feu; mais ils cessèrent de tirer, quand ils aperçurent mon parlementaire, muni du drapeau blanc.

Quelques instants après, ce dernier me rapportait la réponse des Anglais; ils refusaient de se rendre.

Je donnai immédiatement à cinquante hommes l'ordre de les attaquer. A peine cet ordre était-il donné que mes Burghers se ruaient au galop sur les positions ennemies. Toute fanfaronnade avait disparu. Sans tirer un seul coup de fusil sur leurs assaillants, les Anglais se rendirent. Cet engagement nous valut vingt prisonniers, vingt chevaux en bon état, vingt fusils et autant de cartouchières. Nous avions fait, au total, quatre-vingt dix prisonniers, depuis le moment où nous avions traversé l'Orangerivier.

On comprend la joie du second « espion de paix » qui était resté pendant cinquante minutes entre les mains des Anglais, et qui, à ce moment, devait jurer qu'on ne l'y prendrait plus.

Le lendemain, nous arrivâmes à une ferme située dans une vallée appelée Moddervlei. Les ennemis nous serraient de si près qu'au coucher du soleil, ils se trouvaient à peine à cinq milles de nous.

Quelques instants avant notre descente dans la vallée, quelques-uns de nos éclaireurs se trouvèrent subitement en tête à tête avec une quinzaine d'Anglais qui s'avançaient du côté de la gare d'Houtkraal. En apercevant mes hommes, les Anglais tentèrent de s'enfuir. L'un d'eux fut tué, un autre blessé, deux autres faits prisonniers. Immédiatement, je fis partir deux patrouilles chargées de faire sauter la voie ferrée à sept milles de chaque côté de l'endroit où je me proposais de la traverser. Ceci pour éviter qu'un train blindé ne fît irruption sur nous, au moment où nous franchirions la ligne.

Nous devions, cette nuit même, franchir la Moddervlei. Or, à la suite de pluies considérables, la vallée était inondée sur une largeur d'un mille. L'eau nous montait aux genoux et souvent même plus haut. S'il n'y avait eu que l'eau, le mal aurait été de minime importance. Mais malheureusement le sol était à ce point boueux que les chevaux y enfonçaient jusqu'aux genoux. Par suite, nos selles se mouillaient et se détérioraient. Il nous fallut pourtant faire passer nos quatorze cents chevaux dans ces conditions. Notre position était loin d'être belle ! Plusieurs hommes tombèrent à l'eau. Mais la grande difficulté était de faire passer les chariots et les canons. Il nous fallut parfois atteler jusqu'à trente et même cinquante bœufs à un seul canon, et encore ces pauvres bêtes ne parvenaient-elles qu'au prix des plus grands efforts à faire démarrer une

Trois Ans de Guerre

pièce enfoncée dans la boue jusqu'aux essieux. Enfin, notre convoi finit par passer, y compris la petite voiture contenant nos documents. Un caisson de munitions et la voiture au blé, seuls, restaient encore en panne. Que faire? Le soleil allait bientôt se lever, et avant qu'il parût, il nous fallait traverser le chemin de fer. Nous ne pouvions demeurer là plus longtemps, ayant au dos les troupes qui nous poursuivaient et devant nous la voie. Par celle-ci, les Anglais pouvaient facilement amener les troupes de De Aar et de Hopetown.

Je donnai donc l'ordre à tous ceux qui étaient passés, de continuer leur chemin, et je laissai en arrière le général Fourie avec cent Burghers montés sur les meilleurs chevaux; ils allaient encore faire un effort pour retirer de l'eau les voitures qui y restaient embourbées. Puis, s'ils ne réussissaient pas dans leur tentative, ils mettraient le feu aux voitures, avant l'arrivée des Anglais, et se retireraient ensuite vers le Sud.

A la tête de mes commandos, je me mis en marche vers la voie ferrée. Les chevaux de mes Burghers étaient exténués de fatigue. Nombre de cavaliers, pour ce motif, étaient obligés d'aller à pied. J'emmenais aussi avec moi mes quatre-vingt-dix prisonniers, n'osant leur rendre la liberté, de peur qu'ils ne fissent connaître à l'ennemi le mauvais état de nos chevaux. Ils m'inspiraient pourtant de la pitié, ces pauvres soldats. Mais que pouvais-je faire de plus pour eux que de les traiter le mieux possible, et sur le pied d'égalité avec mes Burghers.

Nous avancions donc aussi vite que nous le pouvions,

et cependant le soleil était sur le point de se lever quand nous atteignîmes la voie ferrée. Nous pouvions la franchir sans crainte, les patrouilles que j'avais envoyées ayant détruit la ligne des deux côtés.

Quand le soleil parut, je me rendis mieux compte de la situation critique où nous nous trouvions : sur le visage de mes hommes, on pouvait lire l'épuisement complet. Il ne pouvait guère en être autrement, car la veille s'était passée en combats, et nous n'avions eu qu'une seule fois l'occasion de mettre pied à terre pour faire cuire un morceau de viande. Mes troupes étaient trempées jusqu'aux os; peu d'hommes, en effet, étaient munis de vêtements imperméables. Nous étions tout couverts de boue, et, en somme, depuis vingt-quatre heures, nous n'avions pas eu un seul instant de repos.

A trois milles de la voie ferrée, je fis halte. Malheureusement nous ne trouvâmes pas d'herbe pour nos chevaux. On vint alors me prévenir qu'à une heure de là, j'en trouverais. Je fis donc remettre tout le monde en selle, afin de pouvoir procurer un peu de nourriture aux pauvres bêtes. Il vaut mieux que le cavalier endure quelques fatigues de plus, pensai-je, que de laisser nos montures mourir de faim. J'eus lieu de me réjouir de cette résolution : mes cavaliers purent reposer en paix, et les chevaux manger à leur faim.

Nous tuâmes des moutons achetés aux fermiers de la région et fîmes cuire cette viande. Cette partie de la Colonie du Cap renferme une grande quantité de moutons, dont la queue énorme pèse parfois sept ou huit livres. Le sol est tellement propice à l'élevage, qu'on n'y trouve point de moutons maigres.

Nous n'avions plus de pain, et la farine se trouvait dans une des voitures restées en panne. Or comme nous avions entendu des explosions à la dynamite, nous savions que le général Fourie n'avait pu réussir à sauver la fin du convoi. Je sus, depuis, que cet officier, surpris par les Anglais, n'avait pas eu le temps de mettre le feu aux voitures. Mais les ennemis les brûlèrent eux-mêmes, ainsi que les chariots qu'ils avaient amenés dans la vallée et qu'ils ne purent tirer de la boue.

Quel souvenir nous gardions tous de cette Moddervlei !

Cependant, après nous être régalés d'un bon gigot africain, et avoir dormi quelque temps, avec nos selles pour oreillers, notre bonne humeur revint.

Les hommes de ma troupe étaient de vrais Burghers, capables de tout sacrifier pour l'indépendance de leur pays. On leur aurait demandé s'ils ne désiraient pas être à la fin de leurs maux, qu'ils auraient répondu que cent Moddervlei ne leur faisaient pas peur. La liberté avait pour eux un prix inestimable.

Le général Fourie avait dû se retirer vers le Sud. Il franchit la voie ferrée près de De Aar, et me rejoignit à Petrusville.

Après avoir abandonné leur convoi dans la Moddervlei, les Anglais durent faire un grand détour. Cette cir-

Trois Ans de Guerre

constance nous permit de prendre un peu de repos, ce dont nos chevaux se trouvèrent fort bien. Après quoi, nous nous remîmes en marche dans la direction de Strijdenburg, en passant à l'ouest de Hopetown.

Le lendemain, les ennemis étaient de nouveau sur nous. Ils étaient plus nombreux encore et avançaient rapidement. Pendant une grande partie de la journée, mes troupes furent constamment aux prises avec leur avant-garde. Enfin, dans la soirée, nous atteignîmes une position située à dix ou douze milles au nord-ouest de Strijdenburg.

Je chargeai le commandant Hasebroek de l'occuper, avec trois cents hommes environ, et de tenir bon jusqu'au lendemain matin, afin d'arrêter dans sa marche l'avant-garde des troupes anglaises qui nous poursuivaient. Cela donnerait le temps de s'éloigner à mes Burghers non montés, ainsi qu'à ceux dont les chevaux étaient exténués.

Je continuai à employer le même stratagème pour arrêter la marche de l'ennemi. Dans ces régions, il n'y a point, à proprement parler, de montagnes où l'on puisse se retrancher ou se mettre à l'abri des coups de l'ennemi; mais nous y rencontrions des coteaux dont je faisais successivement occuper les sommets par les Burghers qui possédaient les meilleurs chevaux. Dès que l'ennemi s'approchait et apercevait une troupe de deux ou trois cents Burghers, il s'arrêtait net et mettait ses pièces en batterie pour balayer les hauteurs où leurs adversaires étaient en vue. Mais les nôtres, comme cela se conçoit, avaient soin de se dérober bien vite à la canonnade, en battant en retraite. Les Anglais n'en continuaient pas moins à faire pleuvoir sur la colline une grêle d'obus et de boîtes à mitraille. Ils envoyaient ensuite des cavaliers explorer le terrain, perdant ainsi un temps précieux à s'assurer si la place était abandonnée. Mes hommes profitaient de ce répit pour se sauver, eux et leurs chevaux. Toutefois, quand nous occupions une bonne position, l'avant-garde anglaise, prise au piège, était souvent faite prisonnière ou contrainte de s'enfuir sous une grêle de balles. Sans ce stratagème, mes Burghers seraient tous tombés aux mains de l'ennemi, au cours de cette expédition. Toute autre tactique m'était interdite. Contre les forces si considérables dont disposaient les Anglais, il ne m'était pas possible de tenter les chances d'un combat sérieux.

Ce furent ces mêmes ruses souvent répétées, soit pour éviter l'ennemi, soit pour le surprendre, qui permirent à mes faibles troupes d'échapper aux ennemis nombreux qui sillonnaient notre territoire. Si j'ai réussi longtemps à combattre de cette façon, que mon lecteur ne m'en attribue pas le mérite. C'est à Dieu seul qu'il revient.

Chapitre XXVI

UNE NUIT QUI TOMBE BIEN A PROPOS

Le commandant Hazebroek arrêta donc l'ennemi pendant que nous nous dirigions vers la ferme de Vrouwpan.

Le lendemain, nous atteignîmes les bords de la Brak-rivier, à dix milles environ de l'endroit où ce cours d'eau se jette dans la rivière d'Orange, à l'est de Prieska. Par suite de la crue des eaux, il nous était impossible de traverser la rivière, même à la nage; le courant et les tourbillons eussent entraîné les nageurs les plus expérimentés. Nous dûmes faire halte.

Deux heures avant le coucher du soleil, le commandant Hazebroek vint nous prévenir de l'approche des Anglais. Mais, où fuir? Sur la rive méridionale, du côté de l'ennemi, le terrain était complètement à découvert, et l'on ne pouvait se retirer sans être vu. Pour ne pas être jetés dans le fleuve, il nous fallait marcher vers le Nord-Ouest en longeant la rive. Par là, nous courrions le danger de nous heurter à la rivière d'Orange, dix milles plus loin, mais, au moins, nous pouvions échapper à la poursuite des Anglais, grâce à une colline qui nous dérobait à leur vue. En contournant cette colline, nous réussirions peut-être à nous mettre hors de leur portée jusqu'à la tombée de la nuit et alors nous longerions la rivière d'Orange, de manière à tomber sur leurs derrières.

Ils n'étaient cependant qu'à une distance de neuf milles, et, en avançant rapidement, ils auraient pu atteindre, avant le coucher du soleil, le sommet de la colline qui devait cacher notre mouvement, et nous bloquer entre les deux rivières. C'eût été notre perte. La situation n'était pas bonne, sans doute, mais enfin c'était le seul chemin qui s'offrait à nous. Je n'avais le temps de consulter personne. Pourtant, je soumis mon projet au président Steijn. Il me répondit immédiatement : « Général, suivez vos inspirations. »

Mon plan était déjà arrêté ; mais j'avais pour le Président une estime telle, et l'entente entre nous avait toujours été si parfaite, que je ne voulais rien faire sans le consulter. D'ailleurs, ses conseils avaient toujours une grande valeur.

Josué, autrefois, pria le Seigneur de prolonger la journée. Pour nous, c'était le contraire. Nous n'avions qu'à le remercier d'avoir fait tomber la nuit avant que les éclaireurs anglais eussent atteint le sommet de la colline d'où ils auraient vu notre fuite.

Le soleil se coucha et, aussitôt, ce fut une nuit d'un noir d'encre. C'était notre salut. En silence, nous nous retirâmes, et, le lendemain matin, nous étions non seulement hors de la vue des ennemis, mais même à huit ou dix milles sur leurs derrières. Eux continuaient d'avancer, dans l'espoir de nous bloquer entre les deux fleuves.

Dans ce dessein, les troupes ennemies avaient été renforcées de quelques milliers d'hommes, et il était clair que, plus que jamais, leurs chefs avaient juré de s'emparer du président Steijn et de moi. Ils n'avaient peut-être pas tort. Car si nous avions pu continuer nos opérations dans la Colonie du Cap, je suis convaincu que des difficultés de toute nature auraient surgi devant eux.

Mais qu'allions-nous faire, maintenant? Retourner de nouveau et devancer encore une fois les forces ennemies? Cela nous était impossible, en l'état d'épuisement de nos Burghers et de nos chevaux. Longer la rivière d'Orange et la repasser pour rentrer dans l'État libre? C'était l'échec d'un projet qui, on s'en souvient, nous avait valu plus d'un mois de marches pénibles. Force m'était, cependant, de m'arrêter à la moins mauvaise solution; et je résolus de repasser la rivière avant que les Anglais n'eussent retrouvé nos traces.

Le 20 février, nous nous mîmes donc à suivre le cours de la rivière d'Orange, à la recherche d'un gué. Les eaux baissaient déjà; mais il n'y avait pas de gué. Il nous fallait encore avancer, dans l'espoir où nous étions d'en trouver un en amont de l'endroit où la Vaalrivier se jette dans l'Orange. Nous fûmes encore une fois déçus. Pour comble de malheur, les Anglais avaient brûlé tous les bateaux trouvés sur le fleuve. Pourtant on me dit qu'il y en avait encore un, à six milles plus haut. Nous y allâmes et n'y trouvâmes qu'un canot. Mais il pouvait contenir dix à douze hommes. Je fis passer les Burghers sans tarder et, dans la soirée du 22, deux cent cinquante d'entre eux — ceux qui n'avaient pas de chevaux — étaient sur l'autre rive. Quelques-uns voulurent passer l'eau à la nage, et l'un d'eux, le Burgher van der Merwe se noya. D'autres passèrent à l'aide du canot, et en faisant suivre leurs chevaux à la nage.

Le 23, au matin, je reçus la nouvelle de l'approche des Anglais. Je ne les attendais pas si tôt, et ils avaient dû faire une marche forcée pendant la nuit. Les Burghers se mirent immédiatement en selle pour remonter le fleuve, tandis que l'ennemi ouvrait le feu sur notre arrière-garde. Mais les Anglais étaient trop nombreux ; celle-ci dut se replier et nous rejoindre.

Le terrain était heureusement très accidenté, et, pendant deux jours, nous pûmes nous soustraire à la vue de l'ennemi. Pourtant il finit par se rapprocher de nous, dans un moment où nous prenions un peu de repos. Il nous fallut alors abandonner deux canons dont un Maxim-Nordenfelt à cause de l'état d'épuisement des attelages. Et nous n'avions même pas de dynamite pour les détruire ! C'était sans grande importance d'ailleurs ; car l'Angleterre était déjà si bien munie d'engins de guerre, que notre cadeau involontaire ne comptait pas beaucoup pour elle. Qu'était-ce que deux pièces ajoutées aux quatre cents que cette vieille et forte puissance avait mises en ligne contre le petit peuple qui

Trois Ans de Guerre

avait pris les armes pour défendre ses droits et sa liberté ! Ce ne fut point pourtant sans un serrement de cœur que j'abandonnai ces vieux serviteurs, d'autant plus que nous étions au 23 février, quarante-septième anniversaire de l'indépendance de l'Etat libre. En des temps plus heureux, au milieu de nos amis, nous avions célébré ce jour à coups de canon. Et ces mêmes canons qui avaient tonné pour célébrer une fête nationale (1), ces canons, qui avaient vu tant de glorieux combats, allaient rester muets maintenant ; peut-être par une cruelle ironie se retourner contre nous.

Personne ne comprendra mieux que l'Anglais dit « pro-Boër » l'émotion qui, en ce moment, faisait palpiter mon cœur. Car celui-là est forcé de blâmer l'attitude de sa patrie, en se plaçant au point de vue de la justice; non pas qu'il soit hostile au gouvernement ou à l'influence de l'Angleterre ; mais parce que sa conscience lui dicte une opinion à laquelle il ne peut imposer silence.

Au reste je suis convaincu que l'Angleterre, un jour, nous rendra justice, en considération de la fidélité et de la soumission du peuple de ses deux nouvelles colonies. Il n'y a pas d'exemple qu'un père reste sans pitié à l'égard d'un fils qui s'adresse respectueusement à lui.

Nous accueillîmes avec joie la tombée de la nuit. Notre situation était critique. Mes éclaireurs m'avaient informé que l'ennemi nous entourait en force, de toutes parts ; il était à quatre milles en avant de nous et à deux milles vers notre gauche ; notre arrière-garde était engagée, comme

(1) Il nous restait encore deux Krupp, mais nous n'avions plus de munitions.

je l'ai dit plus haut, et enfin, à notre droite, se trouvait la rivière gonflée par les pluies.

La nuit nous permit de nous arracher à l'étreinte des Anglais. J'imaginai, dans ce but, de tourner l'ennemi qui se trouvait devant moi. Mais pour réussir dans ce dessein, ma troupe eût été forcée de marcher toute la nuit, afin de traverser la ligne du chemin de fer avant le jour. Sans cela nous risquions d'avoir, au matin, l'armée ennemie dans le dos et un train blindé devant nous.

Malheureusement, je ne pouvais songer à faire faire cette marche à mes Burghers sans monture, et, d'autre part, je ne pouvais me résoudre à laisser tomber ces fidèles compagnons aux mains de l'ennemi.

Voici à quelle résolution je m'arrêtai; les Burghers sans chevaux gagneraient, par un chemin de traverse, la rivière d'Orange qui coulait à quatre ou cinq milles de là; le jour venu ils se dissimuleraient dans les bois pour laisser passer l'ennemi. Ils longeraient ensuite la rivière qu'ils traverseraient sur des canots. Ils auraient soin, dans toute cette manœuvre, de se disperser le plus possible.

Il en fut ainsi fait. Ces infortunés Burghers avaient déjà parcouru dix-huit milles au cours de cette mémorable et douloureuse journée. Ils marchèrent encore durant quatre à cinq milles, avant de pouvoir se reposer aux bords de la rivière. Enfin, ils réussirent, le lendemain, sous les ordres du brave et fidèle commandant Hasebroek, à se mettre hors de tout danger.

Quant à ma troupe montée, après un repos de quelques

heures, elle se mit en marche pour arriver le lendemain matin au sud de Hopetown. A huit heures nous franchissions la voie ferrée qui, à cette époque, n'était pas encore protégée par des forts. Nous ne nous arrêtâmes qu'à dix milles plus loin.

Nous n'avions rien mangé depuis la veille au matin ; aussi avions-nous un appétit à « dévorer des têtes de clous », comme dit le proverbe boër. Quelle ne fut pas notre joie de trouver là quelques moutons ! Ils furent abattus, préparés en un tour de main, et dévorés en un clin d'œil.

A midi, nous nous remîmes en marche pour regagner la rivière Orange.

Nous nous figurions qu'en y arrivant, nous nous trouverions à même de la traverser, par suite de la diminution des eaux. Grande fut notre déception de voir qu'en réalité la rivière s'était encore accrue, par suite, sans doute, des pluies récentes. Il ne fallait pas songer à la traverser.

Les Anglais étaient signalés. Nous devions pour les apercevoir nous servir de nos lunettes d'approche. Nous avions sur eux quinze à seize milles d'avance. Mais, d'autre part, un assez grand nombre de mes hommes avaient dû descendre de leurs chevaux épuisés et continuer la marche à pied.

Nous nous dirigeâmes vers le Limoensdrift. Tous ceux qui connaissaient ce gué croyaient à la possibilité de le franchir. Nous y arrivâmes le lendemain... La rivière avait tellement grossi que nous dûmes encore chercher plus haut.

Trois Ans de Guerre

Finalement, nous arrivâmes au Zanddrift, le gué par lequel nous étions passés dix-sept jours auparavant. Je le fis reconnaître par deux jeunes Burghers, dont l'un, David Heenop, était un excellent nageur. Ils descendirent dans l'eau. Bientôt, ils furent forcés de nager en tenant leurs chevaux par la bride. Ils faillirent plusieurs fois se noyer. Quand ils furent sur la rive opposée, je leur criai d'y rester. Ils n'avaient plus le moindre soupçon de vêtement; ils avaient dû se déshabiller avant d'entrer dans l'eau. Tout nus, ils remontèrent sur leurs chevaux, sous les rayons ardents du soleil et, à trois quarts d'heure du fleuve, ils rencontrèrent une ferme. Ils résolurent de s'y rendre pour demander quelques vêtements : des vêtements de femme, au besoin, puisque les hommes devaient être à la guerre. A portée de voix ils appelèrent. On eut heureusement pitié d'eux et à la place d'une jupe, ils obtinrent un pantalon et une chemise d'homme, qu'une brave femme leur envoya par l'intermédiaire de son petit garçon.

Cependant que nous continuions à chercher un gué, l'ennemi s'était considérablement rapproché.

A ce moment nous fûmes rejoints par le juge Hertzog, à la tête de ses commandos, venant du Sud-Ouest, puis, par le général Fourie.

La nuit suivante nous fîmes quatorze milles; nous traversâmes la Zeekoesrivier, non loin d'une ferme qu'une vingtaine d'éclaireurs Anglais venaient d'abandonner.

A quatre ou cinq milles de là, nous avions complètement oublié les vingt Anglais. Il faisait nuit noire. Aucun éclaireur ne guidait ma marche ; j'étais en avant de la colonne, comme à mon habitude, avec mon état-major. Nous montions une côte ; arrivés près du sommet, j'aperçus quelques hommes couchés par terre ; derrière eux, leurs chevaux. Hommes et chevaux étaient à peine à vingt pas du sentier que nous suivions. Je croyais que c'étaient quelques-uns de mes Burghers qui avaient pris les devants quand j'avais dû attendre les retardataires, en bas de la côte, et que, profitant de l'avance prise, ils s'étaient endormis. J'allai donc les réveiller.

« Pourquoi vous êtes-vous permis d'aller ainsi en avant ? »

Tous aussitôt de se lever et de me dire :

« *Who are you?* » (1)

« *Hands up!* » criai-je.

Toutes les mains se levèrent. Ils étaient sept et appartenaient au petit détachement des vingt dont j'ai parlé plus haut. Les autres, à deux cents pas plus loin, ouvrirent aussitôt le feu sur nous. J'ordonnai aux Burghers de les attaquer de suite. Mais quand ils arrivèrent à l'endroit d'où étaient partis les coups de feu, ils ne trouvèrent plus personne ; les Anglais s'étaient sauvés et, comme la lune venait de se cacher, il était inutile de les poursuivre.

Nous continuâmes notre route, gardant avec nous jusqu'au lendemain nos sept prisonniers. On les renvoya avec leurs vêtements. Ce n'était pas encore l'époque où nous

(1) Qui êtes-vous ?

étions obligés de vivre sur les Anglais, en approvisionnements et en vêtements.

Au lever du soleil, nous arrivâmes au gué que nous cherchions. Pourrions-nous passer ? Tout le monde se posait cette question avec anxiété. Nous savions qu'une fois de l'autre côté, l'ennemi ne nous inquiéterait plus. Aussi, arrivé au bord de la rivière, je fis descendre dans l'eau deux Burghers qui s'étaient déshabillés. Quand les chevaux entrèrent dans l'eau, ils en eurent tout de suite presque jusqu'à la croupe. Mais au fur et à mesure qu'ils avançaient, le fond se relevait et, finalement, l'eau ne venait plus qu'à leurs genoux. Enfin, nous étions sauvés. Nous allions pouvoir rentrer dans notre pays ; et, si mon entreprise avait échoué, j'avais du moins le bonheur de ne pas laisser dans les mains des Anglais le peu de troupes qui nous restait.

Ce fut alors une bousculade complète parmi les hommes qui voulaient tous passer à la fois ! D'un bord à l'autre, ce n'était qu'une grappe humaine ! De toutes les poitrines sortirent en cet instant des cris de joie, des chants, des psaumes !

On entendait chanter : « Nous n'y retournerons plus ! », — « Colonie, adieu ! », — « En avant, dans l'État libre ! », — « Vive l'État libre ! » et « Louons le Seigneur », en chants joyeux.

Je pus également faire passer dans le gué quelques chariots et ma petite voiture. Un des chariots était traîné par deux ânes. On me raconta plus tard qu'à l'endroit le plus profond, des ânes perdirent pied et se mirent à nager.

Trois Ans de Guerre

Le récit de cette incursion manquée dans la Colonie du Cap est tout rempli des infortunes et des privations que nous firent subir les Anglais acharnés à notre poursuite, et l'on aurait peut-être quelque peine à y croire si l'on ne se rappelait la triste situation qui nous était faite.

La puissante Angleterre se trouvait en face de deux petites Républiques pas très peuplées. Non seulement elle avait armé contre nous des soldats anglais, écossais, irlandais, des volontaires d'Australie et de la Nouvelle-Zélande, du Canada et de l'Afrique, mais elle nous combattait même avec des hommes de notre propre pays, les « National Scouts ».

Songez de plus que tous les ports nous étaient fermés et, par suite, que toute importation était impossible. On comprendra alors que cette guerre ne pouvait, dans ces conditions, être soutenue par nous qu'avec l'aide de Dieu. Et encore peut-on dire que si les Anglais ne s'étaient servis contre nous des « National Scouts » et des Cafres, l'issue de la lutte, autant qu'on en peut préjuger, eût été différente.

Mais tout est fini, maintenant, et l'on ne peut dire qu'une chose, c'est que nous avons fait tout ce que nous pouvions, et qu'on ne peut demander à un homme plus que de faire son devoir. Contentons-nous donc de dire : Dieu l'a voulu ainsi, que son nom soit béni !

Chapitre XXVII

LES BOERS
ETAIENT-ILS DES GUÉRILLAS ?

Par une sorte de miracle, trois heures à peine après notre traversée du fleuve, les eaux se mirent à remonter. Refoulés dans nos frontières, nous eûmes du moins la chance inespérée de n'y être pas inquiétés pendant quelques jours. Sans nous presser nous nous mîmes donc en marche vers la ferme de Lubbeshoop.

Je détachai le général Fourie qui devait aller, comme précédemment, opérer dans le Sud-Est, et j'envoyai le juge Hertzog vers le Sud-Ouest. Nous étions d'avis, maintenant, qu'il valait mieux diviser les commandos en petits détachements. Ce n'était plus le moment de livrer de grandes batailles, et, en divisant nos forces, nous forcerions les Anglais à suivre notre exemple.

Les commandos furent donc répartis de la façon suivante :

1. Les Burghers de Kroonstad furent mis sous les ordres des commandants Ph. de Vos, Jean Celliers et Maree ;

ceux de Heilbron, sous le commandement de F.-E. Mentz, L. Steenekamp et van der Merwe; à leur tête, le commandant en chef adjoint Johannes Hattingh;

II. Les Burghers de Vrede, avec les commandants Ross et Manie Botha; ceux de Harrismith avec Jean Meyer et Jean Jacobsz (1), sous le commandant en chef adjoint Wessel Wessels.

III. Ceux de Winburg, sous Hasebroek, ceux de Ladybrand sous Koen, ceux de Ficksburg sous Steijn (2), ceux de Bethlehem, avec Michael Prinsloo; — tous sous les ordres du commandant en chef adjoint, C.-C. Froneman.

IV. Les Burghers de Boshof, sous le commandement de J.-N. Jacobs, P.-P. Erasmus et H. Theunissen; ceux de Hoopstad, avec Jacobs Théron (de Winburg), et A.-J. Bester (de Brandford); — tous sous les ordres de C.-C.-J. Badenhorst commandant en chef adjoint.

V. Philippolis, commandant Munick Hertzog; Fauresmith, commandant Charles Nieuwouwdt; Jacobsdal, commandant Hendrick Prétorius; Petrusburg, commandant van den Berg. Ces sections étaient sous les ordres du juge Hertzog, commandant en chef adjoint, qui avait encore avec lui les hommes de la partie ouest de Bloemfontein.

VI. Bloemfontein (partie sud), commandant Ackerman et Willem Kolbe; Thaba'Nchu, commandant J.-P. Steijl; Bethulie et Smithfield, sous Gideon Joubert; Rouxville, sous Frederik Rheeders; Wepener, sous K. Coetzee

(1) Quand il eut donné sa démission, il fut remplacé par le veldcornet Frans Jacobsz.
(2) Il donna sa démission et fut remplacé par le veldcornet J.-J. van Niekerk.

Trois Ans de Guerre

et toutes ces sections sous le commandant en chef adjoint Piet Fourie, qui fut remplacé ensuite par George Brand.

Peu après, le contingent du général Froneman fut partagé en deux : la partie composée des Burghers de Bethlehem et de Ficksburg, fut confiée à M. Prinsloo, premier commandant en chef adjoint ; celle de Bethlehem reçut trois commandants : Olivier, Rautenbach et Bruwer.

Grâce à cette nouvelle distribution de nos forces, il nous fut permis d'échapper aux grandes batailles et de livrer des combats isolés qui harcelaient et divisaient l'ennemi. Il nous était possible aussi de faire de plus nombreux prisonniers.

Malheureusement, nous ne pouvions pas les garder ; nous n'avions à notre disposition ni Sainte-Hélène, ni Ceylan, ni les Bermudes. De cette façon, tous les hommes que nous prenions aux Anglais trouvaient facilement le moyen de nous échapper, tandis que chaque citoyen fait prisonnier était une véritable unité retranchée à nos forces déjà si minimes.

Depuis que nous faisions ainsi la guerre en petits détachements, l'ennemi nous trouva plusieurs surnoms. Quand Lord Roberts eut proclamé, le 24 mai 1900, l'annexion de l'État libre d'Orange et plus tard celle du Transvaal, à la couronne d'Angleterre, nous étions, puisque la résistance continuait, des rebelles. On nous traitait également de « Sniping bands » et de « Brigands » ; on nous trouva aussi le nom de « bandes de guérillas ». Je n'ai jamais compris comment l'Angleterre avait pu s'arroger le droit

Trois Ans de Guerre

de nous traiter de « bandes de guérillas ». Elle ne retenait cependant pas ces mots au moment des négociations de paix, quand elle reconnaissait notre gouvernement comme tel et s'y adressait en lui donnant cette qualité. Permettez-moi, d'ailleurs, quelques reflexions à propos de ce mot « guérilla ». Supposons que l'Angleterre se soit emparée de New-York, de Saint-Pétersbourg, de Berlin, de Paris ou d'Amsterdam ou de toute autre capitale d'un état libre et indépendant, et que le gouvernement de cet état continue la résistance, cela donnerait-il le droit à l'Angleterre de parler de guérillas ? Faisons l'hypothèse contraire, supposons que la capitale de l'Angleterre soit prise par une autre nation, pourrait-on alors considérer l'Angleterre comme annexée par un adversaire qui se serait seulement emparé de la capitale, alors que le gouvernement existerait toujours, et pourrait-il être, dans ces conditions, question de guérillas? Certainement non. Le seul cas où l'on peut se servir de ce mot se présente quand, non seulement la capitale d'un pays est prise, mais quand la victoire est si complète que tout le pays se trouve sous la domination de l'ennemi. Mais tel n'était point notre cas ; étions-nous sous la domination anglaise après Lindley, où la Yeomanry fut faite prisonnière, Roodewal, Dewetsdorp, Vlakfontein, après des affaires comme celles des Brabant's horse à Tafelkop, après Tweefontein, et les nombreux combats glorieux livrés, d'autre part, au Transvaal, depuis la soi-disant annexion? Et je le demande enfin : était-ce une bande de guérillas, celle qui, commandée par de la Rey,

Trois Ans de Guerre

surprit Lord Methuen et le fit prisonnier ? Ne jouons pas sur les mots ; nous étions des citoyens défendant bravement leur patrie, non des brigands ou des aventuriers, à moins qu'en Angleterre on ne change le sens des mots suivant les besoins du moment.

Chapitre XXVIII

NEGOCIATIONS AVEC LES ANGLAIS
COMBAT DE GRASPAN PRÈS DE REITZ

Le président Steijn se proposait de rester quelque temps avec le commandant en chef Hertzog. De mon côté, comme une correspondance active s'échangeait entre Louis Botha, de la Rey et notre gouvernement, je résolus de gagner les commandos du Nord afin de ne pas être trop loin du Transvaal. Ce fut dans cette région, à douze milles au sud de Petrusburg, que je reçus une lettre du général Botha m'annonçant que Lord Kitchener lui avait proposé une entrevue vers le milieu de février, pour lui faire des propositions de paix. Il m'invitait, ainsi que le Président, à le rejoindre afin de prendre part aux négociations. Le président Steijn accourut aussitôt.

Pour moi, j'estimai qu'il ne fallait pas perdre son temps, même si la paix était dans l'air, et je partis vers Botha, avec mon état-major, le capitaine L. Wessels et cinq de ses hommes, mais j'avais l'intention de m'occuper en route.

Trois Ans de Guerre

J'employai la nuit du 15 mars à placer des cartouches de dynamite sur la ligne à dix milles au nord de Brandfort. J'en étais à cette occupation quand un train s'avança et nous dérangea. Il allait si lentement qu'on pouvait le prendre pour un train éclaireur. Comme la besogne n'était pas finie nous fûmes obligés de reculer de cent pas ; mais alors les Anglais nous aperçurent et tirèrent.

Le train passa ; nous revînmes sur la ligne. A peine y étions-nous installés une nouvelle fois que deux autres trains suivirent. Ceux-là devaient recevoir une leçon, car nous ouvrîmes sur eux une fusillade bien nourrie. A cette affaire nous n'eûmes qu'un blessé.

En arrivant à Senekal abandonné par les Anglais, j'y rencontrai, pour la première fois, le docteur Reich et sa femme. Il nous reçut cordialement. Le docteur Reich ne faisait pas partie d'une ambulance de campagne, mais il faisait tout ce qui était en son pouvoir pour soulager nos blessés, comme ceux de l'ennemi.

J'allai de Senekal vers le commando de Heilbron et de là vers Vrede où je parvins le 24 mars. Le lendemain, je vis arriver Botha à qui j'avais proposé ce village comme lieu de rendez-vous. Il me communiqua le résultat de ses négociations avec Lord Kitchener. Ce résultat était, d'ailleurs, complètement nul. Cependant j'étais heureux de me trouver avec le commandant en chef des troupes transvaaliennes. Nous avions beaucoup de sujets à traiter et, en nous disant adieu, nous étions fermement résolus à continuer la lutte malgré tout.

Trois Ans de Guerre

Le 27, le général Botha repartait pour le Transvaal, tandis que je me rendais vers le commando de Heilbron. Quelques jours plus tard le président Steijn venait du sud du pays pour rencontrer les membres du gouvernement transvaalien à Vrede. Après cette entrevue, il se rendit dans un petit laager séparé. Il fut convenu qu'il n'accompagnerait plus les commandos. Je lui donnai une escorte de 50 Burghers sous les ordres du commandant Davel.

A peine étais-je revenu de mon entrevue avec le général Botha qu'un grave événement réclama ma présence à Petrusburg. Y aller et retourner ensuite à Heilbron me faisait un voyage de trois cent soixante milles et l'excursion manquait absolument de charme pour moi. Pourtant, comme les intérêts du pays l'exigeaient, je me remis en route le 8 avril, encore fatigué de mon voyage à la Colonie du Cap. Chemin faisant, mon état-major s'empara d'un poste d'Anglais près du chemin de fer à Vredefort; il était occupé par seize hommes. Un des Anglais fut tué et deux blessés. Je me rendis ensuite auprès du commando de Vredefort et, après avoir accompli ce que j'avais à faire à Petrusburg, je m'en retournai, le 17, en traversant, sans incident, le chemin de fer entre Smaldeel et la gare de Ventersbrugweg. Après avoir rencontré, à mon retour, le commandant Hasebroek, je me retrouvai enfin auprès du commando de Heilbron.

Cependant les Anglais s'apercevaient que nous avions transformé nos commandos et que, grâce à cette transformation, nous pouvions, dans toutes les régions de l'État

Trois Ans de Guerre

libre, leur opposer des forces organisées. Dès lors, leur besoin de représailles ne connut plus de bornes et, dans les régions du Nord et du Nord-Ouest, ils n'épargnèrent plus une seule demeure. Le bétail fut partout enlevé ou abattu. Quant aux femmes, toutes celles qui purent être surprises furent envoyées dans les camps de concentration.

Les traitements qu'elles y subirent ! Je ne veux pas les décrire, parce que je raconte ma campagne et que des récits aussi douloureux réclament une plume plus exercée que la mienne. Qu'il me suffise de dire ici que ce traitement fut honteux et que l'Angleterre aura beaucoup à faire en notre faveur pour effacer dans le cœur du peuple le souvenir de ses odieux campements.

L'hiver approchait, aggravant notre dénuement. Que nous restait-il en effet ? Du blé, du pain et de la viande. Quant au sucre et au café, nous n'en avions plus que le souvenir, sauf les jours où nous nous emparions des abondantes provisions anglaises. Il est vrai qu'en pilant les racines d'un arbre assez répandu dans la région de Boshof et en les faisant macérer, nous avions pu nous procurer une boisson assez tonique. Malheureusement cet arbre n'existait pas partout ; et quand nous ne le rencontrions pas, il fallait nous fabriquer des tisanes de pêches desséchées, de pommes de terre, de céréales. Pour moi, je ne me plaignais pas. L'eau, ma boisson favorite, ne me faisait pas défaut.

A notre dénuement en vivres, s'en ajoutait un autre : le dénuement en vêtements. Pour raccommoder les paletots

Trois Ans de Guerre

et pantalons il fallait des prodiges d'habileté. Le plus souvent nous cousions sur les trous des morceaux de cuir tannés par des vieillards et des malades. Mais l'ennemi surprit bientôt leur industrie, pourtant bien primitive, et ne manqua point de saccager leurs cuves, pour nous obliger à aller pieds nus, sans vêtements, comme des mendiants, dans un pays qui était le nôtre et celui de nos pères.

Les Anglais ne gagnèrent rien à ce vandalisme. Car chaque fois que les Burghers faisaient des prisonniers, ils les déshabillaient des pieds à la tête et remontaient ainsi leur garde-robe. Ce n'était que justice puisqu'en traversant notre pays, les Anglais dévalisaient nos fermes et prenaient aux citoyens les vêtements qu'ils y avaient laissés. Nous ne leur rendions, comme on dit couramment, que la monnaie de leur pièce.

Vers la fin de mai, je traversai le chemin de fer pour me rendre à Parijs et à Vredefort. Je voulais m'entretenir avec le général de la Rey en vue de répandre dans la Colonie du Cap de petits commandos très mobiles, capables de harceler l'ennemi, et de l'éviter quand il se présenterait en trop grand nombre. C'était, à mon avis, un moyen très pratique de diviser les forces anglaises.

Mais, arrivé à Vredefort, je reçus un message du président Steijn qui désirait me voir. Je le fis parvenir à de la Rey, le priant de me rejoindre avec le juge Hertzog et le Président. Le général de la Rey arriva le premier. Quand nous fûmes réunis, on nous lut la lettre suivante, adressée

Trois Ans de Guerre

par M. Reitz, secrétaire d'État du Transvaal, au gouvernement de l'Etat libre :

Bureau du gouvernement
District d'Ermeloo, République Sud-Africaine

10 Mai 1901.

Au Secrétaire du Gouvernement de l'État libre d'Orange

Monsieur,

J'ai l'honneur de porter à votre connaissance que le gouvernement a conféré aujourd'hui avec les officiers suivants : le commandant général, le général B. Viljoen et le général J.-C. Smuts (procureur général), ce dernier représentant les régions de l'Ouest. La situation actuelle a été sérieusement examinée et les faits suivants ont été mis en lumière :

I. A tout moment, des petits détachements de Burghers rendent leurs armes à l'ennemi, ce qui augmente les dangers de notre cause et fait courir aux membres du gouvernement et aux officiers le risque d'être abandonnés en pleine campagne sans hommes. Ces faits aggravent la responsabilité du gouvernement et des officiers qui représentent la nation.

II. Nos provisions de munitions sont épuisées à ce point, qu'il est impossible d'engager une bataille sérieuse. Ce dénûment nous forcera à fuir sans cesse et sans espoir devant l'ennemi. Il nous sera, par conséquent, impossible de protéger nos nationaux et leur bétail, ce qui les con-

Trois Ans de Guerre

duira de plus en plus à la misère et au désespoir et nous rendra impossible l'approvisionnement de nos combattants.

III. Ces faits affaiblissent de plus en plus l'autorité du gouvernement et nous font craindre que la nation, en perdant le respect de ses représentants légaux, ne tombe dans le désordre et l'anarchie et n'en arrive à penser qu'il n'existe pas d'autorité dans le pays, en dehors de celle de l'ennemi.

IV. Non seulement ces tendances mènent à la dissolution du peuple, mais il est certain qu'il en résultera une méfiance générale envers les chefs dont l'influence personnelle a seule réussi à tenir les hommes réunis. Nous risquons ainsi de voir se perdre pour l'avenir toute idée d'esprit patriotique.

V. La nation réclame une réponse catégorique à la question de savoir si la lutte peut être continuée avec quelques chances de succès. S'il apparaît au gouvernement et aux chefs que ces chances n'existent plus, la nation a le droit de l'apprendre sans réserve.

Jusqu'à présent, le gouvernement et la nation ont cru que les démarches de notre délégation ou des complications européennes pourraient ranimer notre espoir et le gouvernement est d'avis qu'avant de faire une démarche décisive, il doit être fixé à ce sujet.

Considérant ces faits le gouvernement est convenu avec les officiers cités plus haut, de ce qui suit :

I. Aujourd'hui même, un message sera envoyé à Lord Kitchener, demandant l'autorisation d'envoyer en Europe des agents diplomatiques pour renseigner le président

Krüger sur la situation du pays ; ces agents retourneront au Transvaal, immédiatement après avoir accompli leur mission.

11. Si cette demande est repoussée ou si la démarche proposée n'obtient pas de résultat, il sera demandé un armistice qui nous permettra, d'accord avec votre gouvernement, de consulter les deux nations et de prendre une décision finale. Dans cette décision on tiendra compte des propositions que votre gouvernement voudrait nous présenter après avoir pris connaissance des faits rapportés.

Le gouvernement est d'ailleurs d'avis que la guerre ne doit pas être poussée aveuglément et qu'il faut prendre une décision. Il espère donc recevoir de l'Etat libre une réponse immédiate.

J'ai l'honneur d'être, etc.
F. W. REITZ, Secrétaire d'État.

J'ai le regret d'avoir égaré la réponse du président Steijn à cette lettre, ainsi que beaucoup de mes documents. Je puis cependant en indiquer le sens, tel qu'il m'a été communiqué par le pasteur J.-D. Kestell.

Le président Steijn déclarait regretter le contenu de la missive du gouvernement du Transvaal. Il expliquait que dans l'État libre d'Orange, si des Burghers avaient déposé les armes, on n'en était nullement ému. Il reconnaissait que les munitions devenaient rares, mais qu'à chaque combat on en prenait suffisamment aux Anglais pour en recommencer un autre. Il s'étonnait qu'on pût se demander maintenant quelle devait être la fin de la lutte, puisqu'on ne se l'était pas demandé au début de la guerre. Il présumait, d'ailleurs, que si la cause de la liberté des deux Républiques avait faibli devant l'Europe, la délégation n'aurait point manqué de l'en informer. D'autre part, le Président affirmait que les citoyens de l'État libre, encore sous les armes, refuseraient de les déposer en cas d'amnistie. Il désapprouvait également la décision de demander à Lord Kitchener l'autorisation d'envoyer en Europe un agent diplomatique et il regrettait notamment que cette décision eût été prise sans que le gouvernement de l'Orange eût été consulté.

Notre Président ajoutait que l'éventualité de voir un jour, sans hommes pour combattre, les officiers de l'État libre, n'était pas à envisager. Il considérait, d'ailleurs, comme une véritable catastrophe que l'État libre d'Orange qui avait engagé ses biens et ses citoyens pour soutenir le Transvaal pût être précisément abandonné par lui à un moment où la lutte prenait un caractère d'acuité tout particulier. Un tel abandon ruinerait certainement la confiance que, jusqu'ici, les deux peuples s'étaient mutuellement témoignée, et les destinées de la race afrikander.

Après avoir cité quelques articles de journaux intéressant notre cause, le président Steijn continuait ainsi : « Frères du Transvaal, si nous nous rendions, nous serions les assassins de notre race. Aidez-nous sans faiblir. Ne rendez pas illusoires et les efforts héroïques accomplis depuis le début de la guerre, et la confiance en Dieu

Trois Ans de Guerre

que nous tenons de nos pères et des pères de nos pères, depuis le berceau de notre nation. »

Nous résolûmes d'ailleurs de nous rendre directement au Transvaal pour traiter verbalement de ces importantes questions. Dans la soirée du 5 juin, nous partîmes de Liebenbergsvlei, pour aller jusqu'à Verkijkersdop. J'avais réuni l'état-major et une partie de l'escorte du président Steijn, l'état-major du général de la Rey et huit hommes du mien. Nous étions en tout de soixante à soixante-dix hommes.

Le lendemain matin, une heure et demie après le lever du soleil, un Burgher vint me prévenir qu'un laager de femmes venait d'être surpris par l'ennemi (1).

Aller le délivrer, je n'osai m'y résoudre, malgré mon désir. Car nos chevaux avaient encore une longue route à fournir avant d'arriver jusqu'au Transvaal. D'autre part, nous étions en petit nombre. Pourtant, sur l'avis de de la Rey, je résolus de courir à la délivrance de nos femmes. Et tandis que le Président restait en arrière, nous nous lançâmes avec de la Rey et le commandant Davel à la poursuite des ravisseurs.

L'ennemi avait conduit le laager sur le sommet d'une colline, près d'un kraal cafre construit en gazon et qui comptait quatre ou cinq cabanes.

Dès que les Anglais nous aperçurent, ils se couchèrent

(1) Nous avions été prévenus la veille au soir que deux corps d'armée anglais se trouvaient aux bords de la Wilgerivier. Le général Elliot, Piet de Wet et d'autres déserteurs leur servaient de guide. Que leurs noms soient maudits !

Trois Ans de Guerre

derrière leurs voitures en forçant les femmes à rester debout derrière eux, en sorte que ces malheureuses se trouvaient exposées à être tuées par nous si nous tirions trop haut. Elles nous voyaient ainsi, en terrain découvert, exposés aux coups des Anglais, et comprenaient qu'à la moindre maladresse, elles allaient recevoir la mort des Burghers eux-mêmes, peut-être de leurs époux ou de leurs frères. Affolées, échevelées, hurlant de douleur et de rage, elles nous faisaient des signes désespérés, tandis qu'impassibles, les factionnaires anglais les maintenaient derrière la ligne des tireurs, cible vivante et chère à nos cœurs qu'on voulait offrir à nos fusils.

Il n'y avait pas à hésiter; on ne pouvait tirer qu'à coup sûr. Aussi, dans un galop effréné, je commandai l'attaque de l'ennemi. A quarante pas, une salve formidable nous reçut; nous l'évitâmes, penchés sur l'encolure de nos chevaux cabrés. Mais à cette distance, nous étions sûrs de notre tir. Quarante balles sifflèrent sur les Anglais qu'elles décimèrent, sans qu'aucune femme fût atteinte.

Les Anglais fuyaient, abandonnant nos femmes et leurs voitures et se retirèrent dans le kraal des Cafres où ils avaient construit des meurtrières. Il ne nous fut pas facile de les atteindre, car ils étaient fort bien abrités, tandis que nous, au contraire, nous étions exposés à tous leurs coups. Dans cette seconde partie de l'action, nous fûmes moins heureux et nous perdîmes onze citoyens parmi lesquels le capitaine Thijnsma. Nous eûmes également sept blessés, parmi lesquels le lieutenant H. Howell. Dans le laager seul, un petit garçon de treize ans avait été tué.

Pendant que nous tenions les Anglais en respect dans le kraal, les femmes avaient pu s'enfuir avec les voitures. Celles-ci roulèrent lourdement parmi les cadavres des Anglais qui étaient au nombre de plus de quatre-vingts. « Sauvez-vous, avais-je crié aux femmes ; ne nous attendez pas ; nous vous rejoindrons sur la route. » Mais les imprudentes s'étant abritées derrière un petit monticule, voulurent voir la fin du combat ; et ce que j'avais prévu arriva. Une colonne anglaise d'au moins mille hommes arriva au secours de la petite troupe installée dans le kraal. A sa vue les femmes s'enfuirent ; mais il était trop tard, les Anglais tiraient sur les voitures pour les faire arrêter.

Impuissant, j'assistai de loin à cette fusillade dont je ne connus jamais les douloureuses conséquences. Car, après la paix, je n'eus pas de renseignements précis sur les femmes et les enfants qui avaient pu être assassinés par les balles ennemies. Est-il, en effet, un autre mot pour exprimer un tel acte ? Pourtant, je garde le souvenir de cet effrayant tableau : un laager de femmes et d'enfants mitraillé par l'ennemi, puis traqué comme un troupeau, puis enfin repris et prenant la route douloureuse des camps de concentration !

Je ne pus sauver de ce qui nous appartenait que 1.500 têtes de bétail sur lesquelles, vainement, les Anglais s'acharnèrent avec leurs obus. Elles furent mises en sûreté par mes soins.

Après cette regrettable journée, nous tentâmes de

retrouver le président Steijn que nous avions, comme on s'en souvient, laissé en arrière. Mais il avait dû fuir dans la direction de Lindley, à douze milles plus loin, pour éviter la colonne anglaise qui se trouvait, la veille, au Duminysdrift.

Tournée douloureuse, soirée triste, puisque nous n'avions pu retrouver notre Président, et nuit plus terrible encore, autant par les souvenirs évoqués que par le froid qui nous engourdissait. Pour comble de malheur, les chevaux qui portaient nos couvertures avaient suivi le président Steijn, en sorte que pour ne pas mourir de froid sur la terre durcie par la gelée, nous dûmes, exténués de fatigue, continuer notre route. Et nous n'avions pas mangé depuis le matin. Ce ne fut qu'à minuit, en retrouvant le Président, que nous pûmes mettre un terme à nos privations du moment.

Chapitre XXIX

L'ENTREVUE AVEC
LE GOUVERNEMENT DU TRANSVAAL
LE PRÉSIDENT STEIJN
RISQUE D'ÊTRE PRIS PAR LES ANGLAIS

Dès le lendemain matin, nous dûmes continuer notre chemin vers le Transvaal. Et après avoir hésité entre la direction Sud et celle Sud-Est, pour échapper à la vue de l'ennemi, nous pûmes atteindre le village de Vrede. Ce fut là que le commandant Manie Botha, pour nous guider, nous donna quelques Burghers qui connaissaient le pays et nous facilita le passage du chemin de fer. Nous gagnâmes, le deuxième jour, après avoir quitté Vrede, le nord de Volksrust où nous eûmes l'ennui de trouver la ligne gardée par un poste qui, à notre vue, ouvrit le feu sur nous. Tout en tirant quelques coups de fusil, nous résolûmes de nous retirer pour tenter de franchir la voie ferrée dans un autre endroit. Nous y réussîmes, mais à peine nos derniers cavaliers étaient-ils à trente pas de la voie qu'une explosion terrible se fit entendre. Les rails sautaient, projetés de tous côtés par une explosion de dynamite. La voie avait dû être minée à cet endroit et l'un de nos chevaux avait probablement provoqué l'explosion en touchant de son sabot l'un des fils électriques qui longeaient la voie.

Enfin, le quatrième jour nous étions auprès du gouvernement transvaalien. Nous discutâmes immédiatement au sujet de la lettre que j'ai communiquée plus haut, et que j'avais tant regrettée. Mais, heureusement, le gouvernement allié avait résolu de continuer la lutte, encouragé qu'il y était par la réponse de la députation et aussi par deux combats victorieux où s'étaient distingués le général Kemp et le commandant Muller.

Nous fûmes, pendant deux jours, les hôtes du gouvernement transvaalien, et nous nous engageâmes à continuer énergiquement la lutte; pour appeler sur nos armes la protection de Dieu, nous fixâmes aussi des services d'actions de grâces et de mortification.

Après ces deux jours, nous partîmes accompagnés du commandant Alberts van Standerton qui nous conduisit jusqu'à l'autre côté du chemin de fer Natal-Transvaal. Notre guide n'était pas seulement un ami très dévoué mais un causeur fort agréable. Nous pûmes traverser la rivière sans incidents et prendre congé de notre aimable commandant et de ses Burghers.

Trois Ans de Guerre

Ma troupe gagna ensuite la ferme de Zilverbank, au bord de la Watervalrivier. Je n'avais, dès lors, plus besoin de guide, le pays m'étant connu. J'y avais habité autrefois, en 1882.

Le lendemain, après déjeuner, nous nous mettions en route pour atteindre la ferme de Hexrivier, où nous prîmes un peu de repos. Là, le général de la Rey devait nous quitter. Il voulait franchir la voie entre les gares de Vereeniging et de Meyerton. C'était pour lui le chemin le plus court pour regagner ses commandos. La séparation fut tout à fait cordiale, émus que nous étions à l'idée que nous n'étions pas sûrs de nous revoir sur la terre. Les quelques jours passés ensemble nous laissaient le meilleur souvenir, et nous étions bien heureux de la décision prise par notre Gouvernement de soutenir, malgré tout, la lutte pour l'indépendance.

Je traversai la Vaalrivier à Villiersdorp où je passai la nuit. J'eus le plaisir d'y rencontrer le commandant Ross et sa troupe.

Les commandos étaient à ce moment dispersés; chacun opérait dans sa propre région. Je me proposai de visiter les groupes l'un après l'autre.

Quelques jours après, j'arrivai auprès du commandant Hasebroek qui se trouvait avec ses Burghers à Doornberg. C'est là que je reçus un message du président Steijn m'annonçant que, le 11 juillet 1901, il avait failli être pris par les Anglais à Reitz. Il avait pu se sauver avec quelques hommes de son escorte. Malheureusement le commandant Davel

Trois Ans de Guerre

ainsi que tous les membres du Gouvernement, à l'exception de M. W.-C.-J. Brebner alors absent, avaient été faits prisonniers par l'ennemi.

Après avoir quitté Doornberg, je me rendis auprès du commandant en chef adjoint J. Hattingh, du commando de Kroonstad, puis auprès du président Steijn. Je le rencontrai le 20 juillet, à douze milles à l'ouest de Reitz. Quelle joie pour moi de voir le Président sain et sauf! Mais, par contre, quel regret de ne plus retrouver mes vieux amis, le général A.-P. Cronjé, membre du Conseil exécutif; le général J.-B. Wessels, T. Brain, secrétaire du Gouvernement; le commandant Davel; Rocco de Villiers, le secrétaire du Conseil exécutif; Gaston Fraser, le secrétaire privé du Président; Mac-Hardy, secrétaire adjoint; Pieter Steijn, frère du Président et veldcornet de son état-major, et tous les autres Burghers composant son escorte! Il était bien triste de penser que de tels hommes avaient été faits prisonniers, alors qu'ils nous auraient été si utiles pour la continuation de la guerre! De pareils malheurs nous étaient déjà arrivés, mais ce qui aggravait notre chagrin, c'était de savoir que le dernier était dû à la trahison. Un Burgher de l'État libre, Steenekamp, avait guidé les Anglais pour leur permettre de s'emparer du Président et de sa suite!

Il fallait remplacer les membres du Gouvernement capturés par les Anglais. Le Président choisit le général C.-H. Olivier et M. J.-C. Brebner pour remplacer respectivement le général A. P. Cronjé et M. T. Brain.

Trois Ans de Guerre

Johannes Théron fut nommé secrétaire du Conseil exécutif. B.-J. du Plessis devenait secrétaire du Président. Celui-ci, enfin, ne voulut plus être accompagné à l'avenir que d'une escorte de trente Burghers. Le capitaine H. van Niekerk en fut nommé commandant.

Chapitre XXX

LA DERNIÈRE PROCLAMATION
DE L'ANGLETERRE

Plus que jamais, j'insistai auprès de mes officiers pour leur faire comprendre que notre plus grand intérêt était de couper les moyens de communication de l'ennemi. La meilleure manière de procéder était de détruire la voie et de faire sauter les trains. Nous venions d'inventer, dans ce but, un engin très simple : on plaçait sous un rail un canon de fusil chargé de dynamite; l'explosion avait lieu par la simple pression de la roue de la locomotive sur le rail, et le train sautait. Il était pénible, évidemment, de songer au nombre de victimes que l'on faisait de la sorte; mais les lois de la guerre, entre nations civilisées, ne s'opposent pas à l'emploi de semblables procédés.

Les Anglais, quand ils virent leurs lignes ainsi menacées, furent obligés d'en faire assurer la garde par plusieurs milliers d'hommes. Bientôt, ils découvrirent notre méthode, et des patrouilles surveillèrent alors constam-

Trois Ans de Guerre

ment la voie pour tâcher de retrouver les engins placés sous les rails. Souvent, nous pouvions nous rendre compte que l'ennemi avait réussi à déjouer nos projets. Quand, voyant venir de loin un train, nous le voyions continuer sa marche sans incident, il était clair pour nous que les engins avaient disparu. Cette découverte nous fit redoubler de précautions. Nous commençâmes à enterrer la cartouche sous le rail, en la recouvrant bien, et en jetant ensuite au loin le sable que nous avions ôté. Les patrouilles ne pouvaient plus dès lors retrouver nos appareils. Mais aussitôt le nombre des postes anglais fut triplé.

Le mois de juillet s'écoula ainsi. Qu'allait être pour nous le mois d'août ? Nos commandos n'avaient ni trêve ni repos. Dans chaque rencontre, nos ennemis avaient cinq, dix, ou quinze, voire même trente hommes de tués, blessés ou faits prisonniers ; si on avait pu noter ces différents chiffres, on aurait obtenu un total important. Mais la nature de la guerre ne nous laissait guère le loisir d'installer un bureau de statistique de ce genre. Des rapports me furent sans doute présentés ; mais après les avoir conservés quelques semaines, j'étais obligé de les communiquer aux autres officiers généraux pour les mettre au courant des événements. Ensuite, ces rapports étaient déchirés. Néanmoins j'en ai conservé quelques-uns datant du début de la guerre. Je les avais confiés à un ami intime, avec prière de les cacher sous terre. Mon ami fut fait prisonnier, et je n'ai jamais su ce qu'étaient devenus ces documents. Ils ont une certaine valeur, cependant, et méritent d'être publiés.

Trois Ans de Guerre

J'étais à cette époque à la ferme de Blijdschap, située entre Heilbron et Bethlehem. (Mes bons amis les Anglais, les généraux Knox, Elliot et Paget, les colonels Remington, Byng, Baker, etc., doivent sûrement se rappeler l'endroit.)

C'est là que je reçus la proclamation que lança Lord Kitchener, le 7 août 1901. La voici :

Proclamation de Son Excellence le baron Kitchener de Kartoum, G. C. B. K. C. M. G. généralissime des armées de Sa Majesté dans l'Afrique du Sud, commissaire en chef de l'Afrique du Sud et administrateur du Transvaal, etc.

Considérant que les ci-devant Républiques de l'État libre d'Orange et Sud-Africaine ont été annexées aux possessions de Sa Majesté ;

Considérant que les armées de Sa Majesté sont depuis longtemps entrées dans les capitales de ces deux pays et en occupent les bureaux de l'Administration et autres services publics, ainsi que les principales villes et le réseau des chemins de fer ;

Considérant que la plus grande partie des Burghers des deux anciennes Républiques, au nombre de 35.000, en dehors de ceux qui sont tombés pendant la guerre, ont été faits prisonniers ou se sont rendus au gouvernement de Sa Majesté et vivent, en ce moment, en tranquillité dans les villages ou dans les camps, sous la protection des troupes de Sa Majesté ;

Considérant que ceux des Burghers des anciennes Répu-

Trois Ans de Guerre

bliques qui portent encore les armes contre les troupes de Sa Majesté ne sont pas seulement inférieurs en nombre, mais sont aussi presque complètement privés de munitions et de canons, qu'ils sont, en outre, dépourvus de toute organisation réellement militaire, et, par conséquent, incapables de faire une guerre régulière ou de résister sérieusement aux armées de Sa Majesté dans tout le pays;

Considérant que les Burghers qui portent encore les armes, quoique impuissants à constituer une armée régulière, continuent à attaquer les postes ou les détachements isolés des armées de Sa Majesté, à piller et à ravager les propriétés, à détruire la voie ferrée et les lignes télégraphiques dans les possessions africaines de Sa Majesté;

Considérant que ces faits empêchent la tranquillité de renaître dans le pays, et l'agriculture et le commerce de se relever;

Considérant que le gouvernement de Sa Majesté a décidé de mettre fin à une situation qui prolonge inutilement une lutte impossible, et ruine la grande majorité d'une population qui ne demande qu'à vivre en paix et à gagner son pain quotidien;

Considérant qu'il est, en conséquence, juste de prendre des mesures contre ceux qui continuent la résistance, et surtout contre ceux qui, munis d'une autorité quelconque, sont responsables de l'état de choses actuel, en conseillant à leurs concitoyens de prolonger une résistance inutile contre le gouvernement de Sa Majesté;

Moi, Horatio Herbert, baron Kitchener de Kartoum,

Trois Ans de Guerre

G. C. B. K. C. M. G., généralissime des armées de Sa Majesté dans l'Afrique du Sud, commissaire en chef de l'Afrique du Sud, j'ai décidé et arrêté ce qui suit :

Tous les commandants, veldcornets et chefs de bandes armées, citoyens des anciennes Républiques, portant les armes contre les armées de Sa Majesté dans les colonies de la Rivière d'Orange et du Transvaal, ou dans toute autre partie des possessions Sud-Africaines de Sa Majesté, ainsi que tous les membres du gouvernement des deux anciennes Républiques, seront bannis pour toujours de l'Afrique du Sud, s'ils ne se rendent pas avant le 15 septembre prochain. Les frais de l'entretien de leurs familles seront recouvrés par la vente de leurs propriétés mobilières et immobilières.

Dieu garde le Roi!

Ainsi fait à Prétoria, le 7 Août 1901.

Signé : Kitchener, général,
haut commissaire pour l'Afrique du Sud.

Je répondis à Lord Kitchener les quelques mots suivants :

Excellence,

« Je vous accuse réception de la missive jointe à votre proclamation du 7 août 1901. Je puis vous assurer, en mon nom et en celui de mes officiers, que nous n'avons qu'un seul but, celui en vue duquel nous avons pris les armes : garantir notre indépendance. Ce but, nous le poursuivrons jusqu'à la mort! »

Trois Ans de Guerre

Il aurait été ridicule de se laisser influencer par cette proclamation. Il faut dire qu'elle produisit peu d'effet sur mon entourage. Mes officiers connaissaient le proverbe : « Faire peur n'est pas tuer », et ils l'appliquaient à la circonstance.

Le Président Steijn, en réponse à la proclamation de Lord Kitchener, envoya à ce dernier une lettre plus longue, où il exposait clairement les causes de la guerre et l'état actuel des choses. Je la rapporte ici :

Au camp, le 15 Août 1901.

A Son Excellence, lord Kitchener, etc.

Excellence,

« J'ai l'honneur d'accuser réception à Votre Excellence de sa missive du 5 août et de la proclamation qui y est annexée.

Le ton presque amical de cette missive me fait prendre la liberté d'y répondre un peu longuement.

J'ai constaté que Votre Excellence, d'accord avec les hommes d'État de son parti, donne, pour point de départ à la lutte actuelle, la déclaration de guerre de la République Sud-Africaine et l'invasion du territoire anglais.

Il me semble à peine utile de rappeler qu'en 1895, alors que la République Sud-Africaine était en paix et tranquille, confiante dans ce fait qu'elle avait pour voisine une nation civilisée, une invasion subite eut lieu qui venait du territoire anglais. On sait que quand cette folle entreprise — qui ne pouvait germer que dans un cerveau détraqué —

Trois Ans de Guerre

eut été suivie du plus complet insuccès, que l'organisateur et ses compagnons furent tombés aux mains des Burghers, le gouvernement de la République Sud-Africaine, confiant dans les sentiments de justice du peuple anglais, livra au gouvernement de Sa Majesté tous ces prisonniers qui, d'après le droit international, avaient mérité la peine de mort.

De même, il est inutile de rappeler que, quand un juge impartial eut condamné les chefs de l' « expédition » à l'emprisonnement, les principaux d'entre eux furent relâchés avant la fin de leur peine, sous des prétextes futiles. Inutile encore de remémorer à Votre Excellence que, lors de la nomination d'une commission d'enquête chargée d'examiner l'origine et la cause de ce fameux raid, cette commission, au lieu de faire une enquête impartiale, a caché à la publicité plusieurs déclarations de témoins; ensuite, quand la commission, malgré des influences parties de très haut, eut conclu à la culpabilité de l'organisateur de cette invasion, M. Rhodes, et eut déposé un rapport dans ce sens devant le Parlement, le coupable fut défendu par M. Chamberlain, membre de ladite commission, qui s'appuya, pour ce faire, sur des motifs contraires à ceux qu'il avait approuvés dans le rapport.

Votre Excellence devra reconnaître que la République Sud-Africaine, d'accord avec tout le monde civilisé, avait le droit de conclure, alors, que l'expédition Jameson, que nous pensions tout d'abord organisée à l'insu du gouvernement de Sa Majesté, était tout au moins connue de plusieurs membres de ce gouvernement. Je puis encore ajouter que, depuis ce temps, jamais l'indemnité promise à la République n'a été payée, et qu'au contraire, cette dernière a été continuellement inquiétée par des dépêches menaçantes relatives à des points de son administration intérieure. Du reste, une influence extérieure agit bientôt pour faire signer des pétitions relatant des griefs absolument injustifiés, et pour les faire parvenir au gouvernement de Sa Majesté, afin de lui fournir l'occasion, depuis si longtemps cherchée, de s'ingérer dans la politique intérieure de la République.

Je suppose ces faits suffisamment connus de Votre Excellence, pour qu'il me soit inutile d'insister sur eux.

Je voudrais, cependant, attirer la bienveillante attention de Votre Excellence sur les points suivants :

Au moment de la dernière pétition, je m'aperçus qu'il existait des gens qui voulaient, à tout prix, une guerre entre la République et l'Angleterre ! Je suis alors intervenu, et j'ai essayé, en usant de toute mon influence, d'empêcher le conflit.

J'ai même conseillé au Transvaal de céder, non parce que j'estimais le bon droit du côté de l'Angleterre, mais afin d'éviter, avant tout, le versement du sang. Le gouvernement de Sa Majesté devenant de plus en plus exigeant, la République a fait concessions sur concessions aux réclamations chaque jour plus exorbitantes de votre pays, jusqu'au moment où celui-ci proposa de soumettre la question du droit de vote à une commission. A la demande de l'agent diplomatique anglais à Prétoria, la République

Trois Ans de Guerre

présenta un projet qui allait même plus loin que les exigences du haut commissaire. Le gouvernement de Sa Majesté, néanmoins, refusa d'accepter cette proposition, en formulant de nouvelles demandes, et quand la République fit savoir qu'elle était prête à souscrire aux conditions énoncées par l'Angleterre, celle-ci, au mépris de toute justice et de toute humanité, fit savoir à notre gouvernement qu'elle renouvellerait plus tard ses exigences. C'était là un véritable ultimatum, les hostilités étant ajournées jusqu'au moment où les troupes anglaises auraient débarqué dans l'Afrique du Sud.

Le gouvernement de l'État libre d'Orange a encore essayé, au dernier moment, d'empêcher la guerre d'éclater. Il a fait télégraphier, par le haut commissaire, au gouvernement anglais, pour lui demander quelles nouvelles exigences celui-ci se proposait de formuler encore à la République. A mon grand regret, ce télégramme ne fut qu'imparfaitement transmis. Ce furent des troupes anglaises qui, de toutes les parties du monde, vinrent m'apporter la réponse. Elles furent concentrées, non seulement sur la frontière de la République Sud-Africaine, mais encore sur celle de l'État libre d'Orange qui, pourtant, n'avait eu jusqu'à présent avec votre gouvernement que des relations amicales.

Quand la République s'aperçut que le but poursuivi par l'Angleterre n'était nullement le règlement des griefs prétendus, qu'on avoue, d'ailleurs, maintenant, n'avoir jamais existé, mais tout simplement de voler à notre pays son

Trois Ans de Guerre

indépendance, notre gouvernement demanda à celui de votre Excellence de retirer les troupes massées sur nos frontières et de soumettre le différent à l'arbitrage.

Ceci se passait trois semaines environ après l'ultimatum, et un mois après que le gouvernement de l'État libre eut reçu du haut commissaire un télégramme l'invitant à conserver sa neutralité. Le but des Anglais était dès lors manifeste : ils voulaient annihiler la République Sud-Africaine ! Or votre gouvernement savait bien que nous étions liés depuis 1889, par une alliance défensive, avec la République. Par suite, le jour où celle-ci résolut de défendre ses frontières contre l'ennemi menaçant, je fus obligé de faire une des démarches les plus pénibles de ma vie, en rompant le lien d'amitié qui nous unissait à la Grande-Bretagne, pour venir au secours de la République sœur, à laquelle nous étions liés par traité.

Dès le commencement de la guerre nous fûmes bien convaincus que, depuis longtemps, votre gouvernement était résolu à rayer les deux Républiques de la carte des nations. Ceci nous fut prouvé non seulement par des documents tombés entre nos mains qui établissent que depuis 1896, c'est-à-dire depuis le raid Jameson, le gouvernement anglais était formellement décidé à organiser une invasion dans les deux Républiques, mais encore par l'aveu fait récemment par Lord Lansdowne : il a reconnu, en effet, que, déjà en 1899, il avait conféré avec Lord Wolseley, alors généralissime des armées de Sa Majesté sur le moment le plus opportun pour l'attaque des deux Républiques. Votre

Trois Ans de Guerre

Excellence reconnaîtra par là que ce n'est pas nous qui avons tiré l'épée, et que nous nous sommes contentés de repousser le glaive suspendu au-dessus de nos têtes. Nous nous trouvions dans le cas de légitime défense, — un des droits les plus sacrés de l'homme — et il nous fallait conserver notre existence. C'est pour cela que je me permets de croire humblement que nous avons le droit d'avoir confiance dans la justice divine.

J'ai constaté ensuite que Votre Excellence faisait allusion à l'impossibilité d'une intervention étrangère, et qu'elle croyait que nous poursuivions la lutte, soutenus par cet espoir.

Si Votre Excellence veut bien me le permettre, je lui exposerai notre manière de voir à ce sujet. Nous avons espéré, et nous espérons toujours que le sentiment de justice, inhérent au monde civilisé, s'opposera au crime que veut commettre l'Angleterre, en supprimant l'existence d'un peuple. Mais en dehors de cet espoir, nous avons toujours été fermement décidés à faire tout ce qui est en notre pouvoir pour nous défendre par nous-mêmes, avec l'assistance de Dieu; cette résolution n'a jamais été ébranlée.

Votre Excellence considère notre lutte comme sans espoir. Je ne vois pas du tout ce qui a pu l'amener à formuler une telle conclusion. Comparons la situation actuelle à celle d'il y a un an, au moment de la reddition du général Prinsloo. A ce moment, la Colonie du Cap était tranquille, et pas un de nos commandos ne s'y trouvait. L'État libre était presque entièrement en votre pouvoir, à l'exception de la contrée occupée par le commandant Hasebroek. Dans la République Sud-Africaine, la situation était presque la même ; le pays était occupé par vos troupes, sauf les régions qui se trouvent derrière le Boschveld, contrées alors occupées par les généraux de la Rey et Botha, avec leurs commandos.

Quelle est donc la situation actuelle ?

La Colonie du Cap est couverte de mes commandos qui en occupent la plus grande partie. Leur nombre ne fait que s'accroître de jour en jour, par l'appoint des hommes qui viennent à nous, révoltés qu'ils sont de l'injustice de l'Angleterre, vis-à-vis des deux Républiques.

Je reconnais volontiers que Votre Excellence possède, dans l'État libre d'Orange, la capitale, les chemins de fer et quelques villages en dehors du réseau ; mais à part cela, rien autre chose. Tout le reste de l'État libre d'Orange est en notre pouvoir. Dans la plupart des villages, des magistrats ont été nommés par nous pour rendre la justice, en notre nom, dans le pays. L'ordre y est par conséquent assuré par nous et pas par Votre Excellence.

Au Transvaal, la situation est la même. La justice y est également rendue par des magistrats nommés par son gouvernement.

Permettez-moi de vous faire observer que la juridiction de Votre Excellence ne va pas plus loin que le feu de ses canons.

Au point de vue militaire, maintenant, notre cause,

malgré le nombre écrasant des troupes qui nous sont opposées, n'a fait que des progrès au cours de la dernière année; et on ne peut, à aucun titre, la considérer comme désespérée.

En ce qui concerne les 35.000 hommes que Votre Excellence prétend avoir été faits prisonniers de guerre, je n'en veux pas contrôler le nombre. Je dois pourtant faire observer qu'en dehors des Burghers qui se sont laissés prendre par les proclamations du prédécesseur de Votre Excellence, et de ceux qui — Dieu merci, peu nombreux! — ont déserté notre cause et trahi leur pays, vous avez surtout fait prisonniers de guerre des vieillards, des invalides, des enfants, tous enlevés de force dans leurs fermes par les troupes anglaises et enfermés, contre leur volonté, dans des camps. La prétention que vous émettez que ces personnes ont trouvé là un refuge et la tranquillité, n'est, en conséquence, pas sérieuse. Je peux vous assurer qu'en réalité, en dehors des prisonniers et de quelques déserteurs, la grande majorité des Burghers combattants est toujours sous les armes. Quant à ceux qui, en très petit nombre, passent à l'ennemi, vous savez comme moi que nous ne sommes pas les seuls à connaître cette adversité. L'histoire nous enseigne que dans toutes les guerres pour l'indépendance, il a fallu compter avec ces éléments, et nous sommes d'avis que nous pouvons parfaitement continuer la lutte sans eux.

Quand Votre Excellence parle des 74.000 femmes et enfants qu'elle dit nourris dans les camps de concentration,

Trois Ans de Guerre

elle sait bien cependant de quelle façon cruelle ces personnes absolument inoffensives ont été arrachées de leurs demeures, pendant que les troupes britanniques détruisaient tous leurs biens.

Il est certain que ces pauvres innocentes victimes de la guerre aiment mieux se sauver et errer à travers le pays, nuit et jour, sous les intempéries, que de tomber entre les mains de pareils ennemis ! Votre Excellence semble aussi ignorer que ses troupes n'ont pas hésité, quand elles se trouvaient en présence de ces bandes de fuyards, composées uniquement d'êtres inoffensifs, à diriger contre elles le feu de leurs canons et de leurs fusils, afin de s'en emparer plus rapidement. Plusieurs femmes et enfants furent tués de la sorte, par exemple, le 6 juin, à Graspan, près de Reitz, où un laager de femmes — et nullement un convoi, comme il a été rapporté à Votre Excellence — fut capturé par les troupes anglaises. Quand nous vînmes délivrer ces malheureuses, alors que vos troupes se cachaient derrière elles, vos soldats tirèrent sur elles des coups de canon et de fusil, et pourtant ils n'ignoraient pas que le laager se composait uniquement de femmes.

Je pourrais citer cent autres cas analogues, mais c'est bien inutile. Que Votre Excellence daigne se donner la peine d'interroger là-dessus un de ses soldats et, s'il est sincère, mes paroles seront pleinement confirmées. Dire, par conséquent, que les femmes se trouvent dans les camps de concentration sur leur propre désir, est contraire à la vérité, et assurer qu'elles y ont été amenées parce que les

Trois Ans de Guerre

Boers refusaient de s'occuper de l'entretien de leurs familles — comme il paraît que le ministre de la Guerre l'a affirmé au Parlement — est une calomnie qui ne nous atteint pas, mais qui déshonore le calomniateur, et ne saurait jamais être approuvée par Votre Excellence.

Pour revenir à la proclamation, j'ai l'honneur d'assurer à Votre Excellence qu'elle ne m'empêchera pas de faire jusqu'à la fin mon devoir, selon l'inspiration de ma conscience, et non d'après les ordres de mes ennemis. Notre patrie est ruinée, nos maisons, nos foyers dévastés, notre bétail enlevé ou abattu par milliers de têtes, nos femmes et nos enfants emmenés prisonniers, insultés et entraînés malgré eux; des centaines de Burghers ont sacrifié leur vie pour l'indépendance de leur patrie! Croyez-vous, aujourd'hui, que nous allons manquer à notre devoir parce qu'on nous menace de l'exil? Serons-nous parjures envers ces centaines de victimes, tués ou prisonniers, qui, confiants dans l'avenir, ont sacrifié leur liberté et leur vie? Serons-nous parjures envers Dieu même dont la justice et la protection nous ont sauvegardés jusqu'à présent? Si nous nous rendions coupables d'un tel forfait, je suis convaincu que Votre Excellence, comme tout honnête homme, et nous-mêmes aussi, n'aurions plus pour nous que du mépris.

Je termine donc en assurant à Votre Excellence que personne plus que moi ne désire voir renaître la paix. Je me mets par conséquent à votre disposition pour me rencontrer avec vous où bon vous semblera, et conférer sur les conditions qui peuvent aboutir à une paix durable.

Trois Ans de Guerre

Mais je dois dès maintenant ajouter qu'aucune paix durable ne me semblera acceptable, qui n'aura pas pour base l'indépendance des deux Républiques et la sauvegarde des intérêts de nos frères de la Colonie du Cap.

S'il faut considérer comme un crime la défense de sa personne et de ses biens et s'il faut qu'un tel crime ait sa punition, il me semble que le gouvernement de Sa Majesté peut se contenter d'avoir dévasté le pays, martyrisé les femmes et les enfants, et rendu la misère générale. Et c'est à Votre Excellence qu'il appartient de mettre fin à toutes ces exactions et de rendre, par là, à cette partie du monde, son ancienne prospérité. Nous ne faisons pas appel à la magnanimité de nos adversaires, mais seulement à leur justice.

Je joins à ma lettre, sa traduction en anglais afin d'éviter qu'une traduction incomplète n'empêche votre Excellence de se rendre compte du contenu exact de cette missive. Le fait s'est produit déjà quand une lettre, écrite par moi au gouvernement de la République Sud-Africaine, tomba à Reitz entre vos mains, et fut ensuite publiée. Il était difficile d'en reconnaître le texte primitif, non seulement à cause des défectuosités de la traduction, mais encore par suite des phrases nouvelles qui avaient été ajoutées au texte primitif, et des suppressions qui en dénaturaient totalement la signification.

J'ai l'honneur, etc.
Signé : M.-E. Steijn,
Président de l'État libre d'Orange.

Trois Ans de Guerre

Comment les Burghers prirent-ils cette proclamation de Lord Kitchener? Elle ne produisit sur eux aucun effet. D'aucuns dirent que c'était là une belle occasion de juger la persévérance des vrais patriotes, et de leurs officiers. Je dois d'ailleurs reconnaître qu'aucune reddition n'eut lieu. Aussi, quand le 15 septembre, jour fixé, arriva, tous les Burghers avaient plus de confiance que jamais dans la justice de leur cause, et je suis certain que si, dès le début des hostilités, nous avions eu des troupes aussi sûres, notre affaire eût mieux marché.

Les Présidents et les commandants en chef avaient tous répondu au général Kitchener que leur intention était de poursuivre la lutte. Cette réponse fut suivie immédiatement de trois succès militaires : la victoire du général Brand à Vlakfontein, celle de de la Rey dans l'ouest du Transvaal et celle de Botha à Itala, toutes remportées dans ce même mois de septembre.

Chapitre XXXI

BLOCKHAUS ET ATTAQUES DE NUIT

Je me rendis à cette époque auprès des Burghers de Harrismith qui combattaient sous le commandement de Jean Jacobsz, puis auprès de ceux de Bethlehem. A mon retour, j'appris que les ennemis étaient occupés à construire une ligne de blokhaus entre Heilbron et Frankfort.

Je ne fus pas peu étonné d'apprendre que la puissante Angleterre avait recours à ce moyen pour prendre les Boers. Nos ennemis auraient dû pouvoir atteindre ce but sans les blockhaus. Ce système était tout simplement ridicule, et les nombreux prisonniers faits dans l'État libre, ne dûrent pas leur capture à la présence de ces fortins. Les Anglais organisaient là ce qu'ils appelaient un « drive ». Ils étaient presque coude à coude depuis Heilbron jusqu'à Frankfort et Bethlehem. C'était là leur base d'opération. Ils devaient ensuite diverger vers Vrede et les Drakensbergen et vers Harrismith. Leur intention était de resserrer le cercle autour de nous, jusqu'au moment où ils auraient pris un nombre considérable d'hommes et de troupeaux. Mais nulle part, nos hommes ne se laissèrent prendre à cette tactique.

L'ennemi, par la voie des journaux à sa dévotion, a souvent chanté la louange du système des blockhaus; jamais il n'est parvenu à démontrer clairement en quoi ils ont été utiles.

Quand, vers la fin de la guerre, les lignes de blockhaus s'étendirent sur tout le pays, il arriva souvent en effet, que les Anglais nous acculèrent contre cette défense. Il fallait combattre pour s'échapper. Eh bien! en général, nous subissions moins de pertes dans ces conditions que lorsque nous étions enfermés dans le cercle vivant de leurs troupes.

Les Anglais étaient donc occupés à construire une de ces lignes au moment où je retournai vers le Sud. Cette ligne fut bientôt achevée; et, après celle-là, ils en créèrent d'autres, celle de Vrede à la passe de Botha, prolongée par une série de forts jusqu'à Harrismith; puis de Harrismith en partait une encore passant par Bethlehem et Fouriesbrug pour s'étendre jusqu'à la frontière du Basoutoland. Une troisième allait de Lindley à Kroonstad et, de là, longeait le chemin de fer jusqu'à la bifurcation de la ligne de Heilbron.

Une autre série de forts avait été établie jusqu'à la Colonie du Cap, et une autre encore de Kroonstad aux mines de diamants de Driekopje; il y en avait le long de la Rhenosterrivier, de la Valschsrivier, de la Zandrivier. Il y en eut

Trois Ans de Guerre

une qui alla de Kimberley à Boshof; puis celle de Bloemfontein, à Thaba'Nchu et à Ladybrand. Toutes ces lignes parcouraient l'État libre. Je ne parle pas de celles, en grand nombre, qui traversaient la République Sud-Africaine.

Comment tous ces blockhaus étaient-ils construits? Les uns étaient faits de pierre, les autres de terre ou de fer. Leur forme était ronde ou carrée. Quelques-uns étaient pourvus de meurtrières, à six pieds du sol. La toiture était toujours en fer. Beaucoup avaient une structure métallique avec un double mur dont l'intervalle était garni de sable. Ces fortins étaient distants les uns des autres de quatre cents à mille pas, selon la nature et l'aspect du terrain. Mais de l'un on pouvait voir toujours ce qui se passait dans l'autre. Des fils de fer étaient tendus entre eux. Un fossé, profond de trois pieds et large de quatre, était creusé derrière cette clôture. Là où le sol était rocheux, un mur avait été élevé. En voyant ces lignes de blockhaus, il semblait que les Anglais fussent convaincus de la capture immédiate de tous les Burghers. Il n'en fut heureusement rien. Souvent des chevaux sauvages furent pris dans ces rets; j'aurais été heureux alors de jouir du spectacle; surtout si je ne m'étais pas trouvé sur le dos de l'animal. Mais les Boers surent la plupart du temps éviter ces barrières.

La construction de cette défense coûta sans doute à l'Angleterre pas mal de livres sterling. Mais il lui en coûta plus encore pour les occuper et les défendre. Il lui fallut, en effet, organiser de continuels convois chargés de porter la nourriture aux soldats qui y étaient enfermés. Et tout cet argent fut gaspillé en pure perte. Quand je raconterai plus tard comment je réussis moi-même à franchir ces lignes, le lecteur se rendra bien compte que la construction des blockhaus n'eut d'autre résultat que de prolonger la guerre de trois mois au moins.

A partir de l'hiver 1901, les Anglais se mirent à nous attaquer la nuit. Ils avaient inauguré une tactique nouvelle qui nous faisait, en vérité, beaucoup de mal. Il est certain cependant qu'ils n'auraient pas été capables de se livrer contre nous à ces attaques nocturnes, sans l'aide des National Scouts. Cette nouvelle méthode ne leur réussit que trop bien vers la fin de la guerre.

Il arriva que les Anglais s'égarèrent, qu'ils furent parfois obligés de se sauver, comme la nuit où ils furent surpris près de Heilbron, et une autre fois à Mankewaansstad. Mais trop souvent aussi ils tombèrent sur de petits détachements de Burghers, faisant prisonniers ceux qui n'avaient pu fuir à temps, et abandonnant sur le champ de bataille les morts et les blessés.

C'est cette tactique de nos ennemis qui nous causa le plus d'ennuis. Les Burghers en furent souvent même démoralisés, et il arriva quelquefois que d'aucuns quittèrent le camp sans crier gare.

Il faut que je rapporte ici une rencontre que j'eus avec une colonne ennemie. Elle était sortie de Bethlehem, et s'avançait dans la direction de Reitz.

Cette colonne avait pour guide le fils d'un représentant

Trois Ans de Guerre

du peuple orangiste (1), et, grâce à lui, elle put arriver à Reitz vers le lever du soleil. C'était là un résultat superbe. Quoiqu'il s'agisse d'ennemis, je ne peux qu'admirer ce résultat. Arrivés là, les Anglais capturèrent une dizaine de Burghers. Ils avaient sans doute pensé y trouver le Président ! Mais celui-ci était parti.

Moi, j'étais à dix milles de distance vers l'Ouest, dans la ferme de Blijdschap. A mon étonnement, je ne reçus, avant midi, aucune nouvelle de ce qui s'était passé. Quand j'en fus informé, je me demandai ce que je devais faire. Je ne pouvais pas convoquer les commandos de Heilbron, de Bethlehem, de Vrede et de Harrismith. Cela m'eût pris au moins vingt-quatre heures.

Je ne pouvais réunir que le velcornet Vlok, avec une fraction du commando de Parijs, et les veldcornets Louwrens et Matthijs, avec leurs Burghers. Y compris mon état-major, nous serions en tout au plus soixante-dix à quatre-vingts. Les veldcornets, convoqués, arrivèrent à l'heure dite.

Mon but était de couper la retraite aux Anglais, car je ne supposais pas qu'ils eussent le courage — ils étaient cinq cents — de demeurer longtemps à trente milles de distance de leur garnison ; et j'étais presque sûr qu'ils retourneraient dans la nuit à Bethlehem.

Dans l'après-midi, je parcourus les environs de Reitz

(1) Ce représentant du peuple avait contribué à faire éclater la guerre. Il avait dit au début : « Je jure de verser jusqu'à la dernière goutte de mon sang pour mon pays ! » Je me suis rendu compte dans la suite de ce qu'il fallait penser de cette rodomontade d'un homme qui ne demandait qu'à voir « son pays » tomber sous la domination étrangère.

Trois Ans de Guerre

pour essayer de me rendre compte des projets de mes adversaires. Puis, au coucher du soleil, j'envoyai quelques Burghers reconnaître le village, avec l'ordre de m'avertir immédiatement du départ des Anglais et de la direction qu'ils prendraient. A une heure du matin, je reçus la nouvelle que l'ennemi se mettait en marche vers Harrismith. La route qu'il suivait conduisait également à Bethlehem ; elle était commune aux deux directions jusqu'à huit cents pas environ du village ; puis là, elle bifurquait.

Aussitôt cette nouvelle reçue je donnai à mes hommes, qui étaient tout prêts, l'ordre de se mettre en selle.

J'avais l'intention de suivre la route de Bethlehem, pour déboucher ensuite sur celle de Harrismith en traversant une vallée qui m'était bien connue. Je pourrais de la sorte ouvrir le feu sur les ennemis au moment où ils déboucheraient d'un col et que leurs silhouettes se dessineraient nettement sur le ciel.

Mais mon éclaireur s'était trompé. Les Anglais n'avaient nullement l'intention de suivre la route de Harrismith. Aussi, alors que nous étions sur celle de Bethlehem nous faillîmes nous heurter contre eux.

Ils allaient au trot, ce qui leur permettait de nous entendre venir de loin, nous qui allions au galop. Nous n'étions plus qu'à deux cents pas d'eux quand ils ouvrirent le feu sur nous. Je commandai aussitôt :

« Chargez, Burghers ! »

Une partie des miens — les plus courageux seuls — obéirent à mon ordre ; les autres se sauvèrent. Nous étions

Trois Ans de Guerre

cinquante pour donner l'assaut, et nous arrivâmes tout près des Anglais. Le combat fut court, mais violent. Six des nôtres étaient blessés ; il nous fallut nous retirer. Heureusement nos gens étaient très légèrement atteints, sauf mon fils Isaac dont une balle avait traversé la jambe au-dessous du genou.

Nous nous étions à peine éloignés de quelques centaines de pas, quand j'aperçus dans l'obscurité des cavaliers qui s'approchaient du village. Je les pris d'abord pour les hommes qui s'étaient sauvés tout à l'heure. Mais, de plus près, je reconnus le général Wessels et son état-major. Il n'avait que vingt hommes avec lui. Néanmoins je résolus de tenter un nouvel effort pour couper la retraite aux Anglais. Ceux-ci avaient du reste mis à profit le temps qui s'était écoulé depuis notre rencontre pour prendre une grande avance. Aussi quand nous pûmes les rejoindre le soleil était-il déjà complètement levé.

Un combat violent s'engagea de nouveau. Mais l'ennemi était dix fois plus nombreux que nous ; il disposait en outre d'un canon et d'un Maxim-Nordenfeldt ; il nous fut impossible de l'arrêter et nous dûmes nous retirer.

Heureusement nous n'avions aucune perte à déplorer, et nous pûmes nous éloigner tranquillement, tandis que les Anglais continuaient leur route vers Bethlehem.

Nous pouvions maintenant prendre un peu de repos, et surtout laisser nos pauvres chevaux, qui en avaient grand besoin, brouter l'herbe maigre du pays où nous nous trouvions.

Chapitre XXXII

JE RÉUNIS UN COMMANDO DE SEPT CENTS HOMMES

Vers la fin de septembre, le commandant F.-E. Mentz avait engagé un combat, près de Heilbron, avec la troupe du colonel Byng. Une partie de celle-ci avait occupé une position sur des côtes et s'y était retranchée dans des kraals cafres. Le commandant Mentz n'hésita pas à donner l'assaut à ces positions avec environ cinquante Burghers. Il réussit à les enlever, après avoir tué trente à quarante hommes. Il fit vingt-cinq prisonniers de guerre. Le reste se sauva. De notre côté, nous avions deux morts et trois blessés.

Pendant ce temps, le commandant Ross et les Burghers de Frankfort avaient également à soutenir une lutte avec le colonel Rimington, qui laissa entre nos mains seize morts ou blessés parmi lesquels se trouvaient sept National Scouts.

Trois Ans de Guerre

La lutte se portait sur tous les points du pays. Mais, à mon regret, je ne puis actuellement raconter les détails de tous ces combats, n'ayant pu y assister moi-même et ne voulant présenter au public qu'un livre vécu par moi.

Le fait même d'indiquer ces petits combats prouve cependant l'activité de tous nos commandos et les suprêmes efforts qu'ils s'imposèrent. J'ai, d'ailleurs, l'intention de demander des rapports détaillés à tous mes commandants en chef adjoints et de les réunir un jour en un nouveau livre. Je suis certain que le monde entier sera étonné de leurs exploits et ne manquera point de rendre aux nôtres l'hommage qu'on doit à de glorieux vaincus.

Pourtant, malgré l'activité des commandos dispersés, je pensai que le moment était venu de livrer une bataille sérieuse. A cet effet, je donnai l'ordre à mes officiers de se réunir à Blijdschap, dans la région de Bethlehem, avec un nombre déterminé d'hommes. Les braves que j'avais conviés à un suprême effort étaient : le général Michael Prinsloo avec les commandants Olivier et Rautenbach, du commando de Bethlehem ; le commandant David van Coller, placé à la tête des Burghers de Heilbron depuis que Steenekamp avait démissionné ; le commandant Hermanus Botha, de Vrede ; le commandant Koen, de Ladybrand, et le commandant Jan Cilliers, de Kroonstad.

Au commencement de novembre, j'avais pu ainsi réunir sept cents hommes à Blijdschap(1). Quoique nous fussions

(1) Ce fut à cet endroit que se réunit un Conseil de guerre où plusieurs personnes furent jugées, parmi lesquelles de Lange, qui fut condamné à mort pour trahison.

Trois Ans de Guerre

au printemps, l'état du Veld laissait beaucoup à désirer, et je dus disperser, pour cette raison, les éléments de ma troupe, afin qu'éloignés les uns des autres, ils pussent trouver de meilleurs prés pour les chevaux.

Ce fut à la fin de novembre qu'un combat eut lieu entre moi et les Anglais, au sud de Lindley. J'avais sous mes ordres les généraux Hattingh, Wessel Wessels et Michael Prinsloo. Je savais qu'une colonne anglaise était campée, depuis deux jours, près de la ferme de Jagersrust, à dix-huit milles au sud-est de Heilbron et à peu près à la même distance de Blijdschap. Je croyais pouvoir les attaquer dans la nuit, mais j'aurais pourtant voulu les voir s'éloigner un peu plus de Heilbron.

Une occasion hâta l'attaque : la semaine précédente, trois colonnes ennemies, venant de Winburg et de Kroonstad, avaient opéré jusqu'à la vallée du Liebenberg, chassant devant elles un laager de femmes vers le Nord-Est. Elles avaient cependant abandonné la poursuite du laager en rentrant à Kroonstad, en sorte que les femmes passèrent, dans l'après-midi du 28 novembre, près de la ferme de Blijdschap, se dirigeant sur Lindley. Elles n'échappaient malheureusement aux uns que pour tomber sur les autres.

Le lendemain matin, en effet, deux heures après le lever du soleil, je reçus du général Hattingh, qui, avec le commandant Cilliers et cent Burghers, se trouvait le plus près de moi, un rapport m'annonçant que les Anglais de

Trois Ans de Guerre

Jagersrust s'étaient mis à la poursuite du laager des femmes, et que l'affaire se passait probablement tout près de Blijdschap, vers l'Ouest.

Aussitôt le général Hattingh fit remettre ses hommes en selle et, en vingt minutes, il était à Blijdschap. Informé, moi-même, je me mis également à la poursuite des Anglais, accompagné du général Wessels. Je n'avais que cent hommes et me trouvais à une distance de cinq milles du général Hattingh. Les Anglais avaient sur nous une avance de douze milles. Le général M. Prinsloo étant trop loin, il m'était impossible de réunir toutes mes forces.

Pourtant ce fut le général Prinsloo qui, le premier, attaqua les Anglais à gauche de leur front. Peu après, j'arrivai pour attaquer leur arrière-garde par la droite, tandis que le général Hattingh l'attaquait par la gauche. Mais le Veld était malheureusement trop accidenté et les inégalités du terrain nous empêchèrent de nous voir et d'agir d'un commun accord. L'avant-garde ennemie qui serrait déjà de près le laager des femmes fut, dès lors, obligée de revenir sur ses pas pour se porter au secours de l'arrière-garde ; ce qui força le général Hattingh à se retirer devant les forces réunies des Anglais qui l'assaillaient. Il lui fallut abandonner ses positions, perdant trois blessés et deux morts parmi lesquels se trouvait le courageux veldcornet Klopper, du commando de Kroonstad.

Quand je pus arriver avec le général Wessels et le commandant Hermanus Botha, au secours du général Hattingh, celui-ci avait déjà dû se retirer.

Trois Ans de Guerre

Voyant que j'avais affaire à un millier d'Anglais, tous montés, et fortifiés par trois canons, je résolus de les tourner par la droite pour aller donner au général Prinsloo l'ordre de les suivre dans la direction de Lindley qu'ils avaient reprise et organiser enfin avec ce dernier une attaque combinée.

La marche en avant de Prinsloo ne put durer longtemps, car une pluie violente mêlée de grêle obligea l'ennemi à faire halte près de la ferme de Victoriespruit.

Sur les deux troupes ennemies, après la pluie ce fut la nuit qui tomba. Comme nos chevaux étaient épuisés par les charges continuelles que nous leur imposions et que les Burghers, dont bien peu avaient des paletots imperméables, étaient trempés jusqu'aux os, je décidai de remettre l'attaque au lendemain. J'estimai, d'ailleurs, que les Anglais étaient trop éloignés de leurs garnisons pour recevoir des renforts et qu'il n'y avait pas d'inconvénient à différer l'attaque. Nous passâmes la nuit à cinq milles environ de leur camp, moi, au Nord-Est et le général Prinsloo, au Sud-Est. Des sentinelles ordinaires, sans postes, furent placées autour de nous. Le lendemain matin, quand j'eus reçu le rapport des éclaireurs envoyés pour reconnaître les mouvements des Anglais, quel ne fut pas mon étonnement d'apprendre qu'ils s'étaient sauvés pendant la nuit dans la direction de Heilbron. Ils avaient abandonné dans leur campement cinq chariots chargés, une voiture, et sur les bords du Koornspruit qu'ils avaient traversé, des sacs de farine et des tentes. Ces fuyards devaient appartenir aux troupes du colonel Rimington.

Il était alors trop tard pour pouvoir les poursuivre et les rattraper avant Heilbron, et je me remis en marche avec mon commando vers l'ancien village de Lindley. Si je dis l'ancien village, c'est avec un profond sentiment de tristesse, mais puis-je parler autrement puisqu'en réalité ce village n'existait plus! Il avait été complètement détruit par le feu, y compris l'église et la demeure du pasteur.

Autour de Lindley, le Veld était superbe. Sous les premières pluies du printemps et les fortes pluies de la veille, l'herbe avait repris toute sa force. Je résolus donc de faire reposer nos chevaux en cette région. Il ne fallait plus penser à leur trouver une autre nourriture que l'herbe, car les fourrages laissés par les Anglais étaient insuffisants.

Nous pûmes, sans danger, rester à Lindley pendant dix ou douze jours; mais les chevaux n'y prirent guère de repos; ils étaient atteints par la gale et nous n'avions rien pour guérir cette maladie qui, pour la première fois, faisait son apparition dans les Républiques.

Ce fut de Lindley que j'envoyai le commandant Johannes Meyer de mon état-major, avec quarante hommes, vers la Colonie du Cap. Parmi ceux-ci se trouvait le courageux Willem Prétorius, dont j'ai déjà eu l'occasion de parler. Si le commandant Meyer avait eu seulement le temps de recruter un commando dans la Colonie du Cap, l'ennemi aurait pu voir de quelle trempe était cette jeune génération des Orangistes que lui et Willem Prétorius représentaient si bien.

Trois Ans de Guerre

Le 8 décembre trois colonnes venant du côté de Kroonstad furent signalées.

J'avais voulu rester à Lindley pour me trouver en face du colonel Baker. J'y tenais beaucoup parce qu'il avait sous ses ordres un certain capitaine Bergh, un National Scout qui faisait à tout moment des sorties du village de Winburg à la tête d'une bande de quatre à cinq cents Cafres. Dans cette triste besogne, il avait réussi, quelques mois auparavant, à surprendre un détachement du commandant Hasebroek et à faire cruellement assassiner quatre Burghers par ses bandits. Plusieurs faits semblables s'étaient déjà produits. La plupart, d'ailleurs, ont été constatés d'après des déclarations faites sous serment et dont les copies furent envoyées à Lord Kitchener. Les déclarations originales sont tombées entre les mains des ennemis. Mais je pourrais les faire renouveler à mon retour en Afrique. J'ai d'ailleurs voulu laisser la description de toutes ces atrocités à des plumes plus exercées que la mienne. Je n'en parle en passant que pour expliquer pourquoi je m'intéressais si spécialement à la colonne du colonel Baker.

J'occupais, pour résister aux colonnes venant de Kroonstad, des positions au nord-ouest de Lindley. En cet endroit je n'eus que quelques escarmouches. Je me retirai ensuite vers l'Est et, à la tombée de la nuit, je tournai vers le Sud en me cachant derrière le Kafferskop, dans l'espoir d'y recevoir la nouvelle que le colonel Baker était en train d'avancer de Winburg. Il avait en effet l'habitude d'opérer d'accord avec les colonnes de Kroonstad.

Trois Ans de Guerre

Mais les colonnes de Baker retournèrent le lendemain par la vallée de Liebenberg, entre Bethlehem et Reitz dans la direction de Kroonstad. Elles y rentrèrent ensuite en passant entre Lindley et Reitz. Elles étaient dirigées par le National Scout Piet de Wet dont j'ai déjà eu l'occasion de parler au cours de ce livre et qui avait abandonné notre cause. Après avoir campé pendant deux jours près du Kafferskop, je traversai avec mon commando la Valschrivier et reçus, peu après, la nouvelle qu'une troupe protégeant un convoi était en marche entre Harrismith et Bethlehem.

Je croyais intéressant d'attaquer cette colonne et me mis immédiatement à sa poursuite. Comme il m'était impossible de la joindre avant qu'elle fût rentrée à Bethlehem, je résolus de l'attendre à une distance de quinze à seize milles au nord-est de Bethlehem, dans l'espoir que la colonne rentrerait à Harrismith.

Elle se tint à Bethlehem jusqu'au 18 décembre au matin et ce jour-là se remit en marche pour retourner à Harrismith. Le moment de l'attaquer était dès lors venu.

A cet effet, je divisai mon commando en deux groupes : deux cent cinquante hommes derrière la partie est du Langberg, à une distance de treize à quatorze milles de Bethlehem, et autant derrière les rochers du Spruit de Tijgerkloof, à l'endroit où la route de Harrismith traverse la rivière.

J'avais donné aux deux groupes l'ordre formel de charger l'ennemi, simultanément, aussitôt que j'aurais fait ouvrir le

Trois Ans de Guerre

feu sur les Anglais par mon Maxim-Nordenfeldt placé au sommet d'une colline, à l'est de Tijgerkloof, où je m'étais bien caché pour ne pas être aperçu et laisser les Anglais s'approcher près des Burghers. L'ennemi comptait environ 700 hommes et deux canons. J'avais si bien réussi à cacher les Burghers que les Anglais s'approchèrent jusqu'à mille ou douze cents pas sans se douter de leur présence.

Dès que les premiers éclaireurs des Anglais furent tout près, je donnai au capitaine Muller l'ordre de remonter jusqu'au sommet et de commander le feu. En même temps je remontai à cheval et me lançai dans la direction des Burghers. Je n'étais qu'à mi-chemin quand le premier coup de canon partit. Je sentais que la colonne était à moi, et que nous allions faire une bonne journée. Mais quelle ne fut pas ma déception quand je vis que sur mes cinq cents Burghers, il n'y en avait qu'un tiers qui tirait. Les autres se cachaient et j'avais beau faire, je ne réussis pas à les ramener au feu.

Mon plan devait échouer.

Quand ceux qui s'avançaient en tirant virent leurs camarades rester en arrière, ils rebroussèrent chemin. Ils auraient eu, cependant, le temps d'attaquer les Anglais de quatre côtés.

Le combat dura peu, mais fut extrêmement violent. Malgré tout, la journée était perdue, car il ne me fut plus possible de faire revenir les Burghers à la charge, et il ne me restait qu'à me retirer au sud de Lindley, triste retraite où nous n'avions qu'à compter nos pertes,

Trois Ans de Guerre

tandis que nous aurions pu vaincre. Le rassemblement se fit peu après. Nos pertes s'élevaient à deux tués et neuf blessés, dont deux moururent peu après.

Il nous était impossible de connaître les pertes des Anglais, mais nous avions vu leurs ambulances très occupées sur le champ de bataille. Plus tard, on nous dit que ces pertes avaient été de beaucoup supérieures aux nôtres.

Chapitre XXXIII

PRISE DU CAMP ANGLAIS DE TWEEFONTEIN

La colonne avait continué son chemin vers Harrismith. J'avais l'intention de tenter un nouveau coup de main qui, cette fois-ci, devait réussir. A cet effet je partis vers le nord-est de Bethlehem et cachai mes hommes à Tijgerkloof, où le Veld était en excellent état. Voici quelle était mon idée.

Le camp du colonel Firman avait été installé entre Bethlehem et Harrismith, près du pont du chemin de fer de l'Elandsrivier. Il était occupé, à ce moment, à construire la ligne des blockhaus entre ces deux villages. Le camp était trop bien retranché pour être pris d'assaut, et je savais que le colonel Firman, autant qu'il me croirait dans le voisinage, ne se risquerait pas en dehors de ses lignes pour me donner l'occasion de l'attaquer.

Je devais donc trouver un stratagème pour le faire quitter son camp. Dans ce but, je fis venir le commandant Jan

Trois Ans de Guerre

Jacobsz, qui se trouvait à Witzieshoek avec cinquante hommes. Je lui confiai mon secret en lui disant de s'en retourner avec ses cinquante Burghers, de façon à se faire apercevoir par le colonel Firman. Je lui donnai en outre l'ordre de faire passer quelques-uns de ses veldcornets dans les kraals cafres situés à proximité du camp anglais, et de faire croire à ces derniers qu'ils avaient reçu l'ordre de me rejoindre avec cinquante hommes, mais qu'arrivés au laager, je les avais renvoyés dans leurs régions, parce que j'avais l'intention de m'en aller avec mon commando dans la direction de Winburg.

Mon plan devait réussir le lendemain, les éclaireurs du colonel Firman ayant reçu des Cafres les faux renseignements que je leur avais fait communiquer. Il en résulta que le jour suivant, 22 décembre, la colonne Firman, forte de six à sept cents hommes, partit des bords de l'Elandsrivier pour Tweefontein, une ferme située à mi-chemin entre l'Elandsrivier et Tijgerkloof.

Près de cette ferme se trouvait une montagne appelée Groenkop. On l'a nommée plus tard « Kristmiskop ».

J'avais donné l'ordre au commandant Jacobsz de venir me rejoindre pendant la nuit de Noël avec ses cinquante hommes, en lui recommandant expressément de ne pas se laisser apercevoir par l'ennemi. J'avais également mandé le veldcornet Beukes avec cinquante hommes de Wilgerivier, de la région de Harrismith. Le veldcornet Beukes était un homme courageux qui méritait grandement le titre que je lui conférai dans la suite, de commandant d'une partie des Burghers de Harrismith. Mon intention était d'attaquer le colonel Firman, le matin de la Noël.

Deux jours avant, j'avais reconnu avec le général Prinsloo et les commandants, le voisinage du Groenkop au sommet duquel se trouvait le camp du colonel Firman. Je m'approchai le plus possible de la montagne. Je ne pus, le premier jour, la voir que de l'Ouest, du Nord et de l'Est. Le lendemain je réussis à la reconnaître du côté Sud.

Comme je tenais à attaquer l'ennemi le matin même de Noël, mon regret fut grand de m'apercevoir que, depuis le 22 décembre, les Anglais se trouvaient installés dans ces positions; car je prévoyais que, depuis quatre jours, ils avaient pu s'y retrancher solidement.

En observant le versant sud de la montagne, j'aperçus trois cavaliers qui sortaient du camp et prenaient toutes les précautions possibles pour n'être pas remarqués. Ils avaient, sans doute, l'intention fort louable pour eux, mais désagréable pour moi, de reconnaître l'emplacement de mes troupes. Je les laissai galoper quelque temps dans la direction du Nord-Est, puis je lançai à leur rencontre, en leur indiquant un détour, le commandant Olivier et le capitaine Potgieter. Cette sortie avait moins pour but de capturer les éclaireurs que de provoquer l'ennemi à une démonstration d'artillerie qui devait nous renseigner sur la position de ses canons. Pourtant, les estafettes anglaises ayant aperçu les miennes se mirent en devoir de les poursuivre. C'était vraiment témoigner trop d'audace à l'endroit de deux vieux braves comme Olivier et Potgieter. Ils se piquèrent d'orgueil, firent volte-face, et, contournant une butte, tombèrent sur les éclaireurs ennemis qui, les ayant perdus de vue, s'efforçaient de les retrouver dans la plaine. Quand ils se virent surpris, les éclaireurs ennemis — c'étaient des Cafres! — s'enfuirent à toute bride. Mais l'un d'eux n'échappa pas au fusil d'Olivier, dans sa retraite précipitée.

La sortie de mes éclaireurs avait d'ailleurs produit tout son effet, les canons anglais ayant tonné contre eux et nous ayant indiqué par là qu'ils se trouvaient sur le versant ouest, d'où ils pouvaient dominer tous les environs.

Voici donc comment se présentait un engagement possible contre le Groenkop.

Du côté est, la pente était douce et permettait l'assaut; mais les Anglais, qui l'avaient prévu dans cette direction, s'y étaient solidement retranchés. Du côté ouest, les Anglais étaient peu fortifiés, mais ils avaient comme défense naturelle une pente très raide. Ils pouvaient, d'ailleurs, en cas d'attaque du côté opposé, s'y porter fort rapidement. J'étais convaincu qu'en dépit des escarpements qui rendraient notre assaut difficile, il valait mieux les attaquer par l'Ouest.

Le camp ennemi, de forme circulaire, mesurait un diamètre de quatre cents pas. Le convoi se trouvait à l'abri dans un repli de terrain, au-dessous des retranchements d'où l'on pouvait tirer sans qu'il fût expoé.

Il s'agissait de préparer l'attaque.

Trois Ans de Guerre

A cet effet, mon commando, fut réuni, le 24 décembre, près du Tijgerkloof, dans un endroit où nous étions inaperçus. Il devait se mettre en marche à la tombée de la nuit pour atteindre, à quatre milles au nord de Groenkop, une ferme où je devais le prendre en main.

Il fut exact, et je le trouvai, dès l'heure fixée, accompagné du général Brand et du commandant Sarel Coetzee venus pour me voir et qui saisirent, avec empressement, l'occasion de s'occuper un peu. J'avais à ma disposition les six cents Burghers de Michael Prinsloo solidement encadrés par les commandants Hermanus Botha, van Coller, Olivier, Rautenbach, Koen, Jan Jacobsz et Mears.

Quand tout fut prêt je laissai cent hommes en arrière auprès de notre canon et des chevaux de trait et mis les autres en route (1). Ils devaient s'avancer par petits détachements et dans le plus grand silence pour se réunir au pied du versant ouest du Groenkop. On devait y laisser les chevaux de selle et gravir la montagne à pied jusqu'au camp, où devait commencer l'assaut. Celui-ci ne serait précipité dès le début que si l'alerte était donnée aux Anglais.

---

(1) A ce moment, il se trouvait des chevaux pour nos bagages, mais pas le moindre bagage. Cela n'empêchait pas les Anglais de publier chaque jour qu'ils nous avaient pris des convois et des laagers. C'était surtout sur moi qu'ils excitaient leur verve *A convoy of de Wet was captured on the, etc., at,* aimaient-ils à écrire. Mais pour qu'on prit le convoi de de Wet, il aurait fallu qu'il en eût un, et il y avait beau temps que de Wet n'en voulait plus. Des chevaux de selle rapides, des canons et des fusils, voilà ce qu'il lui fallait.

Sans doute l'ennemi commettait-il quelque erreur involontaire. Les laagers qu'il prenait à chaque instant pour le mien, n'étaient que ces malheureux convois de femmes qui zigzaguaient dans le Veld, sans défense, pour éviter les camps de concentration. Le mérite de les prendre était-il bien grand et valait-il la peine d'être exalté en de copieux rapports ?

Mais ils n'eurent vent de rien tout d'abord.

Nous arrivâmes ainsi jusqu'à mi-chemin de la côte sans être inquiétés. Il était deux heures du matin. Tout à coup, la voix d'une sentinelle perça la nuit :

« Qui vive ? »

Et des coups de fusil partirent.

Il n'y avait plus à hésiter. De toutes mes forces, je criai sur le front de ma troupe :

« A l'assaut, mes amis ! »

Ensemble et comme d'une seule voix, mon commando me répondit :

« A l'assaut, général ! »

Moment inoubliable où parmi les sifflements des balles, on entendait ces mots que se jetaient les nôtres, pour s'encourager : « En avant, à l'assaut ! »

La voix lugubre du canon tonna bientôt des hauteurs, étouffant toutes les autres. Puis elle se tut. Nous avions surpris dans l'ombre de la nuit les silhouettes des artilleurs qui sous notre tir tombèrent à côté de leurs pièces.

Dès lors le campement était pris. Les Anglais reculaient, reculaient toujours. C'était bien un peu leur tour, et c'était leur sort aussi quand nous luttions à armes égales. Après la retraite, ce fut la fuite ; mais nous ne pûmes compléter la déroute des ennemis, parce que nous avions laissé nos chevaux au bas de la montagne.

L'affaire s'était arrangée en moins d'une heure. Je n'ose pas cependant préciser ; car je ne me suis jamais occupé du temps qu'il fallait pour mettre les Anglais en déroute ;

cela dépendait, du reste, des occasions. L'essentiel pour moi était d'y arriver. Je reconnais, d'ailleurs, bien volontiers, qu'avant de fuir, les Anglais s'étaient bien comportés. Cette nuit-là, nous nous étions mesurés contre des « Yeomen. »

Quant tout fut fini, au bruit du canon et de la fusillade succéda la plainte lamentable des blessés. Et comme les soldats qui se battaient pour la liberté restaient malgré tout des hommes, je donnai l'ordre aux Burghers d'aider les médecins à transporter ces blessés sous nos tentes où l'on pouvait s'occuper d'eux. Ils y trouvèrent toutes les boissons dont nous pouvions disposer.

Dans cette affaire, ce qui fut impardonnable de la part des Anglais, c'est qu'ils avaient placé leur voiture d'ambulance au milieu du camp, et que cette imprudence, valut au docteur Reid d'être mortellement blessé.

Quand le soleil se leva nous fîmes prendre aux canons et aux voitures la route de notre laager. Je les envoyai ensuite dans la direction du Langberg, à l'ouest du Groenkop.

L'ennemi avait perdu cent seize hommes, tués ou grièvement blessés et deux cent quarante qui avaient été faits prisonniers.

De notre côté également, les pertes étaient élevées. Nous avions quatorze morts et treize blessés. Parmi les tués, se trouvait le commandant Olivier de Bethlehem que je remplaçai par M. A.-J. Bester, et le veldcornet Jan Dalebout de Harrismith ; parmi les blessés, Gert de Wet de mon état-major. Deux de ces derniers moururent, dans la suite, dont le veldcornet Louwrens.

En dehors des deux Armstrong et d'un Maxim-Nordenfeldt, notre butin se composait de vingt chariots attelés de bœufs, d'une grande quantité de munitions, de fusils, de tentes, de cinq cents chevaux, de mules et d'une voiture bien garnie de boissons, ce qui ne fut pas désagréable à ceux de nos Burghers qui ne dédaignaient point de se refaire du courage en levant le coude. N'étaient-ils point excusables d'abuser un peu de la cantine anglaise, ceux qui étaient allés la surprendre, à deux heures du matin à une altitude raisonnable et sous une grêle de balles ?

A deux milles du Groenkop se trouvait un petit camp ennemi qui, averti par les coups de fusil et de canon, ouvrit le feu sur nous, dès le lever du soleil. Les Anglais se seraient peut-être repentis de leur imprudence, si, comme la nuit précédente, j'avais eu tous mes Burghers sous la main. Mais j'en avais renvoyé une partie avec les voitures et les autres conduisaient par la bride les chevaux capturés. Je jugeai donc prudent de ne pas risquer l'attaque.

Je donnai l'ordre aux hommes qui me restaient de suivre les chariots, et de les conduire au nord de Bethlehem. C'est de là que j'envoyai, le lendemain, les prisonniers de guerre, par la route de Nauwpoort, jusqu'à la frontière du Basoutoland. Puis je commandai au général Prinsloo de se rendre dans la région située entre Reitz et Heilbron.

Je partis de mon côté pour aller voir le président Steijn et pour faire une visite aux malades de notre hôpital de Bezuidenhoutsdrift, que soignait le docteur Poutsma.

J'allai voir ensuite le général Wessel Wessels.

Chapitre XXXIV

JE ME FRAYE UN CHEMIN
A TRAVERS UNE ARMÉE
DE SOIXANTE MILLE HOMMES

Pourtant les Anglais ne pouvaient pas se faire à l'idée que nous garderions les canons du Groenkop et quand le général Michaël Prinsloo, en suivant la route de Reitz-Heilbron, arriva à la vallée de Liebenberg, ils s'y trouvaient pour lui barrer le chemin. Une forte colonne s'y était rendue de Kroonstad, mais elle fit sur elle-même l'expérience de la valeur des canons anglais du Groenkop. Ceux-ci firent un bon service contre leurs anciens maîtres.

On était alors au 28 décembre, un peu avant le coucher du soleil.

Pourtant les Anglais étaient nombreux et bien que nos canons fissent bonne contenance, Prinsloo crut bon de ne se maintenir que jusqu'à la nuit tombante et de franchir, à la dérobée, les lignes anglaises. Le lendemain matin, il se trouvait à douze milles au Sud-Ouest. L'ennemi croyant qu'il allait le retrouver à l'endroit où il l'avait laissé la veille attendait Prinsloo avec empressement et le cherchait même aux alentours. Sur une hauteur, notre général, bien à l'abri, s'amusait de tous les mouvements des Anglais.

Pendant que ceux-ci s'occupaient à découvrir des troupes qui n'étaient plus là, je passai tout à côté d'eux dans la vallée de Liebenberg, en revenant de l'hôpital. J'allai vers le commando de Heilbron. Je ne pouvais vraiment pas prévenir l'ennemi de mon passage.

Le lendemain, celui-ci se retira jusqu'à la ferme de Groenvlei au nord de Lindley où il attendit pendant quelque temps l'arrivée de renforts.

Je vois ce que vous combinez, me disais-je; vous voyez que nous ne sommes pas en nombre et vous voulez, un beau jour, nous surprendre avec des forces écrasantes. Mais ce ne sera pas encore cette fois-ci que vous saisirez de Wet. Et pour déjouer la tactique des ennemis, je fis immédiatement diviser mon commando. Chacun de mes commandants partit pour sa région, tandis que le commandant Mears restait à côté des canons, avec l'ordre de ne jamais s'avancer sans avoir bien reconnu le terrain.

Au bout de quinze jours, les Anglais, selon mes prévisions, avaient réuni contre moi sept fortes colonnes pour les faire opérer dans le voisinage de Heilbron, de Bethlehem et de Harrismith. Comme elles n'arrivaient pas à nous rencontrer, elles trouvèrent très courageux de brûler toutes les maisons sur leur passage et d'enlever le bétail.

Trois Ans de Guerre

De janvier à février 1902, les Anglais qui voulaient nous cerner augmentaient en nombre. Bien caché, quoique très mobile, dans le voisinage, je les observais pour savoir à qui j'avais affaire.

Je comptais franchir la ligne des blockhaus entre Lindley et Bethlehem, précédé des canons du commandant Mears auquel j'avais donné l'ordre de venir me rejoindre dans la direction d'Elandskop et qui avait su se dégager, une fois de plus, des Anglais, à l'est de la Wilgerivier. Mais cet officier ne put remplir toute sa mission. Auprès de la ferme de Fanny's'Home, il se trouva subitement bloqué par la troupe du colonel Byng; il dut abandonner ses canons. Le capitaine Muller ainsi que treize de nos artilleurs restèrent, avec les pièces, aux mains de l'ennemi. A vrai dire, ces canons ne nous avaient jamais rendu de grands services; car les Anglais, précipitant notre marche, ne nous permettaient pas de nous en servir.

Je ne pus donc passer, comme je l'avais prévu, et réunir, par delà les blockhaus construits entre Lindley et Bethlehem, les Burghers de cette dernière ville, de Kroonstad et de Winburg.

Pourtant il fallait passer, coûte que coûte, car les troupes réunies entre Harrismith et Vrede formaient un immense cordon qui partait des blockhaus de Harrismith-Bethlehem et aboutissait à ceux de Vrede, en passant par Frankfort et Heilbron. Elles s'avançaient en rangs serrés, tentant ainsi de nous pousser contre la ligne des fortins.

Le 5 février, dans l'après-midi, nous les vîmes déboucher de la vallée de Liebenberg dans plusieurs directions. A Elandskop, un héliographe (1) expédié de Blauwkop et de Verkijkerskop m'annonçait, en outre, qu'un nouveau cordon s'avançait en rangs serrés entre Frankfort et la ligne de Bethlehem-Lindley. J'en conclus que le but des Anglais devait être de nous pousser contre la ligne Heilbron-Kroonstad et le chemin de fer.

Dans cette situation, le 6 février, je me remis en marche pour aller vers Slangfontein, à l'ouest de Heilbron. Je laissai partout des ordres aux commandants Mentz, van der Merwe et van Coller et à une partie des Burghers du commandant Bester; je leur enjoignais, par ces ordres, de se réunir, dans l'après-midi, à Slangfontein pour franchir, pendant la nuit, la ligne des blockhaus. Il était grand temps, car, derrière nous, l'ennemi s'avançait de plus en plus.

Les commandants van Coller et van der Merwe ne se rendirent pas à mon appel. Ils s'étaient frayé un passage à travers les colonnes anglaises, entre Jagersrust et la ligne des blockhaus Heilbron-Frankfort, où ils mirent les Anglais en fuite, après avoir eu deux hommes tués. Les Burghers des veldcornets Taljaart et Prinsloo n'arrivèrent pas non plus. Ils avaient voulu aller de leur côté et furent tous faits prisonniers, à l'exception de vingt-huit hommes. Je dois dire, toutefois, que les blockhaus ne furent pour rien dans ce succès des Anglais. Il est uniquement dû à l'imprudence des Burghers, qui avaient cru pouvoir se cacher et furent

---

(1) La communication héliographique existait, à ce moment, entre Elandskop et Blauwkop, entre Bethlehem et Lindley, et rejoignait de là Verkijkerskop et Vrede. Elle existait également par delà les blockhaus jusqu'à Biddulphsberg.

Trois Ans de Guerre

ainsi faits prisonniers séparément. Ces maladroits étaient une centaine. Je n'avais donc avec moi que le commandant Mentz et une partie des Burghers des commandants Bester, Cilliers et Mears.

Dans l'après-midi, nous avançâmes jusqu'à une ferme, à une distance de douze milles de la ligne des blockhaus Lindley-Kroonstad, que nous voulions franchir avant le lever du soleil. Nous avions avec nous de cinq à six cents bestiaux qui, dans l'obscurité, s'égarèrent, avant que je pus m'en apercevoir.

Marche forcée et douloureuse s'il en fût, où s'enfuyaient dans la nuit, entre deux cordons de troupe, les derniers Burghers qui se battaient pour la liberté! Nous étions bien résolus à mourir jusqu'au dernier plutôt qu'à nous laisser surprendre; ou, pour mieux dire, nous étions résolus nous tirer de cette mauvaise passe et à faire voir aux Anglais que les mailles du filet tissé pour nous prendre étaient encore trop larges.

Au contraire de nos prévisions, l'affaire s'arrangea d'ailleurs le plus simplement du monde, tant il est vrai que, la plupart du temps, le péril n'est jamais si loin que lorsqu'on le croit tout près.

Comme nous avions pris la campagne pour être moins exposés, nous buttâmes, sans nous y attendre, contre les fils qui reliaient entre eux les fameux fortins. Les couper fut l'affaire d'un instant, et, sans qu'aucun bruit se fît entendre, sans qu'un coup de fusil partît, à la file indienne, nous passâmes.

Trois Ans de Guerre

Derrière nous déjà, les blockhaus se laissaient à peine distinguer dans l'épaisseur de la nuit.

Notre troupe n'avait pourtant rien de belliqueux dans son allure et nous ressemblions moins à des soldats qu'à des pèlerins égarés ou à des émigrés errants. Il y avait là, parmi nos Burghers, des femmes, des enfants, des vieillards qui s'étaient réfugiés dans nos rangs pour éviter les camps de concentration.

Le soleil levant nous trouva loin des Anglais, au bord de la Valschrivier. Nous fîmes halte pour rassembler tous les retardataires. Ce fut à ce moment qu'un Burgher de l'arrière-garde vint me trouver et me posa une question qui résumait bien le caractère de cette extraordinaire aventure.

— Général, me dit-il, où sont donc les blockhaus?

— Bien loin derrière nous, mon ami!

Il ne s'en était pas encore aperçu. J'avoue que personne n'avait pris grande peine pour échapper à cet énorme développement de troupes anglaises qui s'organisait autour de nous depuis trois mois. La Providence avait voulu, peut-être, que les derniers combattants de l'Orange, ceux qui incarnaient l'âme sans foyer et désormais errante de la Patrie n'eussent point la honte et la douleur d'être pris par l'ennemi.

Les bestiaux eux-mêmes réussirent à passer, sans grands dommages, ces formidables retranchements. A peine étions-nous, en effet, sur les bords de la Valschrivier que des coups de feu retentirent. C'était notre

Trois Ans de Guerre

troupeau que Jan Potgieter, Gert Potgieter et Wessel Potgieter conduisaient bravement à travers les fortins. Vingt bêtes furent tuées ou blessées et un cheval tué sous son cavalier. Mais le reste passa.

Ce fut, je pense, cet épisode du bétail franchissant lui aussi les lignes qui fit dire par la suite aux Anglais, que j'avais lancé, en avant de ma troupe, des bœufs affolés qui étaient chargés de me frayer un passage à travers les blockhaus. C'était d'une mauvaise invention; car, pour passer à travers les lignes anglaises, je n'avais pas pris jusqu'ici l'habitude de me servir de bestiaux, mais de fusils et de canons. En l'occurrence, comme il faut aller toujours par les voies les plus simples, je ne m'étais servi de rien du tout.

De la Valschrivier où nous nous étions reposés de cette nuit émouvante, nous allâmes à environ treize ou quatorze milles au sud de la ligne des blockhaus pour nous reposer pendant quelques jours. C'est de là que j'envoyai quelques éclaireurs en arrière pour se renseigner sur les troupes anglaises qui nous avaient poursuivis en deçà des fortins. Le lendemain j'apprenais, par un héliogramme de ces derniers qui avaient repassé la ligne, que je pouvais revenir. Les troupes anglaises ne me voyant plus s'étaient, en effet, disloquées pour rejoindre Kroonstad et Heilbron.

Je résolus, dès lors, de retourner sur mes pas et de repasser la ligne un peu plus vers l'Est, du côté de la ferme de Palmietfontein, à l'ouest de Lindley. Comme la fois précédente, je me fis précéder de quelques Burghers chargés de couper les fils, mais j'avoue qu'ils furent plutôt mal reçus. Ce fut d'ailleurs de leur faute, car au lieu de partir à deux, comme je leur avais recommandé, ils partirent à dix et se firent ainsi remarquer des Anglais qui, prévoyant l'endroit où nous allions passer, s'y étaient installés en force.

Mais comme les fils étaient coupés, je décidai de passer quand même. Sous le feu des Anglais, en hâte, nous franchîmes cette ligne de mort que l'ennemi avait tracée sur le sol de l'Orange et qu'il voulait teindre de notre sang. Cette fois-là, malheureusement, il n'y réussit que trop; car un Burgher fut tué, quatre blessés, et nous eûmes à déplorer la perte plus douloureuse encore de deux enfants l'un de dix ans, l'autre de onze.

Au lecteur qui se demanderait dans quel but nous exposions les enfants à de tels périls, je ferai toujours la même réponse. N'était-il pas plus sage encore d'exposer ces innocents aux balles ennemies qui pouvaient les manquer qu'à la mort qui faisait sûrement son œuvre dans les camps de concentration? Ne valait-il point mieux les emmener même sous le feu, avec leurs mères, que de les voir séparés d'elles, s'ils étaient surpris par l'ennemi, tel ce fils de Jacobus Théron, un enfant de neuf ans, que les Anglais ne craignirent point d'arracher des bras de sa mère.

Comme je l'ai déjà dit, je laisse à d'autres le soin de relater ces atrocités, et si j'en parle une dernière fois, c'est pour expliquer en quelles tristes circonstances les derniers

Trois Ans de Guerre

Burghers combattants n'hésitèrent point à placer dans leurs rangs, des faibles et des innocents qui ne pouvaient se défendre.

Une deuxième fois, nous nous étions frayé un passage à travers les lignes ennemies. J'appris plus tard que Lord Kitchener, certain de ma capture, était venu en hâte, à la gare de Wolvehoek, pour me voir embarquer comme prisonnier de guerre, avec le président Steijn. Mais des rendez-vous de ce genre ne me plaisaient guère et je fis défaut, ce jour-là, au généralissime anglais, comme jadis à mon vieil ami Charles Knox qui me cherchait toujours et ne me trouvait jamais.

Comme les Burghers du commando regagnaient leurs régions, je me rendis près d'Elandskop à la ferme de M. Hendrik Prinsloo dit « Le Roux », où je me reposai pendant quelques jours. Mais les Anglais qui ne désespéraient point de me trouver étaient déjà sur mes traces et un fort détachement de cavalerie vint faire le cordon autour d'Elandskop, comptant cerner la ferme pendant la nuit.

Les Anglais, pour me prendre, n'avaient oublié qu'une chose, c'est que je ne couchais jamais dans les maisons, depuis deux ans. C'était une habitude que j'avais prise. Je n'y perdais plus rien, du reste, sur la fin de la guerre, puisque alors nos belles fermes n'étaient plus que des pans de mur noircis par les flammes et que leurs toits s'étaient effondrés.

Le 18 février, je traversai la vallée de Liebenberg pour

Trois Ans de Guerre

me rendre à la ferme de Rondebosch, au nord-est de Reitz, où je trouvai les membres du Gouvernement.

Cependant les Anglais tentaient de nous cerner une nouvelle fois. Ils marchaient dans la direction de Bethlehem en suivant le côté sud de la ligne des blockhaus Kroonstad-Lindley. D'autres, venant de Heilbron, marchaient le long de la ligne Heilbron-Frankfort du côté nord forçant le commandant Ross à franchir cette ligne et à se retirer vers le sud. Les deux corps d'armée firent ensuite leur jonction de façon à ne former qu'un seul front qui allait de la ligne de Bethlehem-Lindley jusqu'à la ligne de Frankfort-Vrede. Le cordon entier se mit alors en mouvement, le 24 février, dans la direction de Vrede et de Harrismith.

J'étais d'avis de me diriger, avec le président Steijn et les membres du gouvernement, dans la direction des Witkoppen entre Vrede et Harrismith, puis de franchir la ligne des blockhaus, dans le voisinage de Vrede ou de Harrismith, aussitôt que les Anglais se mettraient à notre poursuite.

Pourtant il me semblait bien difficile, cette fois-ci, de leur échapper, car nous ne devions pas seulement compter avec les forces qui nous poursuivaient, mais encore avec des milliers d'Anglais qui s'avançaient en même temps du côté de Villiersdorp, de Standerton, de Volksrust et de Laingsnek et qui, joints aux autres, formaient autour de nous un immense cordon de 60.000 hommes.

Ils ne nous poussaient plus contre les blockhaus à travers lesquels nous passions trop facilement, et, peu confiants dans cette invention, ils préféraient former le cercle.

Je ne fus informé de l'approche de ces fortes colonnes que dans la soirée du 22 février, quand elles franchissaient la ligne des blockhaus. La nouvelle m'en fut portée par le commandant Hermanus Botha dont une partie des Burghers avait échappé la veille en franchissant la ligne des blockhaus de Vrede-Frankfort avec ceux du commandant Ross.

Cette nuit-là, nous nous rendîmes au bord de la Cornelisrivier et, le lendemain, nous arrivâmes à la ferme de Brakfontein, qui appartient à M. Howell. Mon intention était de traverser les lignes ennemies entre Wrede et la passe de Botha. Mais mes éclaireurs m'ayant informé que cet endroit était trop bien gardé pour qu'il fût praticable pour nous, et que, par contre, un passage nous était offert à Kalkkrans sur le Holspruit, je résolus de me diriger immédiatement vers cet endroit.

Au coucher du soleil, je partais donc de Brakfontein, dans le but bien arrêté de franchir à tout prix les lignes ennemies à Kalkkrans. Si j'avais été pris en ce moment, en effet, mes troupes auraient subi un échec irréparable. C'en était fait, d'ailleurs, de nous tous puisque le président Steijn et les membres du Gouvernement seraient tombés aux mains des Anglais.

J'étais accompagné d'une partie des Burghers de Harrismith, des commandos de Wrede et de Frankfort, de Standerton et de Wakkerstroom, ceux-ci sous les ordres

Trois Ans de Guerre

du commandant Alberts qui se trouvait depuis peu dans ces régions, afin d'y chercher les chevaux nécessaires à la remonte de ses cavaliers. Il y avait encore avec moi des Burghers qui avaient été chassés de divers points de cette contrée par l'approche de l'ennemi.

Je traînais aussi à ma suite des vieillards, des enfants et d'autres non-combattants, en tout environ deux mille individus.

Le commandant Mentz se trouvait non loin de moi, de même que le général Wessels, le commandant Beukes et une partie des gens de Bethlehem. Mais je n'avais pas de rapport précis sur la position exacte qu'ils occupaient et, par suite, il m'était impossible de les tenir au courant de mes projets. Cependant je supposais bien qu'eux aussi trouveraient moyen d'éviter ce suprême écueil et d'échapper une fois encore aux Anglais (1). Au moins, s'il nous fallait un jour nous rendre, devions-nous nous épargner à jamais la honte d'être surpris.

A Brakfontein, je rencontrai le commandant Jean Meyer, suivi, à cinq ou six milles, du gros de son commando. Je lui demandai de me suivre, certain de trouver un guide sûr en cet officier qui connaissait fort bien le pays !

Tout étant ainsi disposé, je réglai notre ordre de marche : les cavaliers devaient partir en tête, et, immédiatement après, ma voiture traînée par six mulets. Cette petite voiture m'a suivi dans la Colonie du Cap; il y avait à

(1) C'est ce qui advint. Ils réussirent à traverser les colonnes ennemies.

cette époque quatorze mois qu'elle ne m'avait quitté, et c'est avec elle que, deux jours auparavant, je m'étais approché des blockhaus.

Après les cavaliers devaient venir les vieillards et les malades logés dans les voitures encore disponibles ; enfin, le bétail devait suivre en troupeaux séparés et convoyés chacun par quelques hommes.

Nous nous mîmes donc en route.

Arrivé à l'endroit où je supposais rencontrer les Anglais, je donnai l'ordre aux commandants Ross, Hermanus Botha et Alberts (Standerton), de se porter en avant avec une partie de leurs Burghers.

Nous traversâmes le Holspruit ; puis nous tournâmes vers l'Ouest, car j'avais appris par mes éclaireurs que le chemin que nous suivions tout d'abord, conduisait directement à un camp anglais.

Du reste, il y avait des ennemis partout. Ce n'était pas à un seul corps que nous avions affaire, mais bien à toute une armée. Le nombre de nos adversaires était si considérable que l'on n'aurait pu l'évaluer exactement.

A trois cents pas du Holspruit, les ennemis nous criblèrent tout à coup de coups de feu. Nous pouvions être convaincus qu'ils ne nous laisseraient point passer facilement.

Les Burghers avaient toujours marché en droite ligne jusqu'au spruit ; mais quand l'ennemi commença à tirer, ils obliquèrent sur leur gauche. Seuls, les hommes de Ross, Botha et Alberts résistèrent de pied ferme. Les officiers et leurs veldcornets, avec une centaine d'hommes au plus, donnèrent l'assaut à la position anglaise la plus rapprochée. Je criai de toutes mes forces :

« Burghers, chargez! »

De mon côté, je m'efforçai de retenir ceux de mes hommes qui tournaient bride. J'usai même vis-à-vis d'eux du « sjambok » (1). Mais deux cent cinquante à peine m'écoutèrent; les autres s'étaient enfuis.

A un moment donné, je me trouvai seul sans état-major. Quelques-uns de mes officiers attendaient mes ordres, auprès de la petite voiture qui se trouvait cependant exposée au feu de l'ennemi. D'autres, parmi lesquels mon fils Kootie qui remplissait en même temps auprès de moi les fonctions de secrétaire, avaient essayé de me suivre, mais, dans le désarroi qui suivit l'attaque, ils s'étaient égarés. Ce désarroi s'explique assez : les Burghers ne s'attendaient pas à se trouver si tôt en face de l'ennemi, et les coups de feu de ce dernier ne laissaient pas que de les surprendre. Je me portai de tous côtés afin de stimuler mes hommes et de les exhorter à franchir l'enceinte vivante qui nous enfermait.

Je rencontrai alors deux officiers de mon état-major, Albertus Theunissen et Burt Nissey, et leur donnai l'ordre de faire passer à tout prix la petite voiture.

Puis je vis mon fils Isaac, et je le conservai près de moi.

A ce moment, les Anglais tiraient sur nous de trois

(1) « Sjambok », le fouet dont se servent les Boërs pour faire marcher leurs attelages.

Trois Ans de Guerre

côtés à la fois. Néanmoins, comme nous étions absolument décidés à passer, coûte que coûte, l'ennemi dut céder, et une heure après nous étions libres.

Les Anglais, pourtant, avaient creusé, de cinquante pas en cinquante pas, des retranchements qui pouvaient contenir une trentaine d'hommes. Ils disposaient en outre d'un Maxim-Nordenfeldt qui, au début de l'action, tira avec beaucoup de violence, mais qui bientôt dut se taire, faute de servants. Nos adversaires emmenèrent bien le canon, mais laissèrent là le caisson. Bientôt après, ils se retiraient. J'envoyai aussitôt aux Burghers qui s'étaient enfuis, l'ordre de venir nous rejoindre ; mais ils ne tinrent pas compte de mes avertissements, persuadés, sans doute, qu'ils trouveraient une position plus sûre quand la nuit serait venue.

C'était une faute de leur part. Le cercle qui s'était formé autour d'eux se resserrait d'instant en instant, et il était évident que bientôt il leur serait impossible de le forcer.

Mes envoyés ne revenaient pas. Je me mis cependant en marche en emportant mes blessés, une douzaine environ. Parmi eux, il y en avait deux grièvement atteints. Ils furent placés dans ma petite voiture par les soins de mes officiers. L'un était van der Merwe, de l'escorte du président Steijn ; l'autre un garçon de treize ans, Olivier.

En hâte nous arrivâmes, à la nuit tombante, à la ferme Bavaria, adossée au Bothasberg. Peu après, van der Merwe succombait à sa blessure ; le pauvre Olivier l'avait déjà précédé dans la tombe. La terre, une fois encore, avait été arrosée du sang d'un enfant !

Trois Ans de Guerre

Onze de mes hommes étaient morts sur le champ de bataille, et, malheureusement, nous étions forcés de les y laisser; les emmener avec nous aurait été trop dangereux.

Parmi ceux qui franchirent ainsi la passe, sous le feu terrible de l'ennemi, se trouvaient le président Steijn, les membres du gouvernement, ainsi que le pasteur J.-D. Kestell, de l'église réformée de Harrismith.

Les Anglais restèrent le 24 sur leurs positions. Nous sûmes, plus tard, que nous étions passés juste à l'endroit où se trouvait la troupe du colonel Rimington, et que celle-ci avait perdu cent hommes, tant tués que blessés.

Le lendemain, les forces ennemies se déplacèrent. Nous pûmes alors retourner pour enterrer nos morts. Les Anglais avaient déjà pris ce soin, mais avec peu de zèle, et nous creusâmes des fosses plus profondes que celles qui avaient été faites.

Dans la nuit du 25, trois cents à trois cents cinquante Burghers franchirent de nouveau la ligne ennemie. Ils furent plus heureux que nous et n'eurent dans cette affaire que deux morts et onze blessés. Ils étaient commandés par le général Wessel Wessels et le commandant Mentz. C'était toujours autant de Burghers que les Anglais n'avaient pas arrachés à nos commandos.

Ceux qui restaient dans le kraal où ils s'étaient abrités se trouvaient dans une bien triste situation! Les Anglais les enserraient de plus en plus.

Le 27 février 1900, anniversaire de Majuba, quatre cents

Trois Ans de Guerre

hommes sous les ordres du commandant Jean Meyer tombèrent entre les mains de l'ennemi (1).

Le 27 février, quel jour néfaste pour notre peuple ! Cette date sonnera toujours à nos oreilles comme un glas de mort. Ce fut le 27 février 1881, en effet, qu'avait été livrée la bataille de Majuba. Dix-neuf ans après, jour pour jour, nous subissions une épouvantable défaite à Paardenberg où le général Piet Cronjé et ses nombreuses troupes furent obligés de se rendre. Et ce fut encore le 27 février 1902 que nos forces décimées reçurent un coup terrible, presque le dernier.

Si douloureuse que nous fût la perte des hommes, celle de nos troupeaux n'était pas moins irréparable : ils étaient destinés à nourrir nos commandos et nos familles. Auparavant, nous pouvions nous réfugier avec nos bœufs et nos moutons dans les endroits impraticables. Désormais, faute de vivres, cela nous serait impossible.

La situation devenait de plus en plus critique; nous étions à toute extrémité, et, malgré leur énergie, leur invincible courage, ceux d'entre nous qui n'avaient point rendu leurs armes depuis près de trois ans, voyaient approcher le moment où elles seraient inutiles. Heure douloureuse entre toutes que nous avions méritée, sans doute, puisque la Providence nous l'imposait. Quoi qu'il en soit, nous n'avions rien à nous reprocher vis-à-vis de l'Angleterre.

---

(1) Mon fils Jacobus (Kootie) en était. Au moment où j'entrepris ce récit, il revint de Sainte-Hélène où il avait été emmené prisonnier. Il me raconta que, pendant la nuit où je franchis la ligne ennemie, il avait essayé d'en faire autant de son côté. Mais il ne put réussir dans sa tentative, son cheval ayant été tué sous lui.

Chapitre XXXV

J'ACCOMPAGNE LE PRESIDENT VERS LA RÉPUBLIQUE SUD-AFRICAINE

Le 26 du même mois, accompagné des membres du gouvernement, je traversai la Wilgerrivier au Duminysdrift, et j'arrivai de nouveau à la ferme de Rondebosch. Le gouvernement s'y reposa quelques jours. Puis M. Steijn se résolut à aller vers la partie ouest de l'Etat libre, où opéraient les généraux Badenhorst et Nieuwouwdt

Il était persuadé que, lui absent, les Anglais ne commettraient pas autant de déprédations dans les régions du Nord-Est ; car il pensait, non sans raison, que le but des ennemis était, avant tout, de s'emparer de sa personne et de la mienne.

Je compris alors qu'il fallait me séparer de ma petite voiture. Je la laissai donc dans une ferme, après en avoir soigneusement retiré mes documents que je cachai dans une grotte située près de la ferme du général Wessels.

Trois Ans de Guerre

Depuis longtemps, nos munitions, mes effets, ainsi que ceux de mes officiers d'état-major, y étaient déposés.

Le lendemain, j'allai voir le président Steijn, il me renouvela le désir, déjà exprimé auparavant, de me voir l'accompagner vers l'Ouest. Ce n'était guère mon intention; néanmoins je résolus de le suivre, afin de me rendre compte de l'état des commandos de l'Ouest, que je n'avais pas vus depuis longtemps.

Mais la route devant être fort longue, il me fallait des vêtements de rechange. J'allais les envoyer chercher quand on m'avertit qu'un camp anglais était installé près de la grotte où j'avais caché ma voiture (1). Je me trouvais donc dans la nécessité de partir avec l'unique costume que je portais sur moi. Celui-là usé, je ne pourrais, dans les régions de l'Ouest m'en procurer aucun autre, à moins de consentir à m'habiller en « khaki » !

Nous avions en tout deux cents hommes : le Président et les membres du gouvernement avec une escorte de trente hommes sous les ordres du commandant H. van Niekerk; mon état-major et moi; enfin le commandant van der Merwe de Vredefort, celui-ci devant, selon mes ordres, traverser le premier la voie ferrée.

Pendant la nuit, nous franchîmes, sans aucun incident, la ligne du chemin de fer entre Heilbron et Frankfort.

La nuit suivante (5 mars) nous la traversions de nouveau entre Wolvehoek et le Viljoensdrift.

(1) Quelques temps après, j'appris que c'était la colonne Rimington. Le 4 mars elle découvrait notre grotte et s'emparait de tout ce qu'elle contenait, documents et vêtements.

Trois Ans de Guerre

Au moment où nous étions occupés à couper les fils télégraphiques, l'ennemi tira sur nous, de cinq à six cents pas, des coups de fusil qui ne nous firent aucun mal. Quand nous nous fûmes un peu éloignés il tira encore dans notre direction avec un Maxim (Katlachter), mais avec le même insuccès.

Nous poursuivîmes alors notre chemin, par Parijs et Vredefort, dans la direction de Bothaville. En arrivant à ce village, nous fûmes arrêtés par la ligne des blockaus allant de Kroonstad à la Vaalrivier, en passant par Bothaville (1). Nous séjournâmes en cet endroit pendant deux jours au cours desquels mes éclaireurs prirent à l'ennemi dix-huit chevaux en excellent état. Jusqu'au dernier moment, j'entendais qu'autour de moi nul ne perdît son temps. Ce ne fût, du reste, jamais le cas de ces braves qu'avaient conduits les Théron.

Dans la nuit du 12 au 13 mars, nous franchîmes la ligne des blockhaus, à cinq lieues environ à l'est de Bothaville. Mais nous eûmes une assez vive alerte. A cinquante pas de la ligne une sentinelle ennemie cria sur la gauche : « *Halt! Who goes there ?* » (Halte. Qui va-là ?)

Elle cria une seconde fois, et en même temps fit feu. Sept ou huit sentinelles en firent autant, et bientôt toute la ligne ennemie faisait pleuvoir sur nous les coups de fusil. On tira sur nos troupes jusqu'à ce que nous nous fussions éloignés de quinze cents pas. Malgré tout ce bruit, nous sortîmes de là sans le moindre dommage.

(1) L'autre ligne, Kroonstad-Driekopjes-Vaalrivier, était rompue.

Trois Ans de Guerre

Pourtant ce n'était point là notre dernier obstacle, car il nous fallait, encore une fois, passer la Vaalrivier, le président Steijn ayant manifesté l'intention de rejoindre le général de la Rey, afin de se faire soigner les yeux par un médecin de la suite de cet officier.

Sa vue s'était en effet considérablement affaiblie pendant les dernières semaines, et il pensait que les soins du docteur van Rennenkampf pourraient apporter une grande amélioration dans son état.

La Vaalrivier! Que de fois l'avions-nous longée et traversée. Et il fallait recommencer dans les conditions les plus dangereuses. Nous savions, en effet, que des avant-postes ennemis se trouvaient près du Commandodrift, où nous devions passer, et qu'en outre, tous les gués étaient gardés. Nous fûmes tirés d'affaire par un berger, Pietersen, qui, connaissant bien le pays, nous fit traverser le fleuve par un gué praticable même aux piétons. Le courant était assez violent, et la rive opposée bordée de rochers escarpés. Malgré cela, nous pûmes effectuer notre traversée sans encombre. On était alors au 16 mars. Peu après nous arrivions à Witpoort, et, le lendemain, nous avions rejoint le général de la Rey.

Il est dans la vie de tristes moments où l'homme abattu recherche des sympathies et des réconforts, comme un naufragé, le frêle esquif dans lequel il a mis son espoir. Nous en étions, Steijn et moi, à une heure douloureuse de notre vie et je dois dire que nous fûmes heureux, malgré tout, de nous voir reçus à bras ouverts. Le président

Trois Ans de Guerre

Steijn put répondre à l'accueil qu'on nous faisait par de patriotiques paroles. Nous arrivions, d'ailleurs, peu de temps après les heureuses victoires de de la Rey sur les généraux von Donop et Lord Methuen. Et la joie des Burghers, sans nous encourager beaucoup, nous fut une consolation.

Le docteur van Rennenkampf examina les yeux du Président, et lui annonça la nécessité où il se trouvait de faire une cure de quelques jours. M. Steijn resta donc.

Le troisième jour, je partis, avec mon état-major, afin de rejoindre le général Badenhorst, qui se trouvait aux environs de Boshof. Je voulais, à tout prix, le rencontrer, ainsi que le général Nieuwouwdt, afin de discuter avec eux le projet de réunir leurs commandos aux miens, pour attaquer avec nos forces combinées la première colonne anglaise de l'Ouest qui s'offrirait à nos coups.

Le 25 mars, j'arrivai près du général Badenhorst à Gannapan, à trente lieues environ, au nord-est de Boshof. Je lui fis rassembler ses commandos trop dispersés et j'envoyai aussitôt au général Nieuwouwdt, un message qui l'invitait à rallier mon camp avec tous ses hommes, au nombre de quatre cent cinquante (1).

Avant que cette concentration fût faite, je reçus une lettre du président Steijn, m'annonçant qu'il venait de recevoir un message de M. S.-W. Burger, président intérimaire

(1) Le commandant Jacobsz était près de Kimberley, le commandant Bester, près de Brandfort, le commandant Jacobus Theron près de Smaldeel, le commandant Flemming (remplaçant le commandant van Bergen) près de Hoopstad, et le commandant Pieter Erasmus, non loin du général Badenhorst.

Trois Ans de Guerre

de la République Sud-Africaine. Cette lettre l'informait qu'il se trouvait en ce moment à Kroonstad, désireux de rencontrer les membres du gouvernement. Lord Kitchener lui avait fait parvenir copie d'une correspondance échangée entre le gouvernement néerlandais et celui du roi d'Angleterre. D'une part, le premier se croyait autorisé à s'offrir comme intermédiaire, puisque le peuple boër et les derniers combattants ne pouvaient plus communiquer ni avec le gouvernement britannique, ni avec leur délégation en Europe. Le gouvernement de La Haye s'offrait, avec le consentement de l'Angleterre, de proposer à la délégation en Europe, de partir pour l'Afrique du Sud avec un sauf-conduit, afin de conférer avec leurs compatriotes sur leur situation ; les délégués reviendraient immédiatement en Europe, munis de pleins pouvoirs pour conclure un traité de paix.

Dautre part, Lord Landsdowne avait répondu qu'il comprenait les mobiles humanitaires des Pays-Bas, mais qu'il ne s'écarterait pas de la décision qu'il avait prise de ne laisser intervenir aucune puissance étrangère. La députation pouvait donc demander elle-même le sauf-conduit au gouvernement britannique, mais en stipulant formellement le but de la demande; autrement, il serait impossible au gouvernement de se prononcer.

Aux propositions hollandaises, Lord Landsdowne répondait, en outre, que le gouvernement britannique ne savait pas exactement si la délégation aurait encore assez d'influence auprès des chefs boërs et des habitants de

Trois Ans de Guerre

l'Afrique du Sud. Le Ministre pensait que le pouvoir de négocier revenait plutôt au président Steijn pour l'État libre, et au président Burger pour le Transvaal. La meilleure solution, enfin, était, à son avis, une entente directe entre les chefs boërs et le commandant en chef de l'armée britannique Sud-Africaine, auquel le gouvernement anglais avait donné l'ordre de lui transmettre immédiatement les offres pacifiques qui lui seraient faites.

Lord Landsdowne appuyait cette dernière opinion en disant que si des négociations devaient avoir lieu, il était préférable qu'elles se fissent dans l'Afrique du Sud, et non pas en Europe, car trois mois s'écouleraient, dans le premier cas, avant que la délégation pût se rendre auprès des Boërs, et, pendant ce temps, la lutte continuerait, entraînant à sa suite d'inévitables souffrances.

A cette correspondance, le président Steijn ajoutait son opinion, et il me faisait savoir qu'il estimait que, sans être une invitation formelle, la communication de Lord Kitchener était cependant une formule indirecte pour prier les chefs boërs d'entrer en pourparlers.

M. Steijn avait alors demandé, et obtenu de Lord Kitchener, un sauf-conduit, et, avec les membres du gouvernement, il s'était rendu à Kroonstad, afin de fixer d'une manière affirmative, la date et le lieu de l'entrevue.

Le président Burger disait qu'il avait écrit à Lord Kitchener qu'il était disposé à présenter, en collaboration avec les membres du gouvernement de l'État libre, un projet de paix.

Trois Ans de Guerre

A l'époque où nous recevions ladite lettre, les propositions étaient déjà faites, et il nous était dès lors difficile de refuser.

Le gouvernement de l'État libre regretta que celui du Transvaal ne se fût point servi pour ces préliminaires d'un sauf-conduit pour traverser les lignes anglaises, afin que les deux gouvernements pussent préalablement conférer. Nous avions entière confiance dans le gouvernement du Transvaal, mais nous ne pouvions que juger sa conduite impolitique, puisque l'État libre se trouvait obligé à la fois de discuter la situation avec le Transvaal, et d'envoyer un projet de paix à Lord Kitchener. Aussi, en réponse à la lettre de M. Burger, M. Steijn lui proposa-t-il un rendez-vous.

Le 5 avril, il recevait une autre lettre du président Burger, lui désignant Klerksdorp comme lieu de rencontre. Un sauf-conduit de lord Kitchener pour le Président et les membres du gouvernement, accompagnait cette lettre.

Chapitre XXXVI

POURPARLERS ENGAGÉS EN VUE DE LA PAIX

Le Président partit pour Klerksdorp avec le général de la Rey qui, comme membre du gouvernement transvaalien, devait être présent. Ils y arrivèrent le 9 avril.

Les deux gouvernements se rencontrèrent ce même jour dans l'après-midi. Étaient présents, du côté de la République Sud-Africaine :

Le président intérimaire S.-W. Burger, le commandant général Louis Botha, le secrétaire d'État F.-W. Reitz, le général de la Rey, le général L. J. Meyer et M. J.-C. Krogh. Le procureur d'Etat L. Jacobsz faisait aussi partie de l'assemblée, bien qu'il ne fût pas membre du gouvernement.

Du côté de l'État libre étaient présents :

Le président Steijn, le commandant en chef C.-R. de Wet, le commandant en chef adjoint J.-B.-M. Herzog (le

Trois Ans de Guerre

juge), le secrétaire d'État W.-J.-C. Brebner, et le général C.-H. Olivier.

Il fut décidé qu'il ne serait pas dressé de procès-verbal de la séance. Voici néanmoins quels en sont les principaux détails tels qu'ils me reviennent à la mémoire. On récita d'abord une prière, puis le Président intérimaire de la République Sud-Africaine ouvrit la séance. Il déclara qu'il regardait la communication aux deux États de la correspondance échangée entre les gouvernements anglais et néerlandais, comme une invitation à conclure la paix, mais qu'avant de faire des propositions utiles il était nécessaire d'examiner la situation.

La parole fut alors donnée au commandant général Louis Botha, au général de la Rey et à moi, afin de discuter précisément sur la situation.

Ensuite le président Burger demanda comment on allait procéder, et si l'on solliciterait un entretien de Lord Kitchener. Il questionna le président Steijn sur son opinion concernant la proposition faite l'année précédente par le Transvaal au gouvernement de l'État libre. Le président Steijn répondit que son opinion était la même qu'en juin 1901. A cette époque les deux gouvernements avaient résolu solennellement de maintenir la condition de l'indépendance.

Il estimait donc que si les Anglais ne consentaient pas à la respecter, il fallait continuer la guerre. Le président Steijn ajoutait, d'ailleurs, qu'il préférait se rendre sans conditions que de tergiverser.

Trois Ans de Guerre

Le lendemain, la parole fut donnée à MM. L.-J. Meyer, J.-C. Krogh, au secrétaire d'État Reitz, au juge Hertzog et à moi-même. Le juge Hertzog fit, notamment, une proposition qui fut appuyée par le général C.-H. Olivier et acceptée, le jour suivant, après avoir été étudiée par une commission composée des deux Présidents, du secrétaire Reitz et du juge Hertzog lui-même. En voici la teneur :

« Les gouvernements de la République Sud-Africaine et de l'État libre d'Orange, réunis pour discuter sur l'envoi par Son Excellence Lord Kitchener de la copie d'une correspondance échangée entre les gouvernements de Sa Majesté le roi d'Angleterre et Sa Majesté la reine des Pays-Bas, et relative à l'utilité qu'il y aurait à procurer aux gouvernements des deux Républiques l'occasion de se mettre en rapport avec leurs agents plénipotentiaires en Europe, qui ont conservé leur pleine et entière confiance;

« Considérant l'esprit de conciliation qui, par ce fait, paraît animer le gouvernement de Sa Majesté Britannique, et le désir exprimé par Lord Landsdowne, au nom de son gouvernement, de mettre fin à cette guerre;

« Jugeant que le moment propice est arrivé pour montrer, encore une fois, leur empressement à faire tout ce qui est en leur pouvoir pour mettre fin à la guerre, ont décidé :

« D'exprimer à Son Excellence Lord Kitchener, considéré comme représentant le gouvernement de Sa Majesté Britannique, les propositions pouvant servir de base à des négociations ultérieures et aboutir à la paix tant souhaitée.

« En conséquence :

Trois Ans de Guerre

« Les gouvernements ont émis l'avis que, pour aboutir plus promptement et pour éviter tout malentendu, il serait urgent de demander une entrevue à Son Excellence Lord Kitchener, à l'endroit et à l'heure de son choix, afin que les deux représentations de l'Orange et du Transval pussent se rencontrer avec lui.

« Dans cette entrevue, il serait possible de discuter toutes les questions utiles avec Lord Kitchener et d'arriver au résultat tant désiré. »

Comme suite à cette délibération, une lettre fut adressée par les deux Présidents à Lord Kitchener où cette proposition lui était faite. La lettre fut adressée à Prétoria.

Dans l'après-midi, les membres des deux gouvernements se réunirent à nouveau pour délibérer sur les propositions qui seraient faites au gouvernement britannique. Après une longue délibération, il fut décidé, d'après l'avis du général de la Rey, appuyé par le procureur d'État L. Jacobsz, de confier l'étude d'un projet de propositions à une commission composée des deux Présidents, du secrétaire d'État Reitz et du juge Hertzog. Le lendemain matin, la commission donnait lecture de son rapport qui fut approuvé par l'assemblée.

Comme suite à une lettre adressée la veille à Lord Kitchener par les deux Présidents et après avoir pris en considération le désir de l'assemblée de présenter au gouvernement britannique des propositions de paix, la commission soumettait à l'Assemblée le projet suivant :

Trois Ans de Guerre

I. La conclusion d'un traité éternel d'amitié et de paix comprenant :

    a) Un accord sur l'union douanière.

    b) Union des Postes, Télégraphes et Chemins de fer.

    c) Dispositions concernant le droit de vote.

II. La démolition de tous les forts.

III. L'arbitrage, en cas de différends entre les deux parties contractantes, un nombre égal d'arbitres étant choisis parmi les sujets de chacune des parties.

IV. Les mêmes droits pour l'enseignement des langues anglaise et hollandaise.

V. Amnistie mutuelle.

A l'assemblée du matin, une lettre contenant cette proposition fut envoyée à Lord Kitchener.

Le juge Hertzog et le commandant général Louis Botha prirent ensuite la parole. Après le discours de ce dernier qui produisit une profonde impression, le général Wilson en garnison à Klerksdorp, vint annoncer à l'Assemblée que Lord Kitchener consentait à se rendre à l'entrevue fixée, et qu'on pourrait partir le soir même pour Prétoria.

Le 11 au soir, nous nous mettions en route et le lendemain matin, nous avions une entrevue avec Lord Kitchener, entrevue au cours de laquelle nous lui remettions notre proposition.

Lord Kitchener exigeant un autre projet des deux gouvernements, et posant en principe qu'aucune proposition au sujet de l'indépendance ne pourrait être émise par les deux Présidents, ces derniers lui demandèrent de télégraphier leurs conditions au gouvernement britannique. Lord Kitchener y consentit et envoya la dépêche suivante :

De Lord Kitchener.

Prétoria, 12 avril 1902.

Au Secrétaire d'État.

« Les représentants Boers désirent déclarer au gouvernement de Sa Majesté leur souhait de signer la paix ; ils ont résolu de demander au gouvernement britannique de mettre fin aux hostilités et de conclure un traité de paix. Ils sont disposés à consentir un accord par lequel, selon leur avis, toutes les guerres futures entre eux et le gouvernement britannique seront évitées. Ils ont la conviction que ce but serait atteint sous les conditions suivantes :

« 1° Règlement du droit de vote.

« 2° Droits égaux pour l'enseignement des langues anglaise et hollandaise.

« 3° Union douanière.

« 4° Démolition de tous les forts au Transvaal et dans l'État Libre.

« 5° Arbitrage en cas de conflits futurs, en stipulant que seuls les sujets des deux parties seront arbitres.

« 6° Amnistie mutuelle. »

Le lundi 15 avril, Lord Kitchener envoyait aux deux gouvernements une copie de la dépêche qu'il avait reçue du secrétaire d'État.

Trois Ans de Guerre

Du Secrétaire d'État.

Londres, 13 avril 1902.

A Lord Kitchener.

« Le gouvernement de Sa Majesté partage de cœur le désir sincère des représentants Boers et croit que les présentes négociations pourront aboutir ; mais il a déjà fait une déclaration formelle et se fait un devoir de la renouveler : en aucun cas, il ne saurait prendre en considération des propositions ayant comme base l'indépendance des deux anciennes Républiques. Il serait utile que vous et Milner le fassiez comprendre aux représentants Boers. Il faudra les encourager à faire de nouvelles propositions que nous recevrons volontiers. »

Il faut remarquer que dans cette dépêche le nom de Lord Milner est cité. Jusqu'à ce moment nous n'avions eu à faire qu'à Lord Kitchener, mais à notre prochaine délibération Lord Milner devait être présent.

Les deux représentants du gouvernement britannique insistèrent auprès de nous pour continuer les négociations, absolument comme si nous avions abandonné la condition de l'indépendance, renonciation à laquelle nous ne pouvions consentir.

En effet, à plusieurs reprises, nous avions averti Lord Kitchener que nous ne pourrions discuter sur des propositions qui auraient pour base l'abandon de l'indépendance des deux Républiques, sans violer nos Constitutions, le peuple seul pouvant, aux termes de celles-ci, se prononcer sur cette question.

Nous l'informâmes donc à nouveau que si le gouvernement britannique s'en tenait à sa proposition, nous ne pouvions que la soumettre au peuple.

Comme suite à notre communication la dépêche suivante fut envoyée par L. Kitchener.

De Lord Kitchener

Prétoria, 14 avril 1902.

Au Secrétaire d'État.

« Une difficulté est survenue au cours des négociations, les représentants boers déclarent : 1° Que les Constitutions des deux Républiques ne leur accordent pas le droit de se prononcer sur des propositions de paix ayant pour base l'abandon de leur indépendance; et 2° que s'ils agissaient d'eux-mêmes au sujet des dites propositions, ils se mettraient dans une situation fausse vis-à-vis de leur pays.

« Néanmoins, si le gouvernement de Sa Majesté, en dehors de la question d'indépendance, qui serait discutée ultérieurement, voulait communiquer d'autres propositions, les représentants ont déclaré que, sans se prononcer ils pourraient les soumettre à leurs peuples. »

Il fallut attendre la réponse jusqu'au 16 avril; à cette date arriva la dépêche suivante :

Trois Ans de Guerre

Du Secrétaire d'État.
Londres, 16 avril 1902.
A Lord Kitchener.

« Nous avons appris, avec beaucoup d'étonnement, le contenu du message des représentants boers. C'est à la suite de leur demande qu'une entrevue fut décidée; ils devaient se rappeler nos déclarations précédentes et qu'il nous était impossible de prendre en considération des propositions basées sur le renouvellement de l'indépendance des deux États Sud-Africains.

« Nous étions en droit de croire que les représentants boers avaient renoncé à l'idée d'indépendance, mais qu'ils soumettraient des conditions au sujet de la reddition de leurs troupes.

« Ils déclarent maintenant qu'ils n'ont pas le pouvoir constitutionnel de discuter sur des propositions d'où serait exclue la question de l'indépendance et nous demandent ensuite quelles seraient nos conditions actuelles, la question de l'indépendance étant réservée.

« Cette façon d'agir ne nous paraît pas de nature à assurer le plus tôt possible la cessation d'hostilités qui ont coûté tant d'existences et d'argent.

« Nous désirons ardemment, comme jadis, que l'effusion de sang prenne fin; nous voulons hâter la conclusion de la paix afin que la prospérité renaisse dans ces pays si éprouvés par la guerre.

« Vous et Lord Milner, êtes donc chargés de rappeler aux chefs boers la proposition que vous avez faite au général Botha il y a plus d'un an, en leur disant que nous pourrions justifier des propositions plus opprimantes, étant donnée la grande diminution des forces qui nous résistent, et les sacrifices qui nous ont été imposés depuis le refus de l'offre faite au général Botha.

« Mais que désirant une paix durable et une réconciliation sincère, nous sommes décidés à accepter une reddition générale avec des modifications partielles sur lesquelles il est possible de s'accorder. »

On comprendra que les gouvernements ne pouvaient accepter cette proposition du gouvernement britannique qui détruisait l'idépendance des deux Républiques et c'est ce que le président Steijn démontra une nouvelle fois.

Il fut dès lors convenu avec Lord Kitchener et Lord Milner que nous irions consulter nos commandos et tenir des réunions pour connaître la décision des Burghers. Dans chacune de ces réunions on choisirait des représentants qui auraient plein pouvoir de discuter ce qu'il y aurait lieu de faire, au nom du peuple des deux Républiques. Cette réunion devait se tenir le 15 mai à Vereeniging.

Le 18 avril, nous partions de Prétoria. Munis de sauf-conduits pour nous-mêmes et pour ceux à qui nous serions obligés d'en remettre, le commandant général Louis Botha, le général de la Rey et moi, nous allions retrouver nos commandos.

Je me rendis d'abord à Pramkop auprès des Burghers

de Vrede. A cet endroit, je rencontrai, le 22 avril, le général Wessel Wessels avec ses commandos. Malgré la situation précaire dans laquelle se trouvait le peuple, puisqu'il ne se nourrissait plus que de viande que la famine menaçait, les Burghers résolurent de n'accepter la paix qu'à la condition que l'indépendance serait proclamée. Si les Anglais n'y consentaient pas, ils déclaraient qu'ils continueraient la guerre jusqu'à la fin.

Dans cette réunion, avaient été élus, comme président, le membre du parlement, W. Wessels, et comme secrétaire Pieter Schravezande. Les délégués nommés étaient les commandants Ross, Hermanus Botha et Louis Botha (fils de Philippe Botha).

Le 24 avril, je tenais ma deuxième réunion à Drupfontein dans le district de Bethlehem, avec les Burghers des commandants Frans Jacobsz, Mears et Bruwer. Le président de cette réunion fut J.-H. Naudé, le secrétaire, J.-H.-B. Wessels. Le maintien de l'indépendance fut voté à l'unanimité et l'on choisit comme délégués les commandants Frans Jacobsz et Buwer.

Le 26 avril, je convoquais à une nouvelle réunion les commandos du général Prinsloo. Le président était Jan Schalkwijk, et le secrétaire, D.-J. Malan. Comme dans les réunions précédentes, le maintien de l'indépendance fut voté à l'unanimité. Comme délégués, furent élus le général Michael Prinsloo, les commandants Rautenbach et J.-J. van Niekerk.

Le 24 avril, j'étais à la ferme de Roodekraal, auprès des

Burghers des commandants Cilliers (Kroonstad), Bester (Bethlehem), Mentz et van Coller (Heilbron). On nommait comme président D.-W. Steijn (membre du Volksraad) et comme secrétaire S.-J.-M. Wessels. Le maintien de l'indépendance fut demandé par tous les membres présents. Comme délégués, furent nommés les commandants van Coller, Bester et Mentz.

A la ferme Weltevrede, je tenais, le 1er mai, ma cinquième réunion avec les commandos du général Johannes Hattingh. Le président fut M. Jan Lategan, et le secrétaire, Johannes C. Pietersen; délégués, le général Hattingh et le commandant Philip de Vos. On vota à l'unanimité pour l'indépendance.

Le 3 mai j'assistais à la sixième réunion à laquelle prit part le commando du général C.-C. Froneman. Cette réunion eut lieu à Schaapplaats. M. Jan Maree en fut nommé président et M. David Ross, secrétaire. La même décision y fut prise. Les délégués étaient le général Froneman, les commandants F. Cronjé et J.-J. Koen.

De Schaaplaats je partais pour Dewetsdorp où, le 5 mai, je rencontrais le commando du général G. Brands. Le président de la réunion fut C. Smith, le secrétaire W.-J. van Selm; comme délégués, le général Brands et le commandant J. Rheeder. De même que dans les autres réunions, on était décidé à maintenir l'indépendance.

J'allai ensuite à Bloemfontein, et, de là, par chemin de fer, à Brandfort, d'où je partais pour la ferme de Quaggashoek.

Trois Ans de Guerre

Je tenais, le 11 mai, avec les commandos du général C.-C.-J. Badenhorst, ma huitième réunion. Furent désignés : comme président, N.-D. Gildenhuis, et comme secrétaire H.-M.-G. Davis. On choisit comme délégués le général Badenhorst, les commandants A.-J. Bester et Jacobsz. Ce fut ma dernière réunion. On y vota encore pour le maintien de l'indépendance.

Le commandant en chef adjoint Hertzog (le juge) se rendit auprès des troupes des commandants van der Merwe et van Niekerk (Wredefort et Parijs), Flemming (Hoopstad, Nagel et une partie de Kroonstad), auprès du général Nieuwouwdt (Fauresmith, Philippolis et Jacobsdal). On choisit dans les diverses réunions tenues par ces commandos les délégués suivants : le général Nieuwouwdt et les commandants Munnik Hertzog, J. van der Merwe, C. van Niekerk, Flemming, A.-J. Bester, F. Jacobs, H. Prétorius et le veldcornet Kritzinger. Dans ces réunions, les Burghers demandaient le maintien de l'indépendance. Le commandant van Niekerk fut nommé délégué de l'escorte du président Steijn.

Il était convenu avec Lord Kitchener, que si les officiers d'un commando étaient désignés comme délégués, un armistice serait signé entre les commandos et les Anglais; armistice devant durer le temps que passeraient les officiers à la réunion de Vereeniging.

Lord Kitchener fut prévenu de la date du départ des délégués pour la réunion, et je lui envoyai, le 25 avril, la dépêche suivante à Prétoria :

Trois Ans de Guerre

Bethlehem, 25 avril 1902.

A Son Excellence Lord Kitchener
Head Quarters
Prétoria.

« Convoqué des réunions dans les districts de Vrede et Bethlehem, au nord-est des lignes de " Blockhaus " Fouriesburg-Bethlehem-Harrismith. Les délégués choisis sont le général Wessels et un certain nombre de commandants.

« Ces officiers supérieurs quitteront leurs commandos le 11 mai, et, d'après notre convention, je compte sur un armistice pour leurs commandos jusqu'à la date où ces officiers seront de retour de Vereeniging. Je vous demande de bien vouloir consentir à ce que chacun des délégués puisse emmener un homme avec lui.

« Votre Excellence m'obligera beaucoup en me télégraphiant à Kafferskop, district de Bethlehem, où j'attends sa réponse. »

Signé : C.-R. DE WET,
Commandant en chef des forces de
l'État libre d'Orange.

Je reçus de Lord Kitchener la réponse suivante :

Imp. Residency Pretoria.

Général de Wet,
Kafferskop.

25 avril. — « En réponse à votre message, je consens à un armistice pour les commandos dont les officiers

seront absents depuis le 11 mai, je consens à ce que chacun des délégués, comme vous me l'avez proposé, soit accompagné d'un homme.

« Il me serait agréable que vous m'envoyiez un officier, au moins deux jours avant la réunion, pour m'informer du nombre des délégués et faire certains préparatifs. »

Signé : Lord Kitchener.

Le 11 mai j'envoyais une dépêche à Lord Kitchener, lui disant que, puisque tous mes généraux et officiers supérieurs étaient nommés délégués, il y avait lieu de consentir à un armistice complet à partir du 11 mai.

La dépêche était ainsi conçue :

Le général de Wet,
à Son Excellence Lord Kitchener.

Prétoria.

11 mai 1902. — « Pour représenter les commandos de Hoopstad, Boshof, une partie de ceux de Winburg et de Bloemfontein, qui se trouvent à l'ouest de la voie ferrée, les officiers supérieurs dont les noms suivent sont élus :

« 1° Le général C. Badenshort,

« 2° Le commandant J. Jacobsz,

« 3° Le commandant A. Bester.

« Il en résulte que tous mes généraux et officiers supérieurs sont élus comme délégués pour la réunion du 15 mai, à Vereeniging ; l'armistice commencera aujour-

Trois Ans de Guerre

d'hui (11 mai 1902) dans tous les districts de l'État libre, et durera jusqu'à une date à fixer après la réunion.

« Une réponse arrivant à midi me trouvera à Brandfort. »

Le commandant en chef des armées
de l'État libre.

En réponse, je recevais le télégramme suivant :

Imp. Residency, Prétoria.

12 mai. — « Ainsi qu'il a été convenu, j'ai donné l'ordre qu'à partir du 13 courant, aucune attaque ne soit dirigée contre les commandos pendant l'absence de leurs chefs qui assistent à la réunion de Vereeniging, à la condition que ces commandos se gardent aussi d'attaquer. La convention ne s'étendra pas aux patrouilles faites prisonnières près des lignes anglaises. »

Signé : Lord Kitchener.

Il me semblait étrange que Lord Kitchener datât l'armistice du 13 mai, tandis que sa dépêche du 25 avril le consentait du 11. J'appris des officiers de Heilbron, Wrede et Bethlehem, que je rencontrai, le 14 mai au soir, à la gare de Wolwehoek, que les colonnes anglaises avaient opéré dans leurs districts les 11, 12, 13 et 14 mai. Or, j'avais ordonné à mes officiers de se retirer si l'ennemi avançait.

Aux dates énoncées ci-dessus, des maisons furent brûlées, des bestiaux enlevés, du blé et du maïs détruits, des Burghers faits prisonniers, un Burgher fut tué. Ce malentendu fut regrettable, car ces dégâts ne furent jamais indemnisés.

Chapitre XXXVII

RESOLUTION DES REPRÉSENTANTS DU PEUPLE. — LA FIN DE LA GUERRE

Le 15 mai au matin, j'arrivais à Vereeniging avec quelques délégués de l'État libre ; les autres étaient déjà arrivés ainsi que les trente délégués du Transvaal parmi lesquels se trouvaient le commandant général Louis Botha et le général de la Rey.

Étaient en outre présents : le président temporaire Burger, le président Steijn, les membres des gouvernements des deux Républiques et le général J.-C. Smuts de la Colonie du Cap.

Ce qui me peinait le plus c'était la maladie du président Steijn qui, depuis six semaines, se faisait traiter par les docteurs. Le docteur van der Merwe l'avait soigné depuis son arrivée à Prétoria, et lui avait dit que s'il assistait aux séances, son mal ne pourrait qu'empirer. Il lui avait proposé de l'emmener dans sa maison de Krügersdorp afin de lui continuer ses soins.

Trois Ans de Guerre

A l'annonce de cette nouvelle, nous éprouvâmes une grande déception. Qu'allions-nous devenir dans l'assemblée sans le président Steijn? Sa présence nous semblait indispensable, car il était aimé de tous et nous étions convaincus que c'était un excellent homme d'État. Il peut être cité en exemple comme un homme qui a rempli son devoir auprès de son pays et de ses concitoyens. Aucune douleur n'était au-dessus de lui; il endura tout, travaillant nuit et jour et, dans toute circonstance, gardant son calme et sa sérénité. Il souffrit pour son pays et lutta pour lui jusqu'au jour où la maladie en le terrassant, le rendit faible comme un enfant. Mais si son corps s'était affaibli, sa grande âme n'avait fait que gagner en force et en courage.

Il ne put assister aux réunions que deux fois, et, le 29 mai, avant que les délégués du peuple eussent pris une résolution, il dut partir pour Krügersdorp avec le docteur van der Merwe.

Au moment où j'écris ce récit, six mois se sont passés. A l'époque dont je parle, M. Steijn gisait sur un lit de douleur; aussi suis-je bien heureux d'apprendre, aux Pays-Bas, loin de la patrie, que les médecins n'ont pas perdu l'espoir de le guérir.

Le 15 mai 1902 au matin, les délégués du peuple commencèrent leurs importants travaux. Après avoir discuté trois jours sur la situation, ils nommèrent une commission composée comme suit : le commandant général Louis Botha, le commandant en chef C.-R. de Wet, le commandant général adjoint de la Rey, le commandant en

Trois Ans de Guerre

chef adjoint, juge J.-B.-M. Hertzog et le procureur général J.-C. Smuts. Les membres de cette commission délibéreraient avec Lord Kitchener et Lord Milner.

Après avoir discuté, du 18 au 29 mai, avec les représentants du gouvernement britannique, la commission soumettait aux représentants des gouvernements des deux Républiques un rapport sur les conclusions des délibérations.

Le 31 mai, on conclut de voter sur la proposition du gouvernement britannique. C'était la fin de l'indépendance de la République Sud-Africaine et de l'État libre d'Orange.

A la pensée de cette résolution, la douleur était marquée sur toutes les physionomies. Cette conclusion était d'autant plus triste que les soixante représentants des deux Républiques devaient se prononcer par *oui* ou *non*. La proposition de l'Angleterre était donc un ultimatum.

Dès lors, que pouvait-on faire ?

Continuer la guerre ? C'était un avenir bien triste, car nos femmes et nos enfants y seraient exterminés et la famine nous guettait.

Nous pouvions encore porter notre champ d'action vers les régions de Boshof et de Hoopstad (ressort du général Badenhorst), ou bien dans les régions où se trouvaient les généraux Brand et Nieuwouwdt; il nous était possible, en effet, d'y approvisionner nos commandos de bœufs et de moutons pris aux Anglais. Dans ces districts, il n'y avait plus ni femmes ni enfants, et les combattants pouvaient avoir un grand champ d'action, soit dans les districts mêmes, soit dans la colonie où ils pourraient trouver les vivres nécessaires.

La situation se montrait moins favorable dans les autres parties de l'État libre. Dans les districts du Nord-Est et du Nord (Ladybrand, Winburg, Fiksburg, Kroonstad, Heilbron, Bethlehem, Harrismith et Vrede) il y avait encore beaucoup de familles. Il était impossible de les envoyer vers Boshof et Hoopstad ou dans la Colonie du Cap, si les commandos, menacés par la famine, quittaient leurs districts, ils étaient obligés de laisser les femmes et les enfants qui ne pouvaient s'approvisionner.

Telle était la situation.

Dans l'Etat libre, nous avions pensé, un moment, laisser le droit d'abandonner leur indépendance aux hommes ayant femmes et enfants. Ils seraient ainsi sauvés de la famine. Mais nous fûmes obligés de rejeter cette solution qui retirait un trop grand nombre de combattants à nos commandos. D'ailleurs, si, de cette façon, nous sauvions nos foyers, nous ne sauvions pas de la famine ceux qui continueraient à combattre, beaucoup des nôtres ne pouvant gagner la Colonie du Cap à cause du manque de chevaux.

Dans la partie est du Transvaal, un grand nombre de combattants n'avaient plus de montures; ceux qui en possédaient encore seraient sûrement faits prisonniers, car les chevaux ne pourraient supporter de trop grandes fatigues. En outre, le nombre des combattants était sensiblement diminué: nous avions encore dix mille hommes au Trans-

Trois Ans de Guerre

vaal, six mille dans l'Etat libre, ce qui ne faisait, avec les quatre mille de la Colonie du Cap, que vingt mille hommes valides; nous aurions continué la lutte si les nouvelles que nous avions reçues de la Colonie du Cap n'avaient pas été si mauvaises. Mais la fortune était partout contre nous. L'avenir de la Patrie était brisé.

On peut comprendre ce que nous avons dû souffrir à Vereeniging en envisageant froidement la situation. Chacun dépeignait, d'une façon plus ou moins lamentable, la misère de son district. Dès lors, que pouvions-nous faire? Inévitablement, il fallait nous résigner, accepter les propositions britanniques, déposer les armes. Quelle amère pensée! Nous devions laisser derrière nous nos frères du Cap et du Natal qui avaient abandonné leur sort entre nos mains. Cette idée si triste m'a coûté bien des insomnies!

Mais nous ne pouvions agir autrement, il nous fallait nous soumettre aux conditions de paix de l'Angleterre.

Maintenant que tout est conclu, ne peut-on pas croire que les gouvernements du Cap et du Natal, encouragés par le gouvernement britannique, comprendront la nécessité de pardonner et de prononcer l'amnistie?

Il n'est pas déraisonnable d'espérer cet acte des gouvernements, car c'est la voix du sang qui a poussé les Afrikanders à la révolte, rien n'est plus fort au monde que ce lien d'une race; c'est une chose que les gouvernements des deux colonies ne doivent pas oublier. Si l'on veut sincèrement la prospérité en Afrique du Sud, il est nécessaire d'y entretenir une politique conciliatrice.

Trois Ans de Guerre

Le soir du 31 mai 1902, les membres des deux gouvernements arrivaient à Prétoria ; ils se rendirent immédiatement chez Lord Kitchener.

Lord Kitchener et Lord Milner étaient présents.

Le traité de paix était préparé. La proposition acceptée par les représentants des deux Républiques fut signée.

Ce fut une soirée inoubliable. Quelle révolution venait de s'opérer en quelques minutes. Sur la carte de l'Afrique, en ces vastes régions où jadis nos pères, vaillants émigrés hollandais, avaient pu fonder deux patries, il ne restait plus que deux colonies anglaises.

On ne pouvait, désormais, rien changer à ce qui venait d'être accompli. Une résolution prise dans une assemblée peut être réfutée, mais un document signé par deux parties, comme il venait d'être fait, était définitif. Chacun de nous signa ce document, sachant qu'il y était douloureusement contraint. Mais ce qui nous fut le plus douloureux, ce fut de parapher de notre main la décision par laquelle nous annoncions au peuple Boër qu'il avait perdu sa liberté.

Le 2 juin 1902, les délégués partirent de Vereeniging pour retourner dans leurs districts, où ils devaient annoncer à ceux des nôtres qui espéraient encore, la triste nouvelle de la perte de leur indépendance, et les préparer à déposer leurs armes aux dates et aux lieux indiqués.

Le 3 juin 1902, je partais de Prétoria avec le général Elliot pour recevoir, aux différents centres, les armes des Burghers.

Le 5 juin 1902, le premier commando déposa les armes

Trois Ans de Guerre

près de Vredefort. Quel moment indescriptible pour moi et chaque Burgher, que celui où fut accompli cet acte de renoncement suprême.

Cher lecteur, laissez-moi m'arrêter un peu ici, comme un homme qui souffre en décrivant les heures douloureuses qu'il a vécues. Laissez-moi vous ouvrir mon âme : J'ai souvent assisté à leur lit de mort ceux qui m'étaient chers, père, mère, frère, amis ; mais je n'ai pas ressenti la même souffrance aiguë, que celle que j'éprouvais à la perte de l'indépendance de mon pays.

Le 7 juin, j'arrivais à Reitz où les commandos de Vrede, Harrismith, Heilbron et Bethlehem, déposèrent leurs armes. Mais je n'en pouvais plus. J'avais tenu le Veld trois ans, sans me plaindre et tout supporté pour ma patrie; mais voir tomber ces armes qui étaient en si bonnes mains, c'était trop. J'aurais peut-être pleuré comme un enfant.

Je résolus donc, par la suite, d'aller expliquer toute la situation aux Burghers des autres commandos, en leur faisant comprendre pourquoi ils devaient accepter les propositions de paix, si mauvaises qu'elles fussent. Et je m'éloignai ensuite, confiant au général Elliot la triste mission de recevoir ces fusils qui avaient fait de si bonne besogne dans notre pays.

Ce fut partout le plus indescriptible abattement, jusqu'au 16 juin, où les derniers combattants, les Burghers des généraux Nieuwouwdt et Brand déposèrent les armes.

C'était fini, nous étions colons anglais.

Du moins je ne déposerai pas ma plume sans avoir

adressé à ceux de l'Orange un dernier mot d'adieu. Je dis un dernier mot, car maintenant que j'ai fait tout mon devoir, je vais reprendre cette vie de fermier que j'aurais voulu ne jamais quitter.

Burghers de l'Orange, puisque vous avez contracté un traité d'alliance, soyez loyaux et respectez-le. Mais surtout ayez confiance en l'avenir, et les jours où pèsera trop sur vos cœurs le souvenir de la liberté perdue, tâchez de vous consoler en songeant au passé, à cette lutte que, pendant trois ans, vous fûtes capables de soutenir avec héroïsme et par laquelle vous avez affirmé la vitalité de votre race, la valeur de votre énergie, votre droit enfin, sinon d'être traité comme une nation, du moins comme un groupe d'hommes dont le nom et les hauts faits ne s'effaceront jamais de l'histoire.

APPENDICE

CORRESPONDANCE

Lettre du Secrétaire d'État de la République Sud-Africaine à l'Agent britannique à Prétoria (1).

Ministère des Affaires Étrangères.

Prétoria, le 7 octobre 1899.

Monsieur,

Le gouvernement de la République Sud-Africaine se voit dans l'obligation d'attirer à nouveau l'attention du gouvernement de Sa Majesté la Reine d'Angleterre et d'Irlande, sur la Convention de Londres de 1884, conclue entre la République Sud-Africaine et le Royaume-Uni, laquelle Convention dans l'article xiv assure certains droits à la population blanche de la République :

A savoir :

Tous les blancs agissant selon les lois de la République Sud-Africaine,

---

(1) C'est cette lettre qu'on a appelée l'ultimatum de la République Sud-Africaine.

a) auront la pleine liberté d'aller, de venir et de séjourner dans toutes les parties de cette République ;

b) seront autorisés à louer ou à posséder des maisons, des usines, des magasins ;

c) pourront administrer leurs affaires eux-mêmes ou les faire gérer par les agents qu'il leur plaira d'occuper ;

d) ne seront soumis, en ce qui concerne leurs biens et leurs personnes, leur industrie et leur commerce, à aucun impôt local qui sont ou seront imposés aux citoyens de cette République.

Notre gouvernement veut encore faire observer que les droits cités plus hauts sont les seuls que le gouvernement de Sa Majesté ait fait stipuler pour les « Uitlanders » (étrangers) fixés dans cette République, et que la violation de ces droits pouvait seule autoriser ce gouvernement à intervenir ; tandis que la réglementation de toutes les autres questions concernant les Uitlanders serait laissée, suivant la Convention, à l'appréciation du gouvernement de la République et de la représentation du peuple. Ces questions que le gouvernement et le Volksraad sont seuls compétents pour régler sont le droit de vote et de représentation dans la République.

Quoique ce droit de représentation nous appartienne uniquement, notre gouvernement a consenti à discuter, d'une façon amicale, avec le gouvernement de Sa Majesté. Pour la composition de la présente loi électorale, ainsi que pour le décret concernant la représentation, notre gouvernement s'est toujours rappelé ces délibérations amicales ; mais, du côté du gouvernement de Sa Majesté, les sentiments amicaux paraissent faire place à d'autres. Les

Trois Ans de Guerre

consciences des peuples de la République et de l'Afrique du Sud ont commencé à s'exalter et une situation des plus tendues s'est créée lorsque le gouvernement de Sa Majesté n'a plus voulu se contenter de la loi sur le droit de vote et du décret sur la représentation dans cette République.

A la fin de sa lettre du 25 septembre 1899, le gouvernement de Sa Majesté cessait, en effet, brusquement, toute délibération à ce sujet, déclarant être forcé de formuler maintenant ses propres propositions pour avoir une réglementation définitive.

Notre gouvernement, ne put, dès lors, voir dans cette lettre du gouvernement de Sa Majesté qu'une violation de la Convention de Londres de 1884 qui ne lui réserve aucun droit de s'ingérer dans la réglementation d'une question intéressant uniquement les affaires intérieures de notre République ; question que celle-ci a déjà réglée. Il résulte de cette situation tendue un préjudice considérable et la cessation momentanée des affaires.

Le gouvernement de Sa Majesté a insisté, récemment, pour l'établissement d'une réglementation immédiate, et a exigé, par votre intermédiaire, une réponse, dans les quarante-huit heures, à la lettre, que vous nous aviez envoyée le 12 septembre et à laquelle nous avons répondu le 15.

Enfin, par la lettre du 25 septembre, toutes les délibérations amicales cessaient, et il fut annoncé à notre gouvernement qu'une proposition de réglementation définitive serait faite à bref délai. Malgré le renouvellement de cette promesse cette proposition n'était pas acceptable par notre gouvernement.

Déjà, pendant l'échange de la correspondance amicale,

le gouvernement de Sa Majesté préparait une augmentation de ses troupes, lesquelles étaient placées près des frontières de notre République. Se reportant à l'histoire de notre pays, que nous n'avons pas à remémorer ici, notre gouvernement se voyait obligé de regarder la présence de ces troupes comme une menace pour l'indépendance de la République Sud-Africaine, car aucune circonstance connue ne pouvait justifier la présence de pareilles forces sur notre frontière.

En réponse à une question adressée à Son Excellence le haut commissaire, on nous faisait comprendre, à notre grande stupéfaction, que, du côté de la République, on préparait une attaque contre les colonies de Sa Majesté; ce qui nous obligea, en vue d'éventualités futures, à nous fortifier dans la crainte qu'on ne voulut attenter à l'indépendance de notre République.

Comme mesure de défense, notre gouvernement était donc forcé d'envoyer à la frontière une partie de nos Burghers pour résister.

Cet envoi de troupes à nos frontières signifie, qu'en contradiction avec la Convention de Londres de 1884, le gouvernement de Sa Majesté s'est occupé illégitimement des affaires intérieures de notre République, ce qui a amené une situation intolérable.

Non seulement dans notre intérêt, mais dans celui de toute l'Afrique du Sud, notre gouvernement se croit en devoir de mettre fin à cette situation le plus tôt possible, en insistant auprès du gouvernement de Sa Majesté pour faire cesser cet état de choses et nous donner l'assurance que :

a) Tous les points litigieux seront réglés par l'arbitrage ou par un autre moyen admis par notre gouvernement et celui de Sa Majesté ;

b) Tous les renforts de troupes arrivés en Afrique du Sud depuis le 1ᵉʳ juin 1899 seront éloignés, dans un laps de temps à convenir avec notre gouvernement, avec l'assurance mutuelle que ni d'un côté ni de l'autre on ne se laissera aller à des incursions en territoire étranger. A cette condition, notre gouvernement sera disposé à retirer de la frontière ses Burghers armés ;

c) Aucune des troupes de Sa Majesté, en ce moment en cours de route pour l'Afrique du Sud, ne débarquera dans un des ports de la colonie.

Notre gouvernement insiste pour avoir une réponse immédiate et affirmative sur ces quatre points et demande au gouvernement de Sa Majesté de bien vouloir répondre dans ce sens pour le mercredi 11 octobre 1899 avant 5 heures du soir. Le gouvernement stipule que, n'ayant pas reçu une réponse favorable dans cet intervalle, il sera obligé, à son grand regret, de regarder les actes du gouvernement de Sa Majesté comme une déclaration de guerre formelle, des suites de laquelle il ne sera pas responsable. Dans le cas où, pendant ce laps de temps, des troupes se dirigeraient vers la frontière, notre gouvernement serait forcé de considérer cet acte comme une déclaration de guerre.

J'ai l'honneur, etc.

F. W. Reitz.
Secrétaire d'État.

Trois Ans de Guerre

*Télégrammes de M. Chamberlain
au Haut Commissaire Sir Alfred Milner*

7 h. 30 soir, 10 octobre 1899.
Dépêche.
10 octobre. N° 7.

L'Agent britannique doit, en réponse aux exigences du gouvernement de la République Sud-Africaine, dire qu'il a reçu l'ordre de demander son passe-port, puisque ce gouvernement a déclaré, dans sa lettre, regarder le refus d'obtempérer à ses exigences, comme une déclaration de guerre formelle.

10 h. 45 soir, le 10 octobre 1899.
Dépêche
10 octobre. N° 8.

Le gouvernement de Sa Majesté a reçu, avec grand regret, les exigences décisives du gouvernement de la République Sud-Africaine. Vous voudrez répondre que les conditions exposées par ce gouvernement sont d'une nature telle que le gouvernement de Sa Majesté juge impossible de les prendre en considération.

Trois Ans de Guerre

*Les Présidents d'États de la République Sud-Africaine
et de l'État libre d'Orange
à Son Excellence Lord Salisbury à Londres.*

Bloemfontein, 5 mai 1900.

L'effusion de sang et de larmes des milliers d'hommes qui ont souffert par cette guerre et la perspective de toutes les pertes matérielles et morales qui menacent l'Afrique du Sud, obligent les deux partis belligérants de se demander, devant Dieu tout-puissant, dans quel but a été entreprise cette guerre, et si elle justifie tant de misères et de destructions.

Différents hommes d'État anglais sont persuadés que la guerre a commencé et continue avec le but décisif de ruiner l'autorité de Sa Majesté dans toute l'Afrique du Sud et d'y créer un gouvernement indépendant.

Nous considérons donc comme de notre devoir de déclarer solennellement que cette guerre a commencé uniquement pour la défense de la liberté de la République Sud-Africaine et continue pour assurer et maintenir l'indépendance indiscutable des deux Républiques comme États libres et souverains, pour obtenir aussi l'assurance que ceux des sujets de Sa Majesté qui ont pris part à cette guerre pour notre cause ne soient pas inquiétés dans leurs personnes et dans leurs biens.

Sous ces conditions seules, nous désirons, maintenant comme par le passé, que la paix règne dans l'Afrique du Sud. Si le gouvernement de Sa Majesté a résolu de détruire l'indépendance des deux Républiques, il ne restera plus à notre peuple et à nous que de persister dans la voie que nous avons prise, malgré la supériorité usurpatrice du Royaume britannique, avec la confiance que Dieu qui a mis dans les cœurs de nos pères et dans les nôtres l'amour inextinguible de la liberté, ne nous abandonnera pas, mais continuera son œuvre par nous et nos descendants.

Nous avons hésité à remettre plus tôt cette déclaration à Votre Excellence, craignant qu'à l'époque de nos succès, quand nos armées occupaient de fortes positions dans les colonies britanniques, une pareille déclaration blessât la fierté du peuple anglais. Mais maintenant que l'on peut considérer comme relevé le prestige du Royaume britannique, par le fait d'avoir pris une de nos armées et repris certaines positions occupées par nos armées, cette difficulté est aplanie.

Nous ne pouvons donc plus hésiter à exposer à votre gouvernement ainsi qu'à votre peuple, à la face du monde civilisé, pour quelles raisons nous combattons et sur quelles conditions nous sommes disposés à conclure la paix.

Trois Ans de Guerre

Lord Salisbury à Leurs Excellences les Présidents de la République Sud-Africaine et de l'État libre d'Orange.

Londres, 11 mars 1900.

J'ai l'honneur de vous confirmer votre dépêche du 5 mars, datée de Bloemfontein, dont le but principal est :
1° De demander si le gouvernement de Sa Majesté veut reconnaître l'indépendance de la République Sud-Africaine et de l'État libre d'Orange, considérés, dès lors, comme Etats libres et souverains ;
2° D'offrir de terminer la guerre à ces conditions.

Au commencement d'octobre dernier, la paix régnait entre la Reine et les deux Républiques, sous les conventions existant alors. Pendant quelques mois, une discussion entre le gouvernement de la Reine et celui de la République Sud-Africaine eut lieu afin de faire disparaître quelques griefs sérieux dont souffraient les habitants de cette République. Au cours de ces négociations, la République Sud-Africaine avait fait, le gouvernement de Sa Majesté le savait, des armements considérables ; notre gouvernement prit donc la précaution d'envoyer des renforts semblables aux garnisons de la Colonie du Cap et du Natal.

Aucune violation des droits garantis par les conventions n'avait eu lieu, jusqu'à ce jour, de la part des Anglais.

Trois Ans de Guerre

Subitement, la République Sud-Africaine, deux jours après avoir envoyé un ultimatum insultant, déclarait la guerre à Sa Majesté, et l'Etat libre, à qui nous n'avions pas eu affaire, s'unissait à la déclaration de guerre.

Immédiatement, une invasion fut faite par les deux Républiques sur le territoire de Sa Majesté ; trois villes furent assiégées, une grande partie de la Colonie du Cap fut ravagée, un grand nombre d'existences et de propriétés furent détruites. Les deux Républiques avaient la prétention de traiter comme leurs propres sujets les habitants du territoire de Sa Majesté.

Le Transvaal avait, comme prélude à ces actes, amassé, pendant des années, des quantités énormes de munitions qui ne pouvaient qu'être employées contre l'Angleterre.

Vous faites quelques remarques négatives sur les motifs qui vous ont poussé à faire ces préparatifs ; je ne crois pas nécessaire de discuter sur les questions que vous nous avez posées, mais la conséquence de ces préparatifs, faits avec beaucoup de mystère, a été la nécessité, pour le Royaume britannique, de résister à une invasion qui le force à une guerre coûteuse et à la perte de milliers d'existences précieuses. Ce grand désastre a été la punition de la Grande-Bretagne qui a consenti, pendant ces dernières années, à l'existence des deux Républiques.

Considérant l'emploi que les deux Républiques ont fait de la situation qui leur était accordée et les désastres que leur attaque non motivée a occasionnés sur le territoire de Sa Majesté, le gouvernement de Sa Majesté répond à votre dépêche qu'il ne peut consentir à l'indépendance de la République Sud-Africaine et de l'Etat libre d'Orange.

Trois Ans de Guerre

*Procès-verbal de l'Assemblée
des Représentants spéciaux du Peuple,
tenue à Vereeniging (République Sud-Africaine)
le 15 Mai 1902 et jours suivants*

Les membres des deux gouvernements se sont réunis avant l'assemblée. Sont présents :
Pour la République Sud-Africaine : Le président *in loco* S.-W. Burger, le secrétaire d'État F.-W. Reitz, le général commandant L. Botha, J.-C. Krogh, L.-J. Meyer et le procureur d'Etat *in loco* L.-J. Jacobsz.
Pour l'État libre d'Orange : Le président d'Etat M.-T. Steijn, le juge J.-B.-M. Hertzog, le secrétaire d'Etat *in loco* W.-J.-C. Brebner, le commandant en chef C.-R. de Wet et C.-H. Olivier.
En premier lieu, on délibère sur la formule du serment à prêter par les députés. On décide qu'elle sera la suivante :

Serment des députés spéciaux

Nous soussignés, jurons solennellement, en notre qualité de représentants spéciaux du peuple, d'être fidèles au peuple, au pays et au gouvernement, de les servir loyalement, de remplir nos devoirs en toute diligence et, si c'est nécessaire, de tenir le secret des délibérations, ainsi qu'il sied à de bons citoyens et représentants du peuple.

Trois Ans de Guerre

Que Dieu tout-puissant nous soit en aide!

On délibère ensuite sur la question de savoir si les représentants du peuple ont le droit de prendre, le cas échéant, des décisions touchant l'indépendance, sans préjudice du mandat spécial donné par les assemblées du peuple. Dans les réunions provoquées par certains officiers supérieurs, les députés n'ont reçu qu'un mandat spécial pour faire connaître la volonté du peuple. Dans d'autres assemblées on a donné aux délégués plein pouvoir de prendre une décision finale.

Après d'assez longs débats, on décide de soumettre la question aux représentants du peuple eux-mêmes.

Les représentants du peuple dont les noms suivent entrent dans la tente et prêtent serment.

Pour la République Sud-Africaine:

1 H.-A. Alberts, général combattant, Heidelberg.
2 J.-J. Alberts, commandant, représentant Standerton et Wakkerstroom.
3 J.-F. de Beer, commandant, Bloemhof.
4 C.-F. Beijers, général commandant adjoint, Waterberg.
5 C. Birkenstock, Burgher, Vrijheid.
6 H.-J. Bosman, conseiller cantonnal adjoint, Wakkerstroom.
7 Christ. Botha, commandant général adjoint, Swazieland et Staatsartillerie.
8 B.-H. Breijtenbach, veldcornet, Utrecht.
9 C.-J. Brits, général combattant, Standerton.
10 J.-G. Cillier, général combattant, Lichtenburg.
11 J. de Clercq, Burgher, Middelburg.
12 T.-A. Dongès, veldcornet, Middelburg et garde du gouvernement.

Trois Ans de Guerre

13 H.-S. Grobler, commandant, Bethal.
14 J.-L. Grobler, Burgher, Carolina.
15 J.-N.-H. Grobler, général combattant, Ermelo.
16 B.-J. van Heerden, veldcornet, Rustenburg.
17 J.-F. Jordaan, commandant, Vrijheid.
18 J. Kemp, général combattant, Krügersdorp.
19 P.-J. Liebenberg, général combattant, Potchefstroom.
20 C.-H. Muller, général combattant, Boksburg.
21 J.-F. Naudé, Burgher, Prétoria et commandant adjoint du général Kemp.
22 D.-J.-E. Opperman, veldcornet, Prétoria.
23 B.-J. Roos, veldcornet, Piet Retief.
24 P.-D. Roux, veldcornet, Marico.
25 D.-J. Schoeman, commandant, Lijdenburg.
26 T.-C. Stoffberg, conseiller cantonnal, Zoutpansberg.
27 S.-P. du Toit, général combattant, Wolmaransstad.
28 P.-L. Uijs, commandant, Prétoria.
29 P.-R. Viljoen, Burgher, Heidelberg.
30 W.-J. Viljoen, commandant, Witwatersrand.

Pour l'État libre d'Orange :

1 C.-C.-F. Badenhorst, commandant en chef adjoint, Boshof, Hoopstad, Ouest Bloemfontein, Winbung, Kroonstad.
2 A.-J. Bester, commandant, Bethlehem.
3 A.-J. Bester, commandant, Bloemfontein.
4 L.-P.-H. Botha, commandant, Harrismith.
5 G.-A. Brand, commandant en chef adjoint, Bethulie, Rouxville, Caledonrivier, Wepener et Bloemfontein-Est.
6 H.-J. Brouwer, commandant, Bethlehem.
7 D.-H. van Coller, commandant, Heilbron.
8 F.-R. Cronjé, commandant, Winburg.
9 D.-F.-H. Flemming, commandant, Hoopstad.

Trois Ans de Guerre

10 C.-C. Froneman, commandant en chef adjoint, Winburg et Ladybrand.

11 F.-J.-W.-J. Hattingh, commandant en chef adjoint, Kroonstad-Est et district de Heilbron.

12 J.-A.-M. Hertzog, commandant, Philippolis.

13 J.-N. Jacobs, commandant, Boshof.

14 F.-P. Jacobsz, commandant, Harrismith.

15 A.-J. de Kock, commandant, Vrede.

16 J.-J. Koen, commandant, Ladybrand.

17 H.-J. Kritzinger, veldcornet, Kroonstad.

18 F.-E. Mentz, commandant, Heilbron.

19 J.-A.-P. van der Merwe, commandant, Heilbron.

20 C.-A. van Niekerk, commandant, Kroonstad.

21 H. van Niekerk, commandant, laager du Président.

22 J.-J. van Niekerk, commandant, Frieksberg.

23 J.-K, Nieuwouwdt, commandant en chef adjoint, Fauresmith, Philippolis, Jacobsdal et une partie de Bloemfontein.

24 H.-P.-J. Prétorius, commandant, Jacobsdal.

25 A.-M. Prinsloo, commandant en chef adjoint, Bethlehem et Ficksburg.

26 L.-J. Rautenbach, commandant, Bethlehem.

27 F.-J. Rheeder, commandant, Rouxville.

28 A. Ross, commandant, Vrede.

29 P.-W. de Vos, commandant, Kroonstad.

30 W.-J. Wessels, commandant en chef adjoint, Harrismith et Vrede.

L'Assemblée procède ensuite à l'élection d'un président. Sont candidats : J. de Clercq, C.-F. Beijers, C.-C. Froneman, W.-J. Wessels et G.-A. Brand.

Le vote a eu lieu par bulletins fermés. Est élu : le général C.-F. Beijers. Il prend place au fauteuil présidentiel en demandant au pasteur Kestell de faire une prière.

Trois Ans de Guerre

Le président *in loco* S.-W. Burger déclare l'assemblée légalement constituée. Après une allocution du président, l'assemblée est suspendue jusqu'à trois heures.

A la reprise de la séance, le président demande au président Burger d'exposer l'affaire. Celui-ci prend la parole en souhaitant, d'abord, la bienvenue aux personnes présentes. Il regrette l'absence de quelques-uns qui, certainement, se seraient rendus à l'appel du peuple si la guerre n'avait fait tant de victimes.

Il reste cependant un grand nombre de citoyens qui peuvent servir de représentants du peuple et qui ont jusqu'ici résisté à l'ennemi.

Nous sommes arrivés, continue le Président, au pied de la montagne que nous avons à gravir, tout dépend maintenant des représentants du peuple. Nous ne devons pas nous dissimuler que la situation est dangereuse et que l'avenir est sombre. Nous aurons à débattre longtemps sur ces questions douloureuses et des opinions contraires seront émises. Pour ces raisons, il est nécessaire que nous soyons tolérants les uns pour les autres et que nous n'ayons pas peur de dire franchement notre avis.

Le Président continue en exposant les motifs qui ont fait convoquer cette assemblée. Il parle de la correspondance échangée entre les Pays-Bas et l'Angleterre et dont une copie a été envoyée par Lord Kitchener aux gouvernements des deux Républiques. Le gouvernement de la République Sud-Africaine qui l'avait reçue le premier, avait été d'avis de saisir cette occasion et avait prié Lord Kitchener de le mettre à même de se rencontrer avec le gouvernement de l'Etat libre d'Orange, afin que les deux gouvernements puissent délibérer ensemble sur l'opportunité de faire des propositions de paix à l'Angleterre. Ils s'étaient réunis, avaient débattu l'affaire et ouvert des négociations avec Lord Kitchener et Lord Milner. Celles-ci pouvaient être considérées comme des préliminaires de paix.

Nous comprenions alors, insiste M. Burger, que nous n'avions pas le pouvoir de sacrifier l'indépendance des deux Républiques et que nous avions seulement qualité pour faire des propositions de paix sous la condition de cette indépendance. En effet, le peuple seul peut décider de l'abandon de cette dernière clause et c'est pour cela que vous êtes ici. Les gouvernements prendront connaissance de votre volonté.

Vous savez, d'autre part, que le gouvernement anglais ne s'arrête même plus à la question de notre indépendance et qu'il est même étonné que nous puissions l'agiter encore.

Vous aurez donc à rendre compte ici de la situation du pays et de celle de nos femmes et de nos enfants. Vous aurez à décider si, après tous les sacrifices que nous avons faits, nous devons encore en faire d'autres. Il sera dur, après tout ce que nous avons enduré, d'abandonner notre indépendance, mais bien que cette affaire touche les fibres les plus intimes de notre cœur, il faut encore l'envisager avec le calme de la réflexion. Il faut examiner froidement la question de savoir si nous devons assister à la destruction complète et définitive de notre peuple.

Les gouvernements ne feront rien sans le peuple. C'est à vous de délibérer sur la décision à prendre dans les circonstances actuelles. Si, par exemple, vous arrivez à la

Trois Ans de Guerre

conviction que nous avons épuisé nos derniers moyens, aurons-nous alors le droit de continuer la guerre? La continuerons-nous, jusqu'à ce que nous tous soyons faits prisonniers, bannis ou tués? Que tout le monde dise franchement ce qu'il pense et que tout le monde respecte l'opinion d'autrui. En ce qui me concerne, je ne cède pas encore, mais je veux savoir ce que pense le peuple et, soit en continuant la lutte, soit en traitant, respecter sa volonté.

A ce propos, une difficulté se présente. Quelques-uns d'entre vous ont reçu un mandat définitif du peuple, dont il ne vous est évidemment pas permis de vous écarter. D'autres ont reçu plein pouvoir d'agir selon les circonstances. Eh bien, je compte sur vous pour que cette différence ne soulève pas de difficultés, et ne soit pas la cause de dissentiments. Il faut que nous soyons unis. Si nous le sommes ici, le peuple le sera également. Si, au contraire, l'union nous fait défaut, que sera-ce alors parmi le peuple?

Après le discours du président Burger il est donné lecture d'une lettre, écrite, il y a cinq mois, par la délégation en Europe et qui a pu parvenir au gouvernement. Elle ne contient rien d'intéressant; la délégation affirme seulement qu'à cette époque, l'Europe était mieux disposée pour notre cause que jamais.

Le Président donne ensuite la parole général Botha.

Celui-ci reprend la question des mandats. « N'est-ce pas impossible, demande-t-il, que les députés se réunissent pour une action commune, alors que quelques-uns d'entre nous, ont reçu des Burghers qu'ils représentent des mandats impératifs et que les autres ont plein pouvoir pour agir selon leur propre avis? »

Trois Ans de Guerre

Le juge Hertzog répond que, d'après des principes juridiques, on ne peut considérer un député comme simple agent ou porte-parole de ses mandataires; quand il s'agit des affaires publiques, il est un fondé de pouvoir, ayant le droit, quel que soit son mandat, d'agir selon sa conviction.

Le procureur d'État Smuts est du même avis.

Le général commandant se déclare satisfait.

Tous les membres de l'assemblée paraissant d'accord sur ce point et personne ne demandant plus la parole, le général commandant Botha fait son rapport :

Dans les districts de Wrijheid et d'Utrecht, la provision de millet sera bientôt épuisée, mais il y a encore assez de bétail. Dans le district de Wakkerstroom, il y a à peine du blé pour un mois. Deux autres districts (qu'il nomme) ont encore une quantité de bestiaux suffisante pour deux ou trois mois. A Ermelo, à l'ouest et au nord-ouest des blockhaus, à Bethal, Standerton et Middelburg, il y a encore du blé pour un mois. Les commandos de Heidelberg et de Prétoria n'ont en ce moment pas de blé pour vivre. Près de Boksburg le seul blé qui reste est celui provenant de la récolte de l'année passée. Quand il se trouvait à cet endroit, les commandos n'avaient pas reçu de viande depuis trois jours. De Vereeniging jusqu'à Ermelo il n'y a que trente-six boucs. Dans le district de Wakkerstroom il y a encore assez de bétail.

Les chevaux des commandos sont, en général, très faibles. Les Burghers ont été très éprouvés par les attaques de l'ennemi et ne peuvent plus fournir de longues courses à cheval. La question des Cafres devient de plus en plus

Trois Ans de Guerre

grave. A Vrijheid, il y a un commando de Cafres, qui a déjà opéré plusieurs sorties. L'attitude des Cafres a, en outre, produit un très mauvais effet sur l'esprit des Burghers. La situation des femmes est des plus tristes. Les blockhaus obstruent le pays. Il arrive souvent que les commandos sont obligés de fuir à travers les lignes en abandonnant les femmes. Et quand les Burghers reviennent, les femmes ont disparu, forcées de quitter leurs maisons. En d'autres cas, elles sont terriblement maltraitées. Jamais, déclare Botha, des faits aussi effroyables ne se sont vus dans l'Afrique du Sud.

Parlant de nos forces numériques, Botha dit qu'au début des hostilités, dans tout le Transvaal, il y avait 10.816 hommes, dont 3.296 n'avaient pas de cheval. L'année d'après, l'ennemi a capturé beaucoup de Burghers et, depuis juin 1901, les commandos se sont trouvés diminués de 6.084 hommes, qui ont été faits prisonniers, tués, ou qui ont déposé les armes.

Le nombre des familles se monte à 2.640.

Le général Botha résume la situation en disant que les plus grandes difficultés proviennent de la nourriture, du manque de chevaux et de la triste situation des femmes.

Le commandant en chef de Wet dit qu'il laissera aux députés-officiers le soin de faire des rapports. Ces représentants viennent de très loin et sont mieux au courant de la situation.

Il dira, toutefois, que le nombre des Burghers dans l'État libre d'Orange se monte à 6.120, dont environ 400 sont exempts du service militaire. Il estime que les Basoutos sont aussi bien disposés envers les Républiques que par le passé.

Trois Ans de Guerre

Le général de la Rey ne sait pas, au fond, quelle est sa tâche dans l'assemblée. Comme son collègue de Wet, il estime que c'est aux députés à faire des rapports. Il reconnaît que, dans ses districts, la pénurie est complète. Mais, dit-il, c'était également le cas il y a un an, et, d'ailleurs : « écoutez! citoyens, écoutez! Si le Burgher n'a pas de nourriture, il faut qu'il aille en prendre chez l'ennemi. »

Le général Beÿers (Waterberg) dit qu'il sera bref. A Zoutpansberg, on a encore assez de nourriture. On en achète aux Cafres et on fait des échanges avec eux. A Waterberg, les Cafres ne sont ni pour nous ni contre nous. A Zoutpansberg, ils se révoltent, mais comme ils ne sont pas unis entre eux, ils ne sont pas à craindre et il est facile de réprimer leurs émeutes.

Les plus grandes difficultés proviennent de la maladie des chevaux et de la fièvre.

Quand au blé, il y a dans ces districts assez de nourriture pour tout le Transvaal et l'État libre d'Orange, mais les Anglais commencent à accaparer le millet en l'achetant.

Le général Muller (Bloksburg) dit que, dans son district, les Burghers n'ont jamais souffert de la faim. Ils peuvent encore tenir quelques mois, en se procurant de la nourriture auprès des Cafres. Ceux-ci se révoltent, il est vrai, de temps en temps, mais il n'y a pas lieu de s'en inquiéter. Il estime pouvoir résister jusqu'à la fin de l'hiver.

Le général Froneman (Ladybrand) dit qu'il n'a pas à se plaindre de la situation dans ses districts, c'est-à-dire à Winburg et à Ladybrand. Il y a encore 80 familles, mais on peut encore subvenir à tous les besoins. Les Cafres sont paisibles et bienveillants. Ils rendent de grands services aux Burghers en achetant pour eux des vêtements dans le Basoutoland. Il voit la possibilité de tenir encore pendant un an.

Le général Hattingh (Kroonstad) dit que son rapport ne s'applique qu'à une partie de Kroonstad. Il y a encore abondance de moutons et de bœufs. On a semé pour une année. Il est vrai qu'une autre partie du district de Kroonstad est entièrement épuisée, mais elle est alimentée par Bethlehem.

Le général Badenhorst (Boshof) dit qu'il est renseigné sur le district de Boshof et la partie de ceux de Winburg et de Bloemfontein qui est à l'ouest du chemin de fer. Ces régions ne manquent pas de bétail. S'il fallait que leurs commandos s'en nourrissent, ils pourraient encore tenir pendant des années. Badenhorst raconte que, tout récemment, il a encore pris 1.500 têtes de bétail. Il n'y a pas autant de blé que l'année passée, mais après la récolte, ces districts pourront encore aider ceux qui sont plus éprouvés.

Le général Nieuwouwdt (Fauresmith), communique que son district est complètement ravagé. Dans les sept derniers mois on n'avait rien et tout de même on vivait. Quand on n'a rien, on n'en arrive pas moins. Les mauvais jours passent comme les bons. Le district possède encore du blé pour une année. Il n'y a plus que trois femmes pour l'habiter.

Le général Prinsloo (district de Bethlehem) déclare qu'il agirait mal en disant qu'il n'y a pas de nourriture dans sa section. L'ennemi, à plusieurs reprises, surtout dans les derniers temps, a pénétré dans ses districts. Ils sont encore fournis de bétail, mauvais il est vrai, et de blé en quantité suffisante; on pourrait encore nourrir d'autres districts. Les blockhaus sont un grand obstacle. Prinsloo ajoute qu'un de ses commandants a trouvé, enterrée, une grande quantité de millet (130 sacs).

Le général Brand (Bethulie) parle du sud-ouest de l'État libre d'Orange, où il est chargé du commandement. Il y a des endroits dans sa section, entièrement détruits. Tout a été emporté. Il n'est pas resté un seul mouton. Des journées entières, on est resté sans nourriture. Mais il vît sur l'Anglais, fait du butin et peut encore tenir un an.

Le général Wessels (Harrismith) dit que de grands « kraals » ont continuellement traversé les districts de de Harrismith et de Vrede. Il est étonnant qu'ils aient pu conserver des moutons, des bestiaux et du blé. Quoi qu'il en soit, il y en a encore assez. D'ailleurs, même si tout était pris, Wessels dit qu'ils trouveraient le moyen de s'approvisionner.

Le commandant C.-A. van Niekerk (Kroonstad), dit que s'il est une partie du pays qui soit épuisée, c'est bien celle où il commande, c'est-à-dire Hoopstad et une partie de Kroonstad. Malgré cela, on a eu de quoi se nourrir pendant plus d'un an. Il a aussi fait semer. Il n'y avait pas de bétail, mais il a pu faire un butin de 1.000 moutons et 52 bestiaux.

Le commandant van der Merwe (Heilbron) tient à peu près les mêmes propos que le commandant C.-A. van Niekerk.

Trois Ans de Guerre

Le général Smuts commence par dire que son expédition à la Colonie du Cap fut la conséquence du conseil donné en juillet 1901, par la délégation, de persister dans la lutte. Dans la République Sud-Africaine, on avait appris que la Colonie du Cap était favorablement disposée et, en présence de ces faits, on avait chargé le général de la Rey d'aller dans cette colonie pour se rendre compte de la situation. Ce dernier ayant été retenu dans les parties ouest du Transvaal, M. Smuts avait pris cette mission pour lui et a traversé, avec 200 hommes, le fleuve Orange. Après beaucoup de difficultés, il avait gagné Grahamstad, puis Graaff Reinet et enfin la côte. Ensuite, il s'était rendu à l'endroit où l'avait atteint la décision de l'assemblée. Il s'était aperçu que beaucoup de désordres étaient à craindre parmi les Burghers et, par mesure de prudence, il avait repris en main son commando. Il n'y avait retrouvé que 1400 hommes, le commandant Lotter ayant été fait prisonnier avec 100 hommes. Depuis, ce nombre avait été doublé de sorte que la Colonie du Cap comptait encore sous les armes 2.600 hommes divisés en 20 commandos. A ces troupes s'étaient ajoutées, dans la suite deux sections de de 700 hommes chacune, la première, au Griqualand, sous le général de Villiers et la seconde, au Bechuanaland sous le commandant van der Merve.

Se demandant ensuite quelle aide nous pouvons attendre de la Colonie du Cap, le général Smuts dit qu'il n'y aura pas de révolte universelle en faveur des Républiques. Les rapports qui en faisaient entrevoir la possibilité sont exagérés. De grandes difficultés s'opposent, en effet, à un soulèvement général. En premier lieu, il y a la question des chevaux. Dans la colonie du Cap le manque de chevaux est aussi sensible, et peut-être même plus sensible que dans les Républiques. En second lieu, les colons hésiteront toujours à se révolter, en songeant aux pénalités qu'ils encourent, s'ils sont pris par l'ennemi. Ensuite le manque d'herbe est un obstacle. On ne pourra bientôt plus se procurer, dans la Colonie du Cap, du fourrage pour les chevaux, les Anglais s'opposant à ce qu'on en sème.

Sans doute, les commandos pourraient essayer encore de provoquer un soulèvement dans la Colonie du Cap. Mais il ne faut pas trop compter qu'ils y réussiraient.

De toutes ces considérations, M. Smuts conclut que la question d'une révolte au Cap ne devra pas être agitée quand il s'agira de continuer la guerre ou de se soumettre. Après une suspension de la séance le commandant Uijs (Prétoria Nord) dit que, dans le district de Prétoria, au nord du chemin de fer de Delagoa-bay, il y a encore assez de bétail, mais du blé seulement pour quinze jours.

Les Cafres, sauf ceux qui sont sous le commandement de Matello, ne cachent point leur hostilité. Il n'y a plus assez de chevaux pour les commandos, puisque sur 281 combattants, 128 sont à pied. Dans la section Onderwijk Middelburg, il y a 26 cavaliers et 38 hommes à pied.

Le commandant Grobler (Béthal) raconte comment, dans son district, on n'a pas eu un instant de répit pendant tout l'été. D'un bout à l'autre le district de Béthal a été ravagé. Il n'y a pas de nourriture pour les commandos, et 300 membres de sa famille sont à la charge de Grobler.

La situation des familles est très triste. Des femmes ont été violées par des Cafres.

Trois Ans de Guerre

Le général Christ. Botha fait un rapport sur la situation du commando de Swazieland. En ce qui concerne la nourriture, on n'a presque plus rien. On vit sur ce que les Cafres donnent comme faveur. Il n'y a plus une seule femme. Le commando de Botha, composé de 113 hommes, se trouve encore à Piet-Retief. Il n'y a pas de blé. On est obligé d'aller d'un kraal de Cafres à un autre pour avoir de la nourriture, et encore faut-il avoir de l'argent. Mais malgré tout cela on vit encore. Le général Christ. Botha a lutté au Transvaal pendant deux ans et demi, et se déclare prêt si les vivres venaient à lui manquer à transporter son action dans l'Etat libre d'Orange.

Le général Brits (Standerton) dit qu'il a encore de la nourriture pour deux mois, mais pas de bétail. Il a, auprès de lui, 65 familles aux besoins desquelles il subvient péniblement. La situation est très grave.

M. Birkenstock (Vrijheid) dit que son district a été, pendant les huit derniers mois, harcelé par de nombreuses forces ennemies. Tout y est complètement détruit. La situation des familles qui s'y trouvent en ce moment, est fort pénible. Dans les derniers temps, les Anglais n'ont pas voulu recevoir les familles qui, poussées par la faim, cherchaient chez eux un abri.

M. Birkenstock ajoute que, repoussées par les Anglais, les familles des combattants n'ont rien de mieux à attendre des Cafres. Tout dernièrement, un commando de Cafres a rencontré un commando de 70 Burghers et en a tué 56. Le délégué déclare qu'il a reçu mandat de réclamer la paix à tout prix.

Le commandant Alberts (Prétoria et Middelburg) dit

que depuis six mois la sécurité ne règne plus dans son district. On n'y a ni labouré ni semé, en sorte qu'un commando n'y peut plus subsister. Il n'y a plus de bétail, bien que le commando Ross en ait envoyé de l'État libre d'Orange. Les chevaux sont dans un fort triste état.

Le juge cantonnal Bosman (Wakkerstroom) fait part de la situation dans son district. Pour toutes les provisions sauf la viande, on y dépend des Cafres. On fait avec eux des échanges de viande contre du millet. Cette année il y avait peu de millet, et le peu qu'on en possédait a été détruit par l'ennemi. On peut à peine passer deux mois avec ce qu'il reste, en nourrissant les familles. Le bétail également diminue. Quant aux chevaux, ils sont si faibles, qu'on ne peut s'en servir contre l'ennemi pendant quinze jours consécutifs.

M. Bosman termine en disant qu'il sera peut-être nécessaire de faire partir les commandos et qu'alors la grande question se posera de savoir ce que deviendront les familles?

M. de Clercq (Middelburg) commence par dire qu'il regrette de ne pouvoir faire, comme certains des membres de l'assemblée, un rapport favorable. La partie du Middelburg, représentée par lui, est entièrement épuisée. Il y a encore du blé, mais pour très peu de temps. Il n'y a plus du tout de bétail. On ne peut pas combattre avec les chevaux qui restent. Ils ne peuvent fournir un train suffisant. Quant à quitter le district, il n'y faut guère songer; les citoyens n'arriveraient pas à destination à cause de la faiblesse de leurs chevaux. Il n'y en a plus d'ailleurs que 100 qui subsistent sur 500. Cinquante familles sont dans le plus complet dénûment. Les femmes avaient l'intention d'aller à pied chez les Anglais, mais M. Bosman leur a conseillé d'attendre le résultat des présentes délibérations.

Le commandant David Schoeman (Lijdenburg) dit qu'on lui a capturé les 800 têtes de bétail qui restaient dans son district. Il n'y a plus de blé, et si l'on continue à combattre, il ignore ce que deviendront les femmes.

Le commandant Opperman (Prétoria-Sud) fait un rapport sur la partie du district de Prétoria qui est au sud du chemin de fer. Ses observations concordent avec celles du commandant Alberts.

Le général Liebenberg (Potchefstroom) parle des commandos de Potchefstroom qui sont sous ses ordres. Il dit que, dans les huit derniers mois, on a établi des blockhaus dans son district. Il est, depuis lors, complètement cerné. On avait assez bien semé, mais la moisson a été détruite par l'ennemi. Tout le blé a été brûlé ou foulé aux pieds par les chevaux. Il y a encore 93 familles, entre Lichtenburg et Potchefstroom. Des femmes de l'État libre d'Orange sont dans le plus complet dénuement et ont failli périr de misère. Elles ont déclaré vouloir aller à pied à Klerksdorp, mais Oppermann leur a conseillé d'attendre la fin des négociations. Il lui reste 400 hommes montés et 100 hommes à pied. Il pourra tenir encore pendant quelque temps, mais ensuite il sera obligé de chercher une issue pour échapper.

Le général du Toit (Wolmaransstad) dit qu'il ne lui reste plus d'aliments. Il a 500 familles sous sa protection. Les chevaux sont épuisés, il est vrai, mais il voit encore la possibilité de résister, en déployant beaucoup d'habileté.

Trois Ans de Guerre

Ses commandos sont faibles; en tout 450 cavaliers. Le bétail est en bonne condition, mais il y a très peu de blé.

Le commandant de Beer (Bloemhof) déclare qu'il a encore auprès de lui 444 cavaliers et 165 hommes à pied. Il n'y a pas beaucoup de blé, ni de bétail. Il est vrai qu'à Bloemhof il n'y a jamais eu abondance de bétail. Jusqu'ici les familles n'ont manqué de rien. Il peut tenir encore un an.

Le général Kemp rapporte qu'il a sous ses ordres Krügersdorp, Rustenburg et des parties de Prétoria et de Johannesburg. On ne peut plus semer dans le district de Krügersdorp et le bétail a grandement diminué. Malgré cela on ne manque de rien, il prend ce dont il a besoin aux Cafres, mais ce n'est pas de leur propriété qu'il s'empare. Il ne fait que prendre chez eux ce qui appartient aux Burghers (1). Il peut tenir encore pendant deux ans.

Le commandant de Wet demande alors pourquoi les régions de l'est du Transvaal ne font pas comme le général Kemp en prenant, chez les Cafres, ce qui leur appartient.

Le général commandant Botha répond que les Cafres, dans l'Est, ont conclu des traités avec les Anglais. Ceux-ci ont échangé tout leur butin contre du bétail. Il n'y a, d'ailleurs, aucune bête appartenant aux Burghers dans le bétail des Cafres de l'Est. Ce serait donc leurs propres bestiaux que nous devrions prendre aux Cafres. Il ajoute que les Zoulous sont une tout autre espèce de Cafres que ceux avec lesquels le général Kemp est en contact.

M.-J.-L. Grobler (Carolina) rapporte ce qui suit : Il y a, jusqu'ici, toujours eu du bétail et du blé dans mon

(1) Avant la guerre beaucoup de Boers avaient du bétail en subsistance chez les Cafres.

district, mais les Anglais nous ont cernés, grâce aux blockhaus, et privés de la meilleure partie de ce qui a été semé. La nouvelle semence poussera bien, à moins d'accidents. Mais les Cafres nous veulent du mal. On pourra tenir encore sept ou huit mois, si rien n'arrive. Il y a encore trois cents chevaux, mais ils sont faibles et il y a plus de Burghers que de chevaux.

M. J. Naudé (Prétoria) dit qu'il est député d'une partie de Prétoria et du commando détaché du général Kemp dans son district. On sème et on récolte aux époques habituelles, et il n'est embarrassé ni de femmes ni d'enfants. Les commandos n'ont pas d'abondance de bétail. mais ils ne manquent de rien.

Après avoir fait la prière on lève la séance, qui est ajournée au lendemain matin.

Séance du vendredi, 16 mai 1902.

On se réunit à 9 heures et quelques minutes. Comme d'habitude, la séance est ouverte par une prière. Puis on fait la lecture de la correspondance adressée par les deux gouvernements aux Burghers pour être communiquée aux assemblées. Ensuite on délibère sur la question de savoir si l'assemblée ne pourrait prier Lord Kitchener de la mettre en communication avec la délégation en Europe. Des orateurs d'opinions différentes prennent la parole et on décide de ne pas faire cette démarche.

Le général Froneman, appuyé par le commandant Flemming, propose alors qu'on donne mandat aux gouvernements de remercier, par l'intermédiaire de Lord

Kitchener, S. M. le roi d'Angleterre et S. M. la reine des Pays-Bas pour ce qu'ils ont fait, suivant la correspondance échangée entre les deux gouvernements, en vue d'arriver à des négociations pour la paix. Ils expriment les regrets de l'Assemblée de ce que le gouvernement de S. M. le roi n'ait pas accepté la proposition du gouvernement de S. M. la reine, consistant à mettre nos représentants en Europe, dans la possibilité de venir sur le territoire des Républiques. Au nom de l'Assemblée ils regrettent également que Lord Kitchener ait refusé d'accéder à une prière semblable, qui lui a été faite par notre gouvernement.

Cette proposition est votée par l'Assemblée.

Après cela on passe à la discussion de la correspondance, dont il a été donné lecture.

M. P.-R. Viljoen déclare que le moment est grave. « L'endroit où vous êtes est terre sainte », dit-il; ce mot peut vraiment s'appliquer à notre pays, arrosé par le sang et les larmes des ancêtres et de tant de combattants actuels. » Il reconnaît que la perspective d'abandonner le pays est terrible. Mais M. Viljoen ajoute qu'il faut qu'on regarde la situation bien en face. Il est prouvé qu'il y a des districts qu'on est forcé d'abandonner. L'ennemi veut nous enfermer dans un étroit espace du territoire afin de pouvoir concentrer ses forces sur nous.

Suivant les rapports qu'on a entendus, la situation dans l'État libre d'Orange est encore assez bonne.

Dans le Transvaal elle est tout autre.

Là l'horizon est très sombre. L'orateur déclare qu'on doit essayer de mettre fin à la guerre. Si l'on pouvait

Trois Ans de Guerre

espérer de sauvegarder l'indépendance on aurait le devoir de continuer la lutte, même au prix des plus grandes misères ; mais peut-on se bercer de cet espoir ?

D'autre part, on ne sait rien de la situation en Europe. Le rapport de la délégation, dont lecture a été donnée à l'Assemblée, date de six mois, et s'il s'était passé quelque chose qui nous fût favorable, nous l'aurions certainement appris. Il est évident que nous devons nous efforcer d'obtenir une paix honorable. Mais comment ? En essayant comme on l'a fait jusqu'ici de sauvegarder l'indépendance.

Si on ne pouvait y réussir il serait utile de charger les représentants des deux Républiques de demander au gouvernement Anglais quelle compensation il nous accorderait pour l'abandon de notre indépendance. C'est nécessaire avant de prendre une décision finale. M. Viljoen ne voit pas le moyen de continuer la guerre. Il lui est très pénible de parler ainsi, mais c'est son devoir.

M. de Clercq parle des grandes difficultés qui se présentent pour l'avenir. Quelles seront les conséquences de la continuation de la guerre, et quelles seront celles de la reddition? Il insiste sur ces deux faits : environ 15.000 des nôtres luttent contre 280.000 ennemis ; de plus, ils sont sans nourriture et sans chevaux. Ceci joint à cela rend la continuation de la guerre impossible. Qu'on démontre à l'orateur que nous garderons notre indépendance en continuant de combattre et alors il se déclarera prêt à d'autres sacrifices. Si on ne peut faire cette preuve, devra-t-on alors attendre pour traiter que tous les citoyens soient prisonniers ou tués ? Ce serait une trop triste fin. Il estime que le plus sage serait de sauver ce qui reste encore à sauver. Il faut d'abord sacrifier à la continuation de la race l'existence de la nation, et après, laisser faire à l'avenir.

Le commandant Rheeder (Rouxville) reconnaît que l'horizon est sombre, mais cependant éclairé encore par quelques rayons de lumière. On dit perpétuellement : « Pourquoi combattre jusqu'à ce que nous soyons exterminés? » Moi, dit Rheeder, je demande : « Pourquoi ne pas persister jusqu'à ce que nous soyons délivrés? Il faut, termine Rheeder, que nous luttions jusqu'à la mort, la prison ou la délivrance. »

Le général Kemp comprend toute la gravité du débat. Il n'y a pas de doute que l'horizon soit sombre sur bien des points. Mais c'était également le cas au début de la guerre. Il faut continuer de lutter. Quand on songe à ce que la guerre nous a coûté — surtout en hommes — on ne conçoit pas qu'il soit possible d'abandonner la cause de l'indépendance. En ce qui le concerne, M. Kemp veut continuer jusqu'à la mort ou la délivrance. D'ailleurs, on ne doit pas regarder seulement le côté sombre de la question; dans quelques districts il y a, il est vrai, pénurie de nourriture, mais pourtant on peut encore trouver de quoi ne pas mourir de faim. On doit simplement abandonner les districts menacés de famine. Qu'on n'allègue point d'ailleurs que beaucoup de citoyens sont déjà tombés à la guerre. C'est une raison pour ne point perdre le fruit de ses sacrifices et de ces efforts et continuer la lutte. Il faut lutter jusqu'au bout parce qu'une fois vaincu, le peuple africander disparaîtrait totalement. Alors, toute possibilité de résurrection serait exclue. Pourquoi ne continuerions-nous pas d'avoir confiance en Dieu qui nous a aidés jusqu'à ce jour.

Trois Ans de Guerre

Le veldcornet Breijtenbach (Utrecht) annonce qu'il a reçu un mandat des Burghers qu'il représente, en vertu duquel il sera tenu, les débats terminés, de démontrer qu'on peut continuer la guerre. S'il peut le faire, Utrecht persistera. Sinon, Utrecht ne combattra plus.

Or, en ce moment, ajoute-t-il, je ne pourrais faire cette démonstration. Il y a, au Transvaal, dix districts qui ne peuvent pas continuer. Ne consultons pas seulement notre cœur, mais encore notre raison qui nous dit de ne pas continuer la guerre. Pour la continuer, il faudrait qu'on puisse la mener comme au début. Mais cela ne se peut pas. On fait appel à Dieu dont nous ne connaissons pas les desseins. En nous affligeant par la défaite, Dieu nous a d'ailleurs indiqué qu'il nous est impossible de continuer la lutte. Breijtenbach fait un nouvel appel à notre raison et nous supplie de ne pas compromettre, par un entêtement irréfléchi, notre existence nationale. Continuer serait, d'ailleurs, nous montrer cruels vis-à-vis des citoyens incapables de se battre dès maintenant. Et notre conscience nous le défend.

Le général Liebenberg est de l'avis de MM. Viljoen et de Clercq. Il faut, il est vrai, avoir confiance en Dieu, mais il faut aussi être raisonnable. On lui a donné mandat de tâcher de conserver l'indépendance, mais, si cela est impossible, d'obtenir la paix aux meilleures conditions.

Le commandant Uijs dit : « Mes frères, la décision qui s'impose à nous est très grave. Pour ce qui est de moi, en cas de continuation de la guerre, je serai obligé de quitter mon district, et alors les familles seront à la merci des Cafres. Je vois bien la possibilité de sauver les hommes montés, mais pas les femmes et les enfants, et je ne sais même pas si tous les cavaliers me suivront. Ce n'est pas aux gouvernements, c'est aux députés de décider. Sans doute, la tâche est bien douloureuse pour des citoyens libres, mais il faut l'accepter. Inspirons-nous de la Bible pour prendre une décision.

« Pensons aussi à ce que deviendront les femmes et les enfants si nous n'aboutissons pas à la paix et que nous ne soyons plus là pour les protéger. Ouvrons les yeux et rendons-nous compte que le doigt de Dieu est contre nous. Nous ne devons pas continuer à faire des veuves et des orphelins. »

On donne alors lecture d'une lettre du général Malan de la Colonie du Cap et d'une autre, émanant du général Kritzinger. Le général Malan rend compte de ses opérarations. Le général Kritzinger conseille de cesser la guerre.

Ensuite le général du Toit prend la parole. L'affaire est si grave à son avis, qu'il ne sait pas comment l'aborder. Il lui semble qu'il faut avant tout conserver l'indépendance. Mais si c'est impossible, il faut rester unis et ne point s'obstiner à la guerre parce que quelques districts peuvent encore combattre. Tous doivent avoir le même sort. La guerre ou la paix dans toute l'étendue des deux Républiques. Sous cette réserve, l'orateur sera de l'avis de la majorité.

Le secrétaire d'État Reitz prend la parole en disant qu'on n'ignore pas le zèle qu'ont déployé les gouvernements en ces douloureuses circonstances. Il soumet à l'assemblée la proposition suivante : Abandonner le Witvatersrand et le Swazieland, et consentir à un protectorat anglais. La France a bien renoncé à l'Alsace et à la Lorraine. Nous pouvons abandonner les champs d'or qui n'ont jamais été pour nous qu'une source d'ennuis. C'est d'eux qu'est venue la guerre. Le bétail et les champs de blé nous suffisent. Nous sommes des paysans et non des banquiers. De cette façon nous n'aurons plus la responsabilité d'une partie très turbulente de la population de notre pays. Pour terminer, M. Reitz entre dans des détails sur le Swazieland, le protectorat anglais et le renoncement à notre politique extérieure.

Le général Muller (Boksburg) se range à l'avis du secrétaire d'État Reitz.

Le veldcornet Roux (Marico) se déclare prêt à beaucoup de sacrifices, mais il veut conserver l'indépendance.

Le juge cantonal Stoffberg (Zoutpansberg) prend la parole. Comme le général du Toit il fait appel à l'union. Ensuite, il informe l'Assemblée que le district de Zoutpansberg lui a donné mandat de ne pas abandonner l'indépendance, mais s'il y a quelque chose qui puisse contenter les Anglais en dehors de celle-ci, il est disposé à faire de grandes concessions. Il se reconnaît notamment disposé à abandonner les champs d'or qui sont la cause de tous nos maux. « Qu'avons-nous obtenu par l'or, ajoute-t-il. On dira qu'il nous a enrichis. Mais ne vaut-il pas mieux être un peuple pauvre, mais indépendant qu'un peuple riche, mais soumis ? »

Le commandant Mentz (Heilbron) fait appel à l'esprit de solidarité de l'Assemblée. Il représente Heilbron. Il regrette de ne pouvoir faire un rapport aussi favorable que les autres représentants de l'État libre d'Orange. Son district a beaucoup souffert par les troupes ennemies qui, continuellement, ont traversé le pays en semant la destruction autour d'elles. La plus grande difficulté qui lui incombe est la présence dans son district, de deux cents familles à entretenir. Il dit n'avoir plus que quatre-vingts Burghers sous ses ordres. Il sera donc obligé, sous peu, de quitter son district et d'abandonner les familles? On lui a donné mandat de ne pas renoncer à l'indépendance. Mais depuis l'assemblée des Burghers, plus de la moitié d'entre eux ont été faits prisonniers. Les autres lui ont dit de faire tout son possible pour conserver l'indépendance, mais si on ne pouvait en obtenir le maintien, ils l'ont autorisé à agir pour le mieux. Il ajoute que si on peut garder l'indépendance en cédant une partie du pays, on doit le faire. Il rappelle que feu le président Brand a dit dans le temps en parlant des champs de diamants : « Cédez-les ! Vous gagnerez plus qu'en les conservant ». Il approuve cette parole même dans le cas présent.

Le commandant Flemming (Hoopstaad) communique que son district a été presque complètement ravagé. Mais il a encore beaucoup de bétail qu'on a pu sauver, et il ne voit pas de raison pour céder, même si le bétail venait à lui manquer. « Dans mon district, dit-il, on peut se nourrir de gibier ». Le mandat qu'il avait reçu des Burghers était le suivant : « Nous avons presque tout sacrifié, parents, biens et vie, nous ne pouvons pas sacrifier l'indépendance sans laquelle il n'y aurait plus rien. » Toutefois, la situation est si grave, surtout au Transvaal, qu'il est d'avis qu'on peut accepter l'idée du secrétaire d'État Reitz, c'est-à-dire abandonner une partie de notre territoire.

Trois Ans de Guerre

Le président intérimaire Burger prend la parole en disant que l'Assemblée doit décider de faire une nouvelle proposition et d'attendre la réponse. Si on rejette cette proposition, nous serons encore aussi avancés qu'en ce moment. S'il y a une personne pénétrée de la gravité de la situation, de l'idée de tout sacrifier, c'est lui.

« On a dit : Il nous faut notre indépendance, sinon nous continuerons la guerre. On estime qu'on pourra tenir six, huit, douze mois. Admettons même que nous tenions encore pendant un an, qu'est-ce que nous y gagnerons? Nous nous affaiblirons de plus en plus, à mesure que l'ennemi augmentera en forces. » Il déclare qu'on ne peut pas continuer la guerre avec l'espoir d'obtenir un bon résultat et demande qui, en son âme et conscience, peut affirmer le contraire. On peut répondre que, pendant ce temps, des complications peuvent naître en Europe. Mais c'est un espoir qui ne repose sur rien. On peut dire même que c'est déjà miracle que nous ayons pu résister jusqu'à présent et que nous puissions encore faire entendre nos revendications. Mais cela nous sera-t-il permis longtemps encore? On a dit : nous lutterons jusqu'à la mort ! C'était un langage digne d'hommes. Mais ne parle-t-on pas ainsi par ambition de gloire? N'est-ce pas pour que la postérité nous cite et raconte avec quelle bravoure celui-ci ou celui-là a combattu? Chacun doit se demander s'il a le droit de sacrifier le peuple à son désir de gloire. C'est autre chose quand on meurt en martyr. Notre peuple n'est-il pas arrivé, en ce moment, à la période de son histoire, où il doit apprendre à prier. « Que ta volonté soit faite! » Cette prière est, bien considérée, un acte de foi. Mais

Trois Ans de Guerre

c'est manquer de foi que de prétendre contraindre Dieu à faire notre volonté.

Qu'on se demande aussi ce que deviendront, si nous continuons la guerre, les femmes et les enfants et ceux qui sont bannis, quand notre dernière cartouche aura été tirée. Nous aurons rejeté les propositions du gouvernement anglais et comment pourrons-nous alors prendre la défense de ces malheureux? Non! C'est peut-être la volonté de Dieu que notre orgueil soit brisé, afin qu'opprimés par le peuple anglais, nous devenions ce que nous devrons être.

Le président intérimaire est d'avis d'agir de la façon suivante :

1° Faire une proposition de paix raisonnable, par laquelle nous abandonnons tout ce qu'il est possible d'abandonner.

2° Si l'Angleterre ne l'accepte pas, délibérer sur ce qu'il nous restera à faire.

Il dit qu'enfin il faut envisager cette circonstance très importante : Il y a au Transvaal dix districts qu'il faut abandonner. Il y en a aussi quelques-uns dans l'État libre d'Orange. Or, l'opinion des jurisconsultes est que les propriétés dans les districts qu'on n'abandonne pas, ne peuvent être confisquées. Si, au contraire, on quitte son district, la confiscation peut avoir lieu. Il serait criminel de dire : « Advienne que pourra, nous continuerons de combattre jusqu'à l'extermination. »

Le général Kemp, appuyé par M. J. Naudé, fait la proposition suivante : L'Assemblée, désirant activer ses travaux, décide de ne pas suivre l'ordre du jour, mais de nommer une commission, composée du général Smuts et du juge Hertzog. Cette commission devra rédiger, après consultation avec les deux Présidents d'État, un projet de proposition qui sera, le lendemain, soumis à l'Assemblée. Cette motion est votée. La séance est levée.

Le soir à 7 h. 30 on se réunit de nouveau.

Le général Cilliers rapporte que dans sa section (Lichtenburg et Marico) la situation est très favorable. Les Burghers lui ont donné pour mission de ne pas céder quant à l'indépendance! Mais, en s'avançant ainsi, ils n'étaient pas au courant de la situation des autres districts. Il s'agit de savoir dans quelle mesure les districts moins favorisés peuvent suivre cet exemple. Il y en a qui prétendent ne pouvoir continuer la guerre. Il y a donc lieu de se demander si, oui ou non, il faut persévérer dans la résistance.

Le général Cilliers dit qu'il hésiterait, s'il n'avait confiance en Dieu qui a protégé les Burghers depuis le début des hostilités. Dieu n'est pas contre nous, comme on l'a prétendu à tort. Il ne faut point désespérer de son aide ni terminer une lutte engagée pour l'indépendance, sans avoir pris toutes les mesures propres à la sauvegarder.

Le général Froneman prend la parole pour dire que sa section ne désire rien moins que l'indépendance, et l'indépendance complète.

Les Burghers, en effet, ne peuvent oublier le sang qui a été versé. Ils veulent continuer jusqu'à la délivrance.

L'orateur exprime toute sa sympathie aux districts où la situation n'est pas favorable. Mais il lui est pénible d'entendre douter que Dieu soit avec nous.

Trois Ans de Guerre

« Qu'est-ce qui nous a soutenus jusqu'à présent ? C'est la foi de ceux qui, en silence, ont prié Dieu de nous épargner la guerre et qui, voyant que Dieu décidait la guerre, ont eu confiance en lui et ont combattu vaillamment. »

Or, à son avis, le Seigneur nous a aidés jusqu'ici. L'ennemi nous a entièrement séparés du monde et, pourtant, les deux petites Républiques ont tenu ferme et ont persévéré, ce qui est une preuve de la protection divine. L'orateur termine en demandant l'avis des généraux Botha, de Wet et de la Rey.

Le général commandant Botha commence par dire que ceux qui ne veulent pas continuer la guerre ne doivent pas être taxés de découragement, de faiblesse ou de lâcheté. Dans d'aussi pénibles conjonctures il est tout naturel que les opinions diffèrent, si honnêtes et si sincères qu'elles puissent être.

Mais il faut se demander quelle est la situation des Républiques après deux ans de lutte. La conviction de Botha, fondée sur la correspondance échangée avec les différents commandos et sur ce qui a été dit dans cette assemblée, est que nous n'avons pas avancé d'un pas, mais que nous reculons. Dans les six derniers mois, notre situation a empiré, tandis que l'ennemi est plus que jamais à même de nous combattre.

Il y a un an, dit l'orateur, il n'y avait aucun blockhaus. Actuellement ils nous créent de grandes difficultés en obstruant le pays. La nuit on peut passer à travers les fortins, mais dans la journée c'est impossible. Le danger n'existe qu'à cause de ces blockhaus, grâce auxquels tous les commandos seront peu à peu capturés.

Trois Ans de Guerre

Quant à la nourriture, Botha ne conteste point qu'il y en ait encore. Il fait seulement observer qu'il est difficile de la faire parvenir aux troupes et qu'un jour ou l'autre, même les Cafres amis se lasseront de nous ravitailler. Les chevaux ont été tellement surmenés et ont tant souffert du manque de nourriture, qu'ils ont perdu toute vigueur. Ils sont même si faibles, qu'il est difficile, presque impossible d'obtenir d'eux une longue course.

Quant à la Colonie du Cap, l'orateur avait toujours cru que les colons se révolteraient, mais on a appris par le général Smuts, qu'il n'y fallait pas compter. Le général Smuts est allé au Cap avant de se rendre à cette assemblée. Il a vu les chevaux et il vient de nous dire qu'il ne fallait pas songer à pénétrer avec eux dans la Colonie du Cap.

Nous n'étions pas, du reste, déclarait Botha, en état de porter aide aux colons, qui, eux-mêmes, avaient été effrayés par les fortes peines infligées à ceux qui s'étaient révoltés. C'est ainsi qu'une masse de gens qui, là-bas, étaient favorablement disposés à notre égard, n'avaient pas osé se joindre à nous.

L'espoir d'une intervention européenne doit être également abandonné. Aucune puissance européenne n'est disposée à nous aider. Nous pouvons nous en rendre compte par la correspondance échangée entre les Pays-Bas et l'Angleterre, correspondance qui a conduit aux présentes négociations. On y voit que le ministre hollandais dit que notre délégation est seulement accréditée auprès du gouvernement hollandais, tandis qu'en réalité les deux états l'avaient accréditée auprès de toutes les puissances d'Europe. Comment se fait-il que nous apprenions maintenant qu'elle n'était accréditée qu'en Hollande? La seule réponse est qu'elle n'a pas pu prendre la liberté de présenter ses lettres de créance aux autres puissances. En outre, on voit par la correspondance, que l'Angleterre ne veut admettre la médiation d'aucune puissance.

L'orateur estime que nous ne pouvons attendre de l'Europe que de la sympathie, ce qui est insuffisant. On l'a vu à propos de la guerre faite aux femmes.

Botha passe à une question, qui nous touche de très près, celle de la situation faite à nos femmes. Si l'Assemblée décidait de continuer la guerre elle devrait prendre des mesures pour protéger les femmes et les familles, qui sont exposées à toutes sortes de dangers. Il a eu le cœur brisé par la présence des femmes dans les commandos, et il s'est efforcé, mais en vain, de trouver un remède à la situation. Il a essayé de les envoyer aux villages; les Anglais refusaient de les accueillir. Alors il a eu une autre idée, celle de donner l'ordre à quelques hommes de déposer les armes et de les envoyer aux Anglais, avec les femmes? Mais il n'a voulu avoir recours à ce moyen parce que les familles étaient le plus souvent celles de prisonniers de guerre et que les hommes des commandos n'étaient donc pas de si près apparentés aux femmes, qu'ils eussent, pour elles, renoncé à leur liberté.

On a parlé de combattre « jusqu'à la fin amère ». Mais où est donc la fin amère? Est-elle là, dans la tombe?

Quand à lui, Botha, il déclare qu'il peut encore soutenir la campagne. Sa famille est bien soignée. Il a aussi des chevaux et il est prêt à continuer la lutte.

Trois Ans de Guerre

Mais il se demande, s'il ne doit pas tenir compte avant tout de son peuple? Il a toujours estimé, et il estime encore, que le devoir ordonne de négocier avant de laisser périr le peuple. Quand nous ne serons que quatre à cinq mille hommes, nous ne pourrons plus négocier. Ne perdons pas l'occasion de le faire. Nous ne ferons, en continuant encore, qu'aggraver la situation en prolongeant la guerre de six, neuf ou douze mois. Il ne suffit pas de dire : « Nous continuerons d'avoir confiance en Dieu et nous persévérerons ». Les miracles sont possibles, mais il n'est pas en notre pouvoir de deviner si Dieu veut en faire un pour nous. Nous ne connaissons pas ses desseins.

Si nous continuons la guerre et que, plus tard, on s'aperçoive que cet effort a été vain, notre responsabilité n'en sera-t-elle pas accrue? N'entendrons-nous pas les reproches de tous nos frères : « Celui-ci est mort, et cet autre, et bien d'autres encore! Pourquoi? Pour rien! »

Les commandos sont tellement affaiblis et le pays est tellement épuisé, qu'il en serait fait de nous, immédiatement, si nous avions le dessous dans une grande bataille ou si nous étions acculés à une reddition importante.

Il y a une raison plausible et d'ordre militaire qui explique que nous ayons pu résister si longtemps. C'est que nous étions dispersés par tous les districts des deux Républiques, ce qui obligeait les forces anglaises, elles aussi, à se disperser. Mais en ce moment, il va falloir abandonner plusieurs districts. Nous devrons opérer sur une surface bien moins étendue, et les troupes britanniques seront, par conséquent, à même de se concentrer. Botha est convaincu que notre peuple a combattu comme aucun peuple ne le fit jamais, et qu'on lui doit de ne pas le laisser périr. C'est assez de vingt mille femmes, chair de notre chair, qui sont mortes de misère dans les camps de concentration.

On sait aussi qu'il y a eu des défections dans nos rangs, et ceux qui sont passés à l'ennemi s'acharnent à nous perdre. Si la guerre continue, nous aurons peut-être contre nous un nombre d'Afrikanders dépassant le nôtre. On nous propose de sauvegarder l'indépendance en abandonnant une partie du territoire. Si cela se peut, nous devrons le faire. En ce qui concerne le Swazieland, ce pays n'a pour nous qu'une médiocre importance. Les champs d'or ce cancer du pays, nous pouvons les abandonner également.

Il faut que nous tenions compte de ce fait que nous reculons continuellement. Il est nécessaire de s'unir afin de ne pas périr d'une façon misérable. Si nous pouvions conserver l'indépendance par un abandon de territoires, ce serait bien. Cependant, en admettant que nous soyons forcés de renoncer à notre indépendance, il ne s'ensuit pas que nous devions nous y résigner sans poser de conditions. Une reddition sans conditions serait acceptable s'il ne s'agissait que des chefs. Mais nous devons penser aux intérêts du peuple. Il faut que nous disions : Nous ne demandons rien pour les chefs, mais nous plaidons la cause du peuple! Enfin, quand tout espoir de conserver notre indépendance sera perdu, la question sera de savoir si nous ne pouvons pas obtenir un gouvernement responsable et si nous ne pouvons pas conserver la langue nationale. C'est le seul moyen de ne point disparaître complètement.

Trois Ans de Guerre

Botha passe ensuite aux termes de la proposition du gouvernement britannique en insistant sur ce point qu'il ne peut être question d'une reddition sans conditions. Il ne nous est pas permis de dire que nous ne voulons pas accepter de conditions. Il ne nous est pas davantage permis de dire : « Faites de nous ce que vous voudrez. » Si nous agissions ainsi, nos enfants seraient à jamais une protestation vivante contre nous, car nous n'aurions plus le droit de prendre soin d'eux et de nos femmes. Ils seraient livrés aux étrangers. Non! Il nous faut essayer d'avoir une telle situation que nous-mêmes soyons en état de veiller sur eux. Le sort du pays dépend des hommes réunis sous cette tente. En terminant, le général commandant dit : « Il m'a été très pénible de parler ainsi. Si j'ai mal compris la situation, qu'on me le prouve, mais qu'on ne me condamne pas! »

Le général de la Rey dit qu'il sera bref et qu'il ne fera qu'effleurer quelques sujets. En ce qui concerne les districts qu'il a sous ses ordres, il déclare que ses Burghers sont fermement décidés à ne pas renoncer à l'indépendance, surtout après leurs derniers exploits.

Il cite les dernières batailles qu'il a livrées en disant qu'il n'en parle pas pour s'en glorifier ou pour prétendre qu'elles aient eu sur l'ennemi un effet tel que nous puissions en profiter pour en obtenir de nos adversaires des conditions avantageuses. Il en parle afin que personne n'en veuille à lui et ses Burghers, s'ils sont inébranlables dans leur intention de résister. Depuis qu'il est arrivé à Vereeniging, il a appris qu'il y a d'autres districts où la situation n'est pas aussi bonne. Mais lui, il peut résister et il résistera. Il reconnaît pourtant que dans certaines parties du pays on sera forcé, par le manque de vivres, d'abandonner la lutte, et il se réjouit de la franchise qui a présidé aux discussions de l'assemblée. Il ajoute qu'il n'a jamais cru, pour sa part, à une intervention des puissances européennes, estimant, par exemple, en ce qui concerne l'Allemagne, qu'elle peut croire de son intérêt de partager avec l'Angleterre seule l'hégémonie dans l'Afrique du Sud.

On parle de combattre jusqu'à la fin amère. Cette fin amère, n'y sommes-nous pas déjà? Chacun doit répondre à cette question pour son compte. Il ne faut pas perdre de vue que, bétail, biens, argent, hommes, femmes et enfants, tout a été sacrifié. On marche le corps nu. Il y a des femmes qui n'ont que des vêtements de peaux de bêtes. N'est-ce pas là la fin amère? Il estime que le moment de négocier est venu. L'Angleterre ne voudra plus jamais négocier, si nous laissons passer cette occasion. Mais sur quelles bases négocier? Il n'en sait rien, pour sa part et s'en rapporte à l'Assemblée. Il demande seulement qu'on agisse avec circonspection.

Le général commandant Botha et le secrétaire d'État Reitz ont émis une idée à laquelle il ne se range pas. Il croit devoir s'opposer à l'offre de céder les champs d'or, 1° parce qu'il est convaincu que l'Angleterre ne l'acceptera pas, attendu qu'alors le monde entier verrait trop bien le mobile qui l'a guidée; 2° parce que nous abandonnerions une source de revenus, sans laquelle nous ne pourrions pas réparer les dommages causés par la guerre.

Le commandant en chef de Wet estime que le péril est aussi grand dans l'État libre d'Orange, qu'au Transvaal. Il y a dans l'Etat libre d'Orange quelques districts complètement ruinés que les Burghers avaient abandonnés un moment pour les réoccuper plus tard. S'il est d'un autre avis que ceux qui pensent qu'on doit cesser la guerre, il ne faut pas en déduire qu'il ne respecte pas l'opinion d'autrui.

Non, il croit à la réalité de ce que l'on a dit sur la misère générale, mais il ne faut pas lui en vouloir de faire remarquer que dans la correspondance, provenant du Transvaal, qui est tombée à Reitz entre les mains des Anglais, la situation est présentée a peu près sous le même jour qu'actuellement. Mais même en admettant que ce qu'on a dit soit exact, l'État libre d'Orange ne veut pas cesser la guerre. Il veut être franc et déclarer qu'à proprement parler cette guerre est une guerre transvaalienne. Mais cela n'a aucune importance. Pour lui la séparation tracée par le fleuve du Vaal, n'a jamais existé. Il a travaillé à « l'Union étroite » et il comprend les obligations résultant du traité qui a lié les deux états. Ils sont solidaires et la cause de l'un est la cause de l'autre.

Quel est maintenant l'état d'âme des Burghers de l'État libre d'Orange? Il a conduit les débats de 5.000 Burghers, sur les 6.000 qui se sont réunis en différentes assemblées. Si jamais on a pris une décision énergique, c'est bien quand ces 5.000 Burghers s'écriaient d'une voix tonnante : « *Persévérons ! Nous avons voulu tout sacrifier, nous le voulons encore !* » Que peut-il dire après cela? Il n'y a qu'une voie à suivre. Si nous n'obtenons pas ce que nous voulons, il nous faut voir ce que nous pourrons faire pour ceux qui ne peuvent s'aider eux-mêmes. Il ne sait pas encore quelle mesure il faudra prendre pour cela, mais il faut continuer la guerre. Rendons-nous compte du nombre que nous

Trois Ans de Guerre

étions au début de la guerre 60.000 hommes au plus. Et nous savions que l'Angleterre avait sur pied une armée de 750.000 hommes. Or, l'Angleterre en a envoyé 250.000 (donc le tiers) en Afrique. Nous savons, par expérience, qu'elle ne peut pas en envoyer plus. Et nous ? Nous avons également encore le tiers de nos forces. De Wet ne veut pas dire qu'il n'est pas disposé à faire quelques concessions, mais il désapprouve qu'on cède un morceau du territoire. Il ne veut pas d'une colonie anglaise dans l'intérieur du pays. L'Angleterre aurait, dans ce cas, libre accès chez nous. On dit que les champs d'or ont été une malédiction pour notre pays. Si c'est le cas il ne s'ensuit pas qu'il doive toujours en être ainsi. Le général ne voit de salut temporaire pour le peuple que par ces champs d'or. On pourrait abandonner le Swazieland, mais pas les champs d'or.

Il ne faut pas songer à une intervention. Le fait que, jusqu'ici, elle ne s'est pas produite, prouve que Dieu ne la veut pas. Le Seigneur veut, par cette guerre, faire de nous un seul et unique peuple. Nous devons continuer d'avoir confiance en Lui. C'est une affaire de foi.

On dira : le général ne raisonne que par la foi. C'est, en effet, le cas ; ceux qui ont commencé la guerre et l'ont continuée si longtemps, auraient agi sans discernement s'ils n'avaient possédé la foi.

C'est une affaire de foi, répète-t-il. Il ne peut pas lire dans l'avenir. Derrière se trouve la lumière, mais devant lui la nuit règne.

En ce qui concerne la Colonie du Cap, il a été déçu non par la teneur des rapports, mais par cette affirmation qu'il était impossible d'y provoquer un soulèvement général.

Néanmoins, bien que, suivant le général Smuts, une révolte générale soit impossible, on n'a pas appris que la situation ait empiré. La petite poignée d'hommes de la Colonie du Cap a été, pour les Républiques, un secours efficace. Elle a détourné de nous 5o.ooo hommes de troupes ennemies.

Le général de Wet est ému de la misère des familles. Mais il ne peut pas s'occuper de faits. Il met toute sa confiance en Dieu. Il ne s'occupe du fait que quand lui-même doit surmonter un obstacle. En terminant, il dit que nous n'aurions pas beaucoup à compter sur la grâce de l'Angleterre, au cas où nous serions forcés de nous rendre. Et alors, nous aurions creusé nous-mêmes la tombe de notre indépendance. Eh bien! quelle différence y a-t-il entre ces deux choses : « entrer en réalité dans la tombe et préparer celle de notre existence nationale? »

M. Birkenstock dit qu'il s'agit d'être prudents en ce qui concerne les champs d'or. Nous ne pouvons pas céder cette source de revenus.

Après la prière, la séance est levée.

Séance du samedi 17 mai 1902

Le Président prie le commandant en chef de Wet d'ouvrir la séance par la prière.

On donne ensuite lecture d'un rapport privé de M. J. Schmorderer qui avait été chargé de présenter en Europe la missive de la délégation.

Le juge cantonal Bosman de Wakkerstroom est d'avis qu'il faut comparer le présent avec le passé. Son district qui comportait, un an auparavant, six cents Burghers, n'en

Trois Ans de Guerre

compte plus actuellement que la moitié. A la même époque, chaque Burgher avait un cheval tandis que, maintenant, beaucoup n'en ont pas. Des quinze mille sacs de millet que l'on avait comme réserve, il en reste à peine quatre cents. Il est impossible d'attendre, car, assurément, la situation ne pourra que s'aggraver avec le temps.

Le même orateur insiste sur la difficulté qu'éprouvent les Burghers à se nourrir. Il cite le cas d'une femme qui pendant des semaines n'a vécu que de fruits. Lui-même a vécu des journées entières avec de la farine de millet. Encore n'a-t-il pu l'obtenir qu'en flattant les Cafres. Il a a été informé par les gens de son district qu'ils se refusaient à continuer la guerre, à cause des femmes et des enfants. Sans doute les femmes ne manquent point de courage dans les camps de concentration. Quelques-unes d'entre elles insinuent même que c'est notre devoir de continuer la guerre à cause d'elles. Mais si elles connaissaient la situation du dehors, elles penseraient tout autrement.

M. Bosman fait d'ailleurs observer que l'Angleterre est décidée froidement à aller jusqu'au bout et que les sacrifices ne seront jamais trop lourds pour elle.

Qu'obtiendrait-on d'ailleurs, à son avis, en continuant la guerre? Rien, sinon la déroute à plus longue échéance. En traitant, au contraire, il est possible d'obtenir des conditions meilleures qu'après une résistance désespérée, et surtout des subsides pour les citoyens ruinés.

M. Bosman ajoute qu'en parlant ainsi, il croit servir Dieu qui commande à ses enfants de ne point agir en dépit de la raison et de ne point tenter l'impossible.

Trois Ans de Guerre

Sans doute, en traitant, il sera douloureux de songer que tant de braves auront versé leur sang inutilement. Malgré cette tristesse, ne vaut-il pas mieux épargner aux Burghers de nouvelles tueries?

On procède ensuite à la lecture de la proposition de la commission, laquelle, après discussion, est acceptée. Elle est conçue dans les termes suivants :

« La présente assemblée de représentants des peuples des deux Républiques,

« Après avoir pris connaissance de la correspondance échangée entre les gouvernements des deux Républiques et Son Excellence Lord Kitchener, au nom du gouvernement britannique, et des négociations qui ont eu lieu,

« Après avoir entendu les explications des députés des différentes parties des deux Républiques, ainsi que la lecture des rapports les plus récents de nos représentants en Europe,

« Après avoir constaté que le gouvernement britannique a refusé d'accepter les propositions de nos Républiques,

« Désire, malgré tout, donner suite à l'ardent souhait du peuple de garder son indépendance pour laquelle il a déjà fait tant de sacrifices en hommes et en argent.

« Elle décide donc, au nom du peuple des deux Républiques, d'autoriser les deux gouvernements à conclure la paix en acceptant :

« L'indépendance relative, que le gouvernement britannique garantirait par les réserves suivantes :

« *a*) L'abandon de toute représentation à l'étranger,

« *b*) L'acceptation du protectorat de la Grande-Bretagne,

« c) La cession de quelques parties du territoire de la République Sud-Africaine;

« d) La conclusion avec la Grande-Bretagne d'une alliance défensive, en ce qui concerne l'Afrique du Sud. »

Au cours des discussions, on a fait clairement ressortir que les parties du territoire à céder se composent des champs d'or dont on a parlé plus haut et du Swazieland. Il est alors demandé si ce sera la République Sud-Africaine qui, seule, aura tous les frais à payer? « Oui, répond M. de Clercq, et si je pouvais racheter l'indépendance de l'État libre d'Orange au prix de tout ce que je possède, je le ferais!

D'autres orateurs transvaaliens parlent dans le même sens, en laissant entendre que les sacrifices faits dans cette guerre par l'État libre d'Orange sont hautement appréciés. Le général Froneman les en remercie au nom de l'État libre d'Orange. On est pénétré de l'idée qu'il n'est plus question de deux états, ni d'intérêts différents. Au feu de la guerre, ils se sont fondus en s'unissant.

Plusieurs députés présentent encore quelques observations.

Le commandant A. Ross (de Vrede) est d'avis qu'on a tort de débattre même la possibilité d'abandonner l'indépendance. En posant une semblable question, on sortirait précisément du mandat donné par les citoyens à leurs représentants et qui consiste à sauvegarder, malgré tout, leur indépendance. Il est permis de tout débattre et de tout décider, sauf ce qui peut atteindre la liberté des deux Républiques.

Trois Ans de Guerre

Le commandant J.-J. van Niekerk (de Ficksburg) répète qu'il ne faut pas songer à sacrifier l'indépendance.

D'autres députés font de courtes remarques.

En terminant, le général Brand, appuyé par le commandant A.-J. de Kock, fait la proposition suivante, qui est votée par l'assemblée :

« La présente Assemblée des représentants du peuple des deux Républiques décide de charger les deux gouvernements de nommer une Commission ayant mandat de traiter avec Son Excellence Lord Kitchener, représentant le gouvernement de Sa Majesté le Roi d'Angleterre, afin d'arriver à une paix qui donne satisfaction aux deux parties. Cette Commission soumettrait le résultat de ses travaux à l'approbation de l'Assemblée du peuple et des deux gouvernements. »

On lève la séance après avoir fait la prière.

Trois Ans de Guerre

Conférence entre la Commission des représentants du peuple et les Lords Kitchener et Milner

Procès-verbal de la conférence, tenue le 19 mai 1902 à Prétoria, entre les Lords Kitchener et Milner, représentant le gouvernement britannique d'une part et le général commandant L. Botha, le commandant en chef C.-R. de Wet, le général J.-H. de la Rey, le juge J.-B.-M. Hertzog et le général J.-C. Smuts, représentant les députés du peuple, réunis en assemblée le 15 mai 1902 à Vereeniging d'autre part.

On se réunit chez Lord Kitchener à 10 heures du matin. Après s'être salués les membres s'assoient autour d'une table, placée au milieu de la pièce.

M. N.-J. de Wet est chargé des fonctions d'interprète, M. O. Walrond, le pasteur J.-D. Kestell et M.-D. van Velden, de celles de secrétaires, le premier pour le gouvernement britannique, les deux derniers pour la commission des deux Républiques.

Le Général Commandant Botha. — Tout d'abord, et bien que les négociations aient duré plus longtemps que nous l'espérions, je désire donner à Son Excellence l'assurance que nous sommes de bonne foi et que nous faisons tout notre possible pour arriver à la paix. D'ailleurs toutes les mesures que nous prendrons ici, doivent être soumises à l'approbation des représentants de nos peuples.

L'Assemblée prend ensuite connaissance des propositions faites par la Commission des deux Républiques et l'un des secrétaires donne lecture de la lettre suivante :

Prétoria, le 19 mai 1902.

A leurs Excellences Lord Kitchener et Lord Milner, Prétoria.

Excellences,

Ayant l'intention de terminer complètement les hostilités, nous avons l'honneur, en vertu du pouvoir qui nous est conféré par les gouvernements des deux Républiques, de vous faire les propositions suivantes qui pourront servir de base aux négociations, sans préjudice des questions agitées au cours des négociations d'avril dernier :

a) Nous sommes disposés à renoncer à notre indépendance, en ce qui concerne les relations extérieures ;

b) Nous désirons conserver l'autonomie pour l'intérieur, sous le contrôle suprême de l'Angleterre.

c) Nous sommes prêts à abandonner une partie de notre territoire.

Si vos Excellences acceptent de traiter sur cette base, nos propositions pourront être reprises en détail.

Nous avons l'honneur d'être
De Vos Excellences
Les serviteurs obéissants,

Louis Botha,
C.-R. de Wet,
J.-H. de la Rey,
J.-B.-M. Hertzog,
J.-C. Smuts.

Trois Ans de Guerre

Lord Milner. — Ces propositions diffèrent tellement de celles du gouvernement britannique, que je ne crois pas qu'elles puissent aboutir à un accord entre les deux parties. Je crois savoir, d'autre part, que Lord Kitchener partage mon opinion.

Lord Kitchener. — Nous pouvons prendre ces propositions en délibération, mais je ne vois pas la possibilité de les faire concorder avec celles du gouvernement de Sa Majesté.

Le Général Commandant Botha. — Nous aimerions cependant recevoir de vous une réponse définitive à nos propositions.

Lord Milner. — Désirez-vous qu'on renvoie votre proposition au gouvernement de Sa Majesté ?

Le Général Botha. — Oui, à moins que vous n'ayez pouvoir de nous donner une réponse définitive.

Lord Milner. — Je suis convaincu que vos propositions ne seront pas acceptées et vous porteront préjudice auprès du gouvernement de Sa Majesté, pour le cas où vous en présenteriez de nouvelles par la suite.

Le Général Botha. — Nous nous en tenons, néanmoins, à nos premières propositions.

Lord Milner. — En ce cas, je ne vois pas d'inconvénient à accepter la responsabilité de leur rejet. Les instructions reçues, à ce sujet, par moi et par Lord Kitchener ne nous laissent aucun doute à ce sujet.

Le Général Botha. — Je dois alors dégager de vos paroles que Lord Salisbury, en disant jadis que cette guerre n'était pas entreprise en vue d'une augmentation de territoire, n'a pas dit son opinion véritable.

Trois Ans de Guerre

Lord Kitchener. — Il s'agit en ce moment de l'annexion et non du territoire.

Le Général Botha. — Je ne vois pas que notre proposition soit incompatible avec l'annexion.

Lord Milner. — Je ne me rappelle pas au juste les paroles de Lord Salisbury; il est vrai, en effet, que celui ci a affirmé que son gouvernement n'avait pas commencé la guerre dans le but d'augmenter le territoire. Mais, par la suite, les circonstances sont devenues telles pour l'Angleterre qu'elle a dû se résoudre à annexer les Républiques. Lord Salisbury m'a fait connaître sa ferme intention de ne pas revenir sur cette décision.

Le Juge Hertzog. — Je voudrais savoir quelle est au juste la différence entre les propositions que nous faisons en ce moment, et celles qui ont été posées par le gouvernement de Sa Majesté aux cours des négociations de l'année passée; sinon quant aux détails, du moins en ce qui concerne les principes généraux.

Lord Kitchener. — Votre proposition suppose-t-elle le fait que les Boërs deviendront citoyens (*citizens*) Anglais?

Le Général Smuts. — Je ne vois pas que notre proposition soit nécessairement en contradiction avec celle de l'année passée. Notre proposition prévoit seulement la question du gouvernement.

Lord Milner donne maintenant lecture du passage suivant, faisant partie des conditions (proposition de Middelburg) offertes l'année passée :

« Le plus tôt possible, le gouvernement militaire sera supprimé et remplacé par une administration civile constituant un régime semblable à celui en vigueur dans les colonies de la Couronne. Il y aura, par conséquent, dans chacune des nouvelles colonies, un gouverneur, un conseil exécutif composé des principaux fonctionnaires, et un conseil législatif, comprenant un certain nombre de membres officiels ainsi qu'un élément élu par la population. Le désir de Sa Majesté est toutefois d'introduire un régime représentatif, aussitôt que les circonstances le permettront, et, dans la suite, d'accorder aux nouvelles colonies le privilège de l'autonomie. »

Lord Milner. — Il se peut que je ne comprenne pas bien votre proposition, mais il me semble qu'elle diffère, non seulement dans les détails, mais aussi quant aux principes, du projet exposé dans le document que je viens de lire.

Le Juge Hertzog. — Je reconnais qu'on peut considérer cette proposition comme différente de celle à laquelle vous faites allusion, au point de vue des principes. Mais les principes dont il s'agit sont, eux-mêmes, différents dans toutes les colonies de l'empire. En d'autres termes, il arrive qu'on applique à une colonie tel régime qu'on refuse à une autre. Et pourtant les colonies appartiennent au même empire.

Lord Milner. — Absolument. Dans les différentes colonies, des principes différents ont été appliqués, mais il me semble que le principe formant la base de votre proposition diffère de celui consigné dans la proposition du gouvernement de Sa Majesté.

Le Juge Hertzog. — Je crois être l'interprète de toute la Commission en disant que nous voulons la paix. Je le dis afin de démontrer que, selon mon avis, si nous désirons la paix tous les deux, nous ne devons pas faire grand cas des différences théoriques, pourvu que le but soit atteint. Dans les différentes colonies qui, actuellement, font partie des Etats-Unis d'Amérique, il y avait également des régimes très différents. Or, le principe de notre proposition ne diffère pas du principe de la vôtre à tel point qu'on puisse en craindre des différences pratiques.

Je crois que la question de la situation de l'Angleterre dans l'Afrique du Sud étant prépondérante, l'Angleterre arrivera aussi bien à un résultat dans cet ordre d'idées avec notre proposition qu'avec celle de Middelburg. Je vous demande, par conséquent, s'il est nécessaire, pour que l'Angleterre réussisse, de s'éloigner de notre proposition pour revenir à celle de Middelburg, d'autant plus qu'elles ont beaucoup de ressemblance entre elles.

Lord Milner. — Nous comparons deux choses d'une nature différente. La proposition de Middelburg contient bon nombre de projets définitifs concernant une foule de détails. Je n'examine pas si ces projets sont conçus dans des termes parfaits ou bien imparfaits. Et j'entends bien que Lord Kitchener et moi nous avons le pouvoir de discuter avec vous sur les détails et d'introduire des changements dans la proposition, sans porter préjudice à son plan général.

Mais si vous dites que votre proposition n'est pas en contradiction avec la proposition de Middelburg, il n'y a pas de raison pour que vous ne laissiez pas la vôtre de côté pour discuter l'autre qui est définitive.

Le Juge Hertzog. — Je reconnais que vous avez le

droit de dire qu'il y a une différence essentielle entre les propositions en question. Mais, si nous voulons tous les deux la paix, cette différence est-elle de nature à nous empêcher de trouver un terrain de conciliation? Je ne puis comprendre qu'en traitant sur la base proposée par nous on n'arrive pas au même résultat qu'en prenant pour point de départ la proposition de Middelburg.

Lord Milner. — Je crois comprendre que vous reconnaissez qu'il y a une différence essentielle entre les deux bases. Eh bien, dans ce cas j'estime que nous ne sommes pas autorisés à traiter sur une base différente de celle qui a été posée dans le dernier mémoire du gouvernement de Sa Majesté, et différente aussi de celle contenue dans la proposition de Middelburg. Je peux ajouter qu'à mon avis, le gouvernement de Sa Majesté est, dans son dernier message, allé aussi loin qu'il pouvait aller pour se rencontrer avec vos désirs. Le télégramme était entièrement conçu dans le même esprit.

Le Commandant en chef de Wet. — Je vous préviens que je ne raisonne pas comme un jurisconsulte (Lord Kitchener, en riant : Je suis dans le même cas). J'approuve complètement les déclarations du général Botha et du juge Hertzog, en ce qui concerne notre ferme volonté de faire la paix ; mais, pour couper au court, je dois affirmer ne pas avoir compris que l'intention de Son Excellence Lord Milner était qu'après avoir présenté au peuple la proposition de Middelburg qui avait été rejetée, nous reviendrions aujourd'hui à la même proposition.

Lord Milner. — Non. Si j'ai donné cette impression, celle-ci ne rend pas exactement mon idée, j'ai pensé que,

Trois Ans de Guerre

pour vous mettre en contact avec votre peuple, vous aviez le dernier message du gouvernement de Sa Majesté devant les yeux et que ce message indiquait clairement que le gouvernement de Sa Majesté n'était pas disposé à prendre en délibération des conditions s'écartant beaucoup du principe posé dans la proposition de Middelburg.

Le Commandant en chef de Wet. — Je l'ai compris de la même façon et, pour cette raison, nous sommes revenus avec une proposition qui ne diffère pas beaucoup de la vôtre.

Le Général Smuts. — J'ai pensé que le principe essentiel (*vital principle*) de votre gouvernement était d'en finir avec notre indépendance. Dans notre nouvelle proposition nous abandonnons l'indépendance des deux Républiques quant aux relations avec l'étranger. J'estime donc que sur cette base les parties peuvent arriver à une transaction et je suis loin de penser que les conditions de Middelburg soient essentielles pour la conclusion de la paix.

Lord Milner. — Pas quant aux détails, mais en ce qui concerne les principes généraux. On ne pourra pas admettre qu'après avoir eu des semaines entières pour délibérer sur une base posée par le gouvernement britannique, vous écartiez tout simplement cette base. Lord Kitchener vous a donné assez de temps pour consulter le peuple ; et voilà que vous revenez et que, sans vous référer aux conditions de la proposition de Middelbourg, vous les écartez en proposant de tout autres conditions et en disant : Négocions en prenant ces dernières comme base. Je ne crois pas que Lord Kitchener et moi, nous ayons qualité de nous prêter à cette discussion nouvelle. S'il est d'un autre avis, on pourra demander au gouvernement britannique s'il est disposé, en laissant de côté toutes les discussions antérieures, à recommencer sur une nouvelle base.

Le Général de Wet. — Nous ne pourrons naturellement pas empêcher que Lord Kitchener pose une question quelconque à son gouvernement, mais néanmoins nous vous prions de bien vouloir câbler notre proposition au gouvernement britannique.

Le Général Botha. — Il me semble que nous avons bien le droit de proposer en ce moment une nouvelle base puisqu'à la suite des négociations du mois d'avril dernier, le gouvernement britannique vous a chargés de nous encourager à faire des propositions nouvelles. Notre proposition n'est que la conséquence directe de ce désir.

Lord Milner. — J'ai fait de mon mieux pour obtenir de vous ces nouvelles propositions. Mais vous vous y êtes refusés. Vous avez forcé (*forced*) le gouvernement britannique à faire des propositions.

Le Général Botha. — J'estime néanmoins que les deux gouvernements devaient y collaborer.

Lord Kitchener. — On vous avait demandé de faire des propositions, vous n'avez pas voulu et, maintenant que le gouvernement britannique présente sa proposition, vous en apportez une autre.

Le Général de la Rey. — Je crois que c'est à la suite de la correspondance, échangée entre les gouvernements néerlandais et britannique, que nous avons fait nos propositions.

Lord Milner. — Cette correspondance était le point de départ des négociations.

Trois Ans de Guerre

Le Général de Wet. — En admettant que nous ayons dû faire des propositions nouvelles au mois d'avril, il faut reconnaître que nous n'en pouvions pas faire une aussi équitable et aussi avantageuse pour le gouvernement britannique qu'actuellement, car, sans l'avis du peuple, nous aurions dû rester intransigeants sur la question de l'indépendance complète.

Lord Milner. — Je veux rappeler ce qui a eu lieu, non pour vous mettre dans votre tort, mais afin d'exposer clairement la situation. Vous êtes venus et vous avez fait une proposition. Le gouvernement britannique lui a donné une réponse explicite. Il refusait de l'accepter. Sa réponse était franche et claire.

En même temps, le gouvernement britannique vous disait : Nous sommes désireux de faire la paix. Voulez-vous soumettre d'autres propositions ? Vous répondîtes : « Non. Nous n'y sommes pas autorisés sans consulter notre peuple. » Nous avons admis cet argument. Vous avez dit alors : « Que le gouvernement britannique fasse des propositions. » Le gouvernement britannique en a fait.

Or, lui aussi, il a droit à une réponse. Dans quelle position nous mettez-vous, en effet, Lord Kitchener et moi, si vous n'acceptez pas de discuter les propositions dont vous nous avez demandé l'élaboration ?

Vous revenez avec une proposition entièrement nouvelle, sans dire mot de la nôtre.

Ce n'est pas traiter notre gouvernement d'une façon équitable et nous ne devrions pas prendre en considération vos propositions.

Le Juge Hertzog. — J'ai essayé de démontrer qu'on

Trois Ans de Guerre

ne peut pas considérer notre réponse comme ne se rapportant pas à la proposition du gouvernement britannique, attendu que la grande question, soulevée dans la correspondance qui fut échangée en avril entre nous et le gouvernement britannique était celle de l'indépendance. Actuellement, après avoir consulté le peuple, nous revenons en disant : Nous sommes disposés à abandonner l'indépendance et nous ajoutons dans quelles limites. Ainsi que le général Smuts a dit : voilà justement la base que nous posons dans notre proposition.

Lord Milner. — Vous dites que vous abandonnez l'indépendance en ce qui concerne les relations avec l'étranger.

Le Juge Hertzog. — Oui, mais il ne faut pas oublier que ceci n'est qu'une base et que nous préciserons plus tard.

Le Général Smuts. — Nous renonçons donc aux relations avec l'étranger; quant au gouvernement intérieur, il sera placé sous le contrôle suprême du gouvernement britannique. La conséquence de ces deux clauses est en somme l'abandon de l'indépendance. On ne pourra plus considérer les deux Républiques comme états souverains.

Lord Milner. — Je comprends très bien que, dans ce cas, elles ne seront pas des états souverains, mais je ne me sens pas capable de dire ce qu'elles seront bien.

Lord Kitchener. — Elles seront alors une nouvelle sorte d'*international animal*.

Le Général Smuts. — L'histoire nous montre que des difficultés analogues ont été résolues à l'aide de compromis. Les propositions contenues dans notre projet concordent, autant que nous avons pu nous en approcher, avec un gouvernement colonial.

Lord Kitchener. — Acceptez-vous l'annexion?

Le Général Smuts. — Pas formellement, mais je ne vois pas que notre projet soit incompatible avec la proclamation de l'annexion.

Lord Kitchener. — Je crains que mon intelligence ne me permette pas de comprendre pareil état de choses. Il y aura alors deux gouvernements dans le même pays. Et de quelle façon vous proposez-vous de continuer à gouverner?

Le Général Smuts. — On vous réserverait le contrôle suprême. J'ai pensé que cela formerait justement l'objet de nos discussions et de nos négociations.

Lord Milner. — Je ne m'écarterai en aucun cas d'une proposition qui est claire, pour en accepter une qui est vague.

Lord Kitchener. — Je suis convaincu qu'en vue de la pratique gouvernementale du pays, votre projet ne pourra jamais être élaboré en détail.

Le Général de Wet. — Mais il me semble que si notre projet n'est pas élaboré en détail, la proposition de Middelburg ne l'est pas davantage. Du reste, Lord Kitchener et Lord Milner l'avaient fait remarquer lors de la rédaction de la proposition. Elle ne fut considérée que comme une base sur laquelle nous pouvions traiter afin de mettre l'affaire en train. Nous ne pouvons pas forcer le gouvernement britannique à accepter notre interprétation. En tout cas, elle a une base.

Lord Milner. — Je souhaite vivement que ces discus-

Trois Ans de Guerre

sions aient un résultat, et je ne permettrais pas qu'une question de forme l'empêchât. Mais assurément, des difficultés surgiront si nous nous écartons des propositions fermes de Middelburg (7 mars) pour nous occuper d'un projet tel que le vôtre (*a thing like this*), et si nous ouvrons des débats sur un objet très vaguement défini. Je crois que nous avons le droit de vous ramener aux propositions de Middelburg, alors même que nous devrions modifier celles-ci dans les détails.

Le Général Botha. — Peut-être serait-il utile que vous répondiez d'abord à notre proposition.

Le Général de Wet. — A moins que Vos Excellences soient autorisées à répondre d'une façon définitive à notre proposition, j'estime qu'il serait équitable de la soumettre à votre gouvernement.

Le Général Botha. — Nous sommes venus ici, animés du désir sincère de conclure la paix. Je pense que notre proposition, une fois élaborée en détail, permettra aux Boërs et aux Anglais de demeurer dans ce pays côte à côte. Je pose en principe qu'aucune des deux races ne désire opprimer l'autre. Quant à nous, nous voulons une paix dont les deux parties soient satisfaites et qui soit durable.

Lord Milner. — Nous avons le même but.

Lord Kitchener. — Votre proposition nécessitera dans la nôtre des changements importants, qu'à mon avis, nous ne pouvons admettre.

Le Général Botha. — J'estime que, justement, parce que vous avez fait, de votre côté, une proposition, vous devez répondre d'une façon définitive à la nôtre.

Trois Ans de Guerre

Lord Kitchener et Lord Milner. — Muez alors votre proposition en la nôtre.

Lord Milner. — Je ne crois pas que le gouvernement britannique soit disposé à entrer plus avant dans votre voie qu'il ne l'a fait dans sa dernière proposition. Dans ses considérations, elle faisait plus de concessions à la paix que ne l'aurait fait la généralité du public anglais.

Lord Kitchener. — La différence entre nos propositions me paraît trop grande.

Le Général Botha. — Nous restons sous le contrôle suprême du gouvernement britannique.

Lord Kitchener. — Vous considérez-vous alors comme sujets britanniques? Contrôle suprême est une expression nouvelle. La suzeraineté nous a donné trop d'embarras.

Le Juge Hertzog. — L'idée n'est pas nouvelle. Il y a différentes sortes d'états qui appartiennent à l'Empire britannique : tel le Basoutoland.

Lord Milner. — Il y a, en effet, différentes sortes d'états, mais celui-ci est d'une espèce nouvelle.

Le Juge Hertzog. — Que Vos Excellences nous comprennent bien! Nous sommes réunis ici afin de ne pas perdre une minute. Nous sommes allés voir le peuple. Nous ferons ce que le peuple veut. En présentant une proposition nous avons à tenir compte de deux conditions : 1° qu'elle soit conçue dans des termes que le gouvernement britannique puisse discuter d'une façon équitable; 2° que, d'après sa teneur, il soit vraisemblable que notre peuple l'accepte. C'est dans cet esprit que nous avons rédigé la proposition que nous vous soumettons. Malgré cela, nous sommes dans la situation désavantageuse (*disad-*

vantageous), puisque Vos Excellences n'ont pas plein pouvoir de décider en dernier ressort.

Lord Kitchener. — Nous sommes dans la même position que vous.

Le Juge Hertzog. — Nous faisons une proposition qui s'accorde avec le sentiment du peuple. Il nous est impossible d'aller à l'encontre de ce sentiment.

Lord Milner. — Devons-nous comprendre que les propositions de Middelburg ne sont pas conformes au sentiment de votre peuple?

Le Général Smuts. — Le peuple n'a pas encore répondu à cette question. La seule décision prise par 'Assemblée du peuple est celle qui est contenue dans notre proposition.

Lord Kitchener. — Êtes-vous disposés à abandonner votre proposition et à en présenter une autre, plus conforme à celle de Middelburg? Nous devons essayer de trouver un moyen terme. Si le but de notre réunion est réellement d'arriver à un résultat, il nous faut chercher avant tout un objet susceptible d'être discuté. Ferons-nous une nouvelle proposition?

Le Général Smuts. — Quand nous aurons reçu une réponse définitive à notre proposition, nous pourrons délibérer sur l'opportunité d'en présenter une autre.

Lord Milner. — J'estime que le fait d'avoir refusé de prendre en considération la proposition du gouvernement britannique, ne nous laisse pas la latitude de discuter la vôtre. Et puisque vous voulez une réponse à votre proposition, je vous dis que nous la refusons.

Le Général Smuts. — Voici comment je comprends la

Trois Ans de Guerre

situation. Le gouvernement britannique n'a pas accepté nos propositions, et, en même temps, il revient à l'ancien point de départ, sans empêcher que nous fassions de nouvelles propositions.

Lord Milner. — L'unique différence entre vous et moi est que je considère la lettre du 7 mars comme la dernière concession que mon gouvernement puisse faire. D'une façon générale, elle indique seulement, jusqu'où mon gouvernement veut aller. Or, votre réponse n'en est pas une.

Lord Kitchener lit son télégramme du 14 avril :

« Une difficulté s'est élevée au cours des négociations. Les représentants déclarent que, d'après la Constitution, ils ne sont pas compétents pour discuter des conditions basées sur l'abandon de l'indépendance, attendu que seuls les Burghers peuvent consentir à traiter sur une telle base. Si par conséquent les représentants proposaient des conditions de cette nature, ils se trouveraient dans une fausse position vis-à-vis de leur peuple. Si toutefois le gouvernement de Sa Majesté pouvait exposer les conditions qu'il consentirait à accorder après l'abandon de l'indépendance, les représentants, après avoir demandé les explications nécessaires, pourraient, sans les approuver ni les désapprouver, soumettre ces conditions au peuple (1). »

(1) A difficulty has arisen in getting on with the proceedings. The representatives state that constitutionnally they have no power to discuss terms based on the surrender of Independence, inasmuch as only the Burghers, can agree to such a basis, therefore if they were to propose terms, it would put them in a false position with regard to their people. If, however, H. M. Government could state the terms that, subsequent to a relinquishment of Independence, they would be prepared to grant, the Representatives, after asking for the necessary explanations without any expression of approval or disapproval, would submit such conditions to their people.

Trois Ans de Guerre

Lord Kitchener. — Il me semble que vous ne vous êtes pas conformés à ce que vous avez proposé dans ce télégramme.

Le Général de Wet. — S'il ne s'était agi que d'accepter la proposition britannique, notre peuple n'aurait pas eu besoin de se réunir à Vereeniging. Nous avons cependant apporté quelque chose, qui, à vrai dire, est presque pareil à la proposition de Middelburg et qui va au devant des désirs du gouvernement britannique autant que cela est possible.

Le Général Botha. — Je ne vois pas pourquoi nous soutiendrions tellement notre proposition; de votre côté si vous l'estimez inacceptable, vous n'avez qu'à nous donner une réponse définitive.

Lord Milner. — Nous voulons une réponse à la proposition que nous avons faite.

Le Général Smuts. — Je ne vois pas que le gouvernement britannique ait fait une proposition. Il n'a fait que poser une certaine base. Une réponse formelle de notre côté n'est donc pas nécessaire.

Lord Milner. — Notre proposition est six fois plus nette que la vôtre et j'estime que le gouvernement britannique a le droit de savoir si le peuple est disposé à en accepter les conditions générales.

Lord Kitchener. — Il faudrait savoir tout d'abord ce que pensera votre peuple de notre nouvelle proposition.

Le Général Smuts. — Il la connaît et ne s'est pas prononcé, mais il a élu des délégués. Ces délégués n'ont pas encore répondu. Ils sont en train de débattre l'affaire et, afin de gagner du temps, ils nous ont envoyés avec mission de voir si nous ne pourrions pas arriver à un accord.

Trois Ans de Guerre

Lord Milner. — Nous nous écartons de la proposition. Dites quels changements vous désirez et soumettez notre proposition au peuple.

Lord Kitchener. — Si vous reconnaissez que votre proposition n'est pas incompatible avec l'annexion, nous serons arrivés à quelque chose.

Le Général Smuts. — Votre opinion est-elle que nous devons abandonner notre proposition ?

Lord Kitchener. — Certainement. Il nous est impossible de la débattre.

Lord Milner. — Nous ne pouvons pas prendre en considération votre proposition. Nous ne pouvons que la communiquer à l'Angleterre, mais sûrement cette nouvelle démarche contribuera à porter préjudice aux négociations.

Ceci est, du moins, mon opinion personnelle, que vous n'êtes, évidemment pas forcés de partager.

Il faudrait dire, en effet, que cette nouvelle proposition est la seule réponse que nous ayons pu obtenir de vous.

Lord Kitchener. — Il sera plus utile de rédiger un nouveau document, dans lequel nous soulignerons ou bien supprimerons tout ce qui a ou non de l'importance.

Le Général Smuts. — Mais nous n'avons pas encore parlé du paragraphe 3 de notre proposition par lequel nous sommes disposés à abandonner une partie de notre territoire.

Lord Milner. — Cela serait incompatible avec l'annexion du pays entier. Si nous annexons le tout, comment pouvez-vous alors nous en abandonner une partie ?

Le Général Smuts. — La partie abandonnée deviendrait alors colonie de la Couronne. Le reste serait gouverné de la façon que nous avons proposée.

Lord Milner. — Vous voulez donc qu'une partie devienne une colonie britannique du type ordinaire et l'autre une république sous un protectorat ?

Lord Kitchener. — Deux formes de gouvernement dans le même pays occasionneraient fréquemment des chocs. Nos propositions sont trop dissemblables. Au point de vue militaire les deux formes de gouvernement ne pourraient exister. Dans un an nous aurions à nouveau la guerre.

La conférence est ajournée à l'après-midi.

Pendant la suspension la Commission s'est entretenue de la situation et a envoyé le général J.-C. Smuts auprès des Lords Kitchener et Milner afin de causer de certains points.

La conférence est reprise à 4 heures.

Lord Milner. — A la suite d'une conversation officieuse entre le général Smuts et nous, Lord Kitchener et moi, nous avons rédigé un document indiquant la forme dans laquelle, à notre avis, doit être rédigée la seule convention possible. C'est un projet, que les gouvernements peuvent signer, croyons-nous. Notre idée est, qu'après l'avoir discuté ici, vous pouvez le soumettre aux Burghers en leur demandant s'ils consentent à ce que vous le signiez. Le document serait conçu dans les termes suivants :

« Les soussignés, commandants les milices des Burghers en campagne reconnaissent, tant en leurs propres

Trois Ans de Guerre

noms qu'en ceux des dits Burghers, les annexions promulguées dans les proclamations de Lord Roberts, respectivement datées du 24 mai de l'année de notre Seigneur mil neuf cent et du premier jour de septembre de l'année de notre Seigneur mil neuf cent.

« En conséquence acceptent leur situation de citoyens britanniques, et s'engagent immédiatement à déposer leurs armes, en remettant tous leurs canons, fusils et munitions. Ils s'engagent également à cesser toute résistance contre l'autorité de Sa Majesté Édouard VII ou de ses successeurs. Ils prennent cette décision, confiants en l'assurance du gouvernement de Sa Majesté, que ni eux, ni les Burghers se rendant avec eux, ne seront privés de leur liberté individuelle ou de leurs biens, et que l'attitude future du gouvernement de Sa Majesté, en ce qui concerne les conséquences de la guerre, sera conforme à la déclaration qu'il a faite. Il est bien entendu que tous les Burghers qui sont en ce moment prisonniers de guerre, feront connaître qu'ils acceptent la situation de citoyens britanniques s'ils désirent participer aux conséquences de l'assurance précitée. »

Le Général Botha. — Devons-nous comprendre que maintenant notre proposition est complètement rejetée ?

Lord Milner et Lord Kitchener. — Oui.

Le Général Botha — Alors, je dois comprendre que vous n'allez prendre en considération que les propositions de Middelburg ?

Lord Kitchener. — Non, nous pourrons les changer.

Lord Milner. — A l'origine, ce document a été rédigé pour être annexé aux propositions de Middelburg. Au lieu des propositions de Middelburg nous mettons ce document en avant, afin de nous permettre de changer la forme des propositions.

Le Général Smuts. — Si vous avez l'intention de modifier les propositions de Middelburg, le mieux ne serait-il pas de le faire maintenant et de joindre les propositions au document ?

Lord Milner. — L'écrit qui remplacera la proposition de Middelburg doit être annexé à ce document. Nous devons en élaborer les termes ensemble.

Le Général Smuts. — Je pense qu'il vaudrait mieux que vous-mêmes changiez la proposition pour nous la soumettre ensuite.

Lord Kitchener. — Je crois que dans cette intention vous devez nommer une sous-commission.

Lord Milner. — J'estime que l'écrit en question peut être rédigé par deux ou trois d'entre nous et débattu après par tout le monde.

Le Général Smuts. — Nous aimerions à discuter d'abord la question de savoir si nous participerons, oui ou non, à la rédaction.

Lord Milner. — Je suis disposé à rédiger l'écrit avec vous, ou bien à vous laisser entièrement le soin de sa rédaction, mais, me fondant sur mon expérience, je ne veux pas le rédiger tout seul.

Le Général Smuts. — Si nous signons ce document n'en déduira-t-on pas que nous, les chefs, nous nous portons garants de la soumission des Burghers ?

Lord Milner. — Oui et si on ne dépose pas les armes, tout restera à recommencer.

Trois Ans de Guerre

Lord Kitchener. — Moi, je ne suis pas de cet avis. Si tous ne déposent pas les armes, ce ne sera pas de la faute des signataires. Il y aura toujours des mécontents.

Le Général Smuts. — Le document ne dit pas cela.

Lord Kitchener. — On peut le rédiger autrement.

Le Général de la Rey. — Alors on n'aura pas la paix, car une partie des Burghers continuera la guerre.

Lord Milner. — Si l'Assemblée du peuple consent à ce que vous signiez ce document, l'intention est certainement que tous les Burghers l'approuvent, comme un seul homme. Ceux qui ne l'approuveront pas, je ne sais pas comment les appeler, *outlaws*, si vous voulez. Mais je veux croire que cette difficulté ne surgira pas.

Le Général Botha — C'est pour l'éviter que nous voulons une paix honorable pour les deux partis. Or si je comprends bien ce document, nous nous engageons trop. En effet nous n'abandonnons pas seulement notre indépendance, mais chaque Burgher a les mains et les pieds liés. Où est alors la paix honorable pour nous? Si nous faisons la paix, nous devons la faire en hommes destinés à vivre et à mourir sur ce sol. Nous ne devons pas faire une paix, qui laisse des blessures au cœur d'un des partis. Je veux faire tout ce qui est en mon pouvoir pour arriver à la paix, mais il me semble que ce document exige trop, car, si je comprends bien, il nous faut abandonner notre indépendance, chacun doit déposer les armes et les chefs doivent, en outre, signer une promesse.

Lord Milner. — Notre seul but est que tous vivent ici en paix comme citoyens britanniques.

Lord Kitchener. — Je crains que le général commandant n'oublie la note qui sera jointe au document. Dans cette note, nous dirons ce que nous donnerons. Mais peut-être le mieux serait de la rédiger d'abord. Vous verrez alors que c'est, avant tout, une paix honorable que nous proposons.

Le Général Botha. — Exposez-nous alors quel sera le contenu de la pièce annexe.

Lord Kitchener et Lord Milner. — Il faut que vous nous aidiez, nous ne connaissons pas les désirs des Burghers.

Le Général de Wet. — En signant ce document, nous nous trouverons dans la position que le général commandant a clairement exposée tout à l'heure.

Le Général de la Rey. — Nous ne pouvons pas juger d'un écrit, dont les termes ne sont pas encore élaborés. Je ne m'oppose pas à ce que nous nommions une sous-commission pour aider à sa rédaction.

Le Général Botha. — Je ne soulève pas non plus d'objection, car je comprends très bien que personne n'est lié.

Lord Kitchener. — Non, personne n'est lié.

Le Général de la Rey. — Nous aussi nous désirons en finir et savoir à quoi nous en tenir.

Le Général de Wet. — Je puis dire que j'en ai assez entendu pour être sûr que je n'accepterai pas le document. Si je ne le disais ici, je manquerais de franchise envers Vos Excellences.

Lord Kitchener. — J'estime qu'il vaudrait mieux que le général de Wet voie d'abord tout le document avant d'exprimer son opinion.

Trois Ans de Guerre

On convient alors que le juge Hertzog et le général Smuts agiront comme sous-commission, chargée de rédiger, avec Lord Kitchener et Sir Richard Salomon, un projet complet.

La conférence est ajournée.

Séance du Mercredi 21 mai 1902.

Lord Milner soumet le document, rédigé avec l'aide de la sous-commission pendant la suspension. La forme en est celle d'un contrat. Il sera soumis à la signature des membres des deux gouvernements. C'est le même document que celui dont le contenu a été télégraphié au gouvernement britannique, à l'exception de l'article 11, concernant les notes et quittances et la somme de 3.000.000 de livres sterling.

Tant en hollandais qu'en anglais on donne lecture du texte qui est le suivant :

Le général Lord Kitchener de Khartoum, général en chef; Son Excellence Lord Milner, haut commissaire du gouvernement britannique; MM. S.-W. Burger, F.-W. Reitz, Louis Botha, J.-H. de la Rey, L.-J. Meyer et J.-C. Krogh, agissant comme gouvernement de la République Sud-Africaine;

Et M.-T. Steijn, W.-J.-C. Brebner, C.-R. de Wet, J.-B.-M. Hertzog et C.-H. Olivier, agissant pour le gouvernement de l'État libre d'Orange, au nom de leurs Burghers respectifs;

Etant désireux de faire cesser les hostilités ont convenu de ce qui suit :

Trois Ans de Guerre

1° Les forces des Républiques en campagne déposeront immédiatement les armes, en remettant tous les canons, fusils et munitions qui se trouvent en leur possession ou sous leur administration et renonceront à toute résistance contre l'autorité de S.-M. le roi Edouard VII, qu'ils reconnaissent comme leur souverain légal.

Le mode et les détails de cette reddition seront réglés entre Lord Kitchener et le général commandant Botha, le général commandant adjoint J.-H. de la Rey et le commandant en chef C.-R. de Wet.

2° Les Burghers en campagne hors des frontières du Transvaal et de la colonie du fleuve d'Orange, seront, en cas de reddition, ramenés à leurs demeures.

3° Tous les prisonniers de guerre qui sont citoyens, se trouvant en ce moment hors d'Afrique du Sud, seront ramenés aux endroits où ils demeuraient avant la guerre, s'ils déclarent accepter le titre de sujets de S. M. le roi Edouard VII.

4° Les Burghers qui se rendront ou seront ramenés de cette façon, ne seront privés ni de leur liberté individuelle, ni de leurs biens.

5° Aucune mesure judiciaire, ni civile, ni pénale, ne sera prise pour des faits se rattachant à la guerre, à l'égard des Burghers qui se rendront ou seront rapatriés.

6° On enseignera la langue hollandaise dans les écoles publiques du Transvaal et de la colonie du fleuve Orange, si les parents des enfants le désirent. La langue hollandaise sera également admise dans les cours de justice, si cela est nécessaire ou utile pour la bonne administration de la justice.

Trois Ans de Guerre

7° On permettra, dans le Transvaal et la colonie du fleuve Orange aux personnes qui ont besoin d'un « rifle » (fusil) pour leur protection, d'en posséder un en vertu d'une licence, prise suivant les prescriptions de la loi.

8° L'administration militaire au Transvaal et dans la colonie du fleuve Orange sera remplacée, aussitôt que possible, par un gouvernement civil. Aussitôt que les circonstances le permettront, on créera des corps représentatifs, qui conduiront un jour à l'autonomie.

9° On ne décidera de la question du droit de vote des indigènes qu'après l'établissement de l'autonomie.

10° Aucun impôt spécial ne sera levé sur la propriété foncière au Transvaal et dans la colonie du fleuve Orange pour payer les frais de la guerre.

11° Une commission judiciaire sera nommée à qui l'on pourra présenter, dans les six mois, les bons du gouvernement émis en vertu de la loi n° 1, 1900 de la République Sud-Africaine. Tous les bons en question seront payés, sans intérêts, s'ils ont été émis suivant les prescriptions de la loi, et si les personnes qui les présentent ont donné en échange un équivalent réel.

Toutes les quittances remises par les officiers en campagne des anciennes Républiques ou en vertu d'ordres donnés par eux pourront également, dans les six mois, être présentées à la susdite commission, si on trouve qu'elles ont été remises *bona fide* en échange d'objets ayant servi aux forces des Burghers en campagne ; elles seront payées aux personnes à qui on les a données à l'origine. Le montant pouvant être payé en vertu des dits bons et quittances du gouvernement, ne pourra excéder la somme de

3.000.000 de livres sterling. Si le montant total approuvé par la Commission excède ce chiffre, on diminuera les sommes au *prorata*. On accordera aux prisonniers de guerre des facilités afin de pouvoir présenter leurs bons et quittances dans les six mois.

12° Aussitôt que les circonstances le permettront, une commission, dans laquelle les habitants seront représentés, sera nommée dans chaque district du Transvaal et de la colonie du fleuve Orange. Ces commissions seront placées sous la présidence d'un magistrat ou d'un autre fonctionnaire. Elles seront chargées de ramener le peuple dans ses habitations, de procurer à ceux qui, à cause des dommages subis par la guerre, ne sont pas en état de se les procurer eux-mêmes, la nourriture, le logement et la quantité nécessaire de grain, de bétail et d'outils indispensable à la reprise de leur métier. Le gouvernement avancera, à cette intention, des fonds ne rapportant pas d'intérêts et remboursables après un certain nombre d'années.

Lord Milner. — Si l'on n'y fait pas d'objection, ce sera le texte anglais qui sera télégraphié en Angleterre et qui sera signé.

Le Général Botha. — Est-ce que l'on n'y joindra pas une traduction hollandaise?

Lord Milner. — Je n'y vois pas d'inconvénient. Voilà donc le document que nous sommes disposés à soumettre au gouvernement anglais.

Le Général Botha. — J'ai encore quelques observations à présenter. D'abord, je voudrais que les quittances données par nos officiers fussent intercalées dans le paragraphe sur les bons du gouvernement. Ces quittances ont été remises en vertu d'instructions données par notre gouvernement pour l'achat de bétail, de blé ou de subsistances pour nos commandos. Les officiers supérieurs, ici présents, aussi bien que tous les autres officiers, ont agi conformément à ces instructions en remettant des quittances. Et si je fais cette demande, c'est pour la raison suivante : Quelques-unes de ces quittances ont été payées partiellement, d'autres intégralement en bons du gouvernement. Mais un certain nombre n'a pas été payé du tout ; non pas que le montant en soit bien important, mais j'estime que nous serons plus forts si cette affaire est liquidée à notre honneur. Car notre honneur est engagé, puisque c'est nous qui avons signé les quittances. Il sera pour nous très important, en paraissant devant les représentants du peuple, de pouvoir leur dire que leurs intérêts à ce sujet sont garantis. La plupart d'entre eux sont officiers.

Lord Kitchener. — Je crois comprendre que le général Botha ne parle pas des lettres de commandes ou de réquisitions, mais seulement des quittances sur le trésor.

Lord Milner. — Je ne vois pas bien la différence entre ces quittances et les lettres de commande. Il me semble que dans un document légal, la question de savoir si une personne est libre ou non de vendre des marchandises n'a aucune importance.

Lord Kitchener. — J'estime qu'il y a bien une différence entre un mandat sur le trésor et une lettre de réquisition. Je limiterais l'article aux quittances sur le trésor, remises suivant la loi qui fixe un maximum.

Trois Ans de Guerre

Le Général de Wet. — L'État libre d'Orange n'a pas fixé la somme à dépenser.

Lord Kitchener. — Devons-nous comprendre qu'il s'agit d'un chiffre illimité ou bien ces sommes doivent-elles être comprises dans le montant fixé par le Volksraad ?

Le Général Smuts. — Le Volksraad a autorisé le gouvernement d'alors à émettre des bons pour une certaine somme. Indépendamment de cette loi, les officiers en campagne avaient le droit de faire des achats pour les besoins des commandos, en remettant en payement des quittances.

Lord Milner. — Je ne vois pas de différence entre ces quittances et les lettres de réquisition, sauf qu'il s'agit d'une somme illimitée.

Le Général Smuts. — Ces quittances ont été remises en vertu d'une tout autre loi. Elles n'étaient pas payables sur le crédit voté par le Volksraad.

Le Général de Wet. — Je voudrais que l'on comprît bien que je suis absolument d'accord avec ce qui a été dit par le général commandant, à savoir qu'il y va, dans la question de ces documents, de l'honneur de tous les officiers. Si Vos Excellences acceptent ce que nous demandons, nous serons fortement armés pour les discussions de l'Assemblée des députés.

Lord Milner. — La proposition revient à demander que le gouvernement britannique paye tout l'argent emprunté par les Républiques pour le combattre.

Le Général de Wet. — Nous formions pourtant un parti qui combattait d'une façon honorable. Si nous renonçons à ce rôle, il est juste de nous y aider.

Trois Ans de Guerre

Le Général Botha. — Dois-je conclure de votre attitude que nous devons rendre tout et que vous partirez avec l'avoir du pays qui se monte à des millions, sans prendre la responsabilité des dettes ? Nous avons été reconnus par vous comme un parti combattant honorablement. C'est pour nous une raison de plus de nous attendre à ce que vous preniez également pour vous les dettes, en vous attribuant les revenus du pays. Si le gouvernement britannique a atteint son but, il ne faut pas qu'une affaire d'intérêt secondaire forme un obstacle. Nous ne sommes pas venus ici pour discuter les petites affaires, mais les choses qui constituent réellement des obstacles à la paix. Vous devez admettre que nous disons ce que nous pensons réellement, en vous faisant ces observations. Et si nous voulons faire la paix, il ne faut pas que nous tirions chacun de notre côté; il faut, au contraire, que nous nous tendions la main. Or, nous disons que cette affaire est pour nous un obstacle. Nous personnellement, nous n'avons pas signé beaucoup de quittances, ce sont les officiers subalternes qui en ont signé la plus grande partie, et ceux-là forment la majorité, dans l'Assemblée du Peuple à Vereeniging.

Lord Milner. — Nous ne prenons pas les revenus sans accepter les responsabilités. Nous prenons à notre compte toutes les dettes que le pays avait avant la guerre, et nous avons même consenti à nous charger d'une dette — dette légale — faite sous forme de bons, qui n'a été contractée, nous le savons, que pour les besoins de la guerre. Nous payons donc déjà une partie des frais faits pour nous combattre. C'est une si grande concession que je me demande si mon gouvernement pourra l'accepter.

Trois Ans de Guerre

Mais en allant plus loin et en demandant que nous payions non seulement une dette contractée en vertu d'une certaine loi pour les fins de la guerre, mais les dettes faites individuellement par les officiers des deux armées dans le but de nous combattre, vous proposez une chose vraiment excessive. En réponse à ce qu'a dit le général Botha, je dois dire que nous aussi nous avons un peuple derrière nous dont nous devons ménager les susceptibilités.

Le Général de Wet. — Je veux expliquer la situation de l'État libre d'Orange. Au Transvaal, on a fait une loi autorisant le gouvernement à émettre un emprunt de 1.000.000 de livres sterling. On ne l'a pas fait dans l'État libre d'Orange, attendu que le gouvernement avait le droit de payer avec des quittances. Nous étions d'avis qu'une quittance était aussi valable et aussi légale qu'un bon. Pour ces motifs, les deux choses ont pour moi la même importance.

Le Général Botha. — Je crois que nous ne devons pas entrer dans des détails techniques, car nous sommes réunis afin de faire cesser les hostilités qui exigent mensuellement de fortes dépenses. Par conséquent notre rencontre peut avoir comme conséquence logique de faire cesser les dépenses. En acceptant notre proposition, et en payant les quittances, vous supprimez en même temps une partie de vos frais. Il coûtera bien moins de terminer la guerre en unissant nos efforts, que de rompre les négociations. Pour cette raison, je crois que vous avez intérêt à trancher cette difficulté dans le sens de nos propositions.

Le Général de Wet. — Je peux donner à Son Excellence Lord Milner l'assurance que le peuple a toujours eu la conviction que, si tout était perdu, il rentrerait toujours, après la guerre, dans son argent, c'est-à-dire dans les sommes payables sur le vu des quittances. S'il n'en est pas ainsi, je ne peux pas me figurer quelles seront les conséquences de cette affaire. Je crains qu'elles ne soient funestes, et j'espère que vous ferez de votre mieux pour les prévenir.

Le Général Botha. — La somme totale ne peut pas être considérable, mais nous n'en pouvons pas fixer le montant.

Le Général de Wet. — Vous devez bien comprendre que nos dépenses, comparées aux vôtres, forment une goutte d'eau dans un seau. Si je ne me trompe, l'État libre d'Orange avait 750.000 livres sterling au début de la guerre. L'émission des quittances a commencé quand cette somme a été épuisée. Vos Excellences devront donc reconnaître qu'en vertu des quittances, nous avons, envers les créanciers, les mêmes obligations que dans tout autre cas.

Le Général Botha. — Vous avez déjà, en votre possession, plusieurs de nos bons. En un endroit, nous en avions caché 50.000 qui ont été trouvés par vous.

Le Général Smuts. — Dans une conversation privée avec Lord Milner, j'ai déjà eu l'occasion d'exposer que Lord Kitchener a déjà consenti, en principe, à ce qui forme maintenant l'objet de nos discussions. Dans la proposition de Middelburg de Lord Kitchener, on a refusé le paiement des bons du gouvernement, mais on a décidé que les quittances seraient payées jusqu'à concurrence d'une somme de 1.000.000 de livres sterling. En supprimant cette clause, on s'écarterait de la proposition de Middelburg. Le paiement des bons est légal. Je ne peux pas comprendre comment

Trois Ans de Guerre

on a pu le refuser dans la proposition de Middelburg. C'est justice d'y consentir maintenant. Mais en ce qui concerne les quittances, le paiement d'une partie était déjà accordé, et maintenant on le refuse. J'estime qu'arrivés au point où en sont les négociations en ce moment, nous ne pouvons nous arrêter à un point de détail sur lequel on s'était déjà mis d'accord lors des négociations antérieures.

Je crois d'ailleurs que la somme est peu importante. J'ai eu, pendant un an, avec le général de la Rey, le commandement de la moitié des forces de la République Sud-Africaine. On a tenu une comptabilité de toutes les quittances, mais nous n'avons pas encore les livres. Les quittances ont été remises et inscrites aux livres avec toute la régularité voulue. Autant que j'ai pu m'en rendre compte, la somme totale n'était pas élevée. Bien que Lord Milner s'effraye à l'idée qu'une fois notre proposition acceptée, un montant considérable ne devienne exigible, j'estime que sa crainte n'est pas fondée. La somme sera bien moins importante que vous ne croyez.

Lord Milner. — Pour moi, la question ne réside pas dans la somme. J'estime, d'une façon générale, que le paiement des bons et des lettres de réquisition doit être fortement désapprouvé. Je crois exprimer le sentiment de la grande majorité du peuple britannique en affirmant qu'il préfère payer une forte somme, une fois la guerre terminée, afin d'améliorer la situation du peuple qui l'a combattu, que de rembourser une somme moins forte, dépensée pour le combattre. Que ce sentiment soit juste ou non, nous avons à en tenir compte. Nous ne voulons pas payer les notes des deux partis, et j'ai toujours désapprouvé la clause de la proposition de Middelburg qui stipulait ce paiement. Si on est forcé de faire quelque chose dans cet ordre d'idées, j'estime que le paiement des bons est moins répréhensible que le remboursement des lettres de réquisition.

J'ai compris le paiement des bons dans le projet actuel, pensant que s'il fallait choisir entre le paiement des deux choses, vous préféreriez que les bons fussent payés. Si vous estimez qu'il vaut mieux quant à ce point reprendre la proposition de Middelburg, j'y consentirai, quoique à regret, si Lord Kitchener y consent.

Le Général Smuts. — Je crains que nous ne puissions pas accepter cela, attendu que nous estimons que la question des bons est au-dessus de toute contestation.

Le Juge Hertzog. — Je ne crois pas que Votre Excellence soit juste en déclarant ne vouloir pas payer les notes des deux partis. Il y a une chose concernant l'État libre d'Orange que nous ne devons pas perdre de vue. Nous n'avons pas contracté d'emprunts et nous n'avons pas émis de bons de gouvernement. Les bons étaient des bons de la République Sud-Africaine, dont une partie était envoyée à l'État libre d'Orange. Notre loi, c'est-à-dire celle de l'État libre d'Orange partait du principe qu'en cas de guerre, tous les frais pourraient être payés avec des lettres de commande. Dans l'État libre d'Orange on n'a fait que suivre ce principe en remettant des quittances suivant la formule ordinaire ou dans la forme d'une lettre de réquisition. En ne perdant pas de vue cet état de choses et en considérant que nous avons agi jusqu'à la fin et que nous agissons encore comme représentants d'un peuple

Trois Ans de Guerre

qui a loyalement combattu, nous sommes fondés à dire : De notre côté nous donnons tout et demandons seulement à l'adversaire de reconnaître les dettes qui, si nous avions contracté un emprunt, seraient tombées à la charge du gouvernement britannique, puisqu'il prend la suite de toutes nos affaires. Lord Milner comprendra donc facilement qu'il est aussi important pour nous de voir ces quittances remboursées que pour la République Sud-Africaine de voir passer au compte du gouvernement de Sa Majesté un emprunt qu'elle a contracté avant la guerre.

Mais je puis aller plus loin et donner à Lord Milner l'assurance qu'en contractant un emprunt, nous n'aurions pu agir d'une façon plus économique que nous ne l'avons fait en procédant par la voie des quittances.

Ce fut, du reste, la cause pour laquelle l'Etat libre d'Orange n'a jamais voulu emprunter à l'avance. En effet, nous n'avons acheté que ce qui était absolument nécessaire, au jour le jour et dans des circonstances définies. Lord Milner devra donc reconnaître qu'envers les porteurs de quittances nous nous trouvons dans la même position que nous nous serions trouvés envers un créancier quelconque. Dans une conversation privée, j'ai déjà appelé l'attention de Lord Milner sur ce point et, en ce moment, je suis absolument d'accord avec le Général commandant sur la gravité de cette question.

Lord Milner. — Nous pouvons toujours renvoyer cette affaire à notre gouvernement, mais votre proposition est tout à fait en contradiction avec la proposition de Middelburg, car celle-ci refuse formellement de mettre à la charge de l'Angleterre des dettes d'état.

Trois Ans de Guerre

Lord Kitchener. — Je voudrais tout au moins en connaître le montant.

Le Général de la Rey. — Pour mon compte, j'ai dépensé en bons de 20.000 à 40.000 livres sterlings, mais je ne saurais fixer la dépense en quittances.

Lord Milner. — Peut-être un compromis serait possible en faisant à nouveau présenter ces bons et quittances et en limitant la somme totale à 1.000.000 de livres sterling.

Lord Kitchener. — Cela trancherait-il la difficulté que vous soulevez?

Le Général Botha. — Non.

Lord Kitchener. — Une somme de 2.000.000 de livres sterling ou de 3.000.000 de livres sterling le ferait-elle? Nous voulons avoir une limite afin de savoir ce que nous pouvons faire.

Le Général de Wet. — Il est impossible de fixer le montant.

Lord Kitchener. — L'affaire serait de beaucoup plus claire, si nous pouvions fixer une limite.

Le Général de Wet. — Je suis tout à fait d'accord avec vous là-dessus. Je comprends très bien votre situation, mais il nous est absolument impossible de fixer une somme. Permettez-nous de nous retirer un moment afin de délibérer sur ce point.

La conférence est suspendue et reprise à 2 h. 30 de l'après-midi.

Le Général de Wet. — Nous avons convenu de fixer une somme de 3.000.000 de livres sterling pour les bons du gouvernement et les quittances qui seront diminués au *prorata*, si cette somme n'est pas suffisante. Nous avons rédigé un article dans ce sens.

Le Général Smuts donne lecture de cet article qui a été intercalé au projet, à l'article 11, dernier alinéa.

En réponse à une question de Lord Kitchener, le commandant en chef de Wet dit : Les prisonniers de guerre se trouvant dans différentes îles, et possédant de ces bons, doivent également être mis à même de les présenter.

Lord Milner. — Passons à autre chose. Nous connaissons maintenant votre façon de voir.

Le Général Botha. — Dois-je comprendre que nous laissons ce point de côté ?

Lord Milner. — Votre manière de voir est maintenant consignée au document ; donc, nous la connaissons.

Le Général Botha. — Il faut que nous sachions ce que nous devons dire à nos députés.

Lord Kitchener. — Est-ce le seul point, ou en avez-vous d'autres ?

Le Général Botha. — Il y en a encore un concernant la protection des débiteurs. C'est pour nous une question sérieuse et même vitale.

Lord Milner. — Il ne faut pas qu'il y ait seulement entente verbale entre nous ; il faut que tout soit rédigé et inséré au document.

Le Général Smuts. — La plupart des dettes contractées avant la guerre seront payables après la guerre. Si les débiteurs ne peuvent pas payer, une grande partie de la population, nous le craignons, se trouvera acculée à la ruine.

Trois Ans de Guerre

Nous voudrions que des mesures fussent prises afin d'empêcher qu'on en arrivât à cette extrémité. Si Lord Milner est disposé à les prendre, nous aimerions à savoir en quoi elles consisteront.

Lord Milner. — Je crois qu'il vaudrait mieux que vous fissiez à ce sujet une proposition.

Le Général Smuts. — Nous voudrions proposer, d'une façon générale, que tous les intérêts échus pendant la guerre, fussent joints au capital et qu'on accordât pour le remboursement de la somme principale, un délai de douze mois à partir de la fin de la guerre.

Lord Kitchener. — Et-il nécessaire de rédiger une proposition à ce sujet?

Le Général Smuts. — Si le gouvernement se déclare disposé à adopter cette proposition; il n'est pas nécessaire d'insérer au projet une clause spéciale.

Lord Milner. — A mon avis, le gouvernement fait, dans ce cas, une promesse, et je crois que toutes les promesses auxquelles on pourrait se référer plus tard, devront être insérées au document. Tout sujet, par lequel on désire lier le gouvernement, devra y être traité. Je ne veux pas dire que je désire une foule d'autres articles. Je veux seulement prévenir des malentendus.

Le Général Smuts. — Dans ce cas, nous sommes prêts à proposer une clause nouvelle.

Le Général Botha. — Nous entamons ce sujet précisément pour qu'on puisse prendre des mesures pendant qu'il en est temps encore, au cas où nous tomberions d'accord. Si nos Burghers deviennent sujets de Sa Majesté, il est dans l'intérêt de tout le monde, surtout du gouvernement, de veiller à ce que les personnes ne soient pas ruinées. Car alors, elles seraient à la charge du gouvernement qui devrait en prendre soin. Si nous ne prenons pas des mesures maintenant, des spéculateurs qui auront accaparé les créances en pourront exiger le paiement aussitôt après la conclusion de la paix. Dès que les tribunaux seront ouverts, ils lanceront des assignations. C'est ce que nous désirons éviter.

Lord Milner. — Je suis d'accord avec le général commandant dans sa manière d'envisager cette question. Du moment que ces personnes deviennent sujets de Sa Majesté, on doit en prendre soin. Mais j'estime qu'il n'est ni nécessaire, ni utile de prescrire en détail au gouvernement les voies par lesquelles il devra remplir ce devoir. Il avisera, par la suite, et tient à assurer les Burghers de ses sentiments de bienveillance. Du moment que les hostilités ont cessé, notre désir sera de gagner la confiance du peuple et de veiller sur ses intérêts.

Mais si nous devons, au préalable, nous lier sur la manière dont nous traiterons toutes sortes de questions légales assez compliquées, des malentendus se produiront plus tard, sans aucun doute.

Si vous ne nous accordez pas confiance, dans une certaine mesure, si vous ne croyez pas que nous soyons un gouvernement juste, qui maintiendra l'équilibre entre les différentes classes en lesquelles les sujets de Sa Majesté sont divisés, je ne puis vous dire que ceci : Rédigez tout ce à quoi vous pouvez penser et soumettez cet édit au gouvernement de Sa Majesté pour avoir son opinion.

Le Général de Wet. — J'espère qu'on ne croira pas

Trois Ans de Guerre

que nous sommes ici pour lier les mains du gouvernement de Sa Majesté. Il y aura toujours encore assez de moyens par lesquels le gouvernement pourra gagner la confiance de la population. Mais en ce qui concerne la situation financière des Burghers qui sont entièrement ruinés, nous nous sentons obligés de rédiger quelques clauses qui seront pour nous une arme quand nous retournerons à l'Assemblée des députés.

Le Général Botha. — Je ne comprends pas très bien Lord Milner. Je n'ai pas lu dans le télégramme de Chamberlain que nous devions faire des propositions nouvelles, dans le but de vous lier les mains. J'ai compris qu'on devait faire des propositions avec le but et le désir de conclure la paix.

Lord Kitchener. — Je ne pense pas qu'il soit nécessaire d'insérer cette proposition au document. La question de préciser les droits des créanciers et des débiteurs, en même temps que de connaître au juste la loi du Transvaal à ce sujet, se trouve être une question d'ordre judiciaire assez compliquée. Mais j'estime que tout le monde peut être convaincu que les intérêts des Boërs seront également bien défendus par le gouvernement britannique, si le soin de cette question lui est laissé.

Je peux me tromper, mais autant que je sache, ce sera une question assez ardue pour les jurisconsultes qui auront besoin de l'étudier à loisir.

Nous souhaitons tous que vous alliez à l'Assemblée du peuple, armés de telle sorte que vous puissiez prendre une décision. Je vous conseillerais donc, pour cette raison, de vous contenter d'avoir porté la question devant nous et de l'avoir fait inscrire au procès-verbal de la réunion. Voilà, je crois, jusqu'où vous avez besoin d'aller. On pourra alors sérieusement délibérer sur la question, non seulement ici, mais aussi en Angleterre. Et vous pouvez être assurés que vos intérêts seront sauvegardés de toutes les façons.

Le Général de la Rey. — J'estime que nous avons suffisamment appelé l'attention de Vos Excellences sur cette affaire et qu'on n'a pas besoin de l'inscrire au projet, car, de cette façon, on préjugerait peut-être des questions judiciaires.

Le Général de Wet. — Moi, je pars de ce point de vue : Il y a deux partis. L'un cesse entièrement d'exister. Il va sans dire qu'il ne peut laisser cette question vitale de côté et n'y pas faire attention. Pour cette raison, je ne peux pas approuver que cette affaire ne soit pas insérée au projet. Il ne sera pas nécessaire de lier le gouvernement militaire qui fonctionne actuellement et restera encore quelque temps après la guerre.

Lord Kitchener. — Cette question devra être résolue par le gouvernement civil. C'est une affaire de jurisconsultes qui exigera de longs débats.

Le Général Botha. — Si on cesse, en ce moment, les hostilités, un Burgher peut être assigné à cause d'une dette contractée avant la guerre. J'en parle, puisque notre loi disait qu'aucun Burgher ne pouvait être assigné dans les soixante jours après la conclusion de la paix.

Lord Kitchener. — Vous pouvez être assuré qu'après la guerre, tout citoyen aura le droit absolu de soumettre sa situation au gouvernement, qui défendra ses intérêts, je le

Trois Ans de Guerre

crois, aussi chaleureusement que vous pouviez le faire sous l'ancien régime.

Le Général Botha. — Je comprends cela très bien, mais il est possible que des syndicats se forment pour accaparer les créances, et, dans ce cas, le peuple peut être ruiné avant qu'un seul Burgher soit en état de gagner quelque chose ou d'assurer sa situation.

Lord Kitchener. — Je suis tout à fait d'accord avec le général commandant. Il a absolument le droit de soulever cette question. Mais je ne crois pas que le projet en soit au point où elle doit être soulevée. Quand la paix sera conclue, ce sera le devoir de tout le monde, d'appeler l'attention du gouvernement sur ce qui sera nécessaire de faire pour aider le peuple. Mais il me semble qu'il est impossible de trancher ces difficultés en ce moment. Le document, du reste, ne peut avoir cette destination.

Le Général de Wet. — Je comprends qu'il s'agit d'une chose à régler par une proclamation, mais je veux avoir autant d'armes que je puis en prendre, pour retourner vers les députés. La première des choses qu'ils demanderont sera la suivante : « Quelle garantie avons-nous que nous ne serons pas ruinés par nos créanciers ? » Quel inconvénient y a-t-il de nous donner le projet d'une proclamation à publier aussitôt la paix conclue ?

Lord Kitchener. — Ce serait alors une clause qui ne fait pas partie de notre convention.

Le Général de Wet. — Oui.

Lord Milner. — Mais quelle en sera alors l'utilité ?

Le Général de Wet. — La question est pour nous une question de vie ou de mort. On ne peut donc nous en vouloir si nous insistons, car nous ne pourrons y revenir.

Lord Kitchener. — Sans doute. Personne ne vous en blâme.

Lord Milner. — Mais je ne peux taire que l'effet de cette proposition serait d'intercaler un article nouveau au projet, promettant de publier une telle proposition.

Lord Kitchener. — J'espère que les députés se contenteront de recevoir l'assurance que le gouvernement prendra cette affaire en délibération dans l'intérêt des sujets qu'il aura à protéger. Il n'y aura pas d'obligation écrite, mais seulement une obligation de prendre l'affaire en délibération.

Le Général de Wet. — Il y aurait une foule de points secondaires que nous pourrions mentionner, mais ce ne serait guère utile. Ici, au contraire, nous parlons d'une question de vie ou de mort.

Lord Kitchener. — Cette question est de celles qui une fois soumises au gouvernement, ne peuvent être écartées. Vous pouvez dire aux Burghers que leurs intérêts seront protégés, autant que cela sera possible. Je pense que cette promesse leur suffira, quand il s'agit d'une affaire aussi compliquée. Procès-verbal est dressé de ce que nous disons ici. Ce procès-verbal sera discuté, non seulement ici, mais aussi en Angleterre. Êtes-vous satisfaits?

Le Général Botha. — En ce qui me concerne personnellement, oui.

Le Général de Wet. — Moi aussi.

Lord Milner. — J'espère qu'il sera entendu, qu'une fois l'affaire arrangée de cette façon, mon gouvernement ne sera pas obligé de la traiter autrement.

Trois Ans de Guerre

Lord Kitchener. — A la condition qu'il s'oblige à ce que cette affaire soit convenablement prise en délibération.

Lord Milner. — Oui, naturellement, quand nous rédigerons la convention. Je pense qu'il est nécessaire qu'il soit bien entendu que tout ce que ce document contient sera une obligation.

Lord Kitchener. — Il y a donc une obligation, de délibérer sur ce point que vous avez soulevé dans votre intérêt.

Le Général Smuts. — Reste maintenant la question du paiement des quittances.

Lord Kitchener. — Elle sera renvoyée au gouvernement britannique. Quant à la somme, c'est là un point essentiel, moi, je trouve qu'elle est trop forte.

Pour terminer, je voudrais savoir s'il est bien entendu que nous avons mis d'accord le projet de proposition avec votre amendement. N'y a-t-il pas d'autres points? Car on câblera tout en Angleterre.

Le Général de Wet. — Nous n'avons pas d'autres points.

Lord Milner. — Le télégramme que je veux expédier est conçu comme suit : « La Commission est disposée à soumettre le document suivant à l'assemblée des Burghers (s'il est appouvé par le gouvernement de Sa Majesté) et à la prier d'y répondre par oui ou par non. » Est-ce bien comme ça?

Le Général de Wet. — Parfaitement. Et quoique je ne puisse pas dire que j'approuve ce document, je me résignerai à ce que les députés feront.

Le Juge Hertzog. — Je ne voudrais pas vous laisser

Trois Ans de Guerre

croire que nous nous considérons comme obligés d'user vis-à-vis des représentants du peuple de notre influence.

Lord Milner. — Je pense que cela est bien entendu. Je ne vois pas que ce document lie les membres de la Commission, quant à l'opinion qu'ils pourront émettre devant les Burghers. Ils sont seulement obligés de soumettre le document aux Burghers, si le gouvernement britannique l'approuve.

Je dois dire, pour terminer, que nous nous sommes écartés des propositions de Middelburg qui se trouvent ainsi annulées. Si on se met d'accord sur ce document et qu'on le signe, il ne peut plus être question par suite d'en vouloir interpréter les clauses à l'aide des propositions de Middelburg.

La réunion est ajournée.

Reprise des négociations, mercredi 28 mai 1902.

La Commission s'est rencontrée avec Lord Kitchener et Lord Milner, à 11 heures, afin de prendre connaissance de la réponse du gouvernement britannique au projet de proposition que ces messieurs lui avaient soumis.

Lord Milner donne lecture de la missive suivante :

En réponse au télégramme rédigé à notre dernière réunion, avec l'assentiment de la Commission, et dont celle-ci a reçu copie, on a reçu le message suivant du gouvernement de Sa Majesté.

Le gouvernement approuve qu'on soumette à l'Assemblée, afin de provoquer un vote par oui ou non, le document rédigé par la Commission et envoyé, le 21 mai,

Trois Ans de Guerre

par Lord Kitchener au secrétaire d'État pour la guerre, après y avoir apporté les modifications suivantes : (1)

Proposition finale faite par le gouvernement britannique à laquelle les représentants du peuple doivent répondre par « oui » ou « non » :

Le général Lord Kitchener de Khartoum, commandant en chef; Son Excellence Lord Milner, haut commissaire, représentant le gouvernement britannique.

MM. S.-W. Burger, J.-H. Reitz, Louis Botha, J.-H. de la Rey, L.-J. Meyer et J.-C. Krogh, représentant le gouvernement de la République Sud-Africaine;

Et Messieurs M.-T. Steijn, W.-J.-C. Brebner, C.-R. de Wet, J.-B.-M. Hertzog et C.-H. Olivier, représentant le gouvernement de l'État libre d'Orange, les deux gouvernements agissant aux noms de leurs Burghers respectifs;

Désireux de faire cesser les hostilités, ont convenu de ce qui suit :

1° Les forces des Burghers en campagne déposeront immédiatement les armes, en remettant tous leurs canons, leurs fusils ainsi que le matériel de guerre en leur possession ou sous leur administration. Ils cesseront toute résistance contre l'autorité de Sa Majesté le roi Edouard VII, qu'ils reconnaîtront comme leur souverain légal.

Les formes et les détails de la reddition seront réglés par Lord Kitchener, le commandant général Botha, le général commandant adjoint J.-H. de la Rey et le commandant en chef de Wet.

(1) Comparer le premier document avec celui-ci.

Trois Ans de Guerre

2° Les Burghers en campagne se trouvant hors des colonies du Transvaal et du fleuve Orange et les Burghers qui sont prisonniers en dehors de l'Afrique du Sud seront ramenés par convois successifs à leurs demeures, s'ils déclarent accepter le titre de sujets de S. M. le roi Edouard VII, et cela aussitôt que le gouvernement aura à sa disposition les moyens de transport et les subsistances.

3° Les Burghers se rendant ou revenant, comme il vient d'être dit, ne seront privés ni de leur liberté individuelle, ni de leurs propriétés.

4° Aucune mesure judiciaire, ni d'ordre civil ni d'ordre pénal, ne sera prise pour faits de guerre contre les Burghers se rendant ou retournant ainsi.

La jouissance de cette clause ne s'étendra pas à certains faits, contraires aux usages de guerre, portés à la connaissance des généraux boërs par le commandant en chef. Ces faits seront jugés par un conseil de guerre, aussitôt que les hostilités auront cessé.

5° La langue hollandaise sera enseignée dans les écoles publiques des colonies du Transvaal et du fleuve Orange, quand les parents des enfants le désireront. Elle sera tolérée dans les tribunaux, quand cela sera profitable à l'administration de la Justice.

6° Il sera permis de posséder des rifles (fusils) aux personnes qui en ont besoin pour leur protection et auront pris une licence conformément à la loi dans les colonies du Transvaal et du fleuve Orange.

7° L'administration militaire de la colonie du Transvaal et du fleuve Orange sera remplacée, aussitôt qu'il sera possible, par un gouvernement civil. Aussitôt que les

Trois Ans de Guerre

circonstances le permettront, des institutions représentatives seront établies, aboutissant à l'autonomie.

8° La question du droit de vote des indigènes ne sera tranchée qu'après l'établissement de l'autonomie.

9° Aucun impôt spécial pour payer les frais de la guerre ne sera levé sur les propriétés foncières dans la colonie du Transvaal et du fleuve Orange.

10° Aussitôt que les circonstances le permettront, une commission dans laquelle seront représentés les habitants du district, sera nommée, dans chaque district des colonies du Transvaal et du fleuve Orange, sous la présidence d'un magistrat ou d'un autre fonctionnaire. Cette commission devra prendre des mesures pour ramener le peuple à ses demeures, ainsi que pour procurer aux indigents le logement et la quantité de grain, de bétail, d'outils, etc., indispensables à la reprise de leur métier.

11° Le gouvernement de Sa Majesté mettra à la disposition de cette commission pour le but ci-dessus précité, une somme de 3.000.000 de livres sterling. Il permettra en outre que tous les bons émis en vertu de la loi n° 1 de 1900 du gouvernement de la République Sud-Africaine, et toutes les quittances, remises par des officiers en campagne ayant appartenu aux anciennes Républiques ou sur leurs ordres, soient présentés à une commission judiciaire, nommée par le gouvernement. Si les dits bons et quittances sont, par cette commission, reconnus comme ayant été émis de façon régulière en échange de valeur réelle, les commissions, citées en premier lieu, les accepteront comme preuves de pertes de guerre, subies par les personnes à qui ces derniers ont été remis à l'origine. En plus de ce don, le gou-

Trois Ans de Guerre

vernement de Sa Majesté sera disposé à faire des avances, à titre de prêts, pour les mêmes fins, franches d'intérêts pendant deux ans et ensuite remboursables et produisant un intérêt de trois pour cent. Ni les uitlanders, ni les rebelles ne seront admis aux bénéfices de cette clause.

Lord Milner. — En faisant cette communication à la commission, nous sommes chargés d'ajouter que si elle ne saisit pas cette occasion pour conclure une paix honorable dans un délai à fixer par nous, ce congrès sera considéré comme terminé et le gouvernement de Sa Majesté ne sera plus, en aucune façon, engagé par les propositions actuelles. Afin qu'il n'y ait pas de malentendu au sujet de ces conditions, j'ai copié le document et le télégramme de Lord Kitchener avec les additions et les surcharges provenant du gouvernement de Sa Majesté, ainsi que le procès-verbal de ce que je viens de dire.

Une discussion est soulevée sur le délai nécessaire pour débattre l'affaire à Vereeniging. On a convenu que le général commandant Botha proposerait une date avant que la commission quitte Prétoria. (Cette date a été fixée au samedi soir, 31 mai, dernier délai).

Le Général Botha demande s'il serait possible à un député de demander la suppression d'un article quelconque de la proposition du gouvernement britannique.

Lord Milner. — On ne peut pas faire de changements. Il faut qu'on réponde par *oui* ou par *non*.

Le Général Botha croyait, néanmoins, qu'on avait le droit de supprimer un article quelconque. Les Burghers

Trois Ans de Guerre

en campagne, par exemple, avaient le droit de se rendre sans conditions.

Lord Milner répond que, naturellement, les Burghers pourraient le faire; mais le document du gouvernement britannique ne pourrait être changé.

Dans des conversations privées, on avait déjà longuement traité de la question des colons qui avaient pris les armes pour les Républiques.

Suit alors une conversation officieuse.

Lord Kitchener communique ce que le gouvernement britannique se proposait de faire de ces colons, en donnant lecture du document suivant :

« Le gouvernement de Sa Majesté a le devoir de déclarer formellement et par écrit que les gouvernements coloniaux, conformément aux lois des colonies, statueront, lors de leur retour dans les colonies, sur le cas des colons du Natal et de la Colonie du Cap qui, après s'être révoltés, se rendront, et que tous les sujets britanniques qui ont fait cause commune avec l'ennemi seront passibles des peines prononcées par les lois de la partie de l'empire britannique à laquelle ils appartiennent.

« Le gouvernement de Sa Majesté a été informé par celui de la Colonie du Cap des conditions qui doivent être offertes aux sujets britanniques de la Colonie du Cap se trouvant encore en campagne, ou bien qui se sont rendus, ou qui ont été faits prisonniers depuis le 12 avril 1901. Ces conditions sont les suivantes : les hommes, après s'être rendus ou après avoir déposé les armes, auront tous à signer, en présence d'un magistrat résidant dans le district où la reddition a lieu, un document par lequel ils se reconnaissent coupables de haute trahison. La peine à laquelle ils seront condamnés, s'ils ne se sont pas rendus coupables de meurtres ou d'autres actes incompatibles avec les usages de la guerre entre peuples civilisés, sera la suivante : leur vie durant, ils n'auront plus le droit d'être électeurs ni de prendre part à une élection pour un conseil parlementaire de district.

« En ce qui concerne les juges de paix, les veldcornets de la Colonie du Cap et toutes les personnes remplissant des fonctions dans le gouvernement de la Colonie du Cap, qui ont commandé des forces de rebelles ou de Burghers, ils seront jugés pour haute trahison par les cours ordinaires du pays ou par une cour spéciale à instituer plus tard. Les cours pourront appliquer les peines qu'elles jugeront équitables, avec cette restriction qu'en aucun cas la peine de mort ne sera prononcée.

« Le gouvernement du Natal est d'avis que les rebelles devront être traités selon la loi de la colonie. »

Ensuite on s'est séparé. Les secrétaires, assistés par les avocats N. de Wet et J. Ferreira, se sont mis au travail afin de préparer des copies de la proposition du gouvernement britannique pour les députés réunis à Vereeniging. Ce travail les a occupés jusqu'au soir.

A neuf heures, la commission a quitté Prétoria pour retourner à Vereeniging.

Trois Ans de Guerre

Proposition dite de Middelburg, 7 mars 1901.

En me référant à notre conversation, de Middelburg du 28 février, j'ai l'honneur de vous informer qu'en cas de cessation générale et complète des hostilités et de reddition de tous les fusils, munitions, canons et autre matériel de guerre se trouvant entre les mains des Burghers, dans les dépôts du gouvernement ou ailleurs, le gouvernement de Sa Majesté est disposé à prendre les mesures suivantes :

Le gouvernement de Sa Majesté accordera immédiatement une amnistie dans les colonies du Transvaal et du fleuve Orange pour tous les faits de guerre, commis *bona fide* durant les récentes hostilités. Les sujets britanniques, appartenant au Natal et à la Colonie du Cap ne seront pas contraints à retourner dans ces colonies, mais, au cas où ils y retourneraient, ils seraient traités suivant les lois de ces colonies, faites spécialement en raison de la guerre actuelle. Ainsi que vous le savez, sans doute, la loi spéciale de la Colonie du Cap a, dans le cas présent, fortement adouci les peines pour haute trahison.

Tous les prisonniers de guerre, Burghers ou colons, se trouvant à Sainte-Hélène, Ceylan ou ailleurs, seront rapatriés, quand la reddition sera terminée et aussitôt qu'on pourra régler les conditions de leur transport.

Le plus tôt possible, l'administration militaire sera remplacée par une administration civile qui gouvernera les deux pays comme des colonies de la couronne. Il y aura donc, d'abord, dans chacune des nouvelles colonies, un gouverneur et un conseil exécutif composé des principaux fonctionnaires, avec un conseil législatif composé d'un certain nombre de membres officiels, auxquels sera joint un élément civil non officiel et élu.

Mais c'est le désir du gouvernement de Sa Majesté d'établir, aussitôt que les circonstances le permettront, un élément représentatif et d'accorder, finalement, aux nouvelles colonies le bénéfice de l'autonomie. En outre, aussitôt les hostilités terminées, dans chacune des nouvelles colonies une Haute-Cour sera établie avec mission de maintenir les lois du pays. Cette Cour sera indépendante du pouvoir exécutif.

Les propriétés de l'Eglise, les fonds publics et les fonds des orphelinats seront respectés.

La langue anglaise et la langue hollandaise seront enseignées dans les écoles publiques, si les parents des enfants le désirent. Ces deux langues seront admises dans les Cours de justice. En ce qui concerne les dettes des anciens gouvernements républicains, le gouvernement de Sa Majesté ne peut prendre aucune responsabilité. Il est toutefois disposé à réserver gratuitement une somme n'excédant pas 1.000.000 de livres sterling pour rembourser aux habitants des colonies du Transvaal et du fleuve Orange le prix des marchandises fournies sur réquisition ou, après l'annexion, prises par des commandants en campagne qui étaient en état d'appuyer leurs réquisitions par la violence. On sera toutefois tenu de justifier du bien fondé de ces créances devant un juge ou une commission judiciaire nommée par le gouvernement pour les examiner.

Si le total dépasse 1.000.000 de livres sterlings, chaque créance sera passible d'une diminution au *prorata*.

Je désire également vous informer que le nouveau gouvernement examinera immédiatement la question de savoir s'il est possible de venir, par un prêt, en aide aux habitants disposés à prêter le serment de fidélité, afin de réparer les dommages subis par eux du fait de la destruction des bâtiments ou de la perte du bétail pendant la guerre. Aucun impôt ne sera levé dans les villes et villages pour le paiement des frais de guerre.

Au cas où les Burghers auraient, pour leur protection personnelle, besoin d'armes à feu, il leur sera permis, par la voie d'une licence régulièrement enregistrée, d'en posséder, à condition qu'ils prêtent le serment de fidélité. On accordera aussi des licences pour sporting rifles (fusils de chasse), etc., mais les armes militaires ne seront permises que dans le but de la protection individuelle.

En ce qui concerne le droit de vote des Cafres, résidant dans la Colonie du Transvaal et du fleuve Orange, l'intention du gouvernement de Sa Majesté n'est pas d'accorder ce droit avant que ces colonies ne soient gouvernées pour un régime représentatif. Même quand le droit sera accordé, il sera limité de façon à assurer la suprématie équitable de la race blanche. La situation légale des indigènes appartenant à la race de couleur sera semblable à celle qu'ils ont dans la Colonie du Cap.

Pour terminer je dois vous informer que si les conditions présentement offertes ne sont pas acceptées dans un délai suffisant pour les étudier, elles seront considérées comme nulles et non avenues.   Signé : KITCHENER.

Trois Ans de Guerre

Procès-verbal de l'Assemblée de représentants spéciaux du peuple tenue à Vereeniging (République Sud-Africaine) le jeudi 29 mai 1902 et jours suivants

Le Président demande au pasteur J.-D. Kestell d'ouvrir la séance par une prière.

Ensuite, il invite le président *in loco* Burger à prononcer quelques paroles comme introduction. Celui-ci prononce une allocution et dit qu'on donnera lecture à l'Assemblée des pièces, que la Commission a communiquées aux gouvernements.

Puis M. D. van Velden donne lecture de la lettre suivante :

Rapport de la Commission
Prétoria, 28 mai 1902.

Aux gouvernements de l'État libre d'Orange et de la République Sud-Africaine.

Messieurs,

Conformément au mandat reçu des deux gouvernements d'aller à Prétoria afin de traiter avec les autorités britanniques de la question de la paix, nous avons l'honneur de vous communiquer ce qui suit :

Trois Ans de Guerre

Les séances ont duré du lundi 19 mai au mercredi 28 mai. Les retards ont été occasionnés principalement par un échange de télégrammes avec le gouvernement britannique.

D'abord nous avons déposé une proposition (ci-jointe et marquée A [1]) dans laquelle nous avons essayé de traiter sur la base d'une indépendance limitée, en abandonnant une partie de notre territoire. Les Lords Kitchener et Milner ont absolument refusé de négocier sur cette base et nous ont informé que les négociations éprouveraient un grave préjudice si on câblait cette proposition au gouvernement britannique.

En même temps on nous informait, ainsi que les deux gouvernements le savent déjà, que le gouvernement britannique était seulement disposé à traiter sur la base de la proposition de Middelburg, sauf quelques modifications secondaires.

Afin de préciser cette proposition dans une forme définitive, Lord Milner a demandé l'aide de quelques-uns des membres de la commission. Ceci a été accordé, à condition que l'assistance des membres de la commission ne fît préjuger en rien de leur attitude.

Comme résultat des travaux de cette sous-commission, Lord Milner a déposé un projet de proposition. Nous avons insisté pour y insérer un nouvel article, ce qui a été fait (n° 11). On a câblé ce projet, ci-annexé marqué B (2) au gouvernement britannique, qui l'a modifié et nous l'a retourné dans une forme définitive. Ce projet définitif est également annexé au précédent et marqué C (3).

(1) Voyez lettre page 451.
(2) Voyez page 473.
(3) Voyez page 495.

Trois Ans de Guerre

De la part du gouvernement britannique, on nous a aussi déclaré que ce projet ne pourrait plus être modifié, mais devrait être, dans son ensemble, approuvé ou désapprouvé par les représentants des deux Républiques. En même temps on nous a informés que notre décision devait être prise dans un délai déterminé.

Nous avons alors informé Lord Kitchener, que la décision finale lui serait communiquée, au plus tard, dans la soirée de samedi prochain.

Pendant ces négociations officielles, des conversations officieuses ont également eu lieu, concernant la situation, dans la Colonie du Cap et au Natal, des sujets britanniques qui ont combattu à nos côtés. Le résultat de ces conversations officieuses a été une communication du gouvernement britannique que nous joignons à la présente, marquée D (1).

Nous avons l'honneur d'être

Vos serviteurs dévoués,
Louis Botha
J.-H. de la Rey
C.-R. de Wet
J.-B.-M. Hertzog
J.-C. Smuts.

Ensuite le président Burger dit que l'assemblée aura à discuter ce document et, par conséquent, à choisir entre :

1° La continuation de la guerre.

2° L'acceptation de la proposition du gouvernement britannique.

3° La reddition sans conditions.

(1) Voyez page 499.

Trois Ans de Guerre

On décide de rédiger un procès-verbal des délibérations.

Les différents articles de la proposition du gouvernement britannique sont discutés par l'assemblée.

La séance entière de la matinée et une partie de celle de l'après-midi sont prises par des discussions relatives à l'interprétation de ces articles.

Les membres de la commission font tout leur possible pour renseigner les représentants.

Quand personne n'a plus de questions à poser, M. de Clercq (Middelburg) prend la parole et dit qu'il a déjà fait connaître son opinion. L'assemblée aura maintenant à décider si l'on cessera la guerre, si l'on acceptera la proposition ou bien si l'on se rendra sans conditions. On ne peut nier que la proposition du gouvernement britannique ne soit pas ce qu'on aurait désiré, mais dans les circonstances actuelles, elle ne pouvait être rédigée autrement.

Si, après leur retour aux commandos, les Burghers demandent aux représentants ce qu'ils ont fait, et que ceux-ci soient forcés de répondre : « rien! », dans quelle position les représentants se trouveront-ils vis-à-vis des Burghers? Les Burghers attendent quelque chose de leurs représentants. Il est donc préférable de traiter avec le gouvernement britannique. Le peuple ne s'en plaindra pas.

On sait d'ailleurs quelle est la pensée du peuple. En ce qui le concerne personnellement, il estime qu'il faut accepter la proposition du gouvernement britannique, à moins qu'on ne lui démontre que la reddition sans conditions est préférable.

Le général Nieuwouwdt pense que l'Assemblée doit

immédiatement procéder au vote. *Oui* ou *non*, doit-on continuer la guerre?

Le général Froneman approuve cette proposition.

M. Birkenstock (Vrijheid) allègue qu'il s'agit d'une affaire grave et qu'il ne faut pas agir d'une façon précipitée. On ne peut, sur le champ, prendre une décision sur un document tel que celui qui est soumis à l'assemblée.

Il ne peut donc pas partager l'avis exprimé par l'orateur précédent de procéder immédiatement au vote sur la continuation ou la cessation de la guerre. Il faut du temps pour prendre cette décision.

En ce qui concerne la continuation de la guerre, il y a lieu de se demander si elle est possible. Or, il est avéré qu'il y a des districts qui ne peuvent pas continuer à combattre. Incontestablement, il y a donc une partie du peuple qui ne peut persévérer dans la lutte. La question est maintenant de savoir si, d'une façon partielle, nos forces et nos ressources sont telles que nous puissions continuer. Si cela n'est pas le cas, il nous faut cesser la guerre et accepter des conditions. Mieux vaut un demi-œuf qu'une coquille vide (1).

Le moment est venu de faire taire le sentiment. Notre cœur, sans doute, nous commanderait de ne jamais abandonner l'indépendance; mais on devra s'y résigner pour le bien du peuple.

Le commandant Jacobsz (Harrismith) est également d'avis qu'on ne doit pas procéder au vote d'une façon si précipitée.

M. P.-R. Viljoen (Heidelberg) dit que par la propo-

(1) Proverbe hollandais.

Trois Ans de Guerre

sition du gouvernement britannique nous sommes tellement liés qu'il semble que nous ne puissions plus bouger. Mais il est peut-être possible de nous détendre un peu. Il ne faut pas nous hâter trop. Il pense néanmoins que l'Assemblée doit charger les gouvernements de faire cesser la guerre.

Le général du Toit (Wolmaransstad). Nous sommes dans un moment très grave. Il faut que chacun de nous exprime franchement son opinion, quelle qu'elle soit, sans qu'on puisse la lui reprocher. Si quelqu'un reconnaît être dans l'impossibilité de prolonger la résistance, qu'il le dise. On ne saurait pour cela le taxer d'être infidèle à la cause.

Quant à son attitude, à lui, en présence des trois partis entre lesquels l'assemblée a le choix, il peut dire, tout d'abord, qu'il avait mandat de voter la continuation de la guerre. Au moment où il quittait ses commandos, l'opinion de ses Burghers pouvait se formuler ainsi : « Qu'on nous laisse l'indépendance, sinon, continuons la guerre. »

Mais pourquoi prenaient-ils cette décision? Parce qu'ils n'étaient pas au courant de toutes nos affaires. Ils ignoraient quelle situation était faite ailleurs à leurs frères d'armes.

Mais l'orateur, qui a les yeux fixés sur Dieu et sur nos commandos de l'Est, estime que si ceux-ci ne peuvent pas continuer, les autres commandos ne le peuvent pas non plus.

Même s'il y avait une majorité de combattants pour continuer la guerre, elle devrait se ranger à l'avis de la minorité, car cette majorité même serait trop faible pour accomplir la tâche qu'elle se serait proposée.

Des raisons tangibles nous imposent, d'ailleurs, de renoncer à continuer la guerre. En la continuant, on périra, non seulement au point de vue national, mais aussi au point de vue moral.

L'orateur déclare, en outre, que s'il continue la guerre, il le fera, le découragement dans l'âme. Et, revenu auprès de ses Burghers, il sera fort en peine de justifier une semblable décision.

Il craint aussi, si l'on persiste dans la résistance, qu'il ne se forme des partis qui demandent aux Anglais des conditions pour eux séparément.

Enfin si les commandos, déjà fortement diminués, se rendent plus tard sans conditions, que deviendront alors les officiers? Ne seront-ils pas bannis et ne perdront-ils pas tout ce qui leur appartient?

On pourra sans doute demander : Vous battez-vous pour vous-mêmes, et votre sort doit-il plus vous intéresser que celui de votre peuple? — Non, répond l'orateur, mais il n'empêche qu'en ce moment, nous avons l'occasion de négocier et il faut en profiter.

D'ailleurs, si l'Assemblée décide de continuer la guerre, la reddition sans conditions s'ensuivra; ce qui sera funeste.

En terminant, l'orateur se résume. Si la continuation de la guerre est votée, il obéira. Mais il regrettera cette décision comme funeste au pays.

Le commandant Rheeder (Rouxville) expose plusieurs motifs favorables à la continuation de la guerre. Le premier est que les Anglais ne veulent pas permettre que l'Assemblée se mette en contact avec la députation d'Europe. Le second est la crainte du jugement de la postérité sur ceux qui se seront rendus.

Trois Ans de Guerre

Il insinue ensuite que les habitants des districts ruinés n'ont qu'à passer dans d'autres qui ont moins souffert.

Le président *in loco* Burger dit que le commandant Rheeder n'a pas donné de raisons valables en faveur de la continuation de la guerre.

Le commandant Rheeder répond que si on avait voulu abandonner le pays, on aurait dû le faire plus tôt, au moment où les Burghers possédaient encore quelque chose. Actuellement, ils ne possèdent plus rien. Et en ce qui concerne l'exiguité du terrain des opérations, il estime que ce terrain est encore assez étendu.

Le commandant P. L. Uijs (Prétoria) remarque qu'on espère encore en la députation. Mais cette députation se trouve en Hollande; elle est au courant de tout ce qui se passe en Europe. Et si quelque mouvement s'était produit en notre faveur, elle nous l'aurait fait savoir, mais probablement rien dans cet ordre d'idées ne s'est produit. Le mieux serait de ne plus espérer en la députation et de chercher nous-mêmes un moyen de salut.

L'Assemblée est ajournée à 7 h. 15 du soir.

A la reprise de la séance, le commandant Cronjé (Winburg) prend la parole : A juste titre on a dit que nous nous trouvions à une heure très grave, la plus grave peut-être de l'histoire du peuple afrikander, et c'est nous qui aurons à prendre une décision pour ce peuple.

L'orateur ajoute qu'il faut avoir confiance en Dieu. Avions-nous, au début de la guerre de meilleures raisons de l'entreprendre que nous n'en avons, maintenant, de la continuer ?

Trois Ans de Guerre

Nous croyions alors, ajoute l'orateur, que la Force résidait dans le Droit, et Dieu nous aida. Quand l'ennemi envahit notre pays, plus de 4.000 hommes se sont rendus. Ils étaient sans espoir. A ceux qui s'étaient échappés, voulant continuer la guerre, on disait : Vous êtes fous. Il y a plus d'un an de cela, et nous combattons encore. Il y a deux ans, on n'avait non plus de nourriture, et on mange toujours.

Nous sommes, continue-t-il, les représentants d'un peuple libre et nous ne devons pas prendre des mesures dont nous nous repentirons peut-être. Espérons en Dieu et communiquons aux Burghers notre confiance. D'ailleurs, la députation a été envoyée par les deux gouvernements en Europe, où elle nous représente. N'avons-nous donc plus foi en elle? S'il n'y avait plus rien à espérer, elle nous l'aurait bien fait savoir. On a dit qu'en continuant la guerre, on exterminerait le peuple. C'est, au contraire, si l'Assemblée accepte la proposition qui nous est faite que le peuple sera exterminé. Par contre, si nous persévérons, nous avons toutes les chances de réussir. Au reste, termine l'orateur, la députation avait dit qu'on ne devrait pas négocier sans la consulter. De quel droit cesserions-nous alors la guerre sur la base de la proposition du gouvernement britannique?

En agissant ainsi nous portons un coup mortel à notre peuple, nous nous en repentirons plus tard.

L'orateur ajoute que les intérêts de nos frères de la Colonie du Cap ne sont pas sauvegardés. Il mentionne aussi le fait qu'il y a déjà des propriétés de vendues, dont les Burghers n'auront probablement jamais rien. En outre, la

Trois Ans de Guerre

somme fixée dans la proposition, c'est-à-dire trois millions de livres, ne sera pas suffisante pour réparer le dommage. Pour ce motif et encore pour d'autres, la proposition est inacceptable. Nous n'avons qu'à la rejeter et à continuer la guerre.

Le général Froneman (Ladybrand) dit que ses paroles seront animées du même esprit que celles de l'orateur précédent. Il aime son pays et il ne peut pas songer à l'abandonner. Il démontre que nous avons toujours les mêmes raisons de continuer la guerre qu'au moment où elle fut entreprise. L'orateur ajoute qu'il n'a pas cessé de combattre, et il estime qu'il y a, en ce moment, plus de raisons de persévérer que jamais. Ses districts, eux aussi, sont épuisés, et pourtant on y continue la guerre. Il était là où les 4.000 se sont rendus. Il était aussi à Paardenberg, où le général Cronjé a dû se rendre, — et pourtant, après ces jours douloureux, on a continué la lutte et l'on est encore debout. Si la guerre existe, ce n'est que par la volonté de Dieu ; nous devons donc continuer la guerre. Nous sommes des républicains ; ce serait terrible de perdre à jamais ce nom. En terminant, Froneman dit qu'il a consulté ses Burghers et même les femmes. Il leur a demandé : Quelle sorte de paix voulez-vous ? Et la réponse a été : Pas de paix si l'indépendance est anéantie. Avant de voter, l'orateur déclare qu'il doit d'abord consulter ses Burghers.

Le veldcornet B.-H. Breijtenbach (Utrecht) dit qu'à la question de la continuation de la guerre il faut répondre *oui* ou *non*. L'Assemblée est au courant de la situation générale du pays. Il en résulte très clairement, qu'on ne peut pas continuer la lutte. Cela est indéniable. Alors, pourquoi raisonner davantage ? Pourquoi s'obstiner aveuglément ?

En s'obstinant, on commettrait un crime. Les derniers orateurs ont voulu démontrer qu'au début il n'y avait pas plus de raisons que maintenant pour la guerre. Il ne le discute pas. Il ne veut pas discuter la foi que nous possédions alors. Mais il est clair que les 14 commandos ne peuvent pas prolonger la résistance. Il faut donc conclure la paix. A quoi bon continuer la guerre alors que nous savons que nous n'avons pas d'hommes pour la soutenir ? On la prolongera de quelques mois pour aboutir à une catastrophe.

Le Commandant W.-J. Viljoen (Witwatersrand) dit qu'il y a des orateurs qui sont pour la continuation de la guerre et d'autres qui sont contre. Les premiers n'ont apporté aucune raison à l'appui de leur opinion, sauf la foi. Les derniers ont exposé des motifs. Il y a un an on avait aussi la foi. Quelle en a été la suite ? Ceux qui veulent continuer la guerre doivent exposer leurs raisons. Il veut être convaincu.

Le général de la Rey dit qu'il sera bref. Il est allé à ses hommes avec le mandat précis de n'approuver ni de désapprouver ce qu'on dirait dans les réunions. Il s'y est conformé et il n'a pas influencé ses Burghers. Il y a dans l'Assemblée neuf députés dont un de la Colonie du Cap qui représentent les Burghers sous ses ordres. Il n'a rien à dire sur les sentiments de ses Burghers. Les députés peuvent témoigner de quel courage ils étaient animés. Et cependant, cela n'est pas une raison pour continuer la guerre. On peut ici prévoir et décider ce qu'on voudra, mais quoi que l'on fasse, la fin de la guerre est proche.

Trois Ans de Guerre

On parle de la foi. Qu'est-ce que la foi ? Elle tient en ces mots : « Seigneur, que ta volonté soit faite, et pas la mienne. Je dois m'anéantir moi-même, si telle est la volonté de Dieu ! » La foi consiste donc en la résignation.

Les représentants, continue-t-il, ont à choisir entre les trois solutions qui leur sont soumises. Si on s'arrête à la reddition sans conditions, la décision sera funeste. Il fallait se rendre sans conditions quand le peuple avait encore quelque chose à sauver. Si on dit qu'il faut continuer la guerre, la fin en sera triste. Ce sera la fin de notre peuple.

Si l'on quitte cette assemblée avec l'intention de continuer, ce sera certainement pour déposer les armes à bref délai ; ce qui sera peu honorable.

Or, le gouvernement britannique veut donner des garanties au peuple. Il veut l'aider jusqu'à ce que le peuple puisse s'aider lui-même.

Sans doute si l'on dit : Continuez, lui et ses généraux pourront le faire, surtout s'il songe à ce qu'il a encore fait récemment. Mais il serait désolé d'agir ainsi.

Et d'ailleurs, ses victoires ont-elles eu quelque résultat ? Non, tout son bétail a été pris par quatre milles hommes de troupes montées et, depuis, il a perdu trois cents hommes tués, blessés ou prisonniers.

On parle de la députation et plusieurs espèrent en elle. Elle nous disait d'avoir confiance et de continuer la guerre. Nous l'avons continuée et nous en avons vu le résultat.

Il y en a qui ont des mandats fermes, mais il faut considérer que le peuple qui donnait ces mandats n'était pas au courant de la situation. L'orateur invite quelques représentants à soumettre la proposition du gouvernement bri-

Trois Ans de Guerre

tannique à un plébiscite. Il termine en disant que si on force le peuple à continuer la guerre, on le poussera à la reddition et au déshonneur.

Le juge cantonnal Bosman (Wakkerstroom) remercie le général de la Rey d'avoir parlé d'une façon si franche. C'est le devoir de tout le monde. Pour lui, il s'oppose à la continuation de la guerre. Quoiqu'on ait dit qu'on avait commencé la guerre avec la foi, la guerre n'a pas été une question de foi exclusivement.

On a escompté non seulement l'intervention de Dieu, mais aussi celle des pouvoirs européens. C'est pour cette raison que la députation a été envoyée en Europe. Une autre preuve qu'on comptait sur cette intervention, c'est que, dans toutes les assemblées, les Burghers donnaient mandat aux représentants de se mettre en contact avec la députation.

La guerre n'était pas seulement une affaire de foi pour cette autre raison que nous mettions notre espoir en ce que feraient nos frères de la Colonie du Cap. Le général Smuts nous a ôté cet espoir en disant, dans son allocution, qu'il n'y avait aucune chance d'espérer une révolte générale.

L'orateur ajoute que les commandos sont très affaiblis. Il plaide contre la continuation de la guerre, en alléguant le manque réel de vivres. En ce moment, on peut aller de Vereeniging jusqu'à Piet Retief sans rencontrer plus de deux troupeaux de bétail. Il s'étend longuement sur la situation déplorable des femmes et des enfants et montre que la force numérique de nos commandos diminue.

Sans doute l'orateur reconnaît qu'il est pénible d'oublier

Trois Ans de Guerre

le sang versé par les Burghers morts pour la patrie. Mais parce que ce sang a été versé inutilement, est-ce une raison pour en verser d'autre? La volonté de Dieu est peut-être que les Burghers renoncent à leur indépendance.

Suivant l'orateur, il n'y a pas autre chose à faire que de choisir ce qui est le plus avantageux. On ne doit pas consulter ses préférences, son sentiment, mais sa raison.

Le commandant H.-S. Grobler (Bethal). Nous avons un choix à faire parmi les trois solutions qui nous sont soumises. Dans les circonstances actuelles, il est impossible d'opter pour la guerre. Elle nous a mis dans une situation difficile. Bientôt, il nous faudra fuir vers les frontières les plus éloignées et l'ennemi occupera alors le cœur de notre pays. On parle toujours du commencement de la guerre en demandant quel espoir nous soutenait à ce moment. On a répondu : la foi. C'est vrai, mais il y avait aussi des canons, du matériel de guerre, des approvisionnements. De cela il ne nous reste plus rien. Ces temps sont passés. L'idée que le pays sera perdu lui est très pénible. Il est né sur le sol africain. S'il abandonne le pays, c'est afin de sauver les familles de la famine. Non seulement les femmes se trouvent dans une situation dangereuse, mais encore les Burghers, qu'on a laissés dehors dans les laagers.

Que deviendront les prisonniers, si on ne cesse pas la guerre? Il ne faut pas non plus perdre de vue la situation des familles dans les camps! Nous mourons au point de vue national, elles au point de vue moral. Qu'y a-t-il de plus triste que de penser que parmi nos femmes dans les camps, il y en a qui courent danger de mourir morale-

Trois Ans de Guerre

ment? Pour cette raison, nous devons mettre fin à la guerre.

Le commandant van Niekerk (Ficksburg) dit qu'en quittant son commando, il a reçu le mandat de ne pas abandonner l'indépendance. La proposition du gouvernement britannique n'est pas acceptable. Il ne faut pas agir précipitamment ; en persévérant, on obtiendra des concessions de l'ennemi. Nous devons résister comme des hommes.

Le général J.-G. Cilliers (Lichtenburg) a déjà dit quel mandat il avait reçu de ses Burghers. Il aura à s'y conformer. Il est ici pour agir dans l'intérêt de son peuple et l'on nuirait au peuple en continuant la guerre. La situation est très périlleuse. Si courageux que soient les commandos, est-ce une raison pour qu'ils continuent à se battre? Non, car il faut tenir compte de toutes les circonstances. Il répète ce qu'il a dit la dernière fois, c'est-à-dire qu'on doit accepter la paix en conservant l'indépendance. C'est ce qu'on a essayé d'obtenir.

Nous avons à cet effet nommé une commission qui a fait tout son possible pour satisfaire nos désirs. La proposition du gouvernement britannique qu'elle nous a apportée n'est pas agréable. Mais qui peut affirmer qu'il aurait mieux réussi pour la cause du peuple? Nous avons fait de notre mieux et nous avons obtenu la meilleure solution que l'on pouvait obtenir. Qui peut affirmer, en outre, qu'en continuant la guerre, nous serons dans une meilleure situation qu'en acceptant la proposition en question?

La dernière fois que nous recevions des nouvelles de la députation, elle nous disait de persévérer jusqu'à ce que le dernier moyen fut essayé. Ceci n'est pas un encouragement. On a dit aussi qu'il fallait être croyant. C'est mon avis, mais peut-être la volonté de Dieu est-elle que nous nous soumettions à l'ennemi. L'orateur ne s'estime pas lié par le mandat de ses Burghers, attendu qu'il est mieux éclairé et qu'il se trouve en meilleure situation qu'eux pour juger.

Si les Burghers avaient su ce qu'il sait maintenant, ils lui auraient donné un autre mandat. C'est une chose grave que de continuer à verser le sang humain. Continuerons-nous à sacrifier nos hommes? Si chère que l'indépendance nous puisse être, nous ne pouvons pourtant pas faire des choses impossibles. L'intérêt du peuple doit être notre grand but. L'orateur termine en disant qu'il ne peut se ranger qu'à l'avis de ceux qui estiment nécessaire d'accepter la proposition qui nous est soumise.

Le commandant en chef de Wet se sent forcé de dire ce qu'il a sur le cœur. Il doit commencer par le début de la guerre et il doit dire qu'alors moins qu'actuellement il espérait une intervention. Il ne veut pas dire par là qu'il en a l'espoir, mais en ce moment il sait ce qu'auparavant il ne savait pas, c'est-à-dire que nous avons avec nous de fortes sympathies. Même en Angleterre cette sympathie existe, les grands meetings pro-boërs en sont témoins. Nous sommes renseignés sur ce mouvement de sympathie par la personne que la Députation nous a envoyée récemment comme porteur de ses dépêches.

Il ne peut pas croire que la Députation enverrait des personnes peu dignes de confiance. Eh bien, que nous a dit cet envoyé? Il a dit, entre autres choses, que notre cause faisait de jour en jour des progrès. On se demande, il est vrai, pourquoi la Députation ne nous a pas

Trois Ans de Guerre

envoyé de rapport ! Pour lui, cela est très clair. La Députation doit tâter les gouvernements. Elle ne peut confier à aucune personne pour nous les transmettre les nouvelles qu'elle apprend ; peut-être ne peut-elle pas du tout nous les communiquer, puisque, en le faisant, elle révèlerait par là son effort en Europe. Pour lui, le fait que la Députation se tait a une grande importance et est plutôt pour nous encourager que pour nous attrister. S'il y a quelqu'un qui peut comprendre le danger dans lequel se trouve le pays, c'est lui. La situation est, en effet, critique au plus haut point. Quel espoir pourrait-on avoir, en continuant de combattre, a-t-on demandé? Lui, il demande : Quel espoir avait-on au début de la guerre? On n'avait que la foi en Dieu, à proprement parler. Lui, du moins, n'avait pas autre chose. Il savait que les Républiques avaient affaire à un pays, dont l'armée se montait à 750.000 hommes, et qui pouvait en envoyer un tiers pour nous combattre. Nous n'avions nous que 45.000 hommes. Comment aurait-on jamais pu avoir l'idée de faire la guerre avec un tel pays, si on n'avait pas été soutenu par la foi ?

On a cherché, il est vrai, de l'appui dans la Colonie du Cap et certains disaient que de là on viendrait à notre secours. Mais cette idée ne l'a jamais impressionné. Il savait bien qu'il y avait dans la Colonie des gens qui prendraient avec nous les armes contre l'Angleterre. Il savait quelle forte sympathie on y éprouvait pour nous, mais il savait aussi que dans la Colonie les circonstances ne permettraient pas aux Colons de nous aider plus qu'ils l'ont fait. Non ! Nous croyions en Dieu ! et si nous vainquons par la foi, nous

Trois Ans de Guerre

n'aurons pas été les seuls. Ceux qui disent qu'on doit cesser la guerre nous demandent des raisons tangibles pour la continuation. Mais où étaient ces mêmes raisons au début ? Dans les derniers vingt-deux mois, des miracles ont eu lieu. Le général Botha lui avait écrit dans le temps que la pénurie de munitions lui créait de gros soucis. Et c'était réellement le cas, car la réserve était épuisée. Dans ce temps il tremblait et frissonnait quand il voyait venir un Burgher la cartouchière vide. Actuellement, pour se servir d'une expression du général Joubert, il est rempli de *joyeuse honte*, en pensant à la provision qu'il possède. Il n'en veut pas aux frères qui demandent des raisons. Il vient d'en donner et il n'a pas énuméré la millième partie. Il pourrait encore citer celle-ci : L'ennemi a fait des concessions. Il y avait un temps où Lord Salisbury disait que le gouvernement ne se contenterait que de la reddition sans conditions.

Il n'en est plus ainsi aujourd'hui : l'Angleterre traite avec nous. Il y a un rapprochement. Et si on continue maintenant la guerre, il ne doute pas que l'Angleterre ne négocie à l'avenir, ne fasse de nouvelles propositions et n'aille jusqu'à accorder l'indépendance. Veut-on d'autres raisons ? On les trouve en allant plus loin dans le passé. Il faut se reporter au temps où le Transvaal se battait déjà contre l'Angleterre. Nous ne connaissions pas alors l'Angleterre, pas aussi bien qu'actuellement, du moins. Le Transvaal n'avait que treize cartouches à donner à chaque homme. A cette époque, il y avait aussi des inconstants, qui se disaient loyaux. C'était alors aussi la foi qui animait les Burghers.

Trois Ans de Guerre

On pourrait lui demander quelle situation il compte faire aux familles. C'était là une question difficile à résoudre Mais là aussi, il s'agit d'avoir la foi. En outre, l'orateur veut indiquer un moyen dont on peut essayer et qui consisterait à donner l'ordre à une partie des hommes de déposer les armes à cause des femmes, pour leur permettre de les conduire aux villages. Bien que ce soit pénible, on devrait, dans ce cas, user de ce moyen extrême. On a parlé de l'Amérique et l'on a nié qu'on pût comparer notre situation avec la situation telle qu'elle fût là-bas. Cette comparaison n'est pourtant pas inapplicable. Il existe des points d'analogie.

Tout comme les Américains, nous avons derrière nous un pays fort étendu où nous pouvons nous mettre à l'abri. L'orateur montre ensuite combien nous sommes ignorants de la situation en Europe. Ce que nous savons, nous l'avons appris uniquement par les journaux, qui sont jingoïstes. Si l'Angleterre ne veut pas nous cacher beaucoup de choses, pourquoi alors nous prive-t-elle si soigneusement des journaux européens? Si les nouvelles nous étaient désavantageuses, l'Angleterre les ferait affluer vers nous, comme moyens d'action. Il ne faut pas non plus oublier que l'Angleterre ne veut pas permettre à notre députation de nous rencontrer. Pensant à tout cela, et convaincu que l'on peut considérer l'énervement en Angleterre comme un encouragement, il estime que nous devons continuer cette douloureuse guerre. Oui, nous devons la continuer, et cela aussi longtemps que notre indépendance n'aura pas été reconnue.

Le général Beijers (Waterberg) déclare qu'il ne suivra

Trois Ans de Guerre

que sa conscience qui lui commande de résister. Quand il entend des Burghers qui parlent de reculer, il se demande s'il n'y a de martyrs que dans les livres.

Le sang des martyrs est toujours fécond, car la vérité pour laquelle ils meurent reste debout après eux.

Nous estimons bien que notre cause est juste, mais nous reculons devant la mort. On parle de notre existence nationale : cela, déclare l'orateur, n'est pas notre affaire. C'est l'affaire de Dieu. C'est lui qui en prendra soin. Le droit doit triompher. Nous devons agir de telle sorte que nous restions du côté du droit, même au prix de notre vie. Il est de l'avis de ceux qui disent que nous aurons d'autres occasions de négocier, si les négociations présentes sont rompues. Le passé le prouve. En plus de ce que le général de Wet a dit des exigences de Lord Salisbury, l'orateur peut citer le fait que Lord Roberts a un jour refusé de parlementer avec le général Botha. Et voilà que les Anglais négocient avec nous ! Il ajoute qu'il est homme facile à persuader, mais il n'est pas encore convaincu qu'on doive cesser la guerre. Cela n'empêche pas qu'il ne se dissimule nullement le péril de la situation. Mais il n'est pas si grand qu'on ne puisse s'en tirer. Les difficultés provenant de la pénurie de chevaux et du manque de vivres ne sont pas insurmontables. Nous pourrons même trouver un moyen de sauver nos femmes. Mais il y a une chose qui le gêne : l'esprit qui anime certains Burghers et qui les pousse à transiger avec l'ennemi. On ne peut pas lutter contre cet esprit et on ne peut rien espérer de ceux qui en sont animés.

Le général de la Rey a fait comprendre que si on provoquait un plébiscite sur la proposition de l'Angleterre, cette proposition serait acceptée. Par conséquent, cet esprit règne parmi nous. C'est ce qu'il ne faut pas perdre de vue. Or il ne sert à rien de lutter contre un tel esprit.

La séance est levée avec une prière.

Séance du vendredi 30 mai 1902

On ouvre la séance par la prière.

Le président Burger dit, qu'avant de commencer les travaux, il a le triste devoir à remplir d'informer l'Assemblée que le président de l'Etat libre d'Orange s'est vu dans l'obligation de démissionner pour cause de maladie grave. Le président Steijn a dû se rendre chez l'ennemi afin d'obtenir des soins médicaux. Ensuite, il communique que le commandant en chef de Wet a été nommé Président *in loco*. Il exprime toute sa sympathie pour les députés qui sont éprouvés par cette cruelle perte, et dit que le président Steijn a toujours été ferme comme un rocher dans la défense de cette grande cause.

Le président *in loco* de Wet remercie le président de la République Sud-Africaine de ses touchantes paroles.

M. J. Naudé (Prétoria), détaché auprès du général Kemp, demande maintenant quelques renseignements sur la situation faite aux colons qui ont pris notre parti. Le général Smuts lui répond. M. Naudé demande ensuite si les députés sont tenus de prendre une décision au sujet de l'indépendance.

Le général Botha répond que les gouvernements des deux Républiques ont informé les Lords Kitchener et Milner que les députés n'avaient pas le pouvoir de prendre une décision sur cette question et que ce pouvoir n'appartenait qu'au peuple.

M. Naudé. Dans ce cas, je me trouve dans une situation très difficile vis-à-vis du document qui nous est soumis. Celui-ci demande l'abandon de l'indépendance, alors que j'ai reçu de mes Burghers le mandat ferme de résister sur ce point. Le document demande encore que les Burghers déposent leurs armes entre les mains de l'ennemi et mes Burghers désirent précisément continuer à s'en servir contre lui.

Je ne puis donc accepter le document et je ne puis que voter la continuation de la guerre. Du reste, si la situation est triste, elle n'est pas désespérée. Et ce ne sont pas les premiers jours sombres que nous traversons.

Ce furent des jours sombres, quand Prétoria fut prise. Mais personne n'a été déçu. Après l'assemblée d'alors, la plupart sont restés debout. Après la nuit, la lumière a toujours réapparu. Pourquoi donc l'aurore ne se lèverait-elle pas au-dessus du nuage noir qui obscurcit le ciel?

Le général de la Rey explique qu'il n'a trompé personne dans les assemblées. Il a bien soumis toutes les pièces que le gouvernement lui avait remises.

Il parle ensuite de la question de M. Naudé demandant si l'assemblée aura à décider de l'indépendance. Oui, dit le général de la Rey, le dernier orateur et tous les députés ici présents en ont le devoir, et nous avons à prendre une décision à ce sujet, non seulement pour notre propre village ou notre district, mais pour le pays tout entier.

M. Naudé. Je ne veux pas fuir les responsabilités, mais je suis venu ici avec un mandat ferme.

Trois Ans de Guerre

Le juge Hertzog explique à nouveau quels sont les principes juridiques qui doivent dicter la conduite des députés à cet égard. Il faut se demander : si mon peuple était ici, que déciderait-il? Et, suivant la réponse, il faut soi-même agir.

Ensuite, il aborde l'affaire au point de vue général. Il indique, d'abord, les raisons qui militent en faveur de la continuation de la guerre. Dans cet ordre d'idées, il dit que si nous sommes affaiblis, l'Angleterre l'est aussi. Quiconque veut ouvrir les yeux peut s'en rendre compte.

C'est d'abord le cas au point de vue financier. Sans doute, si l'Angleterre le veut, elle peut encore réunir des millions, mais, à la longue, elle aura des difficultés avec ceux qui doivent payer les impôts.

Le fait que l'Angleterre a imposé le blé ne prouve-t-il pas que, dès ce moment, le paiement de la rente ne s'effectue pas facilement? Une grande nation ne prend pas de pareilles mesures quand la situation n'est pas grave.

Ensuite, dit le juge, pourquoi ne nous a-t-on pas permis d'entendre notre députation? Ce n'aurait été qu'une question de quinze jours pour faire la traversée. En ce moment, elle serait au milieu de nous. Mais on a refusé. On a dit que ce serait une irrégularité au point de vue militaire. Mais la présente assemblée constitue aussi une irrégularité militaire. Il y a des raisons de croire que quelque chose nous est tenu caché.

Si, maintenant, nous envisageons notre situation, nous ne pouvons contester qu'elle soit périlleuse. En général, le pays est épuisé. Des chevaux, il n'y en a presque plus; mais ce n'est pas encore la plus grande difficulté! Beaucoup de Burghers combattent contre nous. La situation des femmes dans les camps nous crée également de grands soucis. Il est à craindre que, dans ces camps, les femmes ne courent le danger de se perdre moralement. C'est un point capital; et quiconque possède un cœur ne peut rester indifférent à un danger qui nous touche de si près.

S'il est une chose qui lui a fait avoir du respect pour le général Botha, c'est que le général a un cœur qui souffre de toutes ces misères et qu'il a le courage de dire ce qu'il sent. Cette guerre est une des plus terribles qui jamais ait été faite. Il doute que jamais au cours d'une guerre un peuple ait autant souffert que le nôtre.

Mais toutes ces calamités n'ont point engagé l'orateur à se rendre, car s'il voit la possibilité de reconquérir la liberté un jour, il renoncera à tout et se battra jusqu'à la mort.

Ce n'est pas la situation qui est la plus dangereuse : c'est le fait que cette assemblée de Vereeniging a été convoquée. Il n'accuse personne. Tout a été fait avec les meilleures intentions. Mais on a commis une faute. Car la convocation de la présente assemblée nous portera un coup mortel. Le général commandant a été obligé d'indiquer la situation du pays!

Par suite, s'il y a encore des Burghers qui n'aient pas désespéré, ils seront découragés, en apprenant ce que les chefs ont communiqué.

Les pessimistes n'ont, il est vrai, qu'à nous quitter. Mais ceux qui ne l'étaient pas encore le sont devenus à présent. Pourtant, comme l'avenir ne peut être deviné, le juge Hertzog propose la maxime suivante comme règle de

Trois Ans de Guerre

conduite : Dans le doute, continuez ce que vous étiez en train de faire.

Le Général J. Meyer, membre du gouvernement de la République Sud-Africaine, décrit la destruction du pays, au nord du chemin de fer de l'Est jusqu'au delà du Sabi. Son rapport concorde avec ce que les députés ont déjà dit avant lui.

Il continue en disant qu'à l'homme incertain restent toujours sa raison et sa conscience dont il peut entendre la voix. Pour lui, il est d'avis qu'il faut sauver ce qu'il nous reste. Quel avantage y a-t-il à continuer la guerre ? Aucun ! et, plus tard, il n'y aura plus moyen de conclure la paix.

Que dira d'ailleurs notre postérité si, en continuant, nous perdons tout ? Elle dira : Nos pères étaient braves, mais ils n'étaient pas raisonnables. Si nous cessons la guerre, elle dira au contraire : Nos pères ne se battaient pas seulement pour leur propre honneur, ils songeaient aussi à leurs descendants.

Il insiste sur ce point que, si peu avantageuse que nous semble la proposition, elle contient toujours la promesse de l'autonomie

Parlant du passé, l'orateur dit qu'il s'était opposé à la guerre et qu'il était pour le droit de vote après cinq ans. Mais le peuple n'en voulait pas.

Pourquoi s'était-il opposé à la guerre ? Parce qu'il craignait que le sang des Afrikanders ne coulât. Continuera-t-on de le verser ? Il dit ensuite qu'après la prise de Bloemfontein on a tenu un conseil de guerre secret à Prétoria. On voulait se rendre à ce moment. L'Etat libre d'Orange s'y opposa. Les gouvernements décidèrent

Trois Ans de Guerre

de continuer la guerre. Une année plus tard, au mois de juin, un nouveau conseil fut tenu, auquel fut convié l'Etat libre d'Orange.

On se réunit à Waterval. Les deux gouvernements décidèrent encore de continuer la guerre. Malgré leur bon vouloir, ils n'ont pu se réunir depuis, sinon à l'assemblée actuelle. Sera-t-elle aussi stérile que les précédentes?

En présence de nos forces décimées, l'orateur souhaite que l'assemblée se tourne du côté de la paix.

Il rappelle, d'ailleurs, que beaucoup de Burghers sont passés à l'ennemi et même le guident la nuit à travers les sentiers.

Le commandant van Niekerk (Kroonstad) dit que les colons du Cap et du Natal nous ont porté des secours efficaces et ont beaucoup souffert pour nous. Nous sauverons-nous nous-mêmes en les abandonnant à leur sort? Il est triste de penser que nous puissions déposer les armes à un tel moment.

Le général L. Botha dit d'abord quelques mots sur son attitude dans les Assemblées du peuple. Les députés ont été élus avec plein pouvoir pour agir. Il parle ensuite des raisons qu'on avait de faire la guerre avant le commencement des hostilités. On avait au moins 6.000 hommes; on ne supposait pas que la Colonie du Cap prêterait ses chemins de fer pour le transport des troupes. On espérait aussi que les puissances interviendraient. Les puissances n'ont fait, au contraire, que regarder comment l'Angleterre mettait en pratique toutes sortes de théories nouvelles, en contradiction avec le droit des gens, et elles se sont tues

Trois Ans de Guerre

En outre, nous avions à ce moment abondance d'approvisionnements et les commandos pouvaient, durant des semaines, se ravitailler au même endroit. Nos familles, non plus, ne manquaient de rien. Et aujourd'hui, nous pouvons nous estimer heureux de voir nos femmes parmi les Anglais.

Ce sont ces familles, continue le général Botha, qui forment le plus grand obstacle. Qu'en fera-t-on ? On a dit : Que quelques hommes déposent les armes et emmènent les familles. Mais les femmes qui sont avec nous sont, pour la plupart, des femmes de prisonniers de guerre. Peut-on donner mission à un homme étranger à la famille, de veiller sur celles dont les protecteurs naturels sont prisonniers de guerre ?

Il démontre que la députation a présenté ses lettres de créance seulement à la Hollande, probablement parce qu'aucune autre puissance n'a voulu la recevoir, car elle était accréditée auprès de toutes les puissances. Cette opinion concorde avec les lettres qu'elle a écrites au moment où elle pouvait encore en envoyer et dans lesquelles elle disait : « Nous n'avons rien à espérer en Europe ». Elle a voulu revenir à ce moment-là parmi nous, mais le gouvernement lui a conseillé de rester en Europe, parce que son retour dans l'Afrique du Sud porterait un coup mortel aux espérances de beaucoup de gens. C'est pour cette raison que la députation est encore en Europe.

Plus tard, la députation a répété qu'il n'y avait aucun espoir d'intervention, mais qu'elle était d'avis que nous devions continuer la guerre, à cause des sacrifices que nous avions déjà faits. Nous sommes mieux placés qu'elle pour juger de l'opportunité de cette mesure.

Trois Ans de Guerre

On a dit encore qu'en Europe une guerre pouvait éclater qui nous serait avantageuse. Mais a-t-on encore des raisons pour croire à la possibilité d'une pareille guerre ? Les grandes nations ne portent pas beaucoup d'intérêt aux petites. C'est leur intérêt au contraire que les petites nations disparaissent.

Botha parle aussi de l'infidélité de nos Burghers et de ceux qui combattent contre nous. Il jette ensuite un regard sur le passé. Il y a un an que nous luttons sans nouvelles de la députation. Et qu'avons-nous gagné depuis juin 1901 ? Nous sommes tellement décimés que, bientôt, nous ne pourrons plus être considérés comme un parti combattant.

Rappelons-nous aussi ce que nous avons souffert pendant l'année qui vient de s'écouler. Dans les camps de concentration, 20.000 femmes et enfants sont morts. Et tant d'autres choses ont eu lieu dont on a déjà parlé dans cette assemblée !

Me trouvant à Prétoria, dit Botha, j'ai reçu de notre bureau d'informations et d'autres sources la liste de nos pertes :

Il y a 31.400 prisonniers de guerre, dont 600 sont décédés. Dans la guerre 3.800 Burghers ont été tués. N'est-ce pas une chose terrible que dans l'espace de deux ans et demi un si grand nombre d'hommes ait péri ? Et nos femmes, que n'ont-elles pas dû souffrir pour que 20.000 d'entre elles soient mortes !

Reste la question des colons qui ont combattu pour nous. J'ai dit que, si nous perdions l'indépendance, nous n'en devions pas moins nous occuper des colons. C'est ce que, moi et les autres membres, nous avons essayé de faire à Prétoria. Il faut encore songer à eux et même si nous décidions de continuer la guerre, les engager à s'en abstenir.

On a rappelé ici ce que j'ai dit à Warmbad. En prononçant ces paroles, je savais qu'il y avait alors dans cette région 2.000 Burghers sous les armes. Il en reste encore 480. Je disais aussi que la guerre devrait être continuée jusqu'à ce que la famine nous en empêchât. Or il y a des sections qui ne peuvent continuer à cause de la famine. Les députés devront reconnaître que, jusqu'ici, notre force a été de pouvoir, partout, garder les Burghers dans les districts. De cette façon, nous avons tenu l'ennemi dispersé. Mais si nous sommes obligés de quitter certains districts et de concentrer nos forces sur quelques points du territoire, les Anglais concentreront aussi les leurs et nous attaqueront avec des forces supérieures et irrésistibles.

On a dit que nous devrions nous porter vers les colonies. Je sais aussi ce que c'est que d'aller dans les colonies. Le commandant en chef de Wet n'y a pas réussi, bien qu'il disposât de grandes forces et qu'il ait opéré dans la bonne saison. Comment cet hiver réussirons-nous dans cette tentative avec des chevaux complètement épuisés?

Que devons-nous faire? Nous devons choisir le meilleur parti. On dit que nous devons persévérer. Oui, assurément, si nous pouvons résister dix ou douze ans; mais si en deux ans nous avons perdu 30.000 combattants sur 60.000, quel sera alors notre nombre dans quelques années? Pour moi, il est clair qu'en nous obstinant nous ne ferons que retarder la reddition fatale. Tâchons de nous

Trois Ans de Guerre

entendre avec les Anglais pendant qu'il y a un rapprochement entre nous.

Soyons raisonnables et envisageons froidement la situation.

Pour moi personnellement, je puis persévérer, mais je ne dois pas uniquement penser à moi-même. Il y a, par exemple, des veuves et des orphelins. Si nous acceptons les conditions actuelles, nous restons leurs protecteurs. Mais au cas où il nous faudrait nous rendre, qui les protégerait? Prisonniers, nous ne pourrons rien pour eux. Nous ne pourrons même pas envoyer des personnes en Europe pour chercher des secours financiers qui nous permettent de reconstruire les fermes et d'aider notre peuple.

L'Assemblée se trouve en présence de trois propositions. Sielle s'arrête à la première qui est de continuer la guerre, je prévois l'extermination de notre race. Des deux autres propositions, la reddition sans conditions est la plus agréable pour notre sentiment. Mais on ne peut la choisir à cause du peuple dont les intérêts méritent notre meilleure attention. La seule chose qui nous reste à faire est d'accepter la proposition de l'Angleterre. Je ne veux pas dire que ces conditions soient très avantageuses pour nous, mais du moins plusieurs difficultés seront aplanies par elles, et je vous propose de les adopter.

Séance de l'après-midi, à 2 heures 1/2.

Le général C.-H. Muller (Boksburg) dit que ses Burghers l'ont envoyé ici pour défendre l'indépendance qu'ils voyaient menacée. Une partie des Burghers lui a donné plein pouvoir d'agir, une autre partie lui a dit d'être inébranlable au sujet de l'indépendance et d'essayer de se mettre en contact avec la députation. En ce qui concerne la continuation de la guerre, il a, depuis longtemps, dit à ses Burghers qu'elle est impossible, car il s'appuie uniquement sur les armes et n'a pas confiance en Dieu. S'il retourne chez ses Burghers en leur disant qu'il n'a pas été en contact avec la députation et qu'on a accepté la proposition de l'Angleterre, il en résultera un terrible désordre.

Il ne peut pas songer à la reddition. Mais en envisageant la situation telle que le général commandant et les autres l'ont exposée, il comprend qu'on ne peut pas continuer. Il ne peut pas combattre tout seul. Il demande si nous ne pouvons pas rester unis et faire un pacte avec le Seigneur. Il dit qu'il représente les plus pauvres du pays et que la somme de 300.000 livres sterling ne sera pas suffisante à tous ceux qui ne peuvent s'aider eux-mêmes. Il demande encore une fois si on ne peut faire un vœu au Seigneur et il termine en disant qu'il ne pourra pas voter la proposition.

Le général Smuts dit à son tour : Jusqu'ici, je n'ai pas pris part à la discussion, bien que mes opinions soient connues de mon gouvernement. Nous sommes arrivés à un moment très douloureux dans l'histoire de la guerre et de notre cause, et d'autant plus sombre et pénible pour moi que j'étais un de ceux qui, comme membres du gouvernement de la République Sud-Africaine, ont commencé la guerre contre l'Angleterre. L'homme ne doit cependant pas reculer devant les conséquences de ses actes. Dans une circonstance comme celle-ci, nous devons réprimer nos sentiments d'ordre privé et, en prenant une décision, seu-

Trois Ans de Guerre

lement envisager les intérêts réels du peuple afrikander. C'est un moment grave pour nous, et c'est peut-être la dernière fois que nous nous réunissons en tant que peuple libre et en gouvernement libre. Elevons-nous donc jusqu'à la hauteur de cette circonstance et que notre décision soit telle que la postérité afrikander nous bénisse et ne nous maudisse pas.

Le grand danger de cette assemblée est qu'en prenant une décision, elle ne se place uniquement à un point de vue militaire. Parmi les représentants ici présents, il y a beaucoup d'officiers qui ne connaissent pas la peur, qui n'ont jamais craint et ne craindront jamais les forces supérieures de l'ennemi, et qui sont disposés à verser la dernière goutte de leur sang pour leur peuple et leur pays. Or, en considérant l'affaire uniquement à un point de vue militaire, uniquement comme combattants, je dois reconnaître que nous pouvons continuer la guerre.

Nous sommes toujours une armée invaincue, nous avons encore 18.000 hommes en campagne, des vétérans avec qui on peut faire de la besogne comme avec personne. Nous pouvons poursuivre notre cause, prise comme cause militaire. Mais nous ne sommes pas ici comme une force armée, nous sommes ici comme un peuple; nous n'avons pas à nous occuper d'une affaire militaire, mais d'une affaire nationale. Personne n'est ici comme représentant de son propre commando. Chacun représente ce peuple afrikander, et non seulement les Burghers qui tiennent actuellement la campagne, mais aussi ceux qui reposent déjà sous la terre, et ceux qui viendront après nous. Nous ne représentons pas seulement nos commandos, mais aussi les milliers de morts qui ont fait leur dernier sacrifice pour leur peuple, les prisonniers dispersés à travers le monde, les femmes et enfants mourant de faim dans les camps ennemis; nous représentons le sang et les larmes de toute une race. Des prisons, des camps, de la tombe, du Veld et de l'avenir, de partout, ils nous appellent, en nous disant de prendre une décision sage et d'éviter tout ce qui peut conduire à la perte et à l'extermination du peuple afrikander, tout ce qui rendra inutiles les sacrifices qu'ils ont faits.

Jusqu'ici, nous n'avons pas continué la guerre sans avoir un but. Nous ne nous sommes pas battus pour être tués; nous avons commencé la guerre et nous l'avons continuée jusqu'à ce moment, pour sauvegarder notre indépendance et nous étions disposés à tout sacrifier dans ce but. Mais il ne nous est pas permis de sacrifier le peuple afrikander à la cause de l'indépendance. Si nous sommes convaincus qu'au point de vue humain, il n'y a aucun espoir raisonnable de conserver l'indépendance de nos Républiques, notre devoir est, sans aucun doute, de cesser le combat afin de ne pas sacrifier notre peuple, notre avenir à une idée qui n'est plus réalisable.

Existe-t-il le moindre espoir de conserver notre indépendance? Nous avons combattu presque continuellement pendant trois ans. Sans nous flatter, nous pouvons dire que nous avons fait tous nos efforts, et que nous avons essayé tous les moyens propres à faire triompher notre cause. Nous avons donné des milliers de vies humaines; nous avons sacrifié tous nos biens terrestres; notre cher pays est partout réduit à l'état de désert; plus de 20.000

Trois Ans de Guerre

femmes et enfants sont déjà morts dans les camps de l'ennemi. Cela nous a-t-il avancé d'un pas vers l'indépendance? Au contraire, nous nous en éloignons de plus en plus. Plus nous continuerons, plus la distance entre nous et le but de la guerre s'agrandira. La façon dont l'ennemi a fait la guerre et la fait encore nous épuise tellement que, finalement, la continuation sera pour nous matériellement impossible. Si le salut ne vient pas du dehors, nous succomberons inévitablement.

Quand, il y a un an, au nom de mon gouvernement, je faisais part de notre situation au président d'Etat Krüger, en Europe, il exprima l'avis qu'à cause de la situation dans la Colonie du Cap et des sentiments des nations européennes, nous devions continuer le combat jusqu'à ce que le dernier moyen de résistance fût épuisé.

En ce qui concerne la politique extérieure, je ne veux vous indiquer que les faits incontestables.

L'orateur entre ici dans des détails sur le mouvement politique en Amérique et chez les puissances de l'Europe, pendant les deux dernières années.

Pour nous, la situation à l'extérieur se résume en une grande sympathie dont nous sommes, naturellement, fort reconnaissants, mais c'est tout ce qu'on nous donne et tout ce que l'on nous donnera encore pendant des années. L'Europe nous témoignera sa sympathie jusqu'à ce que le dernier héros des Boërs soit couché dans la tombe, jusqu'à ce que la dernière femme boër soit morte, le cœur brisé, jusqu'à ce que le peuple entier soit sacrifié sur l'autel de l'histoire et de l'humanité.

Quant à la situation dans la Colonie du Cap, je vous l'ai

Trois Ans de Guerre

déjà exposée en détail à une autre occasion. Nous avons commis des fautes, et, peut-être, la Colonie du Cap n'était-elle pas encore mûre pour la révolte. En tout cas, il n'y a aucune chance qu'une révolte générale y éclate.

Les 3.000 hommes qui là-bas se sont joints à nous sont des héros, dont nous ne pourrons jamais assez apprécier les sacrifices, mais ils ne peuvent nous reconquérir notre indépendance.

Nous avons donc continué, depuis douze mois, d'agir suivant l'avis du président Krüger et nous avons essayé les deux moyens indiqués par lui. Nous avons, dans ces deux cas, acquis la conviction que nous n'aurons qu'à compter sur nous-mêmes, si nous voulons rester libres. Les faits, constatés dans cette assemblée par les représentants des deux Républiques, m'ont persuadé que nous commettrions un crime en continuant la guerre, sans être assurés d'un secours du dehors. Notre pays est déjà complètement ruiné. Nous ruinerons aussi notre peuple d'une façon irrémédiable et sans pouvoir espérer le moindre résultat. Et, je vous l'ai dit, ce secours extérieur ne viendra pas.

Or, voilà l'ennemi qui nous apporte une proposition, qui, si inacceptable qu'elle soit, contient néanmoins la promesse d'amnistie pour les frères de la Colonie, qui ont embrassé notre cause. Si nous nous y refusons, je crains qu'il ne vienne un jour où nous ne pourrons plus sauver les soi-disant rebelles. A juste titre, ils pourront alors nous reprocher d'avoir sacrifié également leurs intérêts à notre cause, déjà devenue désespérée. Et je crains que le rejet de la proposition britannique ne nous aliène beaucoup de sympathies au dehors et n'y affaiblisse notre situation.

Trois Ans de Guerre

Frères, nous avons décidé de tenir jusqu'à la fin amère; reconnaissons, comme des hommes, que cette fin est arrivée pour nous, et cela sous une forme plus amère que nous n'avions jamais pu le prévoir. Pour chacun de nous, la mort aurait été une fin plus douce et plus agréable que la mesure que nous avons à prendre. Mais il faut nous incliner devant la volonté de Dieu.

L'avenir est sombre, mais nous ne perdrons pas le courage, l'espoir, la confiance en Dieu. Personne ne me fera jamais croire que les sacrifices sans pareils, faits par le peuple afrikander sur l'autel de la Liberté, auront été inutiles. La guerre d'indépendance de l'Afrique du Sud a été faite non seulement pour les Boërs mais pour le peuple entier de l'Afrique du Sud.

Nous laissons entre les mains de Dieu le résultat de cette guerre. C'est peut-être sa volonté que le peuple afrikander soit conduit à un meilleur avenir et à la clarté de la lumière à travers l'humiliation et même à travers la vallée des ombres de la mort.

Après cet émouvant discours, le commandant A.-J. Bester (Bloemfontein) ajoute que, dans l'assemblée où il a été élu, les Burghers lui ont dit qu'ils ne voulaient pas être sujets anglais. Il allègue que les mêmes arguments dont on se sert maintenant contre la continuation de la guerre ont déjà servi jadis dans des moments de découragement. Il en appelle à l'histoire et démontre que, souvent déjà, nous avons été sauvés quand nous nous trouvions dans une situation périlleuse.

Il est persuadé que le Droit doit triompher. Mais, en parlant des faits, il demande comment on explique que

Trois Ans de Guerre

deux cent quarante mille hommes n'ont pas pu exterminer deux petites Républiques. L'orateur cite des circonstances où nos armes ont été sauvées d'une façon miraculeuse et il dit que cette pensée doit nous encourager. Nous devons rester unis. Il termine en disant : Je reste debout ou je tombe pour ma liberté !

M. C. Birkenstock (Vrijheid) demande si on peut accepter la proposition en protestant.

Le général J.-C. Smuts répond : « L'Assemblée peut charger les gouvernements d'accepter la proposition en y ajoutant que l'acceptation a lieu dans telle ou telle circonstance. »

Le commandant A.-J. Bester (Bloemfontein) estime qu'on a assez discuté et conseille de clore les débats.

Le commandant F.-E. Mentz (Heilbron) estime qu'on n'a pas besoin de discuter plus longtemps. Il croit qu'on ne peut pas continuer la guerre. A Heilbron, Bloemfontein et une partie de Bethlehem, il ne reste plus cinq bestiaux en tout. Il dit que la situation des femmes et des enfants est désespérée. Il démontre que la situation est tellement terrible qu'on est même obligé de faire irruption dans les kraals. Récemment, il y a été forcé et il a perdu quarante hommes à cette occasion. Il devra quitter son district, mais il ne peut se résoudre à abandonner les femmes. Pour lui, il est clair qu'on ne peut pas continuer puisque des parties entières du Transvaal ne pourront pas suivre le mouvement.

Si on continue la guerre, il y aura, par-ci et par-là, des commandos qui passeront à l'ennemi.

Le général Kemp (Krügersdorp) prononce des paroles

Trois Ans de Guerre

fort encourageantes. Il veut rester debout ou tomber pour l'indépendance. Le mandat qu'il a reçu est du reste conçu dans ce sens. Sa conscience ne lui permet pas une autre ligne de conduite. Il démontre que le document est vague, n'impose pas assez de sacrifices à l'Angleterre pour la réparation de nos pertes, et considère, de fait, la langue hollandaise comme une langue étrangère. La situation a souvent été sombre. Cette fois, également, elle s'éclaircira. En exécutant son mandat, il ne peut que voter la continuation de la guerre.

Le président *in loco* Burger rappelle qu'il a déjà exprimé son opinion. Il regrette que l'Assemblée semble être divisée en deux partis. Le salut du peuple exige que l'union règne. Il demande : continuons-nous? Tout ce qu'il a vu personnellement et tout ce qu'il a appris, à cette occasion, lui démontre qu'il est impossible de continuer la guerre; le peuple n'en peut, véritablement retirer aucun bénéfice.

La guerre de 1877 à 1881 ne peut être comparée à la situation dans laquelle nous nous trouvons actuellement. Il a été de ceux qui ont combattu dans l'autre guerre. On a triomphé, mais c'était grâce à des moyens extérieurs. L'Etat libre d'Orange resta neutre. Le président Brand dans l'Afrique du Sud et Gladstone en Angleterre nous aidèrent. Ce n'est pas par le glaive que nous avons remporté la victoire.

On a dit que nous avons continué la guerre pendant deux ans et demi et on a demandé pourquoi alors nous ne la continuerions pas encore. Parce que nous allons nous affaiblissant peu à peu, et qu'en continuant nous

Trois Ans de Guerre

marchons à une issue fatale. Par quel moyen croit-on que nous triompherons finalement ? Chaque homme que nous perdons nous affaiblit davantage. Les forces numériques de l'Angleterre ne diminuent pas. Il y a, au contraire, actuellement, plus de troupes dans le pays qu'au moment où Lord Roberts détenait le commandement. L'Angleterre s'est aussi servie contre nous de nos propres hommes et n'a pas hésité à armer les Cafres. Or, ceux de notre pays savent de quelle manière on doit combattre contre nous. Si ces faits ne sont pas assez clairs, il ne sait pas ce qui est clair.

Il n'est pas tout à fait exact d'appeler cette guerre une « guerre de la foi ». Sans doute, on l'a commencée en mettant sa confiance en Dieu, mais on avait confiance aussi en ses propres armes. On a quelque peu dédaigné l'ennemi. L'esprit du peuple était à la guerre. On ne pensait qu'à la victoire, jamais à la défaite.

Le président est d'avis qu'il faut se résigner à la proposition anglaise bien qu'elle offre peu d'avantages. S'il accepte, c'est donc le sentiment de sa responsabilité qui l'y pousse. S'il croit qu'en continuant il creuse la tombe du peuple, il ne doit pas continuer.

Pour cette raison, il estime de son devoir, en sa qualité de chef du peuple, d'empêcher, si possible, qu'un homme de plus soit tué et qu'une seule femme meure encore. Il faut faire un sacrifice qui sera aussi un acte de foi. Que gagnerons-nous en continuant ? Rien. D'autres redditions partielles auront probablement lieu, ici quelques-unes, là davantage, et nous serons de plus en plus affaiblis. Il nous faudra aussi abandonner de grandes parties de notre territoire. Cela nous rendra-t-il plus forts ? L'ennemi ne

Trois Ans de Guerre

pourra que se concentrer davantage. Et le territoire abandonné, à qui appartiendra-t-il ? A l'ennemi !

Celle-ci est probablement notre dernière assemblée. Il croit que plus tard nous n'aurons plus l'occasion de négocier, parce que nous faiblissons de plus en plus. Quel sera l'avenir, si on rejette cette proposition ? Si on l'accepte, on devra recommencer à grandir, ainsi qu'un enfant, mais si on la rejette, c'en est fait de nous. Coupez un arbre, il repoussera. Déracinez-le, il aura cessé de vivre. Notre peuple a-t-il mérité d'être déraciné ?

Ceux qui veulent continuer la guerre parlent d'espérance. Sur quoi est-elle fondée ? Sur nos armes ? Sur l'intervention ? Non, n'est-ce pas ? Sur quoi alors ?

Il regrette que le Transvaal et l'Etat libre d'Orange ne soient pas d'accord et que ce soit le Transvaal qui doive déclarer ne plus pouvoir continuer. Mais l'ennemi a concentré toutes ses forces au Transvaal et, pour cette raison, on n'y peut plus tenir.

M. L. Jacobsz dit que jusqu'ici il a gardé le silence, parce qu'il n'est pas combattant. Il a bien souffert, mais moins que les autres. Il a écouté, mais son opinion n'a pas été modifiée par les paroles qu'il a entendues. Il dit encore maintenant ce qu'il a dit Klerksdorp, à savoir qu'on ne peut pas continuer la guerre. Il considère la situation du pays, qui n'est même plus en état de nourrir les commandos. Il considère la situation des femmes et enfants, qui sont tous exposés à de bien grands dangers et dont beaucoup périssent. Si on conservait l'espoir de réussir, on pourrait continuer, mais cet espoir n'existe pas. Il parle ensuite de l'impossibilité d'une intervention et du silence de la députation. Il éprouve de la sympathie pour les héros présents à l'Assemblée, mais on ne doit pas se ruer, la tête en avant, contre le mur (1). Il doit y avoir une base à toute croyance. Nous ne pouvons comparer notre peuple à celui d'Israël. Israël avait les promesses du Seigneur : nous, aucune. Il dit ensuite qu'à cause du peuple on ne peut pas se rendre sans conditions. Les conditions, qui nous sont soumises, sont décevantes, mais ce sont les meilleures qu'on puisse obtenir.

En ce qui concerne les difficultés des députés, au sujet de leur mandat spécial, il est de la même opinion que le juge Hertzog et le général Smuts.

Le commandant J.-J. Alberts (Standerton) parle à peu près dans le même sens que lors de son premier discours. Il est disposé à cesser la guerre en abandonnant une partie du territoire, mais si cela ne se peut, il faut la continuer.

Le Président *in loco* de Wet demande des conclusions, car le temps de l'Assemblée est limité.

Le général G.-A. Brand voudrait bien prendre la parole, mais il estime qu'on a déjà assez discuté et qu'on doit clore les débats. Il veut faire une proposition.

Le veldcornet D.-J.-E. Opperman (Prétoria-Sud) estime qu'il est difficile d'accepter la proposition. Il ne sait à quel parti s'arrêter. Une partie de ses Burghers ne combattra plus. La grande difficulté est la situation pénible des femmes. Il ne peut se résoudre à laisser périr les familles. Il estime qu'à cause des femmes et enfants on doit accepter la proposition en protestant.

Sur la proposition du veldcornet J.-V. Steedden,

(1) Locution hollandaise.

appuyé par le veldcornet B.-J. Roos, les débats sont clos.

La séance est ajournée et levée après une prière.

Séance du samedi 31 mai 1902

On ouvre la séance avec une prière.

Le général Nieuwouwdt, appuyé par le général Brand, propose l'ordre du jour suivant :

L'assemblée des députés spéciaux,

Ayant délibéré sur la proposition du gouvernement de Sa Majesté britannique, concernant le rétablissement de la paix,

Et considérant,

a) Les désirs et le mandat de leurs Burghers en campagne;

b) Qu'elle ne s'estime pas compétente pour conclure la paix sur la base posée par le gouvernement de Sa Majesté le roi d'Angleterre avant d'avoir pris contact avec les délégués des Républiques actuellement en Europe,

Décide :

De ne pas accepter la proposition du gouvernement de Sa Majesté,

Et charge le gouvernement des deux Républiques de communiquer cette décision, par ses représentants, au gouvernement de Sa Majesté britannique.

M. P.-R. Viljoen, appuyé par le général H.-A. Alberts, dépose une proposition, plus tard modifiée par le général Smuts et le juge Hertzog. (Voir, ci-après, la proposition Prétorius-C. Botha.)

Trois Ans de Guerre

Une troisième proposition, signée général C. Botha et général J.-G. Celliers, est déposée, mais retirée plus tard.

M. J.-W. Reitz estime de son devoir, eu égard à ses fonctions, à sa personne comme Burgher et à sa nation, de dire que l'assemblée doit prendre des mesures en vue de la désignation des personnes qui devront signer les documents nécessaires, au cas où la proposition du gouvernement britannique serait acceptée.

Quant à lui, il ne signera aucun document par lequel on abandonne l'indépendance.

Plusieurs membres présentent des observations contre la première proposition. M. P.-R. Viljoen prie les membres d'être unis.

Ensuite, le président *in loco* de Wet propose de nommer une commission afin de rédiger une troisième proposition dans laquelle les différentes opinions des membres se trouveront réunies. Pendant que la commission s'occupera de ce travail, les députés de l'Etat libre d'Orange et ceux de la République Sud-Africaine conféreront séparément afin d'arriver à un accord.

Le général commandant Botha estime qu'on doit suivre ce conseil. Nous avons souffert et combattu ensemble. Ce serait regrettable de nous quitter désunis.

On décide de nommer la commission en question. Sont désignés comme membres : le juge Hertzog et le général Smuts.

Les députés de l'Etat libre d'Orange se rendent alors sous la tente du président *in loco* de Wet, tandis que ceux de la République Sud-Africaine restent dans la tente de l'assemblée.

Trois Ans de Guerre

Enfin, après un dernier moment de douloureuse discussion, c'est la fin.

Le juge Hertzog fait la proposition suivante :

La présente assemblée des députés de la République Sud-Africaine et de l'Etat libre d'Orange, tenue à Vereeniging, du 15 au 31 mai 1902, a pris connaissance de la proposition faite par le gouvernement de Sa Majesté, pour mettre fin aux hostilités actuelles, et de la communication en vertu de laquelle cette proposition doit être approuvée ou désapprouvée, sans qu'on y apporte de modifications. Elle regrette que le gouvernement de Sa Majesté ait refusé, d'une façon absolue, de négocier avec les gouvernements des Républiques sur la base de notre indépendance ou d'admettre nos gouvernements à prendre contact avec notre députation. Notre peuple, en effet, a toujours estimé, non seulement au point de vue du droit, mais en raison même des grands sacrifices, tant matériels que moraux, qu'il a faits pour son indépendance, qu'il était entièrement fondé à revendiquer cette indépendance.

Cette Assemblée a délibéré d'une façon sérieuse sur l'avenir du pays et a surtout envisagé les points suivants :

1° Que la politique de guerre, suivie par les autorités britanniques a conduit à la dévastation totale du territoire des deux Républiques, les fermes et les villages étant brûlés, les moyens d'existence étant anéantis, les ressources nécessaires à l'entretien de nos familles, à l'existence de nos forces armées et à la continuation de la guerre, étant épuisées.

2° Que le transfert de nos familles dans les camps de

concentration a entraîné à des souffrances et à des maux inouïs, de sorte que, dans un espace de temps relativement court, environ vingt de ceux qui nous étaient chers y sont morts et que, en cas de continuation de la guerre, la destruction totale de notre race peut être, malheureusement, prévue.

3° Que, presque toutes les tribus des Cafres, tant sur le territoire des deux Républiques qu'en dehors de ses frontières, sont armées, prennent part à la guerre contre nous et, en se rendant coupables de meurtres et d'autres atrocités, sont la cause d'une situation intenable dans plusieurs districts des deux Républiques, ainsi que le prouve un fait récent, qui a eu lieu dans le district de Vrijheid, où cinquante-six Burghers ont été assassinés ou horriblement mutilés.

4° Que, par les proclamations de l'ennemi, déjà suivies d'un commencement d'exécution, les Burghers qui combattent encore sont menacés de la perte de leurs propriétés tant mobilières qu'immobilières, et par conséquent de leur complète ruine matérielle.

5° Que, par les circonstances de la guerre, nous nous trouvons, depuis longtemps, dans l'impossibilité de retenir les milliers de prisonniers de guerre, faits par nos forces armées, que, par conséquent, nous ne pouvons porter qu'un préjudice relativement peu important aux forces britanniques, tandis que les Burghers capturés par celles-ci sont envoyés à l'étranger et que, après une guerre de près de trois ans, il ne nous reste qu'une partie minime des forces avec lesquelles nous l'avions commencée.

6° Que les hommes qui continuent à combattre et qui

Trois Ans de Guerre

ne forment qu'une petite fraction de notre peuple ont à résister aux forces éminemment supérieures de l'ennemi, et se trouvent, de fait, dans une situation de famine, et que, malgré nos efforts extrêmes et le sacrifice de tout ce qui nous était cher et précieux, nous ne pouvons, raisonnablement, espérer la victoire.

Cette assemblée est donc d'avis qu'il n'y a aucune raison plausible de s'attendre à ce que, par la continuation de la guerre, le peuple conserve son indépendance et elle estime que, dans ces circonstances, le peuple n'a pas le droit de continuer la guerre, attendu que celle-ci conduirait uniquement vers la ruine sociale et matérielle, tant de nous-mêmes que de notre postérité. Poussée par les circonstances et motifs ci-dessus énoncés, cette assemblée charge les deux gouvernements d'accepter la proposition du gouvernement de Sa Majesté et de la signer au nom du peuple.

Cette assemblée de députés exprime la confiance que la situation, résultant de l'acceptation de la proposition du gouvernement de Sa Majesté sera bientôt améliorée, et que notre peuple sera appelé à jouir des bénéfices auxquels, non seulement en vertu de son passé, mais aussi à cause des sacrifices faits au cours de cette guerre, il estime pouvoir prétendre à juste titre.

Cette assemblée a pris, avec plaisir, connaissance de la décision du gouvernement de Sa Majesté d'accorder, dans une large mesure, l'amnistie aux sujets britanniques qui ont pris les armes pour notre cause, et à qui nous sommes attachés par les liens du sang et de l'honneur, et exprime le souhait qu'il plaise à Sa Majesté d'étendre cette amnistie encore davantage.

M. P.-R. Viljoen retire sa proposition.

Le commandant H.-P.-J. Prétorius, appuyé par le général C. Botha, dépose la proposition, telle que la Commission en a donné lecture.

Le général Nieuwoudt retire aussi sa proposition, mais celle-ci est immédiatement reprise par le général C.-C.-F. Badenhorst appuyé par le commandant A. Bester de Bloemfontein.

L'Assemblée est ajournée jusqu'à l'après-midi.

On se réunit à nouveau à 5 heures.

Après avoir procédé au vote, la proposition du commandant H.-P.-J. Prétorius, appuyé par le général Botha, est adoptée par 54 voix contre 6.

Ensuite le président *in loco* Burger prononce quelques paroles solennelles :

« Nous nous trouvons ici auprès de la tombe des deux Républiques. Il reste beaucoup à faire pour elles, bien que nous ne puissions plus agir dans nos anciennes fonctions.

« Prions Dieu de nous conduire, de nous indiquer comment garder notre peuple uni, et de nous incliner à pardonner et à oublier, quand nous rencontrerons notre frère. Il ne nous est pas permis de repousser la partie de notre peuple qui est devenue infidèle. »

Le président *in loco* Burger adresse ensuite un mot d'adieu au général commandant, aux membres des Conseils exécutifs et aux députés.

Dans l'après-midi, on se réunit, pour la dernière fois. Le commandant Jacobsz, appuyé par le général Muller, propose la décision suivante adoptée à l'unanimité par l'assemblée :

L'assemblée, considérant la nécessité de réunir des fonds pour pourvoir aux besoins des femmes et enfants, veuves et orphelins et autres nécessiteux, qui par cette guerre ont été réduits à la misère ;

Considérant qu'il convient de nommer un comité qui prendra les mesures nécessaires et décidera finalement de l'administration et de la distribution des fonds qui seront réunis, décide :

De nommer MM. M.-T. Steijn, S.-W. Burger, L. Botha, C.-R. de Wet, J.-H. de la Rey, A.-P. Kriel et J.-D. Kestell membres du comité chargé de régler et de préparer tout ce qui lui paraîtrait utile ou pratique, et spécialement de s'adjoindre de nouveaux membres, de nommer des sous-comités et d'élire un comité exécutif autorisé à rédiger un règlement d'ordre qui pourra, si c'est nécessaire, être modifié suivant les circonstances.

Cette assemblée décide ensuite d'envoyer, parmi les membres du comité précité, MM. C.-R. de Wet, L. Botha et J.-R. de la Rey à l'étranger, afin d'y réunir les dits fonds.

Tel fut le dernier travail de la dernière assemblée des Républiques.

La séance fut levée avec une prière !

FIN DE L'APPENDICE

TABLE DES MATIÈRES

Chapitre Premier
Je rejoins mon commando comme simple Burgher. 1

Chapitre II
Nicholsons Nek 13

Chapitre III
Le siège de Ladysmith. 23

Chapitre IV
Je suis nommé général combattant 29

Chapitre V
Lord Roberts entre en scène avec des forces supérieures 35

Chapitre VI
Paardenberg. 49

Chapitre VII
La débâcle de Poplar Grove et la prise de Bloemfontein 61

Chapitre VIII
On permet aux Burghers de rentrer pour quelque temps dans leurs foyers. 69

Chapitre IX
Sannaspost 77

Trois Ans de Guerre

Chapitre X
Quatre cent soixante-dix Anglais sont fait prisonniers à Reddersburg . . 85

Chapitre XI
Un siège manqué 93

Chapitre XII
Les Anglais se répandent comme un grand fleuve à travers notre pays . . 99

Chapitre XIII
Nos forces vers la fin de mai 1900 113

Chapitre XIV
Roodewal 119

Chapitre XV
Je fais connaissance avec Lord Kitchener 131

Chapitre XVI
Bethlehem pris par les Anglais 143

Chapitre XVII
Pourquoi je quittai Slabbertsnek en compagnie du Président et quelques détails sur la reddition de Prinsloo 151

Chapitre XVIII
En présence des forces anglaises, je dois reculer jusqu'au Transvaal . . . 159

Chapitre XIX
Je rentre avec quelques hommes dans l'Etat libre d'Orange 177

Chapitre XX
Des Burghers qui avaient prêté le serment de neutralité reprennent les armes 191

Chapitre XXI
Les désastres de Frederickstad et de Bothaville 197

Trois Ans de Guerre

Chapitre XXII
Je me rends vers le Sud pour gagner la Colonie du Cap. — Prise de Dewetsdorp. 211

Chapitre XXIII
Echec de mon projet d'incursion dans la Colonie du Cap. 221

Chapitre XXIV
Guerre contre les femmes 235

Chapitre XXV
Nouvelle tentative d'incursion dans la Colonie du Cap 243

Chapitre XXVI
Une nuit qui tombe bien à propos 265

Chapitre XXVII
Les Boers étaient-ils des guérillas?. 277

Chapitre XXVIII
Négociations avec les Anglais. — Combat de Graspan près de Reitz . . 283

Chapitre XXIX
L'entrevue avec le Gouvernement du Transvaal. — Le Président Steijn risque d'être pris par les Anglais 297

Chapitre XXX
La dernière proclamation de l'Angleterre 303

Chapitre XXXI
Blockhaus et attaques de nuit. 321

Chapitre XXXII
Je réunis un commando de sept cents hommes 329

Chapitre XXXIII
Prise du camp anglais de Tweefontein. 339

Trois Ans de Guerre

Chapitre XXXIV
Je me fraye un chemin à travers une armée de soixante mille hommes . . 347

Chapitre XXXV
J'accompagne le Président vers la République Sud-Africaine. 365

Chapitre XXXVI
Pourparlers engagés en vue de la paix 373

Chapitre XXXVII
Résolution des Représentants du Peuple. — La fin de la guerre 389

APPENDICE

Lettre du Secrétaire d'Etat de la République Sud-Africaine à l'Agent britannique à Prétoria (Ultimatum du Transvaal) 397

Télégrammes de M. Chamberlain au Haut Commissaire Sir Alfred Milner. 402

Lettre des Présidents des deux Républiques à Lord Salisbury. 403

Réponse de Lord Salisbury. 405

Procès-verbal de l'Assemblée des Représentants spéciaux du Peuple tenue à Vereeniging le 15 mai 1902 et les jours suivants. 407

Conférence entre la Commission des Représentants du Peuple et les Lords Kitchener et Milner. 450

Proposition de Middelburg. 501

Procès-verbal de l'Assemblée des Représentants spéciaux du Peuple tenue à Vereeniging le 2 mai 1902 et les jours suivants. 504

IMPRIMERIE
DE MALHERBE
PARIS

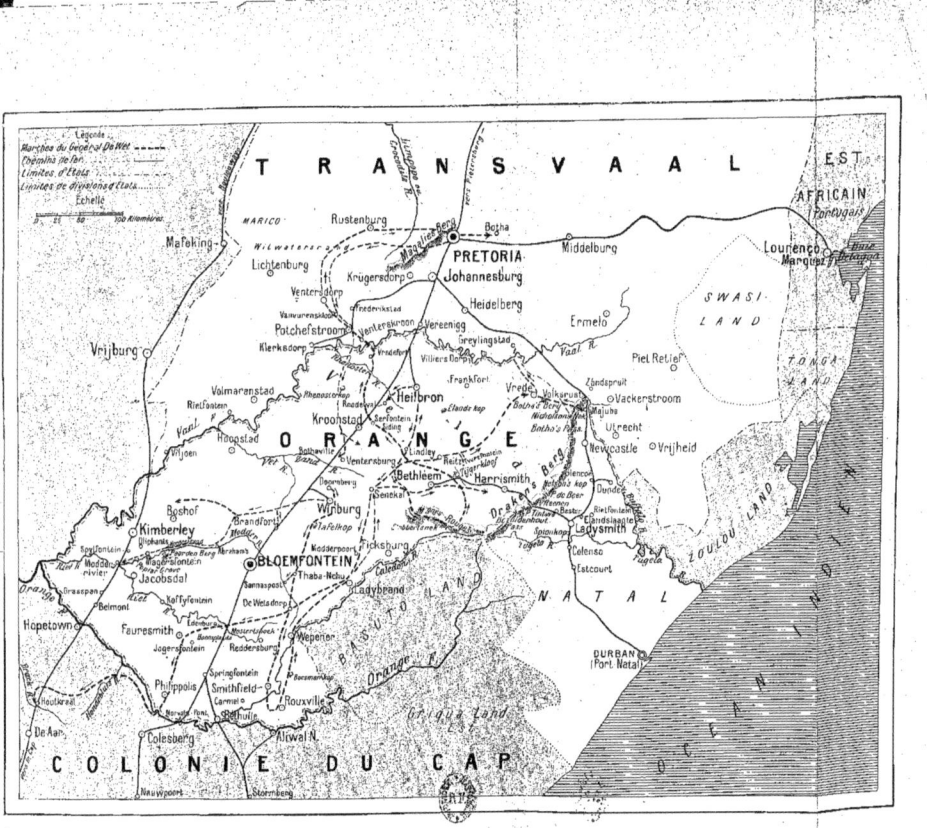

CARTE DES OPERATIONS

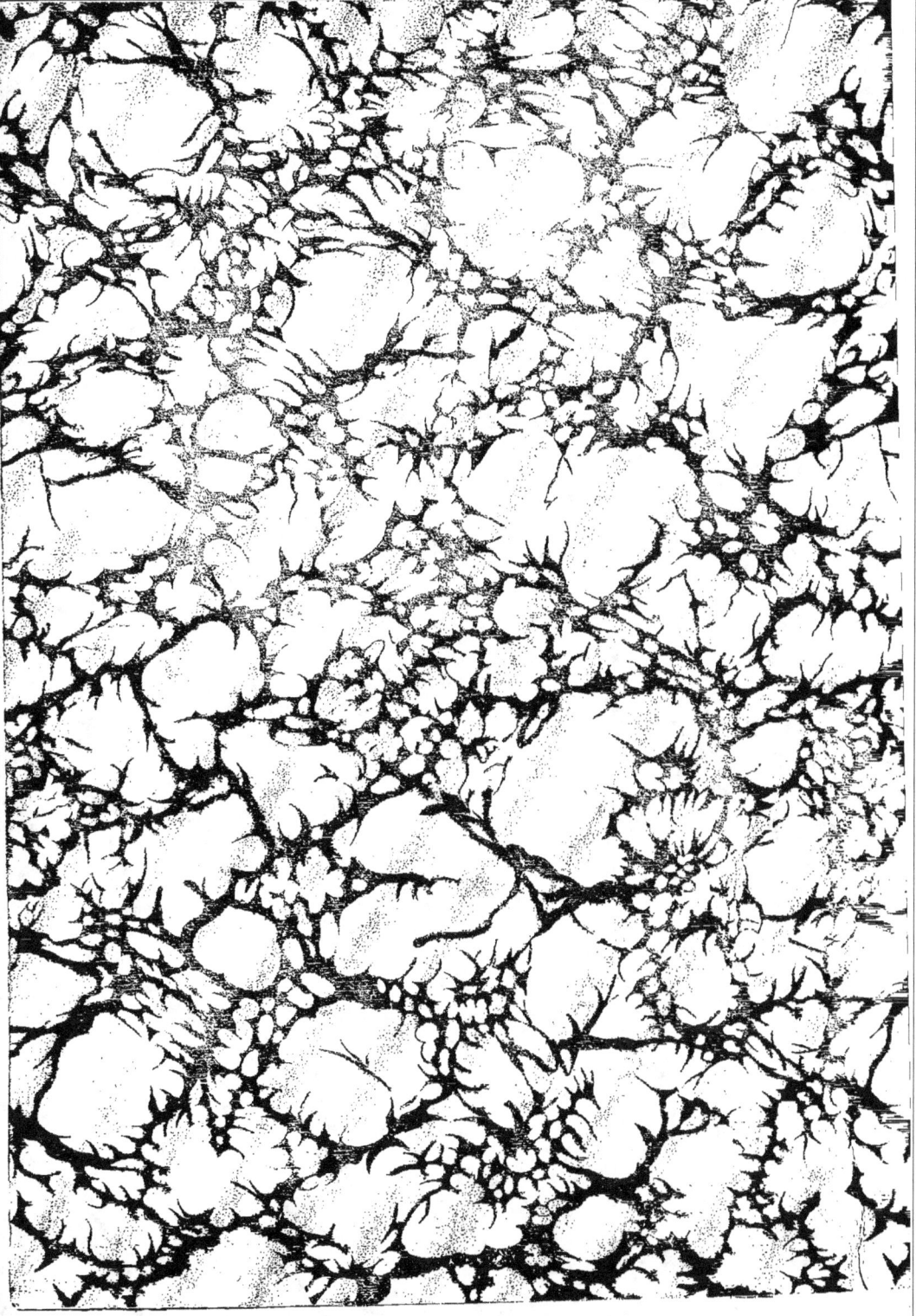

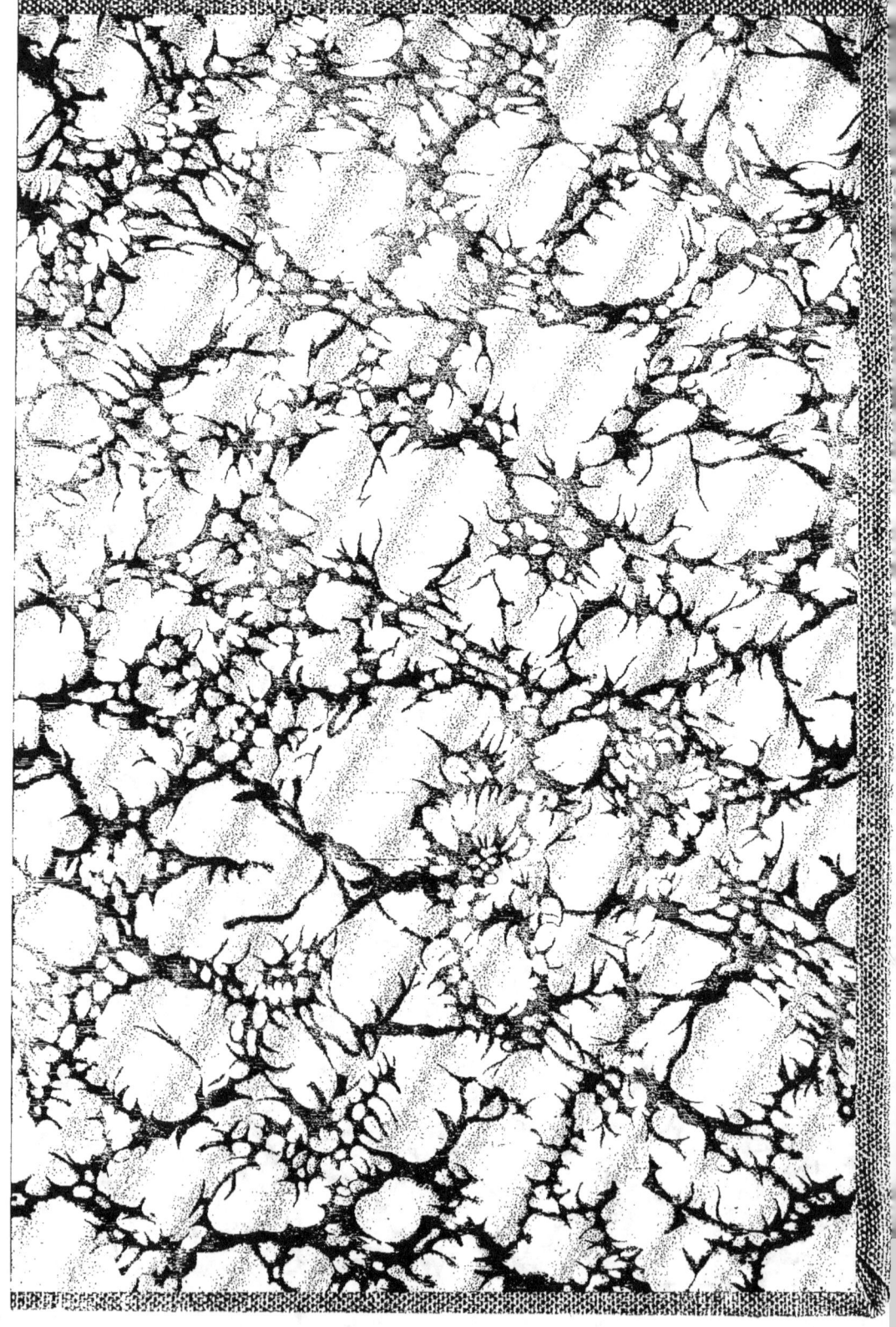

www.ingramcontent.com/pod-product-compliance
Lightning Source LLC
Chambersburg PA
CBHW050420240426
43661CB00055B/2212